大夏世界史文丛

地区国别史研究

（第3辑）

孟钟捷 主编

全国百佳图书出版单位
时代出版传媒股份有限公司
黄山书社

图书在版编目(CIP)数据

地区国别史研究. 第3辑/孟钟捷主编.—合肥：黄山书社,2020.12
(大夏世界史文丛)
ISBN 978-7-5461-9525-4

Ⅰ.①地… Ⅱ.①孟… Ⅲ.①世界史-研究 Ⅳ.①K107

中国版本图书馆CIP数据核字(2021)第007153号

地区国别史研究(第3辑)
DIQU GUOBIE SHI YANJIU DISAN JI
孟钟捷 主编

出品人 贾兴权
责任编辑 秦矿玲
责任印制 李 磊
装帧设计 李 昕
出版发行 黄山书社(http://www.hspress.cn)
地址邮编 安徽省合肥市蜀山区翡翠路1118号出版传媒广场7层 230071
印 刷 安徽联众印刷有限公司
版 次 2022年8月第1版
印 次 2022年8月第1次印刷
开 本 700 mm×1000 mm 1/16
字 数 350千字
印 张 18.5
书 号 ISBN 978-7-5461-9525-4
定 价 88.00元

服务热线 0551-63533706
销售热线 0551-63533761
官方直营书店(https://hsss.tmall.com)

总　序

经过两年多的策划和准备，“大夏世界史文丛”终于问世了。本套丛书由三部分组成：资深学者的个人文集、反映华东师范大学世界史学科队伍最新研究水平的论著和着眼于人才培养的教材及读本。

世界史学科是华东师范大学历史学系的传统优势学科。1951 年建校时便汇聚了林举岱、王养冲、郭圣铭、王国秀等一批知名教授。20 世纪 80—90 年代，在法国史、二战史、非洲史、俄苏史、美国史、德国史等研究领域在国内学界都确立了自己的地位，拥有孙道天、艾周昌、陈崇武、王斯德、李鉅廉、钱洪、孙炳辉、余志森、洪波、潘人杰等一批知名学者。1984 年，华东师范大学历史学系获批成立世界史博士点，1987 年获得博士学位授予权，为改革开放后我国世界史学科的发展培养了一大批青年才俊。1995 年华东师范大学世界史又成为上海市教委重点学科。1998 年，设立历史学一级学科博士后流动站，2000 年获得历史学一级学科博士学位授予权，确立了地区国别史、断代史和专门史（思想史）等三个重点发展方向。

华东师范大学世界史学科目前所取得的成就和影响力与老一辈学者打下的良好基础密不可分。今天我们编辑和出版这些老先生的个人文集，不仅是重温他们的学术思想，了解他们的学术发展轨迹，更是对他们治学理念的回顾和传承，管窥他们对学术的孜孜追求和敏锐的学术洞察力。

进入 21 世纪后，华东师范大学世界史学科发展获得新的发展机遇。2007 年，被教育部批准为国家重点学科（培育），同年被上海市政府批准为上海市重点学科。在国家 211 和 985 工程建设中，世界史学科也一直作为重点学科建设对象，获得研究资金和人员配备上的支持。在调整学科布局和保持原学科优势的基础上，涌现出以国际冷战史、中国周边关系史、地区国别史、全球思想文化史、国际历史教育比较等为代表的5个学科群。其中国际冷战史研究已成为国内一流、国际影响较大的学科发展方向，形成一支实力强劲的优秀研究团队；继2016年华东师范大学成立中国周边国家关系研究院后，中国与周边国家关系，尤其是20世纪下半叶的双边关系史研究异军突起，研究团队几乎访问了所有的周边国家档案文献收藏机构，并搜集了数量可观的周边国家对华关系档案，总量有数百万页，搭建起了一个周边国家对华关系文献数据库，档案语种涵盖越南语、缅甸语、泰国语、马来西亚语、柬埔寨语、蒙古语、韩语、日语和俄语等。在此基础上，研究团队除了给有关部门提交了数十篇高质量的咨询报告外，还在国内外权威期刊上公开发表了数篇学术论文。在地区国别史方面，非洲史、德国史和美国史在继承老先生文脉的基础上又有了新的发展，其中非洲史侧重于中非关系、非洲文化和坦桑尼亚历史的研究，与达累斯萨拉姆大学联合成立了“坦桑尼亚研究中心”，密切了双方的学术交流和人才培养机制；德国史主要关注20世纪德国历史的演进，特别是断代史、社会史、外交史、史学史及中德关系史，郑寅达教授当选为德国史学会会长；美国史则倾向于对美国城市发展过程中的内部治理的研究。在国际历史教育比较方面，引领中国历史教育走向国际化。本学科从21世纪初开始便积极同国际历史教育界建立联系，近4年已两次召开国际历史教育工作坊，邀请来自世界各地的专家与会，讨论如“各国历史教科书中的中国形象”等重大话题。孟钟捷教授当选为国际历史教育学会学术委员会成员，多次参加国际历史教育领域内的合作项目。杨彪教授多次前往国际教科书研究所。2015年起，本学科与德国奥格斯堡大学合作，创立国内首个历史教育海外研修学校，组织大学教师、中学教师、历史师范生前往德国。

“路漫漫其修远兮，吾将上下而求索。”经过60多年的学术积累和发展，华东师范大学世界史学科已经形成具有自己特色的研究领域和学科布局，并建立了从本科到博士后的完整专业人才培养体系，学术研究水平和人才培养质量在国内同类系科中位于前列，若干研究领域处于国际领先地位。在2016年全国第四轮学科评估中，华东师范大学世界史学科获得A+的评价。2017年，世界史学科入选上海高峰学科Ⅰ类资助行列。这既是对我们过去几十年来不遗余力地发展世界史学科的肯定，也是对我们未来学科能否成为世界一流学科的鞭策。我们倍感肩上的责任与重担，为此，我们本着有所为、有所不为的原则，在继承华东师范大学世界史学科前辈奠定的学科特色基础上，放眼全球，努力与当今世界著名高校的世界史研究相接轨，重点发展以下三个方面：

一是世界史学科在发展过程中主动对接国家战略，以适应社会经济发展提出的新需求。冷战史、地区国别史、欧洲社会文化史和历史教育国际比较研究等都涉及国家重大对外战略与重要学术创新。冷战国际史研究引领国内学术研究的潮流，同国际上的许多知名大学和研究机构建立了广泛而密切的学术联系，成为极具特色和优势的研究领域之一。结合华东师范大学“引领中国教师教育”的办学方针，世界史学科积极开展国际历史教育的比较研究，以“外国历史教科书中的中国形象”成功申报并立项为2021年国家社科基金重大课题。学科还积极参与上海市的智库建设，提交咨询报告。

二是致力于思考华东师范大学世界史学科人才培养的目标和方向，形成自己的学科特色和目标。那就是致力于培养热爱祖国，德智体全面发展，专业基础扎实、能力强、素质高，自觉为社会主义现代化事业，为繁荣历史科学服务的高级专门人才。其中以两类为主：一是基础教育的骨干师资，二是高等院校和科研单位的研究人员。人才培养过程中秉持“宽口径、厚基础”的理念，注重科研能力的训练和综合素质的培养。要求所培养的硕士研究生具有较系统的理论基础和正确的教育思想观念，熟悉国内外史学研究动态，打好扎实深厚的专业基础，能运用科学的研究方法进行专业领域的学术研究，熟练掌握一门外国语，毕业后能在本学科领域独立从事研究和教学工作，或在实际工作部门从事相关工作。博士研究生具有较深厚的理论素养和先进的教育思想观念，熟悉本专业领域史学研究成果和国内外最新研究动态，能够站在学术前沿，运用先进的研究方法和手段进行创造性研究，至少熟练掌握一门外国语，毕业后能在本学科领域独立从事高层次的研究和教学工作，或在实际工作部门从事相关的较高层次工作。目前，华东师范大学世界史学科下设世界断代史、世界地区国别史、专门史（冷战国际史）三个二级学科博士点和硕士点，同时拥有世界史一级学科的博士后流动站。世界断代史方向涵盖了世界上古中世纪史、世界近代史、世界现代史和世界当代史。注重世界通史观的培养，注意打破各断代史的壁垒，使学生形成宏观的世界史认识。地区国别史方向包括非洲史、美国史、德国史、日本史、法国史等国别地区史，其特色是注意将国别史中的国内史与对外关系史相结合。专门史方向主要为冷战国际史和中外关系史，目前是国内领先的学科方向，集合了国内顶尖的学者。学科以冷战国际史研究中心和当代文献史料中心为依托，将档案资料的收集与科学研究紧密结合，在利用档案文献研究社会主义国家关系史、中国与周边国家关系史方面已经形成了自身的特色，同时在研究生培养方面也形成了以档案文献整理为特色的理论与实践课程。

三是努力与国际接轨，及时跟进国际社会世界史学科研究的新进展。早在2013年，就在美国著名智库伍德罗·威尔逊国际学者中心设立了“华东师范大学-威尔逊中心冷战研究美国工作室”。此后，从2017年开始，又陆续在日本早稻田大学、越南国家社会科学研究院、德国奥格斯堡大学和坦桑尼亚达累斯萨拉姆大学设立了工作站，目的是在世界历史研究领域内增进双方的学术交流、学生培养和联合研究等方面的深入合作。上述5个工作站同时也是开放式的，为中国其他高校世界史的师生进站研究提供必要的相关帮助。

当今国际学术界的世界史研究日新月异，国际冷战史、全球史、环境史、社会史、妇女史、城市史、医疗史、移民史等领域的研究成果不断涌现，华东师范大学世界史学科在跟踪这些领域研究动态的同时，也努力展现自己的学术研究成果，为建构中国特色的世界史学科体系、学术体系和话语体系贡献自己的微薄之力。

沐涛　孟钟捷

2019年10月

目　录

·德中关系史·

·德法关系史·

前　言

一

德国史是华东师范大学世界史学科地区国别史研究中的特色方向。自 20 世纪 80 年代初起，李鉅廉（原名李巨廉）率先在第二次世界大战起源、法西斯体制等国家重大科研项目中涉及希特勒的军事战略研究。在李鉅廉的指导下，郑寅达对纳粹党早期社会基础、纳粹体制等问题进行了一系列开创性探索，并在第三帝国研究领域内做出了引人关注的成就。在 20 世纪 90 年代，孙炳辉、郑宗育、赵星铁在德意志帝国研究及德中关系领域内发表了数篇有影响力的论文。孙炳辉、赵星铁和郑寅达还共同撰写了《德国史纲》这一通史类作品。

进入 21 世纪后，郑寅达在法西斯体制比较研究、第三帝国史、德国通史领域内都出版了学术著作。在郑寅达的指导下，孟钟捷把德国史研究的视野扩展到魏玛共和国，把政治史的研究路径延伸至社会史和文化史，相继在劳资关系史、战争记忆史、历史教育等领域内申请到国家课题，进而发表了一些成果，同时在德国史教学领域内也做过探索。

2010 年以来，新加盟的 3 位青年学者再次加强了德国史研究团队的力量。毕业于北京大学的童欣在社会思想史、冷战史领域内已有多年积累。从德国特里尔大学留学归国的范丁梁专长于德国史学史研究，特别是关注历史与政治之间的互动往来。在沈志华的指导下，本系选留的葛君继承了冷战国际史研究的思路，专注于民主德国与其他社会主义国家之间的交往研究。

除此之外，3 位德国史方向的博士曾经或正在世界史博士后流动站做研究。

王琼颖毕业于本系，在20世纪德国住房政策研究领域内申请到国家课题。马绎毕业于上海市外国语大学，目前正在从事联邦德国社会福利制度研究。王志华毕业于德国图宾根大学，专长于19世纪德意志贵族史研究。

到2020年底为止，华东师范大学世界史学科在德国史研究领域内共拥有2位教授、3位讲师、2位博士后。总体而言，本系德国史研究主要集中于20世纪，涉及政治史、文化史、思想史、史学史、德中关系史等领域，同时关注德国通史感的培养。不过与其他兄弟高校相比，我们在古代日耳曼社会、神圣罗马帝国、启蒙史、地方史等领域内还存在明显不足。这是我们在未来发展中需要逐渐调整、吸纳和推进的方向。

2018年，郑寅达当选为中国德国史研究会会长，孟钟捷任秘书长，本系为秘书处所在地。在2019年出版的6卷本《德国通史》中，我们承担了第五卷（魏玛共和国和纳粹德国）的撰写工作。以上体现了国内德国史研究同仁对本团队的认可，我们也愿意为德国史研究学术共同体的形成略尽绵薄之力。

二

本辑收录了德国史团队的主要成果，时间跨度长达30年，涉及4代学人。根据主题不同，划分为断代史、史学史、德中关系史、德法关系史4个部分。此处对主题选择与入选标准做一简单说明，其中也涉及德国史方向研究生培养的历史。

曾经或正在本系工作的德国史研究同仁，应有一篇论文入选。但至本卷定稿之时，编者仍未与孙炳辉、赵星铁两位老师取得联系，因而只能暂时把这两位的论文推后收录。其他入选文章，能够反映本系德国史团队的基本研究旨趣，即集中于断代史与史学史。李鉅廉的论文对希特勒在二战前的决策过程进行了细致探究，展示了政治决断与国际关系之间颇为复杂的互动性。郑寅达与两位学生陈旸、韩昕旸的论文深入纳粹德国的农业政策与妇女政策，探讨纳粹观念在社会层面上的影响力。孟钟捷围绕二战后德国“克服历史”的种种做法，描绘了公众史学对此的反映和成果。童欣基于《中德学志》的内容，探讨了中德学会与纳粹政府之间的关系。范丁梁立足于现代德国史学的发展路径，勾勒出不同代际历史学家在历史知识的认知建构上的推进与转向。葛君则关注了民主德国在1958—1961年柏林危机期间的目标与行动。王琼颖刻画出魏玛共和国社会福利住房政策的演变过程。王志华根据新史料重新探讨了德意志联盟的创建进程。

本卷收录的其他论文，均是由华东师范大学世界史学科博士生完成的。其中，张沛、孟钟捷、刘芝平、邓白桦、徐继玲（硕士导师是郑宗育）、杨捷、苑爽、陈旸、王琼颖是郑寅达的博士生，葛君是沈志华的博士生，徐之凯（硕士导师是孟钟捷）是崔丕的博士生，陈弢和王雯菲是戴超武的博士生，徐璟玮是孟钟捷的博士生，沈辰成是孟钟捷的硕士生（德国奥格斯堡大学的博士生）。这一现象表明，本系德国史研究也得到了世界史学科其他研究方向的支持。

在这些论文中，断代史研究占据多数。邓白桦对所谓"1914 年思想"进行了深入研究，为我们展示出德意志帝国末期思想界存在的主要问题。张沛关注了二战后初期西占区德国人的战争反思。苑爽分析了美国对德国进行的"智力索赔"计划。陈弢从贸易争端的角度分析了美国与纳粹德国关系变化的缘由。刘芝平对阿登纳时代联邦德国重新武装战略的形成过程进行了详细描述。这些论文为我们勾勒出 20 世纪初至 20 世纪 50 年代德国政治发展中的特征和问题。

德中关系史是另一个热点。徐继玲和杨捷对 19 世纪 90 年代到 20 世纪 20 年代的德中经济往来进行了连贯性分析。其中，徐继玲主要关注德国对华借款，杨捷为我们展示了更为广阔的贸易交往。沈辰成是中德联合培养博士生，他与孟钟捷一起对德国历史教科书中的中国抗日战争进行了详细的实证分析。

在史学史中，徐璟玮对"种族"一词在德国历史叙述中的变化进行了有意思的描述。这是一篇概念史方向的探索。

德法关系史是值得关注的研究方向。一方面，德法关系本身既是我们理解现代德国史演进的切口，又是从德国史深入欧洲史的重要路径，另一方面，它恰恰也反映了我系德国史研究和培养的特色之一，即依托学校的中法联合培养项目。徐之凯是我校与萨克雷大学的联合培养博士生，精通德语和法语。他的论文对法占区内的非纳粹化运动进行了极有价值的分析。王雯菲是我校与巴黎高师的联合培养博士生。她的论文为我们展示了欧洲经济一体化初期德法货币政策的分歧与解决渠道。

三

本卷出版旨在展示本系德国史团队的研究历史与当下状况。事实上，除研究外，本系德国史团队也关注其他领域的相关工作，如推出《德国史》的专业选修课与全校公选课，编辑出版《德国简史》与《德国史读本》，翻译出版《德意志史》，组织德国史前沿系列讲座、德国史读书班。更为重要的是，从2016年起，本系在德国奥格斯堡大学建立了海外工作站，为接下来德国史研究人才的培养提供了更多便捷。

进一步的想法是，本系德国史团队要勇于进行跨方向、跨学科的研究。在系内，德国史方向将与法国史、意大利史等联合，在欧洲史、冷战国际史、全球思想史等领域内做出一些融合性成果。在系外，德国历史研究应该与德语语言研究、德国政治研究、德国文学研究等结合，努力打造华东师范大学德国研究平台。在数字史学的浪潮中，德国史也需要走出数字转向的一步，努力寻找与大数据研究的结合点。

作为中国德国史研究会秘书处所在地，我们还要扮演好全国德国史研究团队的后勤服务兵的角色。我们已启动上线德国史研究会的微信号，逐渐推送改革开放以来中国德国史研究的精品力作简介。我们还将与各高校、科研机构合作，筹办德国史研究学习班、德国史研究青年论坛等，为青年人才的成长提供平台。更为重要的是，本系德国史团队也力图建立中国与德国学界、国际学界的联系，推动中国的德国史研究走向世界。

千里之行，始于足下。本辑只是华东师范大学世界史学科德国史研究方向研究力量的一次梳理。我们希望同行学者继续关注和支持我们，期待更多优秀研究者加入我们，欢迎各方有识之士为我们出谋划策。

本辑由孟钟捷主编。硕士生吴郑洋做了大量协助工作。特此说明。

孟钟捷

2020年初夏于沪上三省居

断代史

浅析德意志联盟的创建

王志华*

在传统研究中，德意志联盟这一延续了半个世纪的秩序一直背负着负面的评价。普鲁士学派的代表特赖奇克就将其视为德国人被强加的“最不体面的制度”。① 自此以后，所有立足于德国统一现实和理想的史家都无法跳脱这个框架，比如尼培代认为，联盟可能是“德意志历史上的不幸”。② 近年来，伴随着欧洲一体化，普鲁士学派的观念逐渐得到修正，比如西曼就将联盟视为后民族国家时代的榜样，联盟的缔造者梅特涅则被看作“来自前现代的后现代政治家”。③

为德意志联盟“平反”，还反映了德国史界对于等级社会和资产阶级社会间过渡期的重新认识。比如科泽勒克将这一过渡期称为“鞍型期”（Sattelzeit）。在他看来，一些概念在此期间失去了原来的内涵，并被赋予了崭新的意义，宛如站在鞍形山脊的旅行者，刚走出一个山谷，即将步入另一个山谷。④这一认知不限于概念史领域，弗里从社会文化史和政治制度史角度出发，将 1789 年法国大革命和 1830 年七月革命间的半个世纪比作前现代的实验室。他认为，在此期

---

* 王志华，德国图宾根大学哲学博士，现为华东师范大学历史学系世界史博士后。

① Heinrich von Treitschke, *Deutsche Geschichte im neunzehnten Jahrhundert 1: Bis zum zweiten Pariser Frieden*, Leipzig: S. Hirzel, 1879, S. 705、708.

② Thomas Nipperdey, *Deutsche Geschichte 1800 - 1866: Bürgerwelt und starker Staat*, München: Beck, 1983, S. 97.

③ Wolfram Siemann, *Metternich: Stratege und Visionär Eine Biografie*, München: Beck, 2016, S. 864.

④ Reinhart, Koselleck, „Einleitung“, Brunner, Otto u. a. (Hrsg.), *Geschichtliche Grundbegriffe, Bd. 1*, Stuttgart: Klett-Cotta, 1979, S. XV. Fulda, Daniel, „Sattelzeit. Karriere und Problematik eines kulturwissenschaftlichen Zentralbegriffs“, Décultot, Elisabeth u. a. (Hrsg.), *Sattelzeit. Historiographiegeschichtliche Revisionen* (= *Hallesche Beiträge zur Europäischen Aufklärung, 52*), Berlin: De Gruyter, 2016, S. 2f.

间，各种不同于以往的生活方式和社会模式进入试验阶段，但整个社会和政治体系根本上还是前现代的延续。① 因此，德意志联盟尽管自创建后一直受到民族主义者和自由派的攻讦，但它在复辟时代乃至三月革命前时期的存续有着足够的合理性。直到克里米亚战争的爆发，现实政治（Realpolitik）开始成为主流，梅特涅倡导的大国协调模式（Mächtekonzert）才逐渐变得不合时宜。②

本文将重点关注德意志联盟创建过程中各博弈主体实力的消长，以及以梅特涅为代表的政治人物的应对。③ 将依次回答的问题有：旧帝国的瓦解和莱茵联盟的创立奠定了何种权力政治新格局？1813 年的战争中，普鲁士和奥地利两国的德意志政策的分歧在何处，双方又是如何异中求同的？维也纳和会前期，两国是出于何种考量，联合提出《十二条》方案的？该方案又为何最终流产？拿破仑开始百日执政后，梅特涅是如何努力追求共识，推动联盟最后创建的？

一、拿破仑战争带来的权力政治新格局

三十年战争后，德意志人民的神圣罗马帝国是联邦制的。④ 这一说法植根于很多同时代人的判断，比如普芬道夫（Samuel von Pufendorf）就把旧帝国称为“联盟”（foedus）。孟德斯鸠则称其为“联邦共和国”（la république fédérale）。⑤ 到了 18 世纪下半叶，普、奥两强并立，让帝国陷入失能的状态。普奥之外整合“第三德意志”的理想应运而生。旧帝国末期所有的改革方案几乎都指向两个目标：要么是个普、奥共同领导的联邦制国家，要么是个托庇于法、俄这样的外来强

① Ewald, Frie, *Friedrich August Ludwig von der Marwitz 1777-1837. Biographien eines Preußen*, Paderborn: Schöningh, 2001, S. 29ff.

② Anselm Doering-Manteuffel, *Die deutsche Frage und das europäische Staatensystem 1815-1871* (= *Enzyklopädie deutscher Geschichte*, *15*), München: Oldenbourg, 2010, S. 31ff.

③ 国内较为深入的研究可见蒋劲松：《德国代议制》，中国社会科学出版社，2009 年，第一卷，第 197—208 页；郑寅达：《德国史》，人民出版社，2014 年，第 185—189 页；李工真：《德意志道路：现代化进程研究》，武汉大学出版社，1997 年，第 65—70 页。

④ 钱金飞：《近代早期德意志政治发展特性刍议——对“德意志特殊道路”的一种反思》，载《世界历史》2016 第 2 期。

⑤ Jürgen Overhoff, Wie Montesquieu Deutschland bereiste und dabei den Föderalismus entdeckte, Charles-Louis de Secondat Baron de La Brède de Montesquieu, *Meine Reisen in Deutschland 1728-1729*, Stuttgart: Cotta, 2014, S. 11-36.

权下，单由第三德意志组成的联盟。①

法国革命和拿破仑战争为德意志带来了权力政治新格局。普、奥两强敌对并未改善。专注于北德意志地区的普鲁士在1795年就退出反法同盟，而奥地利在接连的对法作战失败后丧失了对帝国其他成员的影响力。在法、俄两强的安排下，《帝国代表团总决议》于1803年2月25日在雷根斯堡签订，这让一些规模较大的第三德意志国家借机大大扩张领土面积，并成长为德意志地区的重要一极。②

在此情形下，法、俄两强都考虑创建一个由第三德意志组建的联盟：1804年初，一名法国驻外代表向巴黎建议，建立一个在法、俄两强保障下的德意志联盟，但须摒弃普、奥两强以及与英国共戴一君的汉诺威；而1805年组建反法同盟的谈判中，沙皇亚历山大一世向英国建议，普、奥之外的德意志地区和瑞士、荷兰一道，结成一个在英、俄两强保障下的联盟。③

1805年12月2日，拿破仑在奥斯特里茨战役中击败了奥地利和俄国，为法国人的联盟方案的生根开花提供了土壤。1806年7月12日，莱茵联盟于巴黎创建，8月6日，在拿破仑的逼迫下，弗朗茨一世皇冠落地，千年帝国终结。

二、普、奥两强的德意志政策

普鲁士的德意志政策有一定的连贯性，因此有必要首先关注一份旧帝国瓦解前的帝国改革方案。这是时任普鲁士外相的哈登贝格于1806年2月为即将和法国人的谈判所拟定的。该方案一方面建议保留奥地利帝国皇帝称号，另一方面希望强化“行政区”这一旧帝国时代的军事制度。根据哈登贝格的建议，帝国应划分为六个行政区，区内最强大的邦君承担行政区长官之职，并获得仅仅受限于帝国制度的主权地位，而行政区内其他诸侯则成为他的臣僚。此外，在帝国内部将成立三个联盟，即奥地利联盟、普鲁士领导的北德意志联盟和巴伐利亚领导的南德意志联盟。显然，哈登贝格希望借助行政区长官和联盟首脑两个身份来进一步巩固普鲁士在北德意志地区的霸权，并通过掏空皇帝的实质权

---

① Georg Schmidt, Deutschland 1806 - staatliche Zäsur und nationale Kontinuität? in: Andreas Klinger (Hrsg.), *Das Jahr 1806 im europäischen Kontext. Balance, Hegemonie und politische Kulturen*, Köln; Weimar; Wien: Böhlau, 2008, S. 101-122.

② 郑寅达：《德国史》，人民出版社，2014年，第163页。

③ Georg Schmidt, Deutschland 1806 - staatliche Zäsur und nationale Kontinuität? S. 106.

力，达到与奥地利平起平坐的地位。①

由于普鲁士和法国的和议没有成功，耶拿和奥尔施塔特（10 月 14 日）又出现败绩，哈登贝格只能寻求和俄国结盟。在巴尔腾施泰因签署的结盟条约（1807 年 4 月 26 日）中，普鲁士外相还是延续着上一年的思路，提议设立"一个合宪的联邦"（une fédération constitutionelle）。但随着俄国在弗里德兰战败（6 月 14 日），并和普鲁士一道在提尔西特向拿破仑媾和（7 月 7 日、9 日），哈登贝格的计划只能暂时束之高阁。②

拿破仑征俄失败的消息传来时，哈登贝格已经担任首相两年有余，他的方案重新找到了实施的可能性。1813 年 2 月卡利什结盟时，俄国通过秘密条款许诺普鲁士将恢复到 1806 年的领土面积。但俄国在占领华沙大公国后，并不准备完全归还普鲁士和奥地利曾经瓜分所得的波兰领土，而只是模糊地承诺让柏林政府获得联结西里西亚和东普鲁士的一条走廊，其余的领土则将从北德意志获得。因此，普鲁士把矛头指向同样信仰新教的梅克伦堡和萨克森，两块从弗里德里希大王以来一直垂涎的领地。③

该政策的具体执行者是中央管理委员会主席施泰因。该组织负责在被"解放"的地区筹措军饷和招募士兵。施泰因是帝国男爵、前普鲁士大臣、改革家，后任沙皇幕僚。由于他的领地在拿破仑时代成为邻近的拿骚公国扩张的牺牲品，在他看来，莱茵联盟的诸侯就是 36 个"暴君"，把两个梅克伦堡公国和萨克森王国当作战败国处置，纳入普鲁士的版图，正是在实施"征服者权利"。④

为了将称霸北德意志的雄心合法化，普鲁士诉诸民族主义。⑤ 3 月 17 日，普王弗里德里希·威廉三世发出了《致我的人民》的号召。25 日，联军统帅库图佐夫（Michail Kutusow）则向所有德意志人民发布了《卡利什声明》，清晰地指明联盟的战争目标：解散莱茵联盟这个"欺骗性的枷锁"以及"外来压迫的

---

① Wolf D. Gruner, *Der Wiener Kongress 1814/15*. Stuttgart: Reclam, 2014, S. 63-65.

② Ernst Rudolf Huber, *Deutsche Verfassungsgeschichte seit 1789, 1: Reform und Restauration 1789 bis 1830*, Stuttgart: Kohlhammer, 1957, S. 112. Michael Kotulla, *Deutsche Verfassungsgeschichte: Vom Alten Reich bis Weimar (1495 bis 1934)*, Berlin; Heidelberg: Springer, 2008, S. 302.

③ Reinhard Stauber, *Der Wiener Kongress*, Wien; Köln; Weimar: Böhlau, 2014, S. 78-80.

④ Steins, „Über eine deutsche Verfassung", Eckhardt Treichel (Hrsg.), *Quellen zur Geschichte des Deutschen Bundes, Abt. 1: Quellen zur Entstehung und Frühgeschichte des Deutschen Bundes 1813-1830, Band 1: Die Entstehung des Deutschen Bundes 1813-1815*, S. 18-25.

⑤ Wolfram Siemann, *Metternich. Stratege und Visionär. Eine Biografie*, München: Beck, 2016, S. 389-390.

结果和外来影响力的工具”，并促使“令人尊敬之帝国的重生”。此外俄军元帅强调，未来帝国秩序的构建将由“德意志的诸侯和人民”共同承担。①

与普鲁士不同的是，奥地利与民族主义狂热保持距离。《普雷斯堡条约》签署后奥地利失去了大片德意志领地，这预示着该多民族帝国对于德意志事务的疏离。受前任外相、狂热的帝国复辟追求者施塔迪翁（Johann Philipp von Stadion）的影响，维也纳一度民族情绪高涨。但随着 1809 年第五次同盟战争的失败和梅特涅的上位，德意志民族性的政治化开始受限。② 因此，在普鲁士高擎民族解放旗帜时，梅特涅却决定致力于召唤合法性。1813 年 1 月，他向普鲁士特使阐明了奥地利的根本目标：“建立自愿参与的、伟大的中欧联盟，基于国家独立地位和财产安全，建立一个合法的体系，取代被迫联合的现行体系，以反对任何对外扩张的企图，无论其来自何方。”③

要指出的是，梅特涅召唤合法性背后是维持权力平衡的现实考量。3 月初，他就出于战略目的制止了在由巴伐利亚占领的蒂罗尔发动起义的计划。根据他的预计，主战场应该会在德意志中部，占领蒂罗尔的巴伐利亚应是可拉拢的对象。④

此外，当普鲁士特使以剥夺领地来威胁巴伐利亚改换阵营时，奥地利却发出了温和的结盟邀请。当施泰因将萨克森视为战败国时，其国王弗里德里希·奥古斯特一世却在维也纳治下的波希米亚暂时找到了安身之所。4 月 20 日，萨克森和奥地利签订条约宣布中立，并获得有关领地保障的承诺。受其影响，巴伐利亚国王马克西米连·约瑟夫一世于 4 月 25 日宣布中立，并准备在 5 月和奥地利商讨结盟事项。同时，另两个南德意志国家巴登和符腾堡也开始同维也纳派出的代表接触。不过，拿破仑 5 月份在大格尔申和包岑两场战役的胜利让梅特涅的努力化为乌有，萨克森国王回到了德累斯顿，并重新进入法国人的阵营，南德意志三国也放弃同维也纳的进一步谈判。⑤

---

① Proklamtion von Kalish, Eckhardt Treichel (Hrsg.), *Quellen zur Geschichte des Deutschen Bundes, Abt. 1: Quellen zur Entstehung und Frühgeschichte des Deutschen Bundes 1813–1830, Band 1: Die Entstehung des Deutschen Bundes 1813–1815*, München: Oldenbourg, 2000, S. 5–7.

② Helmut Rumpler, *Österreichische Geschichte, 1804–1914: eine Chance für Mitteleuropa: bürgerliche Emanzipation und Staatsverfall in der Habsburgermonarchie*, Wien: Ueberreuter, 1997, S. 209.

③ 基辛格：《重建的世界》，冯洁音、唐良铁、毛云译，上海译文出版社，2015 年，第 64 页。

④ Wolfram Siemann, *Metternich. Stratege und Visionär. Eine Biografie*, S. 379.

⑤ Enno E. Kraehe, *Metternich's German Policy, 1: The Contest with Napoleon, 1799–1814*, Princeton, NJ: Princeton Univ. Press, 1963, S. 169–172.

虽然梅特涅在外交上遭遇小小的挫折，但战局陷入僵持后，奥地利和南德意志国家对于未来战局的影响力都将获得提升。这将最终扩大它们在战后秩序重建过程中的行动空间。8月11日，奥地利向法国宣战，必须调整同盟的政策，以适应新盟友。施泰因在此时起草的备忘录与其说是一份德意志重建方案，不如说是对于奥地利立场的宣示。他建议第三德意志重组一个帝国，帝国皇位由奥地利所有，在拿破仑时代坐享主权地位的邦君重新降为帝国等级，然后再让该帝国与普鲁士、奥地利组成联盟。①

在梅特涅看来，施泰因重建帝国的方案是不现实的，因为第三德意志国家的立场足以影响接下来的战局，而要它们倒向反法同盟，就不可能逼迫它们放弃主权地位。在一次和英国特使的谈话中，梅特涅勾画了自己的德意志政策，即创建一个由各诸侯间的条约和同盟所构成的体系，每一个享有主权地位的诸侯有义务保卫其他德意志国家，并共同抵御来自外部或内部的侵略行为。②

9月9日，中东欧三国在特普利茨正式结盟，象征着梅特涅的政策成为同盟的主旋律。10月3日，英国通过三份双边条约加入了同盟。在梅特涅的坚持下，奥地利签署的三份双边条约都纳入了有关“合法的权力平衡”（juste équilibre）的提法。当然对于奥地利人来说，更为关键的还是秘密条款第1条，它不但规定了普、奥两强的领土恢复到1805年的标准，而且保证了莱茵联盟成员国“完全不受限制的独立地位”，它们的边界也将按照1805年的标准重建。③

在正式结盟前，沙皇就已经放弃了施泰因的路线，两个梅克伦堡公国不再被当作战败国处置。8月31日，他亲自向巴伐利亚发出了入盟的邀请。④ 经过谈判，10月8日，这个莱茵联盟最大的成员国终于摆脱了拿破仑，和奥地利签订《里德条约》。根据条约，巴伐利亚宣布立即退出莱茵联盟并加入反法同盟，而奥地利则以同盟之名保证，巴伐利亚国王享有对开战前所拥有领地“自由和

---

① Steins, Über eine deutsche Verfassung, S. 24-25.

② Graf von Hardenberg an Graf Münster, Robert Stewart Castlereagh, *Lord Castlereagh's Denkschriften, Schriftenwechsel und sonstige amtlich-diplomatische oder vertrauliche Mittheilungen 4*, Hamburg: Hoffman & Lampe, 1854, S. 27-38.

③ “Allianzvertrag zwischen Preußen, Russland und Österreich”, Eckhardt Treichel (Hrsg.), *Quellen zur Geschichte des Deutschen Bundes, Abt. 1: Quellen zur Entstehung und Frühgeschichte des Deutschen Bundes 1813-1830, Band 1: Die Entstehung des Deutschen Bundes 1813-1815*, S. 28-36.

④ Enno E. Kraehe, *Metternich's German Policy, 1: The Contest with Napoleon, 1799-1814*, S. 196-197.

平的使用权”以及“完全不受限制的主权”。[①]

《里德条约》的签订不但意味着奥地利接受巴伐利亚的地位提升，而且标志着哈布斯堡家族彻底放弃了18世纪一直在尝试的以奥属低地国家（即后来的比利时）换取巴伐利亚的计划。皇帝约瑟夫当年为了巴伐利亚不惜同普鲁士、萨克森开战，而这样的事情将不可能再度发生。梅特涅实践的是“合法的权力平衡”，而它的维持将不再只是依靠强权，还需要双边的利益、共识和缔结的条约做后盾。[②]

4天后，梅特涅向英国特使保证，巴伐利亚不但能为同盟带来一支4万人的强大军队，而且将在新秩序建构过程中起到示范作用。[③] 奥地利外相所言不虚，虽然巴伐利亚将军弗雷德（Karl Philipp von Wrede）率领的军队错过了莱比锡战役，但在月底的哈瑙战役中起到很大的作用。此外，他在奔赴莱茵河前线途中一度陈兵于符腾堡边境，迫使符腾堡国王弗里德里希一世和他签订停战协定（10月23日）。11月2日，符腾堡通过《富尔达盟约》，正式加入同盟，在服从“旨在重建保障德国独立自由地位所需的和平安排”的前提下，获得了对“主权和领地使用权”的保障。[④] 11月5日，联军收复法兰克福这个旧帝国皇帝举行加冕仪式的城市，在那里，奥地利与巴登、拿骚、黑森-达姆施塔特等中小国家陆续签署了入盟条约。中小国家在获得有关主权和领地使用权保障的同时，必须为了创建旨在保障德国独立的新秩序，而在权力和领土上做出必要的让步。[⑤]

根据梅特涅的自述，中东欧三国在特普利茨结盟就意味着，联盟成为德意志新秩序的唯一选项。然而，直到1814年1月底，奥地利外相才在一份备忘录中首次使用“联盟纽带”（ein föderatives band）这一表达：“德国由拥有主权地

---

① Präliminarallianzvertrag zwischen Österreich und Bayern, Eckhardt Treichel (Hrsg.), *Quellen zur Geschichte des Deutschen Bundes, Abt. 1: Quellen zur Entstehung und Frühgeschichte des Deutschen Bundes 1813-1830, Band 1: Die Entstehung des Deutschen Bundes 1813-1815*, S. 41-48.

② Paul W. Schroeder, *The Transformation of European Politics 1763-1848*, Oxford: Clarendon, S. 481-482.

③ Graf von Hardenberg an Graf Münster, S. 30、35.

④ Enno E. Kraehe, *Metternich's German Policy, 1: The Contest with Napoleon, 1799-1814*, S. 232-233. Reinhard Stauber, *Der Wiener Kongress*, S. 25-26.

⑤ Ernst Rudolf Huber, *Deutsche Verfassungsgeschichte seit 1789, 1: Reform und Restauration 1789 bis 1830*, S. 494-496. Michael Kotulla, *Deutsche Verfassungsgeschichte: Vom Alten Reich bis Weimar (1495 bis 1934)*, S. 296.

位的诸侯组成，通过保证并承诺德国独立的联盟纽带统一起来”。在这份备忘录上，普王和哈登贝格都留下了签名，这让“联盟纽带”成了德意志两强的共识。[①] 之后，上述文字被《肖蒙条约》（3月9日）和第一次《巴黎和约》（5月30日）采纳，进而上升为全欧洲的共识。[②]

三、作为梅特涅谈判筹码的《十二条》方案

在莱比锡战役中，萨克森国王被俘，这再度燃起了普鲁士领土扩张的野心。1814年4月29日，在巴黎参与和议的哈登贝格提交了一份条约草案，将波兰大部分领土让给俄国，而由普鲁士吞并萨克森。由于缺乏共识，第一次《巴黎和约》没能解决波兰与萨克森的问题，该问题将留待维也纳和会解决。[③]

在普鲁士人的眼中，北德意志霸权始终是他们在和会上的首要目标，领土扩张是实质，联盟的相关规定是辅助。而对于梅特涅来说，遏制普鲁士与俄国的领土野心是和会的核心目标，达成联盟的协议则是次要关切。[④]

因此，直到1814年6月，哈登贝格和梅特涅才在逗留伦敦期间正式开始研究联盟创建问题。[⑤] 在此之前，相关讨论仅局限在双方的幕僚层面。1813年底，普鲁士前驻维也纳大使洪堡曾根据当前局势草拟了一份方案。建议联盟的外交和国防事务由普、奥两国负责，内政则由普、奥加上巴伐利亚和汉诺威两个中等国家共同决定，小国不但无法享有主权，内政也将受到联盟的干涉，具体的规定包括了保障前帝国贵族的特权、重建等级制度和统一的司法。[⑥] 而梅特涅的幕僚根茨（Friedrich Gentz）则认为该方案没有施行的可能性，因为不但被降

---

① Wolfram Siemann, *Metternich. Stratege und Visionär. Eine Biografie*, S. 427-428、452.

② Erster Pariser Frieden, Eckhardt Treichel (Hrsg.), *Quellen zur Geschichte des Deutschen Bundes, Abt. 1: Quellen zur Entstehung und Frühgeschichte des Deutschen Bundes 1813-1830, Band 1: Die Entstehung des Deutschen Bundes 1813-1815*, S. 153-158.

③ 基辛格：《重建的世界》，冯洁音、唐良铁、毛云译，上海译文出版社，2015年，第171页。

④ Enno E. Kraehe, *Metternich's German Policy, 2: The Congress of Vienna, 1814-1815*, Princeton, NJ: Princeton Univ. Press, 1983, S. 81-82.

⑤ Wolfram Siemann, *Metternich. Stratege und Visionär. Eine Biografie*, S. 470.

⑥ Humboldt über die künftige Verfassung Deutschlands, Eckhardt Treichel (Hrsg.), *Quellen zur Geschichte des Deutschen Bundes, Abt. 1: Quellen zur Entstehung und Frühgeschichte des Deutschen Bundes 1813-1830, Band 1: Die Entstehung des Deutschen Bundes 1813-1815*, S. 72-88.

等的小国会抗议，中等国家也不会支持普、奥两国对于国防外交事务的垄断。[①]

根茨有关中等国家的判断是准确的。和会上，巴伐利亚和符腾堡的立场将在很大程度上影响联盟的创建。在莱茵联盟时代，两国邦君升格为国王，对内他们废除了旧帝国时代的领地等级制度，开始没有内部制衡的绝对主义统治，对外他们抵制一切强化莱茵联盟的措施，让它的功能仅局限在军事层面。此外，在加入反法同盟后，两国军队又立下不少战功，这让两国在战后安排中的话语权进一步提升。基于奥地利有关主权的承诺和拿破仑时代的经验，两国期待在德意志仅仅设立一个同意大利一样松散的秩序。[②]

值得一提的是，洪堡在计划中忽视了符腾堡的分量。由于沙皇母亲来自符腾堡家族，符腾堡加入同盟后和俄国的关系迅速升温。国王弗里德里希甚至在1814年7月建议创建一个以俄国为首的、涵盖所有独立自主的南德意志国家的俄德联盟。[③]

马格认为，普鲁士有意通过强化在联盟层面针对成员国内部等级制度的规定来侵蚀巴伐利亚等国的主权。[④] 这一观点缺乏直接证据，但无论如何，前帝国贵族的一些诉求被普鲁士纳入自己的一系列方案之中。施泰因组织了帝国男爵代表团，并为其行为撰写指令，而他在中央管理委员会的助手索尔姆斯（Friedrich zu Solms-Laubach）则组建了失去帝国直属地位的前帝国等级委员会（Verein der Mediatisierten）。两个集团的诉求以复辟旧制度为导向，一方面他们都期待延续《莱茵联盟议定书》的规定，和领地等级贵族一样，拥有领地治权，并在成员国将召开等级议会的上院占据席位，另一方面前帝国等级希望延续帝国议会的传统，在未来的联盟议会上拥有代表权。[⑤] 对于巴伐利亚和符腾堡来说，前一项诉求是可以得到满足的，两国已经意识到稳定内部法权秩序的重要性，因此都在和会期间召集了宪法委员会，希望抢在会议结束前完成立宪，

---

① Gentz an Humboldt, Eckhardt Treichel (Hrsg.), *Quellen zur Geschichte des Deutschen Bundes, Abt. I: Quellen zur Entstehung und Frühgeschichte des Deutschen Bundes 1813–1830, Band 1: Die Entstehung des Deutschen Bundes 1813–1815*, S. 88–89.

② Michael Kotulla, *Deutsche Verfassungsgeschichte: Vom Alten Reich bis Weimar (1495 bis 1934)*, S. 281–282、284、290–291.

③ Enno E. Kraehe, *Metternich's German policy, 2: The Congress of Vienna, 1814–1815*, Princeton, NJ: Princeton Univ. Press, 1983, S. 78.

④ Wolfgang Mager, Das Problem der landständischen Verfassungen auf dem Wiener Kongreß 1814/15, *Historische Zeitschrift*, 217 (1973), S. 318–319.

⑤ Wolfram Siemann, *Metternich. Stratege und Visionär. Eine Biografie*, S. 523.

以回避新秩序对于内政的干预。① 而后一项诉求则将被视为侵犯主权而遭到抵制。

在7月初，哈登贝格在洪堡的配合下，基于在伦敦同梅特涅达成的共识，完成了包含41条内容的《德意志联盟宪法纲要草案》（后简称《四十一条》），后来，该方案又采纳了施泰因和索尔姆斯部分修改意见后，被送达梅特涅案头。尽管手下的法律顾问都对《四十一条》中普鲁士的霸权野心表示了担忧，梅特涅还是同意将其作为讨论的基础。从10月7日到12日，普、奥与汉诺威的代表一道，将《四十一条》简化成《十二条》，并于10月14日提交旨在商讨联盟创建事宜的"德意志委员会"讨论。②

德意志委员会是四大战胜国（英国、俄国、普鲁士与奥地利）参与的和会核心机构"四国会议"于9月22日决定设立的，成员是普鲁士、奥地利、汉诺威、巴伐利亚和符腾堡五国代表。为了加快谈判速度，其他中小国家都被排除在委员会之外，在普、奥两强的考量中，在法兰克福加入同盟的国家既然已经承诺服从新秩序，就应该等待五国的共同决定。相比之下，没有参与反法战争的国家则更没有进入委员会的理由。③

根据《十二条》，德意志将被划分成七个行政区，奥地利和普鲁士分别在两个行政区任长官，而另外三国各管辖一个行政区。联盟议会包括由五强组成的"行政区长官委员会"和所有成员共同组成的"诸侯与城市委员会"。前者掌握行政权并负责国防和外交事务，立法权则由两个委员会共同履行。在行政区长官委员会，普、奥各拥有两票，而其他三国各拥有一票，因此普、奥两国可以共同垄断联盟的行政事务，从而使该方案体现出鲜明的两强同治的色彩。

此外，由于该方案赋予行政区长官很大的权力，可能在实践中转变为五国

---

① Bernd Wunder, Landstände und Rechtsstaat: zur Entstehung und Verwirklichung des Artikels 13 DBA, *Zeitschrift für historische Forschung*, *5* (*1978*), S. 139-185.

② Eckhardt Treichel (Hrsg.), *Quellen zur Geschichte des Deutschen Bundes*, *Abt. 1*: *Quellen zur Entstehung und Frühgeschichte des Deutschen Bundes 1813-1830*, *Band 1*: *Die Entstehung des Deutschen Bundes 1813-1815*, S. XLVI-LIX. Die Zwölf Artikel, Eckhardt Treichel (Hrsg.), *Quellen zur Geschichte des Deutschen Bundes*, *Abt. 1*: *Quellen zur Entstehung und Frühgeschichte des Deutschen Bundes 1813-1830*, *Band 1*: *Die Entstehung des Deutschen Bundes 1813-1815*, S. 365-370. 蒋劲松：《德国代议制》第一卷，中国社会科学出版社，2009年，第204页。

③ Reinhard Stauber, *Der Wiener Kongress*, S. 49. Enno E. Kraehe, *Metternich's German Policy*, *2*: *The congress of Vienna*, *1814-1815*, S. 23、167. Eckhardt Treichel (Hrsg.), *Quellen zur Geschichte des Deutschen Bundes*, *Abt. 1*: *Quellen zur Entstehung und Frühgeschichte des Deutschen Bundes 1813-1830*, *Band 1*: *Die Entstehung des Deutschen Bundes 1813-1815*, S. LXII.

共管的态势。按照第 8 条规定，行政区长官的职责除了维护联盟条约和决议之外，还包括召集行政区等级议会、领导区内国防事务以及司法事务，这使得第 3 条保障的“完全、独立地享有执政权”事实上将仅限于行政区长官国，而其他国家可能因此成为五国实质上的臣僚。

行政区划分对于符腾堡国王很有吸引力，9 月底他在同梅特涅的谈话中得知，符腾堡所在的施瓦本行政区将至少囊括巴登。之后，根据他手下幕僚的估算，行政区将至少包括 300 余万人口，比起符腾堡现在的 140 万人口，翻了一倍也不止。①

不过，《十二条》方案并没能获得两个南德意志国家的支持。巴伐利亚只关心领土和主权问题，行政区划分非但无法让它扩张势力，反倒可能因为其中对所谓“行政区等级议会”的规定而影响它对内主权的行使。而符腾堡国王则将其视为“既没发酵、又劣质的次品”。② 但考虑到行政区划分可能带来的好处，他还是让自己的代表留在委员会中寻求行政区的明确边界。

10 月 20 日，两个南德意志国家代表分别提出了修正意见。首先，第 2 条规定联盟的目的要“捍卫各阶层的合宪权利”被认为是对于成员国主权的干预，而受理臣民控诉的联盟法庭和有关最低程度等级权利的规定，也因为相同的原因受到两国代表的抵制。其次，他们都反对普、奥两国对于行政区长官委员会的垄断倾向。此外，巴伐利亚代表、已晋升为陆军元帅的弗雷德认为，既然联盟的目的仅限于共同防御，那么诸侯与城市委员会这么一个立法机构就没有存在的必要。在外交、国防方面，弗雷德期待保留成员国外派大使以及和他国开战及议和的权利。经过一个月的十多次的正式讨论和多渠道私下谈判，分歧依旧。③

在这一个月中，波兰—萨克森问题引发的矛盾却在不断激化。10 月 23 日，哈登贝格、梅特涅和英国外交大臣卡斯尔雷共同起草了一份备忘录，承诺普鲁士得到整个萨克森王国，但作为回报，它必须与另外两国联手，迫使俄国遵守

---

① Wolfgang Mager, Das Problem der landständischen Verfassungen auf dem Wiener Kongreß 1814/15, *Historische Zeitschrift*, 217 (1973), S. 312-313.

② Wolfgang Mager, Das Problem der landständischen Verfassungen auf dem Wiener Kongreß 1814/15, S. 318.

③ Eckhardt Treichel (Hrsg.), *Quellen zur Geschichte des Deutschen Bundes, Abt. 1: Quellen zur Entstehung und Frühgeschichte des Deutschen Bundes 1813-1830, Band 1: Die Entstehung des Deutschen Bundes 1813-1815*, S. LXIV-LXV、LXXII.

第三次瓜分波兰后的边界，即退到维斯瓦河一线。然而，当梅特涅将备忘录递交给沙皇时，后者不但愤怒地拒绝接受所谓的“10月23日阴谋”，而且要求同奥地利外相决斗。10月底，沙皇趁着在匈牙利访问的机会试图说服同行的奥皇和普王反对他们的大臣的政策。虽然奥皇不为所动，但普王被说服了。11月3日，普王明确禁止哈登贝格和奥地利、英国进行任何单独磋商。①

在和会初期，梅特涅在萨克森和联盟创建问题上对于普鲁士的野心一再容忍，这明显违背他的政策主线，原因耐人寻味。② 但作为多边谈判机制中的调解者，借助不可能实现的方案摸清其他博弈主体的底牌也是谈判的一种手段，因此，《十二条》方案和10月23日的备忘录都可被视为梅特涅的筹码。

四、梅特涅的政策转向

11月，行政区划分这一《十二条》方案的基石，却随着梅特涅的政策转变而开始动摇。被排除在委员会之外的小国代表给他施加了很大的压力。10月14日，就在德意志委员会开议当天，小国代表组成了一个游说集团，定期开会协商的同时，也派人与大国领导人接触。得到《十二条》文本和前几次的德意志委员会会议记录后，小国代表们觉得，梅特涅似乎并没有遏制普鲁士的霸权企图的打算。在11月3日的一次聚会上，有代表表示，《十二条》方案是要让“最古老的诸侯家族隶属于五个行政区长官国”，并“从根本上改变德意志制度”。③

11月4日，梅特涅上书奥皇，声称自己从始至终坚持“保护小国不受大国霸凌”的原则。皇帝应该扮演保护人的角色，从而让奥地利的优势地位拥有比起旧帝国制度“更安全稳固的基础”。这标志着梅特涅的政策转向。在7日的委员会讨论中，梅特涅指出行政区划分的困难，并提议寻找替代方案。符腾堡国王终于厌倦了委员会有关琐碎细节的讨论。16日，符腾堡代表建议休会，自此

---

① Reinhard Stauber, *Der Wiener Kongress*, S. 83–84. 基辛格：《重建的世界》，冯洁音、唐良铁、毛云译，上海译文出版社，2015年，第192—193页。

② Karl Otmar von Aretin, *Bayerns Weg zum souveränen Staat: Landstände und konstitutionelle Monarchie 1714–1818*, München: Beck, 1976, S. 157.

③ Eckhardt Treichel (Hrsg.), *Quellen zur Geschichte des Deutschen Bundes, Abt. 1: Quellen zur Entstehung und Frühgeschichte des Deutschen Bundes 1813–1830, Band 1: Die Entstehung des Deutschen Bundes 1813–1815*, S. LXXVIII, LXXIX, LXXXIII–LXXXIV. Enno E. Kraehe, *Metternich's German Policy, 2: The Congress of Vienna, 1814–1815*, S. 240–241.

委员会陷入停摆。①

而在波兰-萨克森问题上，鉴于普鲁士既放弃向沙皇争取维斯瓦河一线，又指望吞并整个萨克森，梅特涅选择摊牌。他在 12 月 10 日晚上发给哈登贝格那份照会中宣布，在波兰问题上他将不再谋求普鲁士的合作，并直接和沙皇谈判。在萨克森问题上，考虑到没有一个德意志国家会同意加入一个以其成员国解体为代价的联盟，普鲁士只能获得萨克森领土的五分之一。② 与此同时，梅特涅提议创建一个“没有普鲁士参与的联盟”，作为制衡普鲁士的筹码。他的副手韦森贝格（Johann Philipp von Wessenberg）草拟了一份方案。该方案不但放弃了行政区划分，把议会分为全体成员拥有投票权的所谓“联盟委员会”和三个成员国组成的“常务委员会”。后者处理国防外交事务，由奥地利担任主席国，而另两个成员每年改选一次。由于了解到小国的关切，方案第 3 条明确指出，联盟所有的国家享有平等的权利，没有国家有权凌驾于其他国家之上。此外，为了迎合巴伐利亚，第 12 条特别规定，所有国家拥有对外缔约结盟的权利，只要不针对联盟或其成员。③ 之后，在萨克森问题上和奥地利共同进退的汉诺威、巴伐利亚和黑森-达姆施塔特三国陆续收到了韦森贝格的方案。汉诺威对此坚决反对，因为一旦将普鲁士排除在外，这个联盟便丧失了意义。巴伐利亚国王原则上同意，但还是提出一些修改意见。相比之下，只有黑森-达姆施塔特对此方案感到满意。④

根据卡斯尔雷的说法，梅特涅 12 月 10 日的照会引发了“外交震荡”。而法国代表塔列朗也加入维护萨克森的行列中，他于 19 日起草的一份备忘录指出，在萨克森问题上，合法性原则应高于对权力平衡的追求。⑤ 年末的四国会议会

---

① Eckhardt Treichel (Hrsg.), *Quellen zur Geschichte des Deutschen Bundes*, *Abt. 1*: *Quellen zur Entstehung und Frühgeschichte des Deutschen Bundes 1813–1830*, *Band 1*: *Die Entstehung des Deutschen Bundes 1813–1815*, S. LXXIII–LXXIV. Enno E. Kraehe, *Metternich's German Policy*, 2: *The Congress of Vienna*, *1814–1815*, S. 224、239、242.

② Reinhard Stauber, *Der Wiener Kongress*, Wien; Köln; Weimar: Böhlau, 2014. S. 85. 基辛格：《重建的世界》，冯洁音、唐良铁、毛云译，上海译文出版社，2015 年，第 196 页。

③ Der Wessenbergplan, Eckhardt Treichel (Hrsg.), *Quellen zur Geschichte des Deutschen Bundes*, *Abt. 1*: *Quellen zur Entstehung und Frühgeschichte des Deutschen Bundes 1813–1830*, *Band 1*: *Die Entstehung des Deutschen Bundes 1813–1815*, S. 961–966.

④ Wolf D. Gruner, *Der Wiener Kongress 1814/15*. S. 142. Eckhardt Treichel (Hrsg.), *Quellen zur Geschichte des Deutschen Bundes*, *Abt. 1*: *Quellen zur Entstehung und Frühgeschichte des Deutschen Bundes 1813–1830*, *Band 1*: *Die Entstehung des Deutschen Bundes 1813–1815*, S. CVII–CVIII.

⑤ 基辛格：《重建的世界》，冯洁音、唐良铁、毛云译，上海译文出版社，2015 年，第 201 页。

上，卡斯尔雷和梅特涅建议让法国人参与，以调停萨克森问题引发的危机。哈登贝格拒绝了，并声称将为萨克森不惜一战。面对战争恫吓，英国却增加了谈判筹码，一方面，和美国在根特缔结和约，结束了1812年以来的战争，另一方面，在卡斯尔雷的建议下，次年1月3日，英、法、奥三国结成防御联盟，之后，荷兰、汉诺威、巴伐利亚和黑森-达姆施塔特先后加入。这让普、俄两国意识到战争并非明智的选择，4日，两国同意法国和四大战胜国组成五国会议作为和会最高机构。1月12日，五国会议终于开议。经过反复拉锯，2月8日，波兰和萨克森的最终命运被敲定。普鲁士收回了上次战争中失去的波森（波兹南）大公国，另外获得了维斯瓦河下游的托伦要塞及周边地区，从而稳固了东线的防御。奥地利虽然没能完全收回1809年战争失去的领土，但还是得以重建加利西亚王国，克拉科夫则暂时成为三国共管的自由城市。而剩余的波兰领土则组成波兰会议国，和俄国共戴一君。考虑到在波兰和莱茵河两岸获得的补偿，普鲁士终于答应保留萨克森王国的核心地区。①

由于之前奥地利承诺将莫泽河南岸领地拨给巴伐利亚，而现在确定将补偿给普鲁士，这阻碍了奥地利和巴伐利亚间进一步的合作。4月，考虑到双边会谈无法弥合分歧，梅特涅只得将问题提交五国会议，以诉诸大国介入。23日，在沙皇的调停下，两国终于达成临时协议，相关内容被纳入五国会议记录。虽然领土争端直到1819年才最终解决，但该临时协议为之后的两国间有关联盟创建的谈判铺平了道路。②

推迟德意志委员会重启的原因除了上述领土争议，还有拿破仑重新执政带来的新挑战。3月1日，拿破仑重回欧洲大陆并于20日再度登基成为皇帝。25日，四大战胜国决定重启《肖蒙条约》，以落实对法开战事宜。整个4月份，四大国不但需要落实英国的津贴承诺、接下来的军事部署和后勤保障，而且得同其他德意志国家重新商定军事同盟条约。③

---

① Reinhard Stauber, *Der Wiener Kongress*, S. 93-97. Wolf D. Gruner, *Der Wiener Kongress 1814/15*. S. 115.

② Reinhard Stauber, *Der Wiener Kongress*, S. 124-125. Wolf D. Gruner, *Der Wiener Kongress 1814/15*. S. 134-135. Enno E. Kraehe, *Metternich's German Policy*, 2: *The Congress of Vienna*, *1814-1815*, S. 339-340.

③ Reinhard Stauber, *Der Wiener Kongress*, S. 103-104. Enno E. Kraehe, *Metternich's German Policy*, 2: *The Congress of Vienna*, *1814-1815*, S. 341、343-344.

五、梅特涅主导下联盟的创建

1815 年 5 月，各国终于可以就联盟创建问题开始二度合作。梅特涅采取了更为积极的态度。他一方面要求韦森贝格在上一年 12 月计划的基础上拟定了一份方案，作为维也纳的立场宣示。另一方面，他在 3 月底就尝试同巴伐利亚和符腾堡的代表沟通，力求两国支持联盟。尽管如此，两国依旧坚持一贯的立场，弗雷德于 4 月初递交给梅特涅一份方案，仅仅包含一些军事上互相合作的规定，与其说是建立一个松散的联盟，更像是建立一个军事联盟。而符腾堡则于 3 月底在巴伐利亚、巴登、拿骚和黑森-达姆施塔特四国间传递一份条约，希望建立一个仅限于南德意志国家的松散联盟。①

5 月 7 日，事情终于出现了转机，巴伐利亚新代表莱希贝格（Aloys von Rechberg）和梅特涅达成共识。奥地利外相承诺，在维也纳达成的将只是联盟议会召开前的临时规定。无法迅速解决的争议问题，比如成员国等级制度的形式、军事方面具体规定，以及联盟法庭，都将放到即将开幕的联盟议会上讨论。②

之后半个月，普奥和汉诺威三国开始就联盟创建问题举行预备会议，洪堡和韦森贝格最新版本的方案成了讨论基础。会上，普鲁士一度建议，如果巴伐利亚和符腾堡坚持不合作的话，可以考虑将两国排除在联盟之外。奥地利和汉诺威坚定拒绝，并竭力代表南德意志国家的利益，要求普鲁士妥协。21 日，普、奥、汉三国共同完成了一份包含 17 条内容的《德意志联盟议定书草案》（以下简称《十七条》），并递交于 23 日重启的德意志委员会讨论。③

在《十七条》方案中，行政区划分被彻底放弃。针对《十二条》方案中招致诟病的两院制，《十七条》方案采取了洪堡于 1815 年 1 月份提出的折中方案，

---

① Enno E. Kraehe, *Metternich's German Policy, 2: The Congress of Vienna, 1814-1815*, S. 348.

② Eckhardt Treichel (Hrsg.), *Quellen zur Geschichte des Deutschen Bundes, Abt. 1: Quellen zur Entstehung und Frühgeschichte des Deutschen Bundes 1813-1830, Band 1: Die Entstehung des Deutschen Bundes 1813-1815*, S. CXIX. Enno E. Kraehe, *Metternich's German Policy, 2: The Congress of Vienna, 1814-1815*, S. 353-354.

③ Wolf D. Gruner, *Der Wiener Kongress 1814/15*. S. 163. Eckhardt Treichel (Hrsg.), *Quellen zur Geschichte des Deutschen Bundes, Abt. 1: Quellen zur Entstehung und Frühgeschichte des Deutschen Bundes 1813-1830, Band 1: Die Entstehung des Deutschen Bundes 1813-1815*, S. CXX. Österreichisch-preußischer Entwurf einer deutschen Bundesakte, Eckhardt Treichel (Hrsg.), *Quellen zur Geschichte des Deutschen Bundes, Abt. 1: Quellen zur Entstehung und Frühgeschichte des Deutschen Bundes 1813-1830, Band 1: Die Entstehung des Deutschen Bundes 1813-1815*, S. 1299-1306.

即将议会划分为核心委员会（Enger Rat）和全体会议（Plenum），所有成员都享有投票权。韦森贝格提议的、有关赋予联盟成员有限的结盟权利之条款，也得到了保留。考虑到巴伐利亚的立宪工作还没有完成，《十七条》方案放弃了对最低程度的等级权利的规定。相关的条文只剩下一句话："在所有德意志国家，都应实施领地等级制度。"

重启的德意志委员会邀请了不止前一年与会的五国代表，还有萨克森、巴登、黑森-达姆施塔特、卢森堡和荷尔斯泰因的代表，以及由五名代表组成的小国代表团。符腾堡代表收到国王抵制的命令，在得知国王最关心的行政区划分已被放弃后，决定不参加会议。巴登代表没有收到大公的指令，他虽然一开始以观察员的身份参会，但于6月2日宣布退出。黑森-达姆施塔特代表得到的指令是，拒绝加入联盟，除非大多数国家加入。来自慕尼黑的指令允许莱希贝格参与接下来的讨论，但同时建议他将符腾堡提议的南德意志联盟作为备选方案。①

5月26日，沙皇、奥皇和普王都已经前往海德堡的前线指挥所，将包含所有已达成协议的《维也纳会议议定书》交由根茨负责起草，并专门留出篇幅给有关德意志联盟组织的规定，这成了维也纳会议的最后一个重要议程。② 针对《十七条》，包含莱希贝格在内的各方代表都提出了修改意见。会后，梅特涅一方面通过和莱希贝格会谈，期待巴伐利亚妥协，另一方面和普鲁士汉诺威代表一同修订了《草案》，应小国代表的要求，调整了核心委员会和全会的投票权设计。③ 29日，在小国代表团的一再要求下，所有德意志诸侯和城市的代表都受邀参加会议。经过连续五天的讨论，除了联盟法庭和前帝国等级在联盟议会代表权的问题之外，其他条文都已取得共识，因此洪堡建议直接宣布谈判结束，并带头加入联盟，梅特涅接受了这个建议。6月7日，没有加入联盟的只剩下巴伐利亚以及拒绝与会的巴登和符腾堡。当日深夜，来自慕尼黑的指令终于抵达维也纳。8日，普、奥、汉三国做出了最后的妥协，莱希贝格签署了《德意志联盟议定书》。鉴于巴伐利亚带来的示范效应，以及10天后拿破仑在滑铁卢

① Enno E. Kraehe, *Metternich's German Policy*, *2*: *The Congress of Vienna*, *1814-1815*, S. 365.

② Enno E. Kraehe, *Metternich's German Policy*, *2*: *The Congress of Vienna*, *1814-1815*, S. 368.

③ Eckhardt Treichel (Hrsg.), *Quellen zur Geschichte des Deutschen Bundes*, *Abt. 1*: *Quellen zur Entstehung und Frühgeschichte des Deutschen Bundes 1813-1830*, *Band 1*: *Die Entstehung des Deutschen Bundes 1813-1815*, S. CXXIII-CXXIV. Enno E. Kraehe, *Metternich's German Policy*, *2*: *The Congress of Vienna*, *1814-1815*, S. 372.

战役的失败，看不到替代方案的巴登和符腾堡不得不重新考虑加入联盟，两国分别于7月26日和9月1日递交了入盟文件，确认了联盟成员资格。①

《德意志联盟议定书》② 被纳入次日通过的《维也纳会议议定书》，前11条进入正文（第53—63条），第12—19条所谓的“特殊条款”被纳入附件。这让联盟成为维也纳体系不可分割的一部分，它的存续将受到欧洲列强的保障。

《德意志联盟议定书》综合了各方的意见。明显针对巴伐利亚妥协的条款有：成员国明确是“拥有主权的诸侯和城市”（第1条）；联盟的目的不再是《十二条》方案规定的“捍卫各阶层合宪权利”，而只是“维护德国内外安定和成员国家独立地位不受侵犯”（第2条）；联盟法庭没有被提及；第11条规定允许不针对其他成员国和联盟的结盟权利；而涉及等级制度规定，在莱希贝格的坚持下，情态动词“应”被“将”所取代，从而进一步降低了其强制性，具体为：“在所有国家，都将实施领地等级制度”（第13条）。

虽然前帝国等级的特权由第14条保障，其中也涉及了他们念兹在兹的在联盟议会上的表决权，但根据第6条规定，类似规定须在联盟议会上由所有成员国一致通过，考虑到巴伐利亚等国的一贯立场，这意味着该项权利已被提前封杀。

此外，小国的要求得到了一定程度的满足，第3条就在形式上保障了所有成员拥有平等的权利，而且所有成员国都有表决权，只是权重不同：负责“处理联盟事务”的核心委员会共有17席，11个相对较大的成员国单独拥有1席，其他的27个成员国或城市则分享另外6席（第4条）。全体会议负责处理“基本法的通过和修改，涉及《德意志联盟议定书》的决议、联盟组织机构”以及“其他有关公共福利的安排”问题。11个成员国拥有3到4票，其余27个成员国或城市拥有1到2票，一共69票（第6条）。

由于普鲁士和小国都不希望联盟仅局限于军事层面，《德意志联盟议定书》还规定了成员国的司法体系（第12条）、各教派信徒拥有平等的政治和市民权利（第16条）和臣民权利（第18条）。此外，第10条确立了联盟议会开幕后

---

① Eckhardt Treichel (Hrsg.), *Quellen zur Geschichte des Deutschen Bundes*, *Abt. 1*: *Quellen zur Entstehung und Frühgeschichte des Deutschen Bundes 1813–1830*, *Band 1*: *Die Entstehung des Deutschen Bundes 1813–1815*, S. CXXXI–CXXXII.

② Deutsche Bundesakte, Eckhardt Treichel (Hrsg.), *Quellen zur Geschichte des Deutschen Bundes*, *Abt. 1*: *Quellen zur Entstehung und Frühgeschichte des Deutschen Bundes 1813–1830*, *Band 1*: *Die Entstehung des Deutschen Bundes 1813–1815*, S. 1503–1518.

将开展的事务，包括起草联盟的基本法，并确立有关外交、军事和内政诸方面的组织安排。虽然经历一些波折，但到了 19 世纪 20 年代初，随着联盟议会通过《维也纳最终议定书》和其他一系列法令，联盟军事体系和法权秩序终于走向完善。①

德意志联盟是一个追求“合法的权力平衡”的新秩序，有别于之前单靠强权维护的政治体系。在创建过程中，联盟一方面是大国协调的产物，另一方面，德意志内部各主体的诉求都或多或少得到了满足。通过维也纳和会，梅特涅为之后和其他欧洲列强以及其他德意志国家的共处奠定了新模式，这也将有助于维护德意志联盟这一多边秩序之后数十年的稳定。

（原文载于《历史教学问题》2018 年第 4 期）

① 郑寅达：《德国史》，人民出版社，2014 年，第 188—189 页。

试论德国“1914年思想”的产生背景、内容与影响

邓白桦*

1914年是20世纪灾难的发端年。虽然迄今国内外史学界对德国在一战中的罪责问题仍莫衷一是，但不可否认的是当时德国国内膨胀的民族主义对这场战争所起的催化作用。德意志民族主义的开端和发展都离不开德意志的民族精英——知识分子阶层。18世纪末，莱辛、歌德、赫尔德等人率先提倡德意志文化，随着反抗拿破仑侵略的开始，在黑格尔、费希特、阿恩特等知识精英的推动下，文化民族主义演变为政治民族主义。普鲁士统一德国后，国内的民族主义在政治力量的推动下迅猛发展。民族主义者强调的是本民族有别于其他民族的东西，德意志民族主义的参照物是以法国大革命为代表的西欧自由主义，德意志民族主义的发展过程也是其对西欧自由主义的批判过程。一战爆发后德国知识分子从战争动员，特别是“城堡和平政策”中看到一种新的社会秩序形成的可能，对自由主义的批评和对新社会秩序的渴望形成了德国国内的“1914年思想”，它是对法国大革命“1789年思想”的彻底否定，是德国知识精英提出的反西方的“德意志独特道路”意识形态，知识精英强调“德意志本性”（das Deutsche Wesen）在社会秩序、经济和政治中的反映，并以此为理由提出反对西方自由主义的社会秩序，建立适合德国的社会秩序。本文就“1914年思想”的

* 邓白桦，华东师范大学历史学系世界史博士，现为同济大学外国语学院德语系副教授。

产生背景、内容及其影响试作分析。①

一、“1914年思想”的产生背景

“1914年思想”是德意志知识分子对“德意志独特道路”的诠释。“德意志独特道路”伴随着德意志民族主义的发展而发展，根植于德意志知识分子对德意志民族特性的解读。“德意志独特道路”的发端可以追溯到中世纪德意志民族神圣罗马帝国，其在欧洲的特殊地位和辉煌历史给德意志人留下了光荣的集体记忆遗产，德意志人自认为是欧洲乃至整个世界文化的继承者、建设者和传播者。德意志的民族优越感与德意志知识分子的世界主义情怀与这段早期历史是分不开的。② 但帝国长期处于封建割据状态，缺乏权力中心，给德意志民族的统一造成了严重障碍，也阻碍了德意志经济和文化的发展。

17世纪，一部分知识分子开始成立德语协会，致力于改变法语和拉丁语垄断整个德意志学术界和上流社会的状况。戈特弗里德·威廉·莱布尼兹（Gottfried Wilhelm Leibniz）号召德意志人扔掉从法语里捡来的“装饰品”，恢复“古老、诚实的德语的内核”。③ 面对18世纪法国文化在欧洲大行其道，最早具

① 国内学术界在这一问题上还没有深入研究，据笔者所知，文中略有提及的仅有景德祥的《在西方道路与东方道路之间——关于“德意志独特道路”的新思考》(《史学理论研究》2003年第4期）和胡继华的《后现代语境中伦理文化转向》（京华出版社，2005年）。德国学术界在一战期间对于“1914年思想”的讨论非常多，当代德国学者主要在撰写文化史和社会史时介绍“1914年思想”，如沃尔夫冈·J. 莫姆森的《权威民族国家——德意志帝国的宪法、社会和文化》（Wolfgang J. Mommsen, *Der autoritäre Nationalstaat. Verfassung, Gesellschaft und Kultur im deutschen Kaiserreich*，法兰克福，1992年，第407—421页）；延斯·诺达姆的《费希特和“1914年思想”——一个德国哲学思想政治影响力范例的文化史层面》[Jens Nordalm, *Fichte und der„ Geist von 1914“. Kulturgeschichtliche Aspekte eines Beispiels politischer Wirkung philosophlischer Ideen in Deutschland*,《费希特研究》(*Fichte-Studien*) 1999年总第15期，第211—232页]；汉斯·乌尔里希·韦勒的《德意志社会史》（Hans-Ulrich Wehler, *Deutsche Gesellschaftsgeschichte*）第4卷，慕尼黑，2003年，第2版，第17—21页）。最近国际史学界对于“1914年思想”的关注度似乎在提高，陆续出版几本专门论著，如美国学者杰弗雷·费黑的《1914年思想和民族共同体的发明》（Jeffrey Verhey, *„ Geist von 1914“ und die Erfindung der Volksgemeinschaft*，汉堡，2000年），德国学者拉尔夫·罗特的《1914年思想——“第一次全球化”中欧洲和平的世界观问题》（Ralph Rotte, *Die Ideen von 1914, weltanschauliche Probleme des europäischen Friedens während der„ ersten Globalisierung“*，汉堡，2001年），德国学者斯特芬·布律恩德尔的《民族共同体还是民族国家——1914年思想和德国在一战中的新秩序》（Steffen Bruendel, *Volksgemeinschaft oder Volksstaat. Die Ideen von 1914 und die Neuordnung Deutschlands im Ersten Weltkrieg*，柏林，2003年）。

② 参见景德祥：《在西方道路与东方道路之间——关于“德意志独特道路”的新思考》。

③ 陈晓春：《德语史概述》，上海外语教育出版社，2005年，第177页。

有民族意识的德意志知识分子自尊心受到极大伤害，他们开始创办德语杂志，用德语创作诗歌和话剧，在大学用德语授课，目的在于反对模仿法国文化，剔除外国语，净化民族语言，颂扬德意志的光荣与伟大，探寻德意志民族精神的源泉。德意志知识分子开始研究日耳曼人的史诗，搜集日耳曼民歌，回忆、歌颂德意志民族光荣的过去。

1789年法国大革命与随后的拿破仑战争催生了德意志文化民族主义与政治民族主义，也是“德意志独特道路”产生的重要时刻。德意志知识分子开始时几乎一致盛赞法国大革命，激动地为大革命所追求的自由、平等、博爱之理想欢呼，但他们中的大多数很快就对雅各宾专政和法国人的暴力行动感到反感和厌恶，开始寻找另外一种改造社会的途径。德意志知识分子既不赞同专制主义统治，也不赞同暴力革命，而是希望以社会进化式的缓慢改善来达到理性社会，追求和谐地调和矛盾。对应法国大革命而出现的以歌德、席勒为代表的德意志古典主义，追求的是一种德意志式的自由、平等、和谐的社会，提倡通过艺术和文学的教育来提高人们的普遍道德意识。在古典主义的倡导下，市民教育得到大力发展，这被德意志知识分子认为是不同于欧洲其他国家的独特之处。自斯塔尔夫人（Madame de Stael）1813年出版的《德意志论》（*De I' Allemagne*）开始，德意志知识分子便总是用“诗人和思想家的国度”来标榜自己，用德国的文化优越性为其政治上的失落感找寻心理平衡。

法国大革命带来的“西方式”自由民主并没有引起德意志知识分子的共鸣与响应，相反，拿破仑的占领激起了德意志人对法国的憎恨，引发了德意志知识分子对国家统一和强盛的向往。1807—1808年费希特在《对德意志民族的演讲》（*Reden an die deutsche Nation*）中将德意志文化与法国文化加以区分，建构出一个独特的“德意志”身份，他把路德教派的自由观念与法国的自由主义进行对比，用路德教派对国家的奉献精神来说明民族思想，提出德意志民族道德的、宗教的、教育者的角色是国家。洪堡在1813年《德意志未来宪法备忘录》（*Denkschrift über die künftige Verfassung Deutschlands*）中指出民族国家和人民是一个整体，只有强大的国家，才是自由、法律的体现者。① 在他看来，学校教育虽然必须不受政治的干预，但需贯彻爱国主义教育，培养学生对社会和民族的责任感。古典主义哲学家黑格尔提出“国家至上”的口号，认为君主立宪制是

① 周培佩：《知识分子与近代德意志的民族主义》，《平原大学学报》2006年第4期。

现代国家的典范。[1]

这种对德意志文化优越性的肯定、对法兰西民族的反感和对国家强盛的向往影响着之后好几代德意志知识分子。历史学家兰克认为，德意志民族特征从根本上而言不同于法兰西，它具有完全异样的需求，也遵循完全不同的想法。在他看来，德意志民族的伟大政治任务是创建一个真正的德意志国家，让它尽可能地从所有外来模板与理论中解脱出来，表现出原汁原味的德意志气质。[2]改革时代与民族统一运动中的普鲁士成为人们寄予厚望的对象。当普鲁士最终实现了德意志民族统一的伟大梦想之后，德意志知识分子便接受了普鲁士精神为德意志精神的主导，把普鲁士军国主义当作中欧德意志文化不可或缺的保护墙。

1914 年第一次世界大战爆发后，德国国内爱国主义热情高涨。7 月 31 日俄国总动员似乎向德国人证明俄国已经兵临城下，而英国的参战在德国人看来也证实了他们所担心的被欧洲列强包围的想法。随着战争动员开始，德国国内的劳资关系出现好转。8 月 2 日，自由工会宣布，为避免失业、经济危机与社会崩溃，放弃一切劳资斗争的手段，以同国家共渡难关。社会民主党则在 8 月 4 日国会投票中支持战争拨款。至此，自由工会与社会民主党已放弃了阶级斗争立场，这一转向当时被宣扬为“城堡和平政策（Burgfriedenspolitik）”。[3] 威廉二世因而在战争宣言中颇为心悦地指出：“朕的面前不再有什么政党，只有德意志人!”

德意志的知识精英在爱国主义情绪的感染下，亦全力支持德国在战争中的努力。大部分德意志知识分子认为这是一场关乎德意志“文化”（Kultur）对抗西方低俗“文明”（Zivilisation）的战争。宗教学者恩斯特·特罗尔奇（Ernst Troeltsch）8 月初就宣称：“我希望我们整个学术界和艺术界将精神和洞察力浇铸成……熊熊燃烧的话语，作为德意志思想的标志引领陆军队伍前进。”1914 年 10 月 4 日，知识分子响应了这一号召，93 位科学、技术、文化界名流在一份

---

① 丁建弘：《德国通史》，上海社会科学院出版社，2002 年，第 131 页。

② （德）弗里德里希·梅尼克：《世界主义与民族国家》，孟钟捷译，上海三联书店出版社，2007 年，第 214—217 页。

③ Ludwig, Preller, *Sozialpolitik in der Weimarer Republik*, Stuttgart, 1949, S. 18.“城堡和平”原来是指中世纪城堡的贵族亲属间关于城堡周围不得进行战斗的协议，后来比喻国家内对立党派之间的和平状态，最出名的便是一战初期社会民主党投票支持战争拨款的举动。城堡和平当时被大众理解为社会民主党的爱国热情，他们放弃阶级斗争与国家共渡难关。但有历史学家指出，实际上在 7 月底，帝国政府与社会民主党国会党团之间达成协议，如果社会民主党不阻挠战争动员，政府也不干涉社会民主党的组织和报纸。

《对文化界的号召》(*Aufruf an die Kulturwelt*)上签字。这份号召书用夸张的赞美诗颂扬国家的战争政策和德国军事制度。10月16日，德国3000名教授在《德意志帝国高校教师宣言》(*Erklärung der Hochschullehrer des Deutschen Reiches*)上签字，签字教授占德国所有教授的80%。这份宣言上写着：“我们的信仰是，德国军国主义取得的胜利关系到整个欧洲文化。”学术界这种类似的宣言、呼吁、文章和书籍多如牛毛。到1915年年底为止，来自知识分子的战争散文就达235册，战争诗达150万首，战争文学达8000册。①

这些学者们完全拥护国家的战争政策，他们从国内普遍的爱国热情，特别是“城堡和平政策”中看到一种新的社会秩序形成的可能。德意志知识分子厌恶现代资本主义阶级社会，他们反感这些阶级社会的经济转变、社会冲突、民主运动。他们认为，战争虽然具有破坏性，但同时也是新文化价值的缔造者。学者们尝试发展出一套未来社会新秩序，来解决一战前国内的教会对立、宗教歧视、党派和劳资斗争问题。这个设想涉及政治、经济和社会各个层面的改革，被称为“1914年思想(Ideen von 1914)”。这些思想主要在1914年夏天和秋天宣布，学者们在接下来的几年内对它进行了学术论证，他们的目标在于，发展出一种新的社会秩序，既与西方民主不同，又与东方专制主义不同，符合“德意志本性”。②

“1914年思想”的主要代表人物是29名学者，其中包括国民经济学家和社会学家如埃德加·杰非(Edgar Jaffe)、弗朗茨·欧本海默(Franz Oppenheimer)、约翰·普兰格(Johann Plenge)、马克斯·泽令(Max Sering)、维尔纳·松巴特(Werner Sombart)、费迪南德·滕尼斯(Ferdinand Tönnies)、阿尔弗雷德·韦伯(Alfred Weber)，哲学家赫尔曼·科恩(Hermann Cohen)、阿里欧斯·李尔(Alois Riehl)、马克斯·舍勒(Max Scheler)、格奥尔格·齐美尔(Georg Simmel)，神学家阿道夫·哈纳克(Adolf von Harnack)、恩斯特·特罗尔奇(Ernst Troeltsch)、阿道夫·拉松(Adolf Lasson)、赖因霍尔德·泽贝尔格(Reinhold Seeberg)，文学家古斯塔夫·罗特(Gustav Roethe)、1908年诺贝尔文学奖得主鲁道夫·奥伊肯(Rudolf Eucken)，法学家奥托·冯·基尔克(Otto v. Gierke)，历史学家弗里德里希·梅尼克(Friedrich Meinecke)、赫尔

① Zitiert nach Hans-Ulrich Welher, *Deutsche Gesellschaftsgeschichte. Bd. 4.* München, 2003, S. 19.

② Steffen Bruendel, *Volksgemeinschaft oder Volksstaat. Die Ideen von 1914 und die Neuordnung Deutschlands im Ersten Weltkrieg*, Akademie Verlag, 2003, S. 52、110.

曼·昂肯（Hermann Oncken）以及瑞典国家政治学家鲁道夫·契伦（Rudolf Kjellen）等。①

二、“1914年思想”的内容

“1914年思想”是学者们对“德意志独特道路”精神内涵的诠释，它的参照物是以1789年法国大革命为代表的西方自由主义。托马斯·曼（Thomas Mann）在《一个非政治者的观察》（*Betrachtungen eines Unpolitischen*）中强烈地维护德国的政治文化，反对西方的民主文明，他把“德意志的民族特性（Deutschtum）”解释为“文化、心灵、自由、艺术，而不是文明、社会、选举权”。② 国民经济学家普兰格分别于1915年和1916年出版名为《战争和国民经济》（*Der Krieg und die Volkswirtschaft*）、《1789和1914——政治思想史上具有代表性的年份》（*1789 und 1914：Die symbolischen Jahre in der Geschichte des politschen Geistes*）两本书，把1914年精神和1789年精神进行对比。他认为1914年是“建设性的革命”，而1789年是“破坏性的革命”；“1789年思想”是无限制的自由思想，而“1914年思想”有自己的尺度。③ 松巴特认为法国大革命倡导的自由、平等、博爱是“真正的十足的商人理想”，为的是“迅速赢得所有个人的赞同”。④ 德国学者针对法国大革命思想提出了德意志式的“自由”“平等”“博爱”“民主”“和谐”观。

第一，以“德国式自由”取代自由

“1914年思想”的代表者认为西方的自由是“任意”和“无节制的”，无非是“厌倦、恶心和内心的自我瓦解”。⑤ 他们把这种无节制的自由与德国的“秩序（Ordnung）”理念进行对比，认为德国的秩序不仅允许自由的存在，而

---

① Steffen Bruendel, *Volksgemeinschaft oder Volksstaat. Die Ideen von 1914 und die Neuordnung Deutschlands im Ersten Weltkrieg*, Akademie Verlag, 2003, S. 52、110.

② Zitiert nach Steffen Bruendel, *Volksgemeinschaft oder Volksstaat. Die Ideen von 1914 und die Neuordnung Deutschlands im Ersten Weltkrieg*, Akademie Verlag, 2003, S. 20.

③ Johann Plenge, *Der Krieg und die Volkswirtschaft*. Münster, 1915; Plenge, Johann, *1789 und 1914: Die symbolischen Jahre in der Geschichte des politschen Geistes*. Berlin, 1916.

④ Werner Sombart, *Händler und Helden. Patriotische Besinnungen*. München, 1915, S. 113.

⑤ Adolf von Harnack, *Was wir schon gewonnen haben und was wir noch gewinnen müssen* (Reden am 29. 9. 1914), in: *Deutsche Reden in schwerer Zeit gehalten von den Professoren an der Universität Berlin*. Bd. 1. 1914, 1, S. 156.

且同时要求“顺从、责任、强制和听话”，重要的不是“各种力量的自由调和”，而是“各种力量的自由结合”。他们喊出的口号是“秩序的自由对抗任意的自由”。学者们认为“秩序”是“1914年思想”中的“第一思想”，它应该取代1789年完全不受限制的自由。①

自18世纪起德意志知识分子有关法国自由的争论就一直存在，大部分人认为，能够忍受的、能够持久的自由必须是被组织的，即有限的自由。“德国式自由”的观念由特罗尔奇从“独立和有意识的承认超个体的共同精神”和“一个自愿为集体履行义务的自由”派生出来。特罗尔奇认为，“1914年思想”与“1789年思想”相比，是以另一种方式把“自由和尊严”结合起来。“德国自由观念的本质”不在于“所有个体同时拥有形式上的自由”，而是个体对于个人义务的自由。② 没有绝对的自由，个体从一出生就受到不同的个人境况和社会框架条件的束缚。正是这种经验式的解释加强了“德国自由观”的说服力：如果个体必然受约束并被列入凌驾在个体之上的结构中，对凌驾在个体之上的整体履行义务就不需要通过强制进行，而是来自个体的内心信念。自愿接受社会约束，把个体从自由和隶属的冲突中解放出来。“德国式自由”似乎可以用来克服现代危机，不仅仅是对于处于战争中的德国社会，而且是对于整个现代社会。③ 与对自由理解紧密相连的是对于平等的理解。

第二，用“战友关系”取代平等

“1914年思想”的代表者拒绝西方的平等观念，认为它是在搞平衡。他们认为西方的平等观念是“把人类集中到一个平均值”。这种“肤浅的平等”将通过一个新的、有机的平等观念取缔。④ 他们认为军队的“战友关系（Kameradschaft）”中就体现了新的平等观念，德国陆军是社会的榜样，它完美地体现了德意志美德，军队中“大家既学会听话，又学会命令”。在战争中，“为祖

① Steffen Bruendel, *Volksgemeinschaft oder Volksstaat. Die Ideen von 1914 und die Neuordnung Deutschlands im Ersten Weltkrieg*, Akademie Verlag, 2003, S. 116.

② Ernst Troeltsch, *Die Ideen von 1914. Rede, gehalten in der„ Deutschen Gesellschaft 1914“*（20. 3. 1916)）, in: *Die neue Rundschau*, 1916, 1, S. 617.

③ Steffen Bruendel, *Volksgemeinschaft oder Volksstaat. Die Ideen von 1914 und die Neuordnung Deutschlands im Ersten Weltkrieg*, Akademie Verlag, 2003, S. 117.

④ Rudolf Kjellen, *Die Ideen von 1914. Eine weltgeschichtliche Perspektive*. Leipzig, 1915, S. 35.

国和为每个弟兄奉献”，每个人都是平等的。[1] 哲学家赫尔曼·科恩也表达了同样的想法，他称赞德国陆军系统的基本法《国防军法》，认为兵役通过让德国人成为“祖国的斗士实现了平等”。[2]

自法国大革命以来，西方提倡的平等概念在德国并没有得到积极回应。1848年革命前，资产阶级并没有把平等的选举权当作最重要的要求提出，19世纪末“平等”在德国仍被看作所谓的群众时代的特征。一战爆发后，“战友关系”是“平等效劳”的同义词，即前线和后方都共同为祖国效劳，这是在不改变社会等级的情况下的同族（Volksgenossen）之间的合作。每个人都在自己的岗位上发挥作用，共同的目标是祖国的兴旺。如果说“平等”听上去抽象、笼统，“战友关系”则代表“不平等之间的秩序”，是可以想象的，是具体的。从自然的不平等出发，许多学者看到了社会秩序中自然秩序的体现，一切都有机地联系在一起。他们认为，“战友关系”会保证内政的和谐，因为不平等的人可以根据自己的能力为整体的兴旺服务。

第三，用“民族的社会主义（Nationaler Sozialismus）”取代博爱

“1914年思想”的代表者认为西方的博爱是没有实质的、无效的，要用“真正的”博爱来取代这空洞的口号。他们提出“民族的社会主义（Nationaler Sozialismus）”，这个概念不仅仅是新的民族博爱的同义词，而且代表经济秩序的具体改革。

虽然学者们对“社会主义”有不同理解，但总体上是希望扩大国家福利，增强民族凝聚力，通过有组织的经济活动来平衡经济差异。普兰格提出“真正社会主义的博爱”，他认为西方的竞争资本主义与作为共同体的“社会主义”是相对立的，“社会主义”是“德国自由”义务精神的体现。普兰格的口号是“社会主义对抗个体主义”。[3] 泽贝尔格也“希望民族的社会主义能够克服利己主义带来的各种危险”。这就要有社会责任感，战争中的防卫共同体要发展成为战后的“民族共同体”。普兰格认为“城堡和平政策”是通向共同体的转折点，

---

① Adolf von Harnack, *Was wir schon gewonnen haben und was wir noch gewinnen müssen* (Reden am 29. 9. 1914), in: *Deutsche Reden in schwerer Zeit gehalten von den Professoren an der Universität Berlin*. Bd. 1. 1914, 1, S. 158.

② Steffen Bruendel, *Volksgemeinschaft oder Volksstaat. Die Ideen von 1914 und die Neuordnung Deutschlands im Ersten Weltkrieg*, Akademie Verlag, 2003, S. 117.

③ Johann Plenge, *Der Krieg und die Volkswirtschaft*. Münster, 1915, S. 184.

战争经济是共同体和社会主义的体现。①

科隆贸易学院教授莱奥波德·冯·魏泽（Leopold von Wiese）强调，未来的“民族的社会主义”不仅仅是“国家中央集权的表现形式”，而且“很大程度上是对工人有利的经济原则”。很多文章中都提到要改善工人地位，工会和社会民主党作为集体组织得到赞扬，它们被认为是让大众遵守纪律的工具，从而被看作社会融合机构。② 社会学家埃德加·杰非把“工人和消费者的工会与合作社（Genossenschaften）”与“企业主的卡特尔、辛迪加和托拉斯”相提并论。他主张在企业共决权方面改善劳资关系，工人今后应该直接与企业主进行讨论，并建立工人委员会、共同委员会和一个仲裁人机构来规定工人的利益。杰非主张工会拥有集体工资谈判自主权（Tarifautonomie），并且设计出一个企业共决制度的基本方案。他相信，通过建立一个雇主和雇工代表组成的“职业议会（Berufsparlament）”不仅可以提高工会的影响，而且能够使“政治议会”摆脱阶级利益冲突。③他认为这样一个经济生活的新结构是朝“民族的社会主义经济形式”接近。④

社会学家费迪南·滕尼斯等人理解的“社会主义”是平衡经济差异。滕尼斯认为帝国就是一个“总合作社”，与杰非一样，他也认为工会和合作社是制衡企业主的力量。在“集体利益大于个人利益”的口号下，他要求进行土地改革，实行企业国有化。⑤ 国民经济学家弗朗茨·欧本海默也要求土地改革，他认为操纵土地是造成社会贫困的主要原因。此外他还要求改善鳏夫、寡妇、孤儿、老人和失业者的保险救济立法。特罗尔奇认为战争时期的社会改革应该在战后也予以保留并扩大。新的国家应该是在军事、经济和社会方面都由中央组织的、有机组合在一起的民族统一体。⑥

---

① Steffen Bruendel, *Volksgemeinschaft oder Volksstaat. Die Ideen von 1914 und die Neuordnung Deutschlands im Ersten Weltkrieg*, Akademie Verlag, 2003, S. 119.

② Leopold von Wiese, *Staatssozialismus*, in: *Die neue Rundschau*. 1916, 1, S. 98、103、113、202.

③ Edgar Jaffe, *Der Geist von 1914*, in: *Europäische Staats- und Wirtschaftszeitung*. 1916, 1, S. 10.

④ Edgar Jaffe, *Die Militarisierung unseres Wirtschaftslebens*, in: *Archiv für Sozialwissenschaft und Sozialpolitik*. 1915, 40, S. 521.

⑤ Ferdinand Tönnies, *Die Sozialpolitik nach dem Krieg*, in: Thimme, Friedrich/Legien, Carl (Hg.): *Die Arbeiterschaft im neuen Deutschland*. Leipzig, 1915, S. 149、155、158.

⑥ Steffen Bruendel, *Volksgemeinschaft oder Volksstaat. Die Ideen von 1914 und die Neuordnung Deutschlands im Ersten Weltkrieg*, Akademie Verlag, 2003, S. 119、121.

第四，以“领袖”代替“公务员”

与德国式自由和平等观一脉相承的是德国式的民主观。“1789年思想”把民众自我管理作为重点提出，而“1914年思想”的代表者则首先强调“强大领导层的必要性”，或者最起码是“自我管理与领导集团”的结合。①

“1914年思想”的代表者虽然认为议会是有必要的，但是不赋予它政治领导的中心地位。他们认为一个“有组织的国家”应该在政治层面让大众获得更广泛的参与，议会机构和自我管理机构应该向每个人提供参与的机会，但议会对他们来说不是最重要的决策组织，而是一个支持政府的代表会。杰非认为民主秩序不是“多数人的统治”，而是“能干者从各个层面自由晋升”。他反对通过职业公务员进行管理的政策，希望看到政策由“最优秀的脑袋”执行。② 与宪政主义者不同，普兰格认为应该由各行各业的专家，而不是由政治家来领导，这样才能够更好地为民族共同体服务。优秀的专家应该进入国家领导层，普兰格称之为“社会官员”，发挥“组织者”的作用。由他们组成的政府凌驾于政党之上，并服务于整体福利，政党在战争之后可以保留，但是他们必须抛弃一战爆发前与之紧密联系的阶级斗争思想。议会应该作为建议机构参与国家领导，在国家机关和专业机构中发挥重要作用的是“行动的领导人”，议会则是站在一旁的“合唱团”，自愿赞同领导人的决定。③

学者们倡导借鉴陆军金字塔式的组织结构以及领袖和追随者原则。他们理想中的“领袖”并非指君主，而是大众中有领导才能并且能够获得大众支持的人。在“民族的社会主义”系统中首先要强化执行机关。整个社会的关键在于协调和组织，换言之，在于领导（Führung）。

第五，呼吁社会和谐，反对内部敌对

田园牧歌式的和谐社会是自歌德、席勒以来德意志知识分子追求的目标。1914年8月份随着“城堡和平”的出现，德国“内部敌人”消失，学者们似乎看到和谐社会实现的可能。他们认为，今后也不应该出现阶级对立、教会对立。大家都应该继续把自己当作“伟大整体的组成部分”，要增强工人对国家的感

---

① Steffen Bruendel, *Volksgemeinschaft oder Volksstaat. Die Ideen von 1914 und die Neuordnung Deutschlands im Ersten Weltkrieg*, Akademie Verlag, 2003, S. 126.

② Edgar Jaffe, *Die Vertretung der Arbeiterinteressen im neuen Deutschland*), in: Thimme, Friedrich/Legien, Carl (Hg.): *Die Arbeiterschaft im neuen Deutschland.* Leipzig, 1915, S. 112.

③ Steffen Bruendel, *Volksgemeinschaft oder Volksstaat. Die Ideen von 1914 und die Neuordnung Deutschlands im Ersten Weltkrieg*, Akademie Verlag, 2003, S. 129.

情，以实现社会和平。特罗尔奇认为这次战争是“士兵、企业主和工人联合进行的德国战斗”，这是一个新的“和睦共处”。① 虽然将来迟早会出现利益冲突，但是关键在于如何解决这些冲突，不同利益的存在不应该导致利益斗争、党派斗争，阶级的存在也不应该导致阶级斗争。

战争爆发后，所有教派的教徒都一起为祖国祷告，各教会出现空前团结。犹太新康德主义者科恩希望，世界大战能够带来希望，结束德国的反犹主义，战争中的宗教和平在战争结束后也应该继续存在。尽管他批评现存的对犹太人的歧视，但是他相信，“犹太人在德国的权利平等的根基比世界上任何地方都更深”。基督教新教神学家恩斯特·罗尔夫斯（Ernst Rolffs）认为，基督教新教教徒拥有传统的爱国主义，天主教徒自然热爱祖国，而工人也潜藏着民族感情，这让他看到未来宗教的和睦相处。特罗尔奇认为，国家要处于中心地位，而宗教要日益成为个人的事情。他认为这是通向避免冲突的道路。他一直呼吁教会与国家的分离。②

最后学者们要求实现“国籍和平（Nationalitätenfrieden）”：在德国生活的少数民族也应该获得德国国籍。学者们眼中的民族和国家概念不是一个种族生物定义，而是指对德国文化的认同。在德国生活的丹麦人、阿尔萨斯和洛林说法语的少数民族，特别是普鲁士的波兰人应该获得入籍的机会。在未来的德国，不同民族团体应该克服利益斗争，并激发起大家为民族自我奉献的精神。③

第六，提倡“锁闭的贸易国”，反对“世界贸易国”

与学者们主张的“民族的社会主义”相配套的是“锁闭的贸易国”概念。这个概念来自费希特，1800年费希特就提出了这一概念。普兰格认为，“锁闭的贸易国”是“真正的理想国家，将会在社会主义的历史中被谈论”。④ 而协约国对德国的经济封锁似乎更加证明这种主张的正确性。许多学者认为这场战争是“经济战争”，协约国的目的在于消灭德国的经济力量，封锁德国将导致

---

① Steffen Bruendel, *Volksgemeinschaft oder Volksstaat. Die Ideen von 1914 und die Neuordnung Deutschlands im Ersten Weltkrieg*, Akademie Verlag, 2003, S. 129.

② Steffen Bruendel, *Volksgemeinschaft oder Volksstaat. Die Ideen von 1914 und die Neuordnung Deutschlands im Ersten Weltkrieg*, Akademie Verlag, 2003, S. 129. 由于战前不少人要求“皇冠和圣坛”统一，而且皇帝作为普鲁士国王同时也是普鲁士基督教新教邦教会的主教，就这两点看起来这是个值得注意的要求，一战后德国才实现政教分离。

③ Steffen Bruendel, *Volksgemeinschaft oder Volksstaat. Die Ideen von 1914 und die Neuordnung Deutschlands im Ersten Weltkrieg*, Akademie Verlag, 2003, S. 129-130.

④ Johann Plenge, *Der Krieg und die Volkswirtschaft*. Münster, 1915, S. 84.

“德国成为锁闭的贸易国”①，德国今后必须通过组织和计划实现社会主义的自给自足。

哲学家和神学家也要求建立自给自足的贸易国家。自给自足的方案一部分是加强关税保护政策，因此不仅仅是反对自由贸易、“世界经济”的原则，而且是反对让德国经济在欧洲这个大范围中发展。普兰格对未来的自给自足政策作了最详细的分析。通过国民经济、财政政策和管理措施以及战争盈利的税收，制定最高价格，生产足够的食品和动物饲料，建立系统的仓储，对原料再利用，将使帝国在战争中以及战后长期不依赖于欧洲及欧洲之外的进口。战争中建立的经济组织应该在战后作为国家经济组织的基础。②

第七，民族教育观

学者们认为要进行社会改革，把德意志社会从战争的防卫共同体变成民族共同体，就必须在战后的市民教育中引入准军事化教育，以便培养青少年的战友共同体精神。马堡新康德主义者保罗·纳托普（Paul Natorp）要求重新组织对同年龄青少年的教育，通过机会平等原则，建立统一学校以及实行普遍义务劳动，还要求今后男女在教育和政治共决权上实现平等。③泽贝尔格反对妇女工作，松巴特认为理想的女性是能够“生育、能干的战士”，另外他要求进行准军事化教育，因为青少年必须学会“为祖国生，为祖国死”。④ 1914年底，罗尔夫斯就提出培养青年人简单自然的生活方式，让他们学会严格的自我管理。梅尼克认为，士兵将会成为大众的教育者，战争会产生“新人”。⑤杰非相信国际局势决定战争是不会终结的，因此军事化教育是必要的。滕尼斯把民族共同体等同于“战斗合作社”。⑥ 阿尔弗雷德·韦伯认为，德意志民族必须成为一个战

---

① Ernst Troeltsch, *Die Ideen von 1914. Rede, gehalten in der„ Deutschen Gesellschaft 1914“* (20. 3. 1916), in: *Die neue Rundschau*, 1916, 1, S. 615.

② Ernst Troeltsch, *Die Ideen von 1914. Rede, gehalten in der„ Deutschen Gesellschaft 1914“* (20. 3. 1916), in: *Die neue Rundschau*, 1916, 1, S. 24.

③ Paul Natrop, *Die Wiedergeburt unseres Volkes nach dem Kriege*, in: Thimme, Friedrich/Legien, Carl (Hg.), *Die Arbeiterschaft im neuen Deutschland.* Leipzig, 1915, S. 266 .

④ Werner Sombart, *Händler und Helden. Patriotische Besinnungen.* München, 1915, S. 121.

⑤ Steffen Bruendel, *Volksgemeinschaft oder Volksstaat. Die Ideen von 1914 und die Neuordnung Deutschlands im Ersten Weltkrieg*, Akademie Verlag, 2003, S. 131.

⑥ Ferdinand Tönnies, *Die Sozialpolitik nach dem Krieg*, in: Thimme, Friedrich/Legien, Carl (Hg.): *Die Arbeiterschaft im neuen Deutschland.* Leipzig, 1915, S. 153.

斗性的民族，每个德国人都要成为战士。①

三、“1914年思想”的影响

总而言之，德国知识精英对未来的设想是“一个无阶级、无冲突、和谐的民族共同体，由能干的、受过教育的市民官僚机构指挥，由强大的普鲁士-德意志军事君主制保护”。这是与法国和英国现代资本主义的阶级社会和沙皇俄国专制主义不同的一种社会秩序，学者们坚信“它将像一只凤凰般在战争的火刑中升起”。②

历史发展进程中的一种思想，往往是整个发展链条中的一个环节。“1914年思想”既是德国历史中各种既有元素在1914年特定条件下的产物，又对德国以后的发展进程产生影响。这种影响是多维度的：既有显性的影响，又有隐性的影响；既有正面的影响，又有负面的影响；既有短时段的影响，又有中时段和长时段的影响。

从短时段来看，“1914年思想”的显性影响是推动战争初期的战争动员和爱国主义浪潮，但是这方面的影响是短暂而有限的。德国知识分子作为社会文化精英完全维护德国的战争政策，以高涨的民族感情影响着德国人，许多教授自愿报名参军，或亲自到战地发表演讲，为参战的学生和军官鼓舞士气。但是必须看到，受他们影响的主要是知识分子、学生和大部分被动员的士兵，他们对城市中的工人和乡村中的农民影响并不大。③ 工人和农民比知识分子更为现实，物资缺乏、物价上涨和农业歉收是他们更加关注的问题。此外，随着战争时间拉长，其他各种利益诉求开始超越“1914年思想”，各方开始讨论这场战争的目的和意义，各种矛盾重新凸现，社会民主党议员反对批准战争贷款，1917年独立社会民主党和德意志祖国党的成立标志着“城堡和平”的最终破裂。特别是在战争的最后阶段，当战争经济的缺点日益显现时，人们更加期待恢复自由经济，不希望继续战争经济。

从中时段来看，魏玛制宪会议强调阶级协调，及时停止了十一月革命中提

---

① Alfred Weber, *Gedanken zur deutschen Sendung*. Berlin, 1915, S. 17、27.

② Hans-Ulrich Welher, *Deutsche Gesellschaftsgeschichte. Bd. 4.* München, 2003, S. 19.

③ 知识分子在帝国人口中只占0.8%的比例，而城市中的产业工人占到57%。见Hans-Ulrich Welher, *Deutsche Gesellschaftsgeschichte. Bd. 4.* München, 2003, S. 16.

出的全民民主的发展方向，采取了议会民主制，并且允许在企业中成立企业代表会，比其他西方大国更早地走上追求企业和平的道路①，从中似乎可以看到“1914年思想”的隐性影响。但同时，该思想推动德国民族主义朝极端化发展，从而要为魏玛时期民族主义思想的泛滥成灾承担一定责任。知识分子通过报纸杂志和演讲把1914年战争解释为一场文化之战，积极肯定并维护德意志文化的特殊性，宣扬“德意志独特道路”，他们对“民族共同体”的渴望，对等级制、军事化的肯定和国家利益的过度拔高被极右势力用于宣传民族主义和霸权政治。同时，“1914年思想”似乎为德国的发展道路竖立了一个标杆，一切其他思想和做法，容易被斥为对标杆的偏离。第一次大战后在社会民主主义影响下建立的魏玛共和国，就被不少人视为“美国化”的产物。20世纪20年代中期以后兴起的“保守革命”浪潮，似乎也能从中发现“1914年思想”的元素。在纳粹主义思想中，这些元素就更加明显，不过，“民族的社会主义”变成了“民族社会主义”，“德国式自由”变成了“社会有机体”。但同样需要指出的是，“1914年思想”并不等同于纳粹主义，后者是对前者的极端化和粗鄙化。“1914年思想”与纳粹主义之间最大的区别在于，它不带有种族主义，也没有反犹主义，它主要从文化的而非种族的角度对民族进行定义，学者们也欢迎其他认同德意志文化的种族获得德国国籍。

二次大战以后，联邦德国的发展道路明显不同于其他西方国家，其原因也发人深省。在其他国家大力推行凯恩斯主义、大搞福利制度的时候，联邦德国的“社会市场经济”显得偏于谨慎，其正面效果是保持了马克的坚挺；在其他国家大力推行新保守主义、大砍社会福利的时候，它又坚持了自己的“社会”性，从而保护了弱势群体的利益。在这种独特性的背后，有没有“1914年思想”在起作用呢？

从长时段来看，“1914年思想”继承了德意志知识分子自19世纪开始的民族认知的努力，并通过批判“1789年思想”来映衬德意志发展道路的合法性以至普适性，从而将“德意志独特道路”推向了一个危险的潮头。正因如此，20世纪60年代，比勒菲尔德学派提出了“批判性的独特道路论”，从比较史学的角度，强调“1914年思想”恰恰是德意志现代化道路“不正常”的反映。同西方国家相比，德意志现代化走过了一条政治与经济发展极端不平衡的道路，并最终将德国引向两次世界大战。然而自20世纪70年代末，人们越来越认识到，

① 详见孟钟捷：《德国1920年〈企业代表会法〉发生史》，社会科学文献出版社，2008年。

现代化理论所呈现的“一元单线”并不是历史的真理，因为西方各国的现代化道路并不是统一的，它们也不是一蹴而就的。在这种情况下，“1914 年思想”得到了学术界的重新审视。从多元现代化的角度来看，“1914 年思想”所凸显的“德意志独特道路”肯定不是普适性的，但它在世界现代化道路上也并非毫无价值。

[原文载于《同济大学学报（社会科学版）》2010 年第 4 期]

魏玛共和国社会福利住房政策的演变（1918—1931年）

王琼颖*

住房一直是近年来全社会关注的突出话题，各级政府致力于通过政策性调控抑制投资投机性购房，稳定大众住房保障。在此背景下，旨在提供大规模公共住房保障的德国模式成为国内学术界借鉴西方发达国家经验的重要研究对象①之一，且研究目光主要集中在二战后至今的社会福利住房制度。② 但事实上，欧美国家应对住房问题的机制由来已久，以德国而言更是如此，因此只有回溯德国在20世纪20年代所打下的政策及制度基础，才能全面把握这一政策的社会保障性质及它在当代的制度化。然而，有关德国住房政策起源的专门研究国内并不多见：邓宁华注意到德国社会福利住房政策历史性的一面，他从城市化进程的不同阶段出发考察德国早期住房政策的发展演变。尽管邓文对德国早期住房政策干预的“公共政策”与“社会福利政策”的区分极富启发性，但文章并未对构成二战后的德国（含两德时期）社会福利住房体系基础的魏玛共

* 王琼颖，华东师范大学历史学系世界史博士、世界史博士后研究人员，现为苏州大学社会学院副教授。

① 近年来的比较研究成果主要包括谢义维：《主要发达国家住房保障制度及中国的实践研究》，吉林大学2014年经济学博士学位论文，第69—81页；徐镭、朱宇方：《中低收入家庭的住房保障——德国模式与美国模式比较研究》，载《德国研究》2014年第1期，第82—93页。在部分中国住房政策研究中，同样有相当的篇幅涉及德国的保障制度，如姚玲珍：《中国公共住房政策模式研究》，上海财经大学出版社，2009年，第91—132页；陈杰：《城市居民住房解决方案：理论与国际经验》，上海财经大学出版社，2009年，第209—232页；沈玲：《新中国城市住房供给制度的变迁及思考》，中共中央党校2012年法学博士论文，第110—121页。

② 李超君、张鸣：《从大规模公共住房建设到有针对性的住房供给——二战后德国公共住房政策的发展与演进》，《生态文明视角下的城乡规划——2008年中国城市规划年会论文集》，2008年；《德国社会福利住房政策的发展及对中国的启示》，《转型与重构——2011年中国城市规划年会论文集》，2011年；向春玲：《165岁的德国住房保障制度》，《城市住宅》2012年第3期，第30—33页。

和国住房政策进行系统研究。① 孟钟捷则从 1918—1924 年推行的、构成魏玛共和国社会福利住房政策重要起源的住房统制模式出发，在着重讨论该模式在克服战后住房危机、保障居住权方面所取得成就与不足的同时，亦明确该模式对于后世社会福利住房政策的深远影响。②

本文将在上述学者的研究基础上，通过梳理德国首个国家社会福利住房政策从确立到制度化的历史进程，在深入剖析其时代局限性形成原因的同时，亦关注它作为政策形成阶段对当代德国社会构成的跨时代影响。

一、战争与革命：社会福利住房政策的最初确立

随着 19 世纪 40 年代工业化与城市化的出现，人口流动与城市更新令德国大众住房短缺的问题浮出水面，它不仅表现为住房数量上的供应不足，还带来了极为恶劣的居住条件；与之形成对比的则是因缺乏有效监管而造成城市土地及住房投机蔓延，城市贫困群体尤其深受其苦。但这一早已为公共领域所瞩目的住房问题却一直到 19 世纪 90 年代才正式进入地方政治家的视野③，并采取一定补救措施④。但这些举措实际效果不明显，阻力主要来自占据着地方议会多数席位的相关利益群体——建筑企业主、土地公司所有人和房产主等，他们反对政府干预住房市场，支持土地及住房市场经济⑤；还有部分人则担心“过度”

① 邓华宁：《德国住房问题和政策干预的演进》，《北京航空航天大学学报（社会科学版）》2015 年第 28 卷第 1 期。

② 孟钟捷：《德国历史上的住房危机与住房政策（1918—1924）——兼论住房统制模式的有效性与有限性》，《华东师范大学学报（哲学社会科学版）》2011 年第 43 卷第 2 期。

③ 瓦尔特·施泰茨：《德国大城市住房政策（1871—1914）》（Walter Steitz, *Kommunale Wohnungspolitik deutscher Großstädte 1871－1914*），见汉斯·于尔根·托伊特贝格主编：《*Homo habitans*：近代城乡居住社会史》（Hans J. Teuteberg, ed., *Homo habitans: Zur Sozialgeschichte des ländlichen und städtischen Wohnens in der Neuzeit*），弗朗茨·施泰因出版社，1985 年，第 421—422 页。

④ 一部分大城市政府开始会同联邦警察监督房屋质量，鼓励公益建设，甚至直接出面为其雇员建造住房。参见阿登海德·冯·萨兰登：《德意志帝国时期的地方政治与工人住房建设》（Adelheid von Saldern, *Kommunalpolitik und Arbeiterwohnungsbau im Deutschen Kaiserreich*），见卢茨·尼特哈默尔主编：《变迁中的居住：市民社会日常生活史论文集》（Lutz Niethammer, ed., *Wohnen im Wandel: Beiträge zur Geschichte des Alltags in der bürgerlichen Gesellschaft*），彼得·哈默尔出版社，1979 年，第 352—353 页。

⑤ 阿·冯·萨兰登：《社会民主党的早期地方政策（1890—1933）》（A. von Saldern, *Frühe sozialdemokratische Kommunalpolitik 1890－1933*），见海因茨·莱夫、莫里茨·法伊希亭格主编（Heinz Reif, Moritz Feichtinger, ed.）：*Ernst Reuter: Kommunalpolitiker und Gesellschaftsreformer 1921－1953*，J. H. W. 迪亚茨·纳赫夫出版社，2009 年，第 22 页。

干预会对地方财政构成负担。这一阻力还影响到了国家层面的立法，全国性的住房法规至一战爆发都未能出台，德国首部邦住房法——《普鲁士住房法》也是直到1918年3月才正式颁布。[①] 改变的契机直到战争爆发才出现，而革命则进一步深化了住房改革，并确立起社会福利导向下的国家住房政策。

1914年8月4日，就在威廉二世发表“城堡和平”演说的当天，帝国政府出台了首个保障参战军人家属居住权的特别公告，要求为因房屋租赁卷入官司的军人家属落实住处。[②] 1915年10月更进一步扩大为对战争遗属的居住保障。[③] 出于统战目的的平民居住权保障也几乎同时出现：从1914年8月中旬到12月初，政府除明确要求法院不得支持房东以租户延迟缴纳房租为由解除合同外，还专门成立调停房东与承租人关系的租赁调解署[④]，由此迈出政府干预房屋租赁市场的第一步。1917年7月26日，参议院正式发布《承租人保护公告》，确认各邦可授权地方租赁调解署仲裁租房纠纷，并规定房东提出的租约解除为无效，房东不得申诉。[⑤] 而借由对合约内租户的保护，“承租人保护”这一德国住房保障原则的基础得以奠定，其影响力一直延续至今。

但这一时期所采取的“承租人保护”措施，其战争动员及统战的动机是清晰可辨的，而一战晚期开始的住房短缺危机则真正促使德国政府在住房市场中扮演管理者与推动者的角色。起初由于战时人员与物资的双重短缺，帝国财政部于1916年10月向最高军事统帅部提议“尽可能停止一切非军事目的的建设

---

① 1891年普鲁士邦政府便着手起草住房法，其间两度公示进展（1904年和1913年），并先后提交邦议会审议（1914和1916年），然而未获通过。参见尼特哈默尔：《体制化的漫长道路：1918年〈普鲁士住房法〉前史》（L. Niethammer, *Ein langer Marsch durch die Institutionen. Zur Vorgeschichte des preußischen Wohnungsgesetzes von 1918*），见尼特哈默尔主编：《变迁中的居住》，第364页。

② 卡尔·C. 费勒：《租户、房东、国家与住房市场：德国的住房短缺与住房统制经济（1914—1960）》（Karl C. Führer, *Mieter, Hausbesitzer, Staat und Wohnungsmarkt. Wohnungsmangel und Wohnungszwangswirtschaft in Deutschland 1914-1960*），弗朗茨·施泰因出版社，1995年，第47页。

③ 即1915年10月7日颁布的《有关参战人员后方驻留家属解约权公告》（*Bekanntmachung über das Kündigungsrecht der Hintergebliebenen von Kriegsteilnehmern*, RGBl. S. 642），参见瓦尔特·霍尔特格拉弗：《新租赁及居住权：关于“取消涉及社会福利租赁及居住权的住房统制模式法案”的评述》（Walter Holtgrave, *Neues Miet- und Wohnrecht. Kommentar zum Gesetz über den Abbau der Wohnungszwangswirtschaft und über ein soziales Miet- und Wohnrecht*），瓦伦出版社，1960年，第72页。

④ 霍尔特格拉弗：《新租赁及居住权》，第72页。

⑤ 霍尔特格拉弗：《新租赁及居住权》，第72页。

活动”。[①] 住房建设遂逐步停滞。[②] 但此后因战争结束产生的军人复员潮、难民流动潮及战后结婚潮的叠加致使住房需求水涨船高。据估计，这一大规模人员流动及结构变化造成战后全德住房缺口有 50 万—150 万套。[③] 复员军人是最早对住房供给构成冲击的群体：早在 1917 年至 1918 年冬，首批德国军人归国就造成住房缺口短时急剧扩大。[④] 随着战胜国要求德国裁军至 100 万，短时间如此大规模的军事复员行动对德国社会尤其是住房供给的考验更大。在强制复员的压力下，许多人选择滞留大城市；但因城市住房形势严峻，他们不得不在由学校等公共设施改建的临时安置点落脚。大批前军人因此对政府的态度由最初的失望转向极度不满，游行与骚乱也随之产生。而住房危机集中爆发的另一群体则是难民。据 1922 年国会《1914—1921 年住房及定居措施调查报告》中援引红十字组织的数据显示，至 1920 年 12 月初德国境内难民总人数接近 90 万。[⑤] 难民潮引发的住房短缺集中于边境及存在领土改划的地区，如东普鲁士、西里西亚、巴登、符腾堡和黑森，大城市如首都柏林也是难民涌入的“重灾区”。上西里西亚的问题尤为突出，在其东部地区于 1921 年 10 月强行划归波兰后，除了大量原帝国居民涌入德国部分导致住房极度短缺，还引发因外来德意志人仇视世居的波兰裔居民而导致的社会对立。[⑥]

与此同时，大后方的普通德国人也备受住房短缺的煎熬。一个统计学上的

---

① 海因里希·希尔齐费尔：《普鲁士住房经济》（Heinrich Hirtsiefer, *Die Wohnungswirtschaft in Preußen*），R. 穆勒出版社，1929 年，第 56 页。

② 1913 年全德 26 座城市建成公寓为 42193 套；1916—1917 年 37 座大城市的建成独栋住房数分别 966 和 428 栋；建成公寓分别为 4685 和 1712 套；1918 年 54 座城市建成住房数量总计 3823 套。参见阿尔布莱希特·古特：《世界大战后德国房产业发展》（Albrecht Gut, *Die Entwicklung des Wohnungswesens in Deutschland nach dem Weltkriege*），见古特主编：《世界大战后德国房产业发展》（Gut ed., *Der Wohnungswesens in Deutschland nach dem Weltkriege*），F. 布鲁克曼出版社，1928，第 24 页；亦可对比希尔齐费尔《普鲁士住房经济》第 55 页所提供的相关数据。

③ 德国学界对于一战后全德住房缺口数据并无统一的说法，因此上述数据综合各类研究所得。参见君特·舒尔茨：《从魏玛时代到联邦共和国住房政策的连续与断裂》（Günter Schulz, *Kontinuität und Brüche in der Wohnungspolitik von der Weimarer Zeit bis zur Bundesrepublik*），见托伊特贝格主编：《城市发展、工业化、社会变迁：19—20 世纪城市化研究论文集》，第 137 页。

④ 尼特哈默尔：《体制化的漫长道路：1918 年〈普鲁士住房法〉前史》，第 381 页。

⑤ 《1914—1921 年住房及定居措施调查报告》，1920—1922 年第一届国会报告副本，国家临时经济委员会档案（档案号：R401/1429），德国联邦档案馆藏。

⑥ 《国家内政部长关于 1922 年 9 月 7 日布雷斯劳会议卷宗的批注》（*Der Reichsminister des Innern, Aktenvermerk über das Ergebnis einer am 7. Sept. 1922 in Breslau abgehaltene Besprechung*），1922 年 9 月 8 日，普鲁士财政部档案（档案号：I. HA. Rep. 151 IC Nr. 12354），德国国立普鲁士枢密档案馆藏。

原因在于：德国官方一直以来对住房需求的统计并不基于自然人，而是基于“户”。[①] 因此，尽管一战造成约200万德国士兵战死沙场，也并未完全导致后方家庭瓦解、住房出空；相反，侥幸在战场活下来的人在回国后马上面临结婚成家、自立门户的需求。1919年全国结婚人数因此跃升至将近85万对，相比战前（1900—1913年）增加了近一倍[②]，对于住房的需求也随之攀升。然而由于一房难求，许多新婚夫妇不得不与一方父母或亲属同住。[③] 同时，底层民众的居住贫困仍持续蔓延，流感、肺炎，乃至肺结核、伤寒、梅毒这些恶性传染病在战后狭窄的居室内肆意传播。儿童成为其中最大受害者，在柏林一些住房尤其短缺的地区，拥挤住房内出生的婴幼儿夭折率甚至高达59%。[④]

实际上住房危机的危害性已经在战争后期引起了帝国高层的注意，例如1918年2月，普鲁士公共劳动部部长保罗·冯·布莱腾巴赫就已表达过对复员军人住房安置的忧虑，如果不能及时为返乡的士兵及其家属解决住处，“……在这批人中还出现普遍的不满情绪和强烈愤怒。……由此导致政局动荡”。[⑤] 显然官方已预见到住房问题背后可能爆发政治革命的隐患，但战初租赁调控措施已不能完全应对当时的居住需求，同时考虑到战后经济转型的客观需要，帝国政府不得不承担起推动住房建设的责任，从源头上增加住房供给。除《普鲁士住房法》率先提出普鲁士将拿出总额共计2000万帝国马克政府贷款资助公益性建筑生产外，参议院随后于1918年9月23日、10月31日出台《克服住房短缺的措施公告》（简称为“9月23日公告”）和《采取国家资金保障建设补贴的决议》（简称为“10月31日决议”），明确帝国政府对住房市场进行全面干预：一方面延续战时政策继续对现房市场（即房屋租赁）加以严格调控；另一方面明确由各级地方政府取代私人资本，为各类新房建设活动提供资金，扩大住房

---

① 《1914—1921年住房及定居措施调查报告》。

② A. 古特：《世界大战后德国房产业发展》，第25页。

③ 房屋局甚至因此对住房申请者的结婚年龄有所规定，例如在斯图加特、卡尔斯鲁厄和多特蒙德，丈夫年龄不得小于25岁，在卡塞尔为28岁，在马格德堡为30岁。参见费勒：《租户、房东、国家与住房市场》，第312页。

④ 古斯塔夫·伯斯：《柏林的困境：事实与数据》（Gustav Böß, *Die Not in Berlin. Tatsachen und Zahlen*），中央出版社，1923年，第15页。

⑤ 《1918年2月20日冯·布莱腾巴赫信件》（Brief v. *Breitenbach vom 20. 2. 1918*），参见格哈德·库恩：《1880—1930年美因河畔法兰克福的居住文化与地方住房政策——通向个体组成的集体社会的道路》（Gerd Kuhn, *Wohnkultur und kommunale Wohnungspolitik in Frankfurt am Main 1880 bis 1930: Auf dem Wege zu einer pluralen Gesellschaft der Individuen*），迪茨出版社，1998年，第41页。

储备。“10 月 31 日决议”确认帝国政府为住房建设无偿提供约 5 亿马克国家补贴。①

尽管上述措施并未来得及挽救德意志帝国于倾覆，但这一国家干预的机制不仅在十一月革命后被新政权继承下来，更为后者进一步推进：魏玛共和国之所以被称为“德国‘福利国家’发展进程中质的飞跃”②，正在于它首次将福利原则及其重要表现形式——社会政策的纳入宪法体系。但有别于帝国社会政策中贯穿始终的家长式救济观念与反工会思想③，魏玛社会政策的首要立足点是达成“工人阶级与国家和解”，尤其是要在共和国初年政局不稳的情况下，以社会改革对抗社会革命。因此，如何重建一套新的社会秩序及有序运作的保障体系除了是一种客观要求，还关乎革命与政权本身的合法性与延续性，这也构成了住房政策以社会福利为导向的最初基础。正如普鲁士福利部部长海因里希·希尔费齐尔（1921—1933 年在任）所说：“房产业的现状与结构是衡量社会与政治形势的标尺。从住房政策的相关规定中可以明显看出，大众到底是被国家作为公民加以接纳，还是被拒之门外。”④

同时政权更迭也为住房政策的基层实践创造了必要条件。帝国时代的城市发展成就掩盖了地方政治结构对社会政策的不友好，即建立在财产基础上的地方议会坚持自由主义的经济观，加之其作为“威权统治下一块资产阶级活动的保留地”⑤ 的自我认知，强烈排斥国家对地方事务的干预；加之社民党及自由工会成员在地方的活动空间有限，它们所代表社会群体利益也很难得到满足。这一局面直到魏玛共和国确立地方选举贯彻普选制才被打破，并于此开启住房事务的新时代。

---

① 彼得-克里斯蒂安·维特：《通货膨胀、住房统制经济与房租税——魏玛共和国住房建设与住房市场的规范》（Peter-Christian Witt, *Inflation, Wohnungszwangswirtschaft und Hauszinssteuer: Zur Regelung von Wohnungsbau und Wohnungsmarkt in der Weimarer Republik*），尼特哈默尔主编：《变迁中的居住：市民社会日常生活史论文集》，第 392—393 页。

② 格哈德·A. 里特尔：《德国福利国家》（Gerhard A. Ritter, Der deutsche Sozialstaat），汉斯-乌利希·韦勒主编：《德意志历史的十字路口：从宗教改革到转折 1517—1989》（Hans-Ulrich Wehler ed., *Scheidewege der deutschen Geschichte. Von der Reformation bis zur Wende 1517-1989*），C. H. 贝克出版社，1995 年，第 151 页。

③ 格哈德·A. 里特尔：《德国福利国家》，第 151 页。

④ 希尔齐费尔：《普鲁士住房经济》，第 19 页。

⑤ 沃尔夫冈·霍夫曼：《介于市政厅与总理府之间：1890—1933 年间德国地方及国家政策中的市长们》（Wolfgang Hofmann, *Zwischen Rathaus und Reichskanzlei: Die Oberbürgermeister in der Kommunal- und Staatspolitik des deutschen Reiches von 1890-1933*），科尔哈默尔出版社，1974 年，第 70 页。

二、1919—1931年住房政策的发展

众所周知，正是《魏玛宪法》第155条中有关居住权的明确表述率先确立了住房政策的社会福利属性，并通过之前已确立的现房调控与新房建设促进加以贯彻。一般而言，魏玛社会福利住房政策演变划分为两个阶段：即从魏玛共和国成立到1924年以住房管制性措施为主的政策试验阶段以及1924年至1931年的政府推动住房建设发展阶段。

一战结束后的德国面临进入20世纪后首个动荡时期，从战争赔款到领土争议再到货币贬值，无不侵蚀着这个社会稳定的根基，因此这一时期住房政策表现为极强的国家干预特征，尤其是对房屋租赁的严格管制，但也体现在政府推动下的住房建设活动。同时，由于住房政策仍处于早期创立的阶段，加之住房建设的部分对资本依赖度很高，容易受外部环境影响，因此在具体的政策上调整不断，故而也被称成为“住房政策的试验期”。

这一时期政府对于房屋租赁的调控被称为“住房统制经济”，主要表现为各级政府直接介入现房市场，对人（租赁双方）和物（房屋）的双重管制，旨在通过政府力量，尽可能扩大现有供给，遏制住房短缺，具体包括三个方面的措施：①以“承租人保护”为基本原则，限制房屋产权人（包括房东）解约权利；②由地方政府制定房租指导价，避免租金因短缺而过快过度上涨；③由地方政府（如城市）统一管理、分配房源。实际上，这些措施在战时均已出现，并已由“9月23日公告”整合为一个现房调控体系。而在此基础上，1920年国家劳动部出台《克服住房短缺措施试行条例》进一步强调政府职责所在，即“市镇当局对于必要条款不仅有权，而是有义务执行。”①

房屋局和调解局无疑是其中两个至关重要的部门。其中房屋局主要负责房源与房屋申请人的登记、管理和住房分配。其首要任务是多方筹措房源。首先，房屋局会对拥有大量房间的非居住用建筑（如学校）评估后改建为居住用房。其次，它要求所有拥有闲置房产（间）的房主必须如实申报，谎报瞒报将面临处罚。② 房屋局还对向官方隐瞒申报、自行租赁房屋的行为进行打击，通过采

---

① 希尔齐费尔：《普鲁士住房经济》，第127页。

② 费勒：《租户、房东、国家与住房市场》，第305—306页。

取与食品卡发放、警察局申报户口捆绑的方式，挤压“非法”租房的生存空间。[①] 甚至在一些住房短缺尤其严重的市镇，还出现了一种被称为“住房合理化”的特殊安置手段。虽名为“合理化”，但实际是由地方政府强行征收房屋（尤其是豪华住宅）中所谓“尚未被利用”部分，并将之分配给登记在册的房屋申请人居住。

租赁调解局在这一阶段的工作范围更广，介入住房事务的程度也更深，它实际上相当于一个“特别住房法庭”。其业务包括调解租赁关系，制定房租政府指导价。在租赁关系调解（包括合同仲裁）方面，尽管调解局强调“公平考量”，但其仲裁实践主要遵循“承租人保护原则”，因而大多倾向维护租户的利益；相比之下，同时期的房东若想要解除与现有房客的合同则并非易事，即便向租赁调解局提出解约申请，在多数情况下其主张都不会得到支持。[②] 调解局的另一项重要工作是制定当地房租指导价。从1919年起，各州政府均出台房租限价政策，以普鲁士为例，最初规定州内房租涨幅一般不得超过20%。[③] 1922年的《国家租赁法》规定了“法定租金”[④] 的概念，明确官方租金指导价的基本构成，从而开启了魏玛共和国老式建筑的房租远低于其他生活开支的局面，尤其是在1922年之后通货膨胀危害日益显现的情况下，普通德国人的房租虽有所上涨，但始终不构成家庭开支的大头。据德国雇主协会联盟的统计显示，1922年普通小户型房租支出仅占非技术工人工资的2.36%。[⑤] 1922年5月，一户柏林的邮局工作人员的每月家庭净收入为3625马克，其食物开支为3162马克，房租则仅有60马克。[⑥]

由此租户群体一改过去相对弱势的地位，他们得到了在租赁关系存续、房租支出方面的多项保障；然而这一切却被房东（或房产所有人）视为对其天然权利的侵害：一方面很多房东将承租人保护原则视为“鸠占鹊巢”；另一方面，由于房屋的管理与修缮是由房东承担的，但投入房屋维护管理的费用日益增加

---

① 费勒：《租户、房东、国家与住房市场》，第309页。

② 霍尔特格拉弗：《新租赁及居住权》，第73页；费勒：《租户、房东、国家与住房市场》，第123页。

③ 费勒：《租户、房东、国家与住房市场》，第134页。

④ 所谓“法定租金”，是指以1914年7月1日开始起租的基本房租基础上，重新计算管理、维修费及利息后得出的金额，主要涉及建于1918年7月以前的私有住房。参见霍尔特格拉弗：《新租赁及居住权》，第77—78页。

⑤ 费勒：《租户、房东、国家与住房市场》，第138页。

⑥ 费勒：《租户、房东、国家与住房市场》，第136页。

而房租却“原地踏步”的情况导致他们濒临破产，房屋条件也因无力整修而恶化。[①] 此外各地租赁调解局官僚主义的工作态度不仅遭到州政府的批评，其各事各办的工作方式亦导致租户内部意见分化。为了平衡各方利益，中央政府于1923年10月1日出台《承租人保护及租赁调解局法》，对原“承租人保护”原则加以调整，一定程度上承认房东的合理解约要求与权利，取消强制“住房合理化”；同时涉及租赁合同的纠纷处理重新回归司法途径解决，政府不再以行政强制的方式介入私人合同与生活关系。由此房屋租赁领域兼顾租赁双方、相对完善的保障体系得以明确。

尽管当局煞费苦心扩大现有房源，但仍无法满足需求；而战后私人投资意愿低迷，建设资金短缺，又使得依靠私人资本扩大住房供给全无可能，这就要求官方承担推动大众住房建设的主要职责。但最初由“10月31日公告”规定的国家无偿补贴建设成本中通货膨胀部分的做法很快就对政府财政构成极大负担：至1919年底，中央政府实际支出的补贴已达6.5亿马克[②]，甚至由于补贴上不封顶，出现了建设铺张的情况。[③] 因此1920年1月10日《关于保障新房建设国家贷款》明确规定单位（每平方米）建设补贴标准，且补贴项目的居住面积一般不得超过70平方米，补贴对象为除伤残军人、失业者、重病患者以外的普通居住困难者及多子女家庭，从而确保这一促进机制的普遍福利性质。从1921年开始，政府还积极探索新的公共建设资金来源，通过征收“住建税”分摊财政压力。“住建税”主要面向老式建筑内缴纳低廉房租的租户征收，由州、市两级政府根据房屋的“和平租金”（1914年7月1日开始起租的完整房租）

---

① 在1922年一份向普鲁士福利部部长申诉房租限价的请愿书中，申诉人称自己过去两年间各类围绕房屋的必要支出（如维修费、垃圾清运费等）已翻5—25倍；而同期房租涨幅仅有10%—40%；且房租提价至少滞后房屋开支一年半，因而导致其濒临破产。参见《致德国国会经济委员会的信》（*An den Wirtschaftsrat des Deutschland Reichstages*），1922年1月10日，国家临时经济委员会档案（档案号：R401/1429），德国联邦档案馆藏。

② 希尔齐费尔：《普鲁士住房经济》，第140页；格雷文：《新建住房资助》（Greven, *Die Finanzierung des Wohnungsneubaus*），见古特主编：《世界大战后德国房产业发展》，第100页；维特：《通货膨胀、住房统制经济与房租税——魏玛共和国住房建设与住房市场的规范》，第393页。

③ 吕贝特：《小住房建设国家补贴——对现行机制的批评暨对1921年改善性建议》（Lübbert, *Die staatlichen Beihilfeverfahren für den Kleinwohnungsbau. Kritik des bisherigen Verfahrens nebst einem Verbesserungsvorschlag für 1921*），《人民住房：住建与居住区杂志》（*Volkswohnung. Zeitschrift für Wohnungsbau und Siedlungswesen*）1920年第2卷第2期，第281—282页。

按比例征税，一般为 5%。①

但由于恶性通货膨胀危机愈演愈烈，无论是财政补贴，还是税收分配，都远跟不上马克贬值的速度。以西南城市亚琛为例，1922 年 5 月当普鲁士州政府将建设补贴标准提高到约为 825—900 马克/平方米，此时 70 平方米住房的建设成本已增至 40 万马克，并且还在继续上涨。② 尽管这一时期也建成若干较有影响力的项目——例如位于舍内贝格市（1920 年并入柏林）、可容纳约 1500 名住户的林登豪夫小区（1918—1924 年，原址大部分已毁于二战中），但新建促进机制的总体效果并不如现房调控政策。学界推测 1918—1923 年间全德建成（含改建）住房总计为 10 万套左右，尚不及战前一年的建成住宅数量。③

从 1923 年下半年起，德国政府开始启动货币改革，1924 年接受道威斯计划，终于使得德国整体经济与社会环境得以改观，政治形势也渐趋缓和，这一点也影响到住房政策重心的转变。在现房调控方面，1923 年《承租人保护法》使得租赁市场总体平稳发展，重大变化出现在住房建设领域。

1924 年 2 月 14 日第三部《国家税收紧急条例》宣布各州开征“通货膨胀补偿税”，课征对象为房租，因此也被称为“房租税”。而为保证资金后续充足，房租税的税率及“法定房租”逐年递增。这一操作使得流向政府财政的公共资

---

① 《巴登州议会第 66 次会议记录的附件》（*Beilage zur Niederschrift über die 66. Sitzung*），1921 年 10 月 4 日；《德国城市议会住房与定居委员会备忘录》（*Protokoll*, *Sitzung des Wohnungs- und Siedlungsausschusses des Deutschen Städtetages*），1921 年 10 月 14 日，德意志暨普鲁士城市议会档案（档案号：I. HA. Rep. 193A Nr. 39, Nr. 41），德国国立普鲁士枢密档案馆藏；希尔齐费尔：《普鲁士住房经济》，第 142 页。

② 韦伯：《1920 年公共资金对新建筑生产的资助》（Weber, *Die Unterstützung der Neubautätigkeit mit öffentlichen Mitteln im Jahre 1920*），《人民住房》1920 年第 2 卷第 2 期，第 21—23 页；《亚琛市长致德意志暨普鲁士城市议会的电报》（*Telegraphie*, *Oberbürgermeister von Aachen an Deutschen und Preußischen Städtetag*），1922 年 5 月 8 日，德意志暨普鲁士城市议会档案（I. HA. Rep. 193A Nr. 43），德国国立普鲁士枢密档案馆藏。

③ 维特：《通货膨胀、住房统制经济与房租税》，第 403 页。

金稳定增加：1925—1931年年平均房租税收入为15.2亿马克。[①] 尽管“房租税”实际上并不完全投入住房建设——有超过半数税收进入州财政[②]，但由其组成的公共贷款依然构成1924—1931年地方推动公益性住房建设的最主要资金来源。[③] 得益于公共资金的持续投入，德国各大城市在20年代中期出现了一股建设风潮。新建住房数量从1924年的约10.7万套增加1927年的近31.6万套，1930年仍建成31.7万余套，超过战前每年26万套的平均水平。[④] 以“新建筑”为名的现代主义住宅也被普遍接受：柏林、科隆、法兰克福、慕尼黑、汉诺威多地涌现出一批大型现代住宅区，如1925—1931年间柏林共建成住宅小区14座，建成居住单元逾万套[⑤]；而美因河畔的法兰克福仅最具代表性的6个小区就有超过8000个居住单元[⑥]，法兰克福更因此以“新法兰克福”蜚声欧美。

① 米夏埃尔·鲁克：《魏玛共和国的公共住房建设资助：目标、成绩和问题》（Michael Ruck, *Die öffentliche Wohnungsbaufinanzierung in der Weimarer Republik*），见阿克瑟尔·谢尔特、阿诺德·希沃特克主编：《大众住房与私人住宅：第一次世界大战以来的大城市住房建设与居住》（Axel Schildt, Arnold Sywottek ed., *Massenwohnung und Eigenheim. Wohnungsbau und Wohnen in der Großstadt seit dem Ersten Weltkrieg*），校园出版社，1988年，第160页。鲁克在另一篇文章还提到，1925—1932年房租税收益实际占到全国税收十分之一多，见M. 鲁克：《作为社会与经济政策焦点的住房建设：房租税时代公共住房政策的问题（1924/25—1930/31）》［*Der Wohnungsbau - Schnittpunk von Sozial- und Wirtschaftspolitik. Probleme der öffentlichen Wohnungspolitik in der Hauszinssteuerära.* （*1924/25 - 1930/31*）］，见韦尔纳·阿贝尔豪泽主编：《作为福利国家的魏玛共和国：工业社会中的经济与社会政策关系》（Werner Abelshauser ed., *Die Weimarer Republik als Wohlfahrtsstaat. Zum Verhältnis von Wirtschafts- und Sozialpolitik in der Industriegesellschaft*），施泰因出版社，1987年，第103页。

② 事实上各州投放比重不一，普鲁士作为房租税资助住建力度最大的州，除1924年投入42.1%的房租税，1925—1928年基本维持在51%左右。参见格雷文：《新建住房资助》，第103页；希尔齐费尔：《普鲁士住房经济》，第147页。

③ 魏玛时期住建资金由本金、私人贷款和“房租税”贷款组成，20世纪20年代中期三者比例大致为10%、30%—40%（最多）和50%—60%（至少）。其中“房租税”贷款通常以远低于私人贷款的利率向住房建设项目发放，利率和债率一般仅为3%和1%，而同期私人贷款的利率则为8.5%和10.5%。参见舒尔茨：《从魏玛时代到联邦共和国住房政策的连续与断裂》，第144—145页。

④ 乌苏拉·魏斯：《魏玛共和国住房建设的社会基础》（Ursula Weis, *Zu den sozialen Grundlagen des Wohnungsbaus in der Weimarer Republik*），见豪夫曼、库恩主编：《1900—1930年的住房政策与市政建设》，第172页；舒尔茨：《从魏玛时代到联邦共和国住房政策的连续与断裂》，第147页。

⑤ 克里斯托弗·伯恩哈德：《柏林公共住房资金的启动与危机（1900—1945）》（Christoph Bernhardt, *Aufstieg und Krise der öffentlichen Wohnungsbauförderung in Berlin 1900-1945*），见洛塔·约克尔主编：《住在柏林——百年柏林住房建设》（Lothar Juckele ed., *Wohnen in Berlin. 100 Jahre Wohnungsbau in Berlin*），城市建筑艺术出版社，1999年，第276—293页。

⑥ 卡尔海因茨·E. 凯斯勒：《20年代住房建设：建筑师恩斯特·迈与瓦尔特·施瓦根谢尔特的理论与成果》（Karlheinz E. Kessler, *Wohnungsbau der 20er Jahre. Die Architekten Ernst May und Walter Schwagenscheidt. Ihre Theorien und Bauten*），哈根+赫尔谢出版社，2006年，第21—24页。

三、社会福利住房政策的断裂及其原因

然而住房短缺的阴影随着 1929 年经济大危机爆发而重新笼罩德国，之前看似行之有效的调控与促进措施逐步丧失功能，表现为一种住房需求与新建住房双增长的奇特现象：1932 年全德住房缺口从 1925 年的 70 万套增至约 100 万套；而 1932 年底全德仍有 15 万套住房空置，且多数为新建住房。① 这首先是因经济危机导致的大规模失业②与收入锐减而起。即使是在以严格执行低房租政策闻名全德的汉堡，68%希望获得三居室的申请人的预算不超过 500 马克，而当时一套 1927 年建成的普通两居室年租为 550 马克，三居室则要价 600—800 马克。③ 因此不仅是工人，越来越多的职员、低级公务员不得不回到老式建筑；许多等不到房子的人则自发圈地搭建“非法”简屋陋棚④。就大众的居住体验来说，住房政策的“社会福利”目标此时已经破灭。

但魏玛住房政策中断更直接的原因则是政策转型。1930 年 3 月上任的布吕宁政府为克服经济危机，开始执行紧缩财政、刺激经济的政策，在住房领域则彻底放弃政府干预。一方面以此削减政府开支，节约成本；另一方面试图使房产业重新回归市场，刺激投资。这一转型主要通过 1930—1931 年有关逐步取消“房租税”的三部紧急法得以实现，即通过逐步降低房租税征收和投放比例，提高老式建筑被长期限制的利润，增加有产者的投资信心，同时逐步减少直至停止政府对住房建设活动的介入。至 1932 年这一税收促进住房建设的功能便已彻底丧失。⑤

表面看来这一切事出突然，但事实上，导致这一政策失败的不安定因素在其发展过程中已经出现。问题首先出现在地方政府以“福利”为导向、旨在扩

---

① 舒尔茨：《从魏玛时代到联邦共和国住房政策的连续与断裂》，第 148—149 页。

② 从 1929 年 9 月起至 1933 年，德国失业人口从 130 万增至 600 万，而这一数字尚未包括那些长期失业并已被停发失业救济金的群体。参见埃伯哈德·科尔布：《魏玛共和国》（Eberhardt Kolb, *Die Weimarer Republik*），奥登堡知识出版社，1998 年，第 119 页。

③ 费勒：《租户、房东、国家与住房市场》，第 176 页。

④ 因为这类建设没有建筑许可，甚至未获土地所有者同意，因此属于“违法”搭建，参见蒂尔曼·哈兰德、卡特琳·哈特、弗朗茨·梅耶斯：《居于困境：魏玛共和国末期住房政策及住宅区建设的中断》（Tilman Harlander, Katrin Hater, Franz Meiers, *Siedeln in der Not. Umbruch von Wohnungspolitik und Siedlungsbau am Ende der Weimarer Republik*），克里斯蒂安斯出版社，1992 年，第 43 页。

⑤ 舒尔茨：《从魏玛时代到联邦共和国住房政策的连续与断裂》，第 148—149 页。

大住房供给的住建促进机制与保守财政政策之间的矛盾：由于战败赔偿及1920年埃茨贝格财税改革对私人资本流动的限制，德国国内资本短缺状态贯穿整个魏玛时代，致使住建业不得不高度依赖政府财政。但同时，埃茨贝格的改革在实现财税中央集权的同时又限制了地方政府的财政自由，地方支出因此不得不大量依靠上级财政返还和转移支付。这样一种资本供求矛盾最终导致地方政府在世界经济大危机到来之前就陷入了财政危机。其次，作为1924年以后住房政策核心的“房租税”，在设计上也存在缺陷。从住建政策的角度来说，房租税直接促成公共住房建设的大发展，但这一成功更主要得益于这一阶段德国经济的蓬勃发展，而非税种设计上的优越性。相反，随着经济形势逐步下滑，一方面是“房租税”从1928年起被越来越多地用于补贴地方财政；另一方面，“房租税”的设计缺陷也逐步显现：由于其税收基础是老式建筑的房租，尽管州政府逐年提高法定租金及房租税率，但一来原有租金基数偏低，二来还存在各种福利性减免①，实际税收要低于应收税金。面对不断扩张的建设计划和水涨船高的住房成本时，“房租税”的资金压力不断增加。此外，通过“房租税”集中的公共资金主要被用于资助新建住房，而并不针对老式住房维修养护。虽然1927年这一问题得到了弥补，但采取的方式却是减免“房租税”，鼓励房东承担修缮义务。这种鼓励措施显然又影响到投入新建筑的税收额度，老建筑维护与新建筑建设围绕资金的冲突日益明显。最后，大众实际需求与被意识形态化的“居住理想”的落差进一步消解住房政策的稳定性。这是因为地方政治家和建筑师赋予“解决住房问题”以大量政治意义的同时，唯独缺乏“对大众需求的分析”②：尽管新建住房无论是建筑，还是卫生标准，都令人称道，但由此也导致了建设成本增加。即使是在政府给予额外补贴并按成本价出租的情况下，弱势群体或无力负担新建住房，或在经济危机到来之际被最先甩出保障体系。

因此，魏玛社会福利住房政策存在的这10多年间，各类社会群体对现行政

---

① 例如普鲁士从1927、1928年开始逐步减免多子女家庭自住房屋，贫困租户如靠小额年金过活或失业人员的房租税。相关讨论参见《威斯巴登市政府致普鲁士福利、内政和财政部三位部长的附录》（*Anschrift*, *Der Magistrat der Stadt Wiesbaden an Preuss. Minister für Volswohlfahrt*, *Minister des Inners und Finanzminister*），1927年3月31日；《基尔市政府致普鲁士州政府》（*der Magistrat der Stadt Kiel an das Preussische Staatsministerium*），1928年1月27日，德意志暨普鲁士城市议会档案（档案号：B Rep. 142-01, Nr. 2490），德国柏林州立档案馆藏。

② 鲁特·迪尔：《从定居建设的特殊视角考察1925—1930年恩斯特·迈在法兰克福的工作》（Ruth Diehl, *Die Tätigkeit Ernst Mays in Frankfurt am Main in den Jahren 1925-1930 unter besonderer Berücksichtigung der Siedlungsbaus*），法兰克福大学建筑学博士论文，1976年，第4页。

策的不满也在不断累积，并且围绕住房事务，社群碎片化的趋势越发明显，各色人等都认为自己的利益受到现行政策的侵害，因而无法简单划分为利益被剥夺的房主与属于既得利益者的租户的对立。但魏玛当局不仅没有调和矛盾的能力；相反，在政策调整、推进的过程中，逐步丧失了相互妥协的公共基础和大众支持，失败也就在所难免。

四、魏玛社会福利住房政策的意义

尽管德国历史上首个住房政策体系以失败告一段落，但它仍在政府调控房产业方面做出开创性尝试。一方面，魏玛政府放弃了德意志帝国偏向房产主的自由市场经济，全面贯彻“承租人保护原则”，为德国形成以租房居住为主的住房市场提供了制度保障，同时又以房租指导价控制普通大众的房租支出，民众居住安全感与稳定性因此相比一战前有显著提高。另一方面，在面临资本短缺的情况下，依靠政府投入大量公共资金推动的新建住房建设，致力于满足和改善大众居住需求。从这个意义上来说，魏玛共和国的福利住房政策确实践行着《魏玛宪法》有关保障普通人居住权、为大众提供“健康住宅”的要求。

魏玛共和国社会福利住房政策更为深远的意义在于，尽管经历断裂，但这一政策体系的基本出发点及具体措施，仍构成了当代德国福利住房体系重要的理论组成和制度来源。首先，1945 年二战结束之后，两个德国因再次面临住房危机而重启“住房统制模式”，这一模式直到 1960 年才在联邦德国逐步取消，而在民主德国则几乎延续至政权终结。其次，当代德国的房屋租赁和公共福利住房制度同样脱胎于魏玛共和国住房政策，即使在联邦德国取消“住房统制模式”后，“承租人保护”和租金指导价中的社会保障原则仍继续保留，以保证租户不会被随意解除租赁合同，保证其正当居住权；同时限制因短缺造成的租金非理性上涨。① 同时 1923 年《承租人保护法》中对房东合理解约权利的确认也延续至今。而在二战后住房危机与资本短缺条件下重启的公共福利住房制度，如各级政府提供各类资助，以成本租金出租给低收入家庭居住，房租标准由政府核定等②，同样来自魏玛共和国的经验。

---

① 从 1960 年开始联邦德国政府就计划逐步取消房租指导价，但各大城市举措并不同步，如慕尼黑于 1975 年取消了城市住房租金指导价，而西柏林则一直到两德统一之后才取消。

② 向春玲：《165 岁的德国住房保障制度》。

形成于一场战后住房危机的魏玛共和国福利住房政策，尽管存在仅短短10余年，但由其开创的政府干预模式，尤其是在确保普通人的基本居住权利，约束房地产业中过度商业化甚至投机行为方面，对当代德国福利住房政策影响深远。同时它也为我国特大城市所面临人口流入压力及房地产供给严重失衡提供了借鉴意义。

（原文载于《历史教学问题》2018年第1期，收入此书时有所修改）

纳粹德国的农业政策和妇女政策

郑寅达　陈　旸　韩昕旸*

德国纳粹分子对魏玛共和体制充满着仇恨，不论是纳粹运动兴起之初推出的纳粹党党纲，还是经济大危机期间的竞选与宣传攻势，都把攻击魏玛政府与魏玛共和国中的各种社会现象作为主要内容。与攻击性言论相配套的，是对未来的承诺。纳粹分子承诺要对德国社会实施彻底改造，建立起纳粹的“新世界”。希特勒就任德国总理后，一方面着手改变国家的政治体制，在一年半的时间里，把一个民主共和国快速变成实行个人独裁的“第三帝国”，另一方面则是着手改造社会，力图组建起一个纳粹化的新社会。本文试图对纳粹当局费力较多的农业政策和妇女政策作初步探索，意在抛砖引玉，求教于方家。

一

魏玛共和国时期，德国的农业发展状况不太理想，农民处境不佳。若按经济部门的投资结构来看，1910—1913 年，农业投资比重占到总投资的 13.9%，而到 1925—1929 年，这一比重下降到 10.9%。从产值结构来看，上述两个时段的数据分别是 23.4%和 16.2%。① 当然，这些数据的背景之一是工业化。工业部门发展的速度更快，魏玛共和国中期的农业生产指数尽管上升了 19%，但相对地位还是不断下降。经济大危机期间，农民再次陷入尴尬境地。尽管生产指数

* 郑寅达，华东师范大学历史学系教授；陈旸，华东师范大学历史学系世界史博士，现为中国现代国际关系研究院欧洲所副研究员；韩昕旸，华东师范大学历史学系世界史硕士，现为郑州市第七十三中学二级教师。

① 卡尔·哈达赫：《二十世纪德国经济史》，扬绪译，商务印书馆，1984 年，第 225—226 页。

相对工业而言是逆向运行，即略有上升，但农产品价格却不断下降。农民希望通过增加产量来弥补收入上的损失，但在工业生产倒退的情况下，增加农业生产只能促使农产品价格进一步下降。据德国统计机构计算，经济危机期间，德国农业总收入下降 28.5%，大部分农业经营陷入亏损状态。①

纳粹党的正式名称中尽管有“工人党”字样，但包括希特勒在内的不少领导人，对农业和农民问题给予了程度不等的关注。有人认为，纳粹党人对于农民和农业生产是相当重视的。“第三帝国，或者至少是第三帝国的重要人物，想要成为农民国家（Bauernstaat），同时也想要有加速发展的工业化，这绝对不是误解或者宣传的技巧。就像反犹主义那样，这属于少数的被坚定执行的纳粹生活原则。”②

希特勒早在口授《我的奋斗》一书时，就赋予农业和农民阶层以崇高的地位：“维持一个健康的农民阶层作为整个民族的基础，这一可能性从来没有得到过足够高的估价。我们如今许多的伤痛都只是乡村和城市人口间不健康的比例关系造成的。一个稳定的中小农民阶层作为主干的存在，永远是抵抗社会疾病最好的保障，就像如今我们所拥有的那样。而且这也是使民族在经济内在的血液循环中，获得每天面包的独一无二的答案。”③ 1933 年 10 月 1 日，担任总理的希特勒在毕克贝格（Bückeberg）国家感恩节集会上再度强调：“农民是我们民族最先进最深刻的代表……农民们用大地的果实供养人类，用家庭的果实维系民族。对农民，自由主义和民主马克思主义是如此的蔑视，而我们，纳粹主义革命则自觉地将他们看作现在安定的支柱、将来独一无二的保障。”④

如果说希特勒对于农民的友好态度可能出于机会主义的动机⑤，但毋庸置疑

---

① 夏尔·贝特兰：《纳粹德国经济史》，刘法智、杨燕怡译，商务印书馆，1990 年，第 8 页。

② David Schoenbaum, *Die braune Revolution, Eine Sozialgeschichte des Dritten Reiches*, Köln 1968, S. 197f.

③ Hitler, *Mein Kampf*, München 1925, S. 151f.

④ *Völkischer Beobacheter.* Nr . 267 von 3. 10. 1933, Rede: 1. 10. 1933.

⑤ 不少人指出，公众身份以外的希特勒对农业问题兴趣不大，也所知甚少。一战时作为希特勒的军事长官、后来成为希特勒私人副官的弗里茨·魏德曼（Fritz Wiedemann）在回忆录中说：“从毕克贝格国家农民日上可以看出，希特勒对农业根本不感兴趣。”（见 Fritz Wiedermann, *Der Mann, der Feldherr werden wollen: Erlebnisse und Erfahrungen des Vorgesetzten Hitlers im ersten Weltkrieg und seines spaeteren persönlichen Adjuntat* , Velbert 1964, S. 69 f.）而德国著名农业思想史学者海因茨·豪斯霍夫（Heinz Haushofer）也认为，希特勒是一个对骑马心存惧意，甚至不愿意在设计建筑时添加植被的人，他对于“乡村经济，尤其对农民，根本不会有发自内心的关切”。（见 Sigmund von Frauendorfer und Heinz Haushofer, *Ideengeschichte der Agrarwirtschaft und Agrarpolitik*, München 1958, S. 199f.）

的是，纳粹德国农业部部长达雷对于农业则持有理想主义的观点。在主要由达雷构建的纳粹农业意识形态理念中，农民及农业问题具有无可替代的重要作用：农民是民族的粮食供应者，是种族血源的守护神，是德国国防的重要支柱。纳粹分子透过第一次世界大战，看到了保障国家粮食供应的重要性。“在世界大战中我们已经有了切身的体会。超过75万人在战争中由于饥饿而死亡，这其中大多数是妇女和儿童，我们深切感受到了10年来漠视国内生产基础的后果。”①而透过世界大战中来自英国的“饥饿封锁”，纳粹党人还看到了犹太人统治德意志的阴谋和“资本主义将民族经济交托给商业”②的危险。因此，出于国家和民族经济独立性的考虑，纳粹党十分重视粮食生产。但是对于纳粹农业意识形态理念的支持者而言，重视农民和农业不单单是个经济问题，而且是种族和社会问题。达雷在其两本代表性著作《农民是北欧（诺迪克）种族的生命源泉》（*Das Bauerntum als Lebensquell des Nordischen Rasse*）和《来自血与土的新贵族》（*Neuadel aus Blut und Boden*）中，论证了日耳曼人属于农业民族的特性以及农民对于日耳曼人的种族意义，提出了“血与土”理论。他指出，植根于土地之上的农业劳动，并在有限的地理空间内对于影响血统传承的婚姻关系进行严格控制，保证了日耳曼民族有能力维系和繁衍自己纯正的血统。正如后来希特勒所说的：“农民使我们焕然一新，它为城市提供人口，它是千年来永生的源泉，它必须得到维护。……（纳粹主义）运动基于遗传生物学的原因，在农民中看到了健康民族的生命之源。因此，我们不仅要维护它，而且要壮大它。”③此外，他还说：“没有德国农民就没有德国士兵，没有德国士兵就没有德国农民，两者互为前提，互相照应。”④德国农民是捍卫德意志土地的重要支柱。“真正的军事国家一直是来自农民的国家，人们能够在斯巴达人、罗马人和普鲁士人身上准确得知。”⑤所以，日耳曼农民会为了其自由，为了捍卫属于它自己的土地而拿起武器，而军队也会为日耳曼优秀人种的选择和历练提供平台。总而言之，纳粹党人“血与土”的理念，由对金融界、对资产阶级社会、对贵族以及对于西方的敌对情感所构成，它植根于一种根深蒂固的信念，即德意志农民是更好的人类，是德意志种族的根基所在。

---

① Richard W. Darré, *Um Blut und Boden*, München. 1942, S. 463.

② Richard W. Darré, *Zur Wiedergeburt des Bauerntums*, im *Um Blut und Boden*. München, 1942, S. 62.

③ M. Domarus, *Hitler. Reden und Proklamationen 1932 bis 1945*. Würzburg 1962, Bd. I. S. 253.

④ Richard W. Darré, *Das Ziel*, im *Um Blut und Boden*. München, 1942, S. 159.

⑤ Richard W. Darré, *Das Bauerntum als Lebensquell der Nordischen Rasse*. München 1929, S. 326.

在该理念指导下，政府制定了一系列维护德意志农民利益、保护德国农业生产的政策，主要体现在四个方面：首先，成立了“德国粮食总会”（Reichsnährstand），达雷出任“德国农民领袖”；其次，出台了《国家世袭农庄法》（*Reichserbhofgesetze*）；再次，颁布了《塑造新德意志农民法》，大张旗鼓地推进农民的垦殖（Bauernsiedlung）活动；最后，在农业领域实施一系列的“市场整顿”（Marketordnungen）[①]，努力实现德国粮食生产的“自给自足”，提倡实施“生产战役”（Erzeugungsschlacht）。

1933年9月13日，政府颁布《关于临时组建的德国粮食总会以及制定乡村经济生产的市场和价格管理措施的法令》（以下简称“德国粮食总会法”）[②]，德国粮食与农业部部长被授权组建德国粮食总会，并整顿农业经济的秩序。德国粮食总会由此成立。它不仅横跨了乡村农林牧渔各个生产部门，而且将从事农产品加工和销售的行业也囊括其中。戈林在1936年11月举行的第四次国家感恩节庆典活动中说：“500万乡村生产者、65万零售商和32万粮食加工企业工人都是德国粮食总会的成员。”[③]事实上，这一数字被严重低估，因为所有的农场所有者包括其家庭成员，以及农业工人、庄园雇工和乡村公职人员，加起来就已经比这一数字多好几百万。1934年底，其成员数量据统计有1120万。[④]德国粮食总会的组织架构呈金字塔型，最顶端是全国农民领袖达雷。起初他有两个主要的协助者，一个是个人——国家执行官（Reichobmann），一个是机构——参谋部。前者协助达雷处理具体事务，后者负责该组织同党和国家其他经济部门的联络工作，以及制定农业经济的总路线，从某种程度上行使全国农民领袖办公厅的职能。以后随着德国粮食总会的发展，在国家执行官下面设立了管理部。1934年管理部设置三个下属部门，分别是“人事处”“生产处”和“市场处”。“人事处”负责教育和管理乡村人群；“生产处”负责农业生产，为农民提供技术帮助和经营指导；“市场处”管理农产品价格、产品分配以及制

① 德文为Marktordnung，一般译成“市场秩序”或“市场制度”。但笔者认为，一方面，纳粹政府的农业政策对于“市场手段”相对排斥，因此称“市场秩序”不太贴切，另一方面，该词在纳粹政府时期意味着一系列的法令和措施，更倾向于行动，因此译成“市场整顿”更能体现其内涵。

② Gesetz über den vorlaeufigen Aufbau des Reichsnaehrstandes und Massnahme zur Markt-und Preisregelung fuer Landwirtschaftlich Erzeugnisse 13 Sept. 1933, RGBl 1. S. 626 f.

③ Gerd Ruehl, *Das Dritte Reich: dokumentarische Darstellung des Aufbaus der Nation*. Berlin, 1937, S. 282.

④ Hans Buerger, *Die landwirtschaftliche Interessenvertretung in der Zeit von 1933 bis zur Gegenwart unter besonderer Berücksichtigung der westdeutschen Verhältnisse*. Erlangen/Nürnberg, 1967, S. 72.

定种植和加工规则。以后各类乡村经济行业联合会都归属于市场处，使其拥有了管理市场的最大权限，逐渐成为总会机构中最重要的部门。粮食总会的地方下属组织，首先是19个大区农民领袖，皆配备有执行官和管理处。①最主要的基层组织是县农民协会，协会领导称作县农民领袖。全国大约有514名县农民领袖。县农民协会以下，是乡镇农民协会，由乡镇农民领袖领导。全国约有50000名乡镇农民领袖。②

德国粮食总会并不是如成立法令中所说，仅仅是一个行业内“法定的自我管理组织”，它在权力巅峰期甚至已经具备了国家机关的特征。在人事方面，达雷将德国农民领袖的功能，同政府农业部部长结合起来，总会工作人员的待遇与职责也根据公务员相关法规来执行；在财政上，总会通过税收机关收取会费，而协会也享有广泛的免税权；在权限上，它有权制定市场与价格方面的管理法令或条例，甚至可以根据要求，获得警察和司法机关的支持；在组织架构上，由于农业部在州政府层面的缺位③，它完整的运作体系成了中央政府执行农业政策的唯一依靠。因此，德国粮食总会是执行国家意志的工具，或如克劳迪娅·弗兰克（Claudia Frank）所说的，德国粮食总会是德国的“准粮食和农业部”。④

1933年9月29日，政府颁布《国家世袭农庄法》。针对20世纪20年代的农业土地流逝和零碎化趋势，该法旨在使“农民的农庄在继承过程中免受超负荷负债和分裂的危险，由此它们将作为阶层的继承财产，长期保留在自由农的手中”。⑤法律规定德国7.5—125公顷的农场可以登记成为“世袭农庄”(Erbhof)，其土地不得出售、抵押、拍卖和分割继承，只有符合一定条件的农民才能拥有“世袭农庄”。这类农民（本文称其为“世袭农”）必须是德意志人或同等血统者，他们应具备婚姻能力，不仅经济上可靠，而且政治上忠诚。

---

① 1938年前，这些领袖分别设置在巴登、巴伐利亚、汉诺威、黑森-拿骚、库尔黑森(Kurhessen)、库尔马克（Kurmark)、梅克伦堡、东普鲁士、波梅尔、莱因兰、萨尔普法尔茨、萨克森-安哈尔特、萨克森自由州、西里西亚、石勒苏益格-荷尔斯泰因、图林根、威瑟-埃姆河（Weser-Ems)、威斯特法利亚、符腾堡。

② Reischle und Saure, *Reichsnaehrstand. Aufbau, Aufgaben und Bedeutung*, Berlin 1940, S. 71.

③ 根据1934年1月30日的《国家重建法》，德国各州并没有归属全国农业部管辖的农业部门，其相应职权部门隶属于其他部门之下，只有普鲁士在1935年1月之后才将其乡村经济部与全国农业部联结起来。

④ Claudia Frank, *Der „Reichsnaehrstand“ und seine Urspruenge, Struktur, Funktion Und ideologische Konzeption.* diss., 1988, S. 119.

⑤ Reichserbhofgesetz vom 29. September 1933, RGBl. I, S. 685.

他们如果被发现持有不同政见，则将被剥夺对农庄的使用权和管理权。对于他们婚姻能力的要求也是纳粹种族主义农民理想的必然要求。与意识形态相适应，“农民”（Bauer）作为荣誉称号被保留给“世袭农”。其他农场主，包括小园圃的主人和易北河以东的贵族地主，只能被称为“农业劳动者”（Landwirt）。在债务减免方面，“世袭农”享有更为优厚的政策、资金支持，其土地不会因为债务问题被强制拍卖。该法规定了相应的继承顺序，依次为儿子、父亲、兄弟、女儿、姊妹、其他女性后裔。它还组建了负责法律判定的“单子继承机构”（Anerbenbehoerden），从地方到国家形成三级法庭体系。

当局制定《国家世袭农庄法》在一定程度上体现了农民试图摆脱市场风险的愿望。达雷称：“将来基本上能够避免分割和负债，也能够免于单纯的盈利性追求。……从如今乱七八糟的农庄和大地主及大小农场中，缓慢而有组织地，根据自然的挑选过程，重新塑造出基于这类世袭农庄之上真正的农民。没有突然的紧急法令，也没有对乡村市场，包括乡村土地市场的骚扰，由此来保证德意志民族的粮食供应。”①该法不仅兑现了纳粹党上台之前对农民所作的承诺②，其关于“世袭农”资格的规定和继承次序的安排更是体现了达雷及纳粹党在农业领域的思想观念体系。达雷认为，《世袭农庄法》的基本点在于要使“农民成为血统的化身，而不再是一种职业关系，这是一种对于土地的世界观问题”。③“血与土”的理念要求将德意志人和土地紧密地结合起来，《世袭农庄法》就将农民与农庄牢牢地捆绑在一起，“首先，世袭农庄属于农民；但是在将来，农民将属于农庄”。④

政府的第三个重大举措是推进农民的垦殖（Bauernsiedlung）。⑤纳粹党认为，出于保护农民的需要，只有最好的种族元素参与到国内的垦殖活动中，才能保证未来的一代人足够强大，在东部的边疆地区“筑造起一道抵挡斯拉夫人的墙”。⑥早在1924年，纳粹党议员就在国会中提出过加强垦殖力度的提案。1930

---

① Richard. W. Darré, *Bauer und Landwirt*, in *Um Blut und Boden*, *Reden und Aufsätze*, München 1940, S. 208.

② 即1930年3月6日纲领宣称将不允许德国的土地成为金融投机的目标。

③ Richard. W. Darré, *Um Blut und Boden*, München, 1942, S. 101.

④ David Schoenbaum, *Die braune Revolution*, *Eine Sozialgeschichte des Dritten Reiches*, Köln 1968, S. 202.

⑤ 即通过一定的方式向农民提供土地，进行农业生产。

⑥ J. E. Farquharson, *The Plough and Swastika*, *the NSDAP and Agriculture in Germany 1928-1945*. London, p. 144.

年的《三月纲领》进一步提出，要让无法继承农场的农民儿子或者农业工人拥有新的农场，而首先考虑的是东部的边疆地区。达雷也积极支持垦殖计划，在早期纳粹党的农业政策机关内成立了一个特别的部门，名为“东部领土处”(Ostland)，专门负责制定垦殖计划及处理相关问题。1933 年 7 月 14 日，颁布了《塑造新德意志农民法》。政府将垦殖的权力收归中央，希望借此消除中央政府和地方政府可能产生的摩擦。1934 年，纳粹党成立了“国家选拔德意志农民垦殖者办公室”(Reichsstelle für die Auswahl deutscher Bauernsiedler)，但一年后旋即撤销，其工作职责转给了德国粮食总会管理部和地方上的州农民协会。垦殖申请者必须在大区农民领袖处申办一张“新农民卡”(Neubauernschein)，然后领取一张由国会垦殖问题委员会颁发的《农民垦殖者说明书》，上面罗列了成为一名垦殖者的标准。为了进一步促进垦殖活动的开展，1935 年 1 月 4 日政府通过了《国家垦殖法补充条例》①，禁止土地债权人阻止开展垦殖活动，但垦殖机关将保证其在土地分配过程中的合法权益。此外，还统一了垦殖者多样化的抵押利息负担，授权垦殖企业可以在不公开拍卖的购地中将价格控制在合理范围内，同时在一定条件下废除垦殖地上的租赁关系。

政府对农民垦殖的支持主要体现在资金上。垦殖农经常遇到资金问题，不仅购买土地需要资金，而且兴建土地上的房屋住宅、购买各种农业原料设备也都要花钱。这对于垦殖农是笔不小的负担。政府进一步加大金融支持的力度，垦殖农购买农用机械能获得特别折扣，1938 年，建筑材料免运费，15000 马克的土地首付款中，政府补贴达到 8800 马克，而对于那些生育了众多子女的垦殖农家庭还有进一步的利息优惠。②然而，纳粹党对垦殖者的资格却有许多要求。首先要证明其具备从事农业生产的能力，绝大多数垦殖者都曾经是农民或有过相关的从业经历。申请垦殖的农民不准负债，还必须拥有一定的财产。其次是身体方面，要求其健康，并拥有强大的生殖力。申请者必须已婚或订婚，不得患有任何遗传性疾病，并递交 1800 年以来的家谱证明，不得有犹太血统。最后是政治方面的审核，这项功能一般由县农民领袖进行，申请者要递交一份履历，参加纳粹党各种组织者都会受到青睐，如有政治上不可靠的迹象，即遭拒绝。可见，纳粹党对于垦殖活动的重视，与以往有所不同。它不仅仅基于传统习俗，实现民族国家政策，而且附加了种族主义的净化功能。在社会发展方向上，它

---

① *Gesetz zur Ergaenzung des Reichssiedlungsgesetzes* vom 4 Januar 1935, RGBl. Teil 1, 1935, S. 1.

② *Vierteljahrsheft zur Statistik des Duetschen Reiches*, 1938, Band 2, S. 4-7.

还反对工业中心化，凸显了对于社会再农业化的追求。

为了提高粮食产量，实现“自给自足”，政府通过全国粮食总会推出一系列的“市场整顿”措施。1933年7月15日，政府颁布《强制建立卡特尔法》，在全国经济领域引进“市场整顿”的法律基础。由粮食总会管理部的市场处负责管理和监督市场秩序。首先，固定价格体系，市场处通过行业联合会及其下属的经济协会，规定价格或浮动区间，调控农畜产品的种植和生产。同时，还辅之以产品的标准化，规定了农产品的等级，严格监督其生产质量。在包装、标签和运输问题上，对生产者作出一系列规定。行业联合会在较大的市场里建立了“等级评定委员会”，以评定等级标准，确定相应的价格。鸡蛋根据重量分成五个等级，并根据新鲜程度分成两大类，对应不同的固定价格。面粉根据由研磨方法不同而产生的含粉量差别划分成三到四种类型。在牛奶加工行业，黄油只允许有五种类型，奶酪则根据所含脂量分成八个等级。对于农产品的包装也有要求，早熟土豆只能用粗布袋、厚纸包或塑料袋包装，鸡蛋只能装在箱子里。①果蔬和葡萄酒则要贴上标有质量等级和产地的标签。行业联合会规定其成员的上缴、接收、储存和加工义务，对不符合规定的企业实施处罚，乃至使其关闭停产。其次，对产品的市场流动加以控制。在生产源头上，全国粮食总会进行了更为详细的数据统计，与一次大战前不到30家会计中心相比，纳粹统治时期逐渐扩增到500家，覆盖了近50000家农场。而德国政府制定农业政策时被用作数据样本的农场簿，1933年只有7000家农场提供，到1944年则猛增到14800家。②农产品运出农场之后，政府的管制体系更加完备。农产品加工厂和贸易商的每一笔交易都要开列“交易凭证”（Schlußscheine）③，说明买卖双方的情况，产品的种类、数量以及价格等，报送当地县农民协会及相应的经济协会批准。全国粮食总会将供货关系固定下来，为生产者划定固定的销售区域。农民只能将自己的产品交给指定的收购站点，然后贸易商再从这些站点提取货物，销售到指定的消费地区。全国粮食总会由此逐渐建立起封闭性的市场体系。

---

① *Verordnung über die Regelung des Eiermarktes*, 21. 12. 1933 RGBl. Teil 1, S. 1103.

② Gustavo Corni und Horst Gies, *Brot Butter Kanonen, die Ernaehrungswirtschaft in Deutschland unter der Diktatur Hitlers*. Berlin, 1997, S. 332.

③ “交易凭证”在不同情况下名称有所变化，但其本质都是作为监管控制的手段。如在谷物贸易时，由分配者（指贸易商、供销社、经纪人或者代理商）开具给生产者的“供货证明”（Ablieferungsbescheinigung），交由县农民协会保存，而生产者直接与磨坊之间的交易则需要出示特别的“粮票”（Mahlschein）。参见 W. Meinhold, *Grundlagen der landwirtschaftlichen Marktordnung*, Berlin 1937, S. 121.

最后，对种植品种与面积的干预，这在纳粹统治初期较少采用，因为纳粹党人不愿背负干预农民生产的骂名。

由于1934年谷物歉收，同时也考虑到要解决农产品，尤其是黄油、饲料以及棉料作物的进口依赖问题，1934 年 11 月，全国粮食总会在戈尔斯拉（Goslar）举行的第二次德国农民代表大会上，提出了发起“生产战役”的号召。1934年12月，全国粮食总会对“生产战役”提出十项建议，希望通过扩大种植面积和进行密集种植，来改变农业经济结构，摆脱生产困局，实现农业产量的提高。赫尔伯特·巴克（Herbert Backe，1896—1947）为此准备了一个庞大的宣传计划，费用超过35.7万马克，包括发行一本名为《生产战役》（*Erzeugungsschlacht*）的杂志。宣传领袖戈培尔也要求党的各级机构积极配合，帮助宣传。根据1934年12月15日《柏林日报》报道，在“生产战役”发起后的一个月里，围绕该主题，6万人次的各级农民领袖总共组织了42万场集会。①全国粮食总会的宣传人员马不停蹄地赶往各个集会会场，结合当地的特点，宣传“生产战役”的农业生产规划。宣传活动的顶峰是冬季末举办的“绿色周”（*Grünen Woche*）农业展览会。该展览会最早由国家旅游局于1926年提出，目的仅仅是为了消除各农民协会在柏林集会期间沿街叫卖农产品的现象。但纳粹政府充分利用了该展览会，全力宣传和推广新的农业技术和产品。农民可以在展会上获得关于干草收获、猪的饲养和其他牲畜养殖的改良方法。展览会甚至建立了“样板农庄”，向农民示范如何合理地安排农业生产和管理。② 戈林受权主持“四年计划”后，任命巴克作为“乡村经济事务组合”（Geschaeftsgruppe Landwirtschaft）的领导人，与自己一起向德国粮食和农业部、全国粮食总会发布命令。同时，戈林还在四年计划办公室里成立了“价格构建委员会”，作为最高国家机关负责制定和监督各类产品包括农产品的价格。③四年计划办公室通过这两个部门，凌驾于德国农业部和全国粮食总会之上，直接插手农业领域的事务。在《价格冻结令》（*Pre issstopverordnung*）框架下，四年计划办公室适当调整了农产品售价，降低农业生产资料的价格，提供企业信贷和国家补贴援助，用于购买机器和满

---

① Clifford Lovin, *Die Erzeugungsschlacht 1934-1936*, in *Zeitschrift fuer Agrargeschichte und Agrarsoziologie* 22 (1974), S. 214.

② Gustavo Corni und Horst Gies, *Brot Butter Kanonen*, *die Ernaehrungswirtschaft in Deutschland unter der Diktatur Hitlers*, Berlin 1997, S. 323.

③ *Gesetz zur Durchführung des Vierjahresplans*, *Bestellung eines Reichskommissars für die Preisbildung*, 29. 10. 1936. RGBl. S. 927.

足农业工人住房建设的要求，以此削弱由于价格“剪刀差”对农业带来的不利影响。但在第二个四年计划期间，农产品的“义务上缴”全面铺开，监控也更为严格。每个乡镇都成立了专家委员会，对于没有完成上缴任务的农场进行审核，查找原因。无故没有完成上缴定额的农场和农民受到严厉处罚，而超额完成任务的农民则被授予“农学奖状”（Diplom）。①在戈林采取行动之后，达雷也于1937年3月23日号召开展“全国乡村劳动竞赛”（Reichsleistungswettbewerb des deutschen Landvolk），要求评选各大区和全国范围内的最佳农庄和最佳乡镇农民协会，以此刺激农民的生产积极性。② 1937年，粮食总会在全国推广使用“农场卡”（Hofkarte）。先由农民填写登记表，其中涉及有关农庄所有者的任务、劳动和经营情况等约150个项目，然后由主管的县农民协会“农场科”将这些数据转录进农场卡。土地面积超过5公顷以上的农庄被归类，而小农场的数据则被归并。最后，全国约有200多万个农场以及90%的耕地面积登记入卡。这一详细的数据统计，不仅有利于制定粮食生产领域的计划，而且是监督农场生产的重要依据。1937年春，各级农民协会根据达雷的命令，建立相应的“经济咨询所”（Wirtschaftsberater），推动经营管理的合理建议能够达到每个农场。

纳粹政权这一系列农业政策的实施效果如何呢？各种资料表明，它们并未取得预期的效果。全国粮食总会将原来农村中各种协会组织和专业机构都吸纳进自身的结构中，同时也将它们的所有工作都集于一身，造成工作琐碎而繁杂。粮食总会的基层组织既要调控和监管农业领域的生产，还要参与对世袭农庄的考察和管理，以后还要配合战争机器的运转，催缴粮食、分配劳动力和抽调兵役。在莱茵兰，县农民领袖一周要工作六天，随机从他的工作日记中抽取一段，就会发现他晚上经常要开会。③此外，全国粮食总会还经常受到纳粹党与政府其他职能机关的掣肘。纳粹党大区领袖不愿意看到所辖区域内存在着大区农民协会这样的独立王国。国家行政机关的地方大员也想干涉大区农民领袖的任命。而全国粮食总会还要同莱伊领导的德意志劳动阵线争夺农业劳工，同沙赫特领导的工业集团争夺外汇资源。德国的农业部门并没有因为统一在粮食总会的领导下，而使自己在竞争中更具有发言权，反而使自身的命运更依赖于农民领袖

① Gustavo Corni und Horst Gies, *Brot Butter Kanonen*, *die Ernaehrungswirtschaft in Deutschland unter der Diktatur Hitlers*, Berlin 1997, S. 328.

② R. W. Darre, *Die Stunde ist gekommen*, in *NS-landpost*, 26. 3. 1937.

③ J. E. Farquharson, *The Plough and Swastika*, *the NSDAP and Agriculture in Germany 1928-1945*, London, p. 74.

个人的荣辱。

《国家世袭农庄法》在实际操作中也并未发挥预想的效果。被登记为世袭农庄的农场可以向单子继承法庭申请继承或者撤销世袭农庄的资格。1935年，在传统上实行单子继承的地区，这一比例较低，平均大约有10%的世袭农庄提出申请，相反，在实行分割继承的地区，其比例则高达30%甚至61%。[①]这些申请一般都会获得批准。政府对待世袭农庄的土地流转[②]问题也不太严格。1935年，在86480起单子继承法庭处理的涉及世袭农庄土地流转的申请中，只有3156起被拒绝，另外7755起通过其他方式解决，两者共占总数的12.6%。[③]有学者甚至认为，如果"从法庭'体谅的判决'来看，可以认为《国家世袭农庄法》根本就没有真正付诸实施。"[④]在减债问题上，世袭农庄获得的资金远大于其他类型的农场。然而，政府在减债问题上对于世袭农庄的大力扶持，并没有使世袭农庄表现出比其他农场更为突出的还债能力。1937年8月，东部地区有20%的世袭农庄没有根据减债程序达成的协议及时偿还债款，而相应地区的大农场，这一比例只有5.9%。[⑤]《国家世袭农庄法》最大的问题在于，由于农庄无法抵押，就使得世袭农庄无法获得足够的贷款以投入再生产，这对其发展是一个致命的短板。

政府执行的垦殖政策，必定要触及贵族大地产主的利益。达雷出任农业部部长后，对贵族大地产主的态度有一定的缓和。他首先否认了大地主和农民之间存在着天然的对立，"对立……是单纯地方上的，人事和具体事务上的"。[⑥]他同时提出："单个的大地主，以自身的力量管理健康的农场，该大地主本身也能适应德意志的经济结构，那么他的大地产就应该得到保留。另一方面，与此相反，在经济上不再能够维持的大地产将被引领走向具有生命力的经济结构。这毫无疑问就是要最大限度地用德意志农民再度填充东部易北河地区。"[⑦]这一方

① Friedrich Grundmann, *Agrarpolitik im Dritten Reich, Anspruch und Wirklichkeit des Reichserbhofgesetz*, Hamburg, 1979, S. 65 und S. 180.

② 包括土地的出售、租赁或延长租期，以及分割和抵押等行为。

③ Friedrich Grundmann, *Agrarpolitik im Dritten Reich, Anspruch und Wirklichkeit des Reichserbhofgesetz*. Hamburg, 1979, S. 184.

④ Dietz, *Deutsche Agrarpolitik seit Bismarck*, in *Zeitschrift fuer Agrargeschichte und Agrarsoziologie*, 1964, S. 209.

⑤ Leo Drescher, *Die Entschuldung der ostdeutschen Landwirtschaft*. Berlin, 1938, S. 35.

⑥ R. W. Darré, *Um Boden und Blut*, S. 262.

⑦ R. W. Darré, *Um Boden und Blut*, S. 265.

面为大地产的存在留下了口子，但同时也将达雷所代表的纳粹农业意识形态同大地主的交锋战场，定位在了实施农民垦殖的领域。

大地主奋起反抗。当《塑造新德意志农民法》付诸实施时，两名大地主立即写信给兴登堡总统，认为将大农场分割出售、用于垦殖的做法是十分愚蠢的，10万块垦殖地的获得不能通过挥一挥手来实现。兴登堡迅速将信件转给希特勒，希特勒则向地产主们表示，他已经从希姆莱处获悉了大地产的经济效益。戈林也在1933年初对波美拉尼亚的乡村联盟协会表示，如果现存的农业形势遭到破坏，就不应该开展垦殖活动。[①] 1937年，农业部的官员表示很难获得垦殖用的土地，因为有一种根深蒂固的思想，认为大农场是农产品最好的供应者。[②]大农场生产的黑麦和土豆，占据了当时主要粮食产品的绝大部分市场份额。对大农场实施分割处理，势必会影响到主要粮食产品的生产。对于想要实现农产品自给自足的纳粹政府而言，必然会有所顾忌。此外，垦殖的资金问题和资格审查也妨碍了农民农场的推广。由于确立了世袭农庄和从事国防建设，使得许多土地退出市场，导致地价攀升，加重了垦殖农的负担。而纳粹意识形态上对于垦殖农血缘的审查也使许多有垦殖意愿的人望而却步。因此，从1933年到1940年，一共建立了不到22000座新的农民垦殖农场，总面积为362442公顷。[③]这远未达到魏玛共和国时期的水平。

关于纳粹统治时期农业的总体生产情况，根据政府农业政策在不同时期的侧重点，二战爆发前呈现出两个阶段。1933—1936年为第一阶段。该阶段农产品生产有了提升，自给率从1930年的70%上升到1934年的81%，1936年达到了84%。[④]这时不仅贯彻了达雷的农业意识形态中关于市场秩序的理念，而且实施了显著的利息和税收管理等方面的优惠政策。1937—1939年为第二阶段。从1936年的第二个四年计划开始，纳粹政府基本上淡化了意识形态方面的追求，经济目标成了农业生产的主要内容。这一追求取得了一定的成效。1938年农业生产比十年前上升了20%，比1935、1936年上升了10%。1939年收入盈余达到

---

① K. Heiden, *Geburt des Dritten Reichs*, Zurich 1934, S. 185.

② J. E. Farquharson, *The Plough and Swastika*, *the NSDAP and Agriculture in Germany 1928-1945*, London, p. 147.

③ Adelheid von Saldern, *Mittelstand im "Dritten Reich": Handwerker, Einzelhändler, Bauern*, S. 79.

④ Claudia Frank, *Der Reichsnaehrstand und seine Ursprünge*, Dissertation, Hamburg, 1988, S. 201.

纳粹统治时期的最高点，为35亿马克。[①]整个30年代，德国人口增加了200万，1939年粮食自给率依然维持在83%。[②]尽管直至1939年底，德国还是一个粮食进口国，尤其在脂肪类和饲料作物上，但是通过一系列的政策扶持和资金投入，全国的农业生产有了一定的提高。达雷甚至信誓旦旦地表示："在粮食领域，第一次世界大战时的情况不可能再度出现。元首和德意志人民在任何情况下都可以完全信任德国的粮食供应。"[③]然而，就土地所有制结构而言，虽然纳粹党从意识形态出发，鼓励和支持中小农的发展，但是由于农业生产资金的紧张和农业劳动力的持续流失，中小农场的经营更容易陷入困境，而大地产受到的伤害相对较小，因此固有的土地所有制结构并没有得到改变。德国农产品的结构性矛盾也未得到有效改善。饲料作物匮乏，直至战争爆发前仍然有20%左右的饲料需要进口。[④]这直接制约了饲养业的发展。油料作物也同样存在缺口，1938年，全国仍然需要进口150万吨油料作物，为此须支付2.31亿马克。[⑤]

纳粹党对于农业的重视在其国家预算中得到了充分的体现。农业部的预算从1934年到1939年大约增长了620%，而同一时期其他部门平均只增加170%。其开支从原来的第八位上升到第四位。然而与意识形态上对于农民和农业地位的突出强调形成鲜明对比的是，在1933—1939年，全国的农业人口占总人口的比例从20.8%下降到18%，从事农林业的人口占全部就业人口的比例则从28.9%下降到26.0%。[⑥]其原因是政府不愿放弃对于军备工业的高额投入，而民众也对社会的工业化发展趋势更感兴趣。

二

德国妇女的社会地位和生存状况在魏玛共和国时期发生了较大变化。《魏玛

---

① Adelheid von Saldern, *Mittelstand im "Dritten Reich" : Handwerker, Einzelhändler, Bauern*, S. 114.

② Dieter Petzina, *Autarkiepolitik im Dritten Reich. Der nationalsozialistische Vierjahresplan*. Stuttgart, 1968, S. 94.

③ F. Grundmann, *Agrarpolitik im "Dritten Reich". Anspruch und Wirklichkeit des Reichserbhofgesetzes*, Hamburg 1979, S. 102.

④ D. Grupe, *Die Lebensmittelversorgung Deutschlands seit 1925*, Göttingen 1956. 附录。

⑤ Gustavo Corni und Horst Gies, *Brot Butter Kanonen, die Ernaehrungswirtschaft in Deutschland unter der Diktatur Hitlers*, Berlin 1997, S. 312.

⑥ David Schoenbaum, *Die braune Revolution, Eine Sozialgeschichte des Dritten Reiches*, Köln 1968, S. 206 und S. 223.

宪法》有关条款规定，女子与男性一样享有公民权利与义务，废除对女性公务人员的歧视性政策，并强调“婚姻将建立在两性平等的基础之上”。[①]在这一框架内，越来越多的女性出现在公共领域，1925年有近9.8万名女性教师在初等和中等学校任教，占教师总人数的31.6%。在医疗领域，女性医师的人数从1909年的82人增加到1933年的4367人。[②]此外，女性的外在形象和生活态度也发生了较大变化。在街头和舞厅，不少女性穿着入时，善于交际。她们生活独立，虽然外表是女性的，但内心却日益男性化。年轻女孩特别喜欢“客观理性的运动”，如游泳、田径运动及竞赛，对于那些有益于女性曲线的体操反而觉得厌烦。在对待婚姻和两性的态度上，年轻女性开始追求自由与平等的爱。然而，由于社会观念的演变惰性，对于不少德国人来说，女性的这些变化并不令其乐观，反而认为其同“家庭危机”有较大的关联。从实际情况来看，那时同“女性问题”纠结在一起的，确实有一些令他们不安的现象。在女性结婚率不断下降的同时，离婚率却不断上升。女性受教育程度的提高和不少职业岗位对结婚女性的限制，使得不少女性倾向于保持单身状态。但这一状态反过来又迫使她们同男性抢工作，同时又不利于提高婚内的人口出生率，反而使非婚出生率居高不下。由于1900年制定的《民法典》未得到修订，丈夫仍享有家庭内一切事务的决定权，不少丈夫仍以自己能养活全家而感到自豪，希望自己的妻子维持全职家庭主妇的形象。在经济大危机期间，不少男性失去了工作岗位，而有些女性仍在继续工作，甚至有些家庭出现了夫妻双方同时挣钱的“双收入”状态，更加引起社会大众的不满。

纳粹党人对女性的社会角色和地位问题有自己的视角和理念。1934年，希特勒在纽伦堡党代会上表示：“如果有人说男性的世界是国家，他要不懈地奋斗并准备将自己奉献给共同体，那么可以说女性的世界则是一个较小的天地，即她的丈夫、孩子和家庭。女性命中注定要担负起照顾这个小天地的任务，也只有在此基础之上男性才能建立他的世界。因此，这两个世界毫不冲突，它们相互补充。我们不认为女性闯入男性的世界和空间是正确的，相反，这两个世界保持分离才是自然的。它们分别履行着自然赋予的任务，应该相互尊重。我们以自然和上天决定的方式使女性为民族共同体而奋斗。我们的妇女运动并非与

① Frank B. Tipton, *A History of Modern Germany since 1815*. London, 2003, p. 352.

② Cornelie Usborne, *The Politics of the body in Weimar Germany: Women's Reproductive Rights and Duties*. Macmillan Press, 1992, p. 85.

男性相对抗，而是与男性并肩作战。”[①]在纳粹党人看来，男性与女性从本质上说是不同的，男女两性在生物意义上的差别决定了女性要充当种族的哺育者。希特勒认为，如果将关系民族存亡的国家大事交由那些本应属于天主教妇女社团或编织俱乐部的老妇人来决定，简直就是一个民族的衰兆。纳粹主义者认为，19 世纪后期以来的女性解放运动是与德国的传统极不相容的。所谓“女权主义”，完全是受法国启蒙运动错误影响的舶来品，是“布尔什维—犹太主义的阴谋”。它诱使女性走向理性，追求个人主义并同男性相对抗，使往昔和谐的家庭变成两性的战场。他们还认为，女性代表着人性中“抒情”的一极，其所拥有的母爱是最为圣洁与无私的，同时她们也应该是被保护的群体，不应该为繁重的劳动所损伤，为肮脏的政治所玷污。正如希特勒所说，女性应该是让人想要拥抱的可爱的小东西。纳粹当局所宣传的理想妇女形象是身材丰满、臀部肥大、脸部清秀、衣着整洁、不施粉黛的农家姑娘，金色的头发应该梳成小团或扎成辫子。[②]

按照希特勒对男女两性世界的划分，女性作为母亲和主妇应该统治属于自己的王国，而她们对社会的影响则需要通过家庭为中介来实现。其中，女性最为首要的职责是作为一名母亲，为民族共同体养育血统纯正的健康孩子。为了种族的繁盛，妇女需要为祖国奉献更多的孩子。正如希特勒在 1936 年纽伦堡党代会上所称：“母亲角色是女性最为主要的职责，对于女性来说，没有什么比为国家生育几个孩子做的贡献更大了。正如一个很有成就的女律师和一个拥有五六个健康孩子的母亲相比，从民族的根本利益来讲，这位母亲所做的贡献更大。”[③]此外，女性作为家庭主妇，也担负着许多重要的职责。她们虽然处于家庭这一小天地中，但应该时刻关注外面的世界，以便更好地支持整个民族的种族、经济和文化政策。其中包括充分认识到种族纯洁的重要性，在挑选丈夫时仔细考察其健康状况、种族特点和家族的血统来源。对自己的小孩，则要担负起抵御外来文化和传承德意志文化的重任，从小培养他们信仰纳粹主义，并通过做德国饭菜、使用德国家具、唱德国歌谣、穿德国服装来培养孩子对德意志文化的爱。在掌管家庭消费方面，支持国家的自给自足经济政策，只购买德国

---

① Benjamin C. Sax, *Inside Hitler's Germany*: *A Documentary History of Life in the Third Reich*. D. C. Heath Company, 1992, pp. 262-264.

② 时代生活丛书编辑部：《第三帝国·新秩序》，张显奎译，海南出版社，2001 年，第 134 页。

③ Jill Stephenson, *Women in Nazi Germany*. New York, 2001, p. 141.

产品，减少不必要的开支，充分利用物品的价值，抵制犹太商店和大百货公司，在小商店购物等。正如纳粹全国妇女领袖格特鲁德·朔尔茨-克林克（Gertrud Scholtz-Klink，1902—1999）在一次党集会上说到的："虽然我们的武器只有手中的汤勺，但它比任何武器都要有用。"①

对于德国社会中客观存在的职业妇女，纳粹党出于争取民心的考虑，并没有给予严厉抨击。在1932年大选中，它曾保证"所有女性无论是职业女性、家庭主妇还是母亲，都将是第三帝国的公民。没有妇女会被迫失去工作，但民族社会主义绝不允许强制妇女工作。为使那些希望居家的妇女如愿，男人们将会获得稳定高额的工资。但是对于那些出于自身爱好而从事职业的女性，政府也绝对不会阻止她"。②在纳粹党看来，虽然已婚女性外出就业对家庭和国家的人口政策都构成了危害，但考虑到有些女性不愿结婚或不适合结婚，这就要求她们自食其力。同时，它也看到有些工作是必须或最适合由女性承担，女性在工业社会的经济生活中不可或缺。于是，纳粹当局对希特勒关于男女两性空间的划分作了广义的解释，即除了意指女性要担负起传统家庭职责以外，亦指女性应该从事适合其气质的职业，如农业劳动、社会工作、家政服务、护理工作、教育工作以及与妇女和儿童相关的职业，因为这些职业都能很好地展现其"母性"的爱。

纳粹党早在上台之前即向德国选民承诺，创造就业计划将实施男性优先的原则，同时减少雇佣妇女，解雇已婚妇女，以便为失业男性提供更多的就业机会。希特勒就任总理后，政府面对大量的失业人口，立即着手解决"女性问题"。1933年，政府在全国范围内发起"动员妇女回家"运动，引导女性离开拥挤的劳动市场回归家庭。于是在各种宣传栏里经常会出现这样的鼓动语，如"勤动锅盆和扫帚，你就会找到你的新郎""不要干与人生无关的事情，要学习做一个好妻子""工作并不会为你带来快乐，家庭才是你该待的地方"。③ 1933年政府在《减少失业法》中推出婚姻贷款政策，同时规定作为一家之主的失业男性可以替代女性空缺出来的岗位。该措施对政府来说一举三得，既鼓励女性婚育，又将一部分女性引出劳动力市场，而这部分领取贷款的女性还不会出现

---

① Richard Grungerer, *A Social History of the Third Reich*. Penguin, 1977, p. 258.

② Rupp. Leila J., *Mobilizing Women of War: German and American Propaganda, 1939-1945*. Princeton University Press, 1978, p. 26.

③ Claudia Koonz, *Mothers in Fatherland: Women in Nazi Germany*, in *Becoming Visible: Women in European history*. ed. by Bridenthal, Boston, 1977, p. 464.

在失业人口统计数字上。贷款本身对政府损害不大，因为该项费用来自对单身人士所征收的附加税以及一些雇主为离职女性提供的结婚补贴。政府还针对一些特殊的女性群体采取强制性的法令限制，首当其冲的是“双收入”女性。早在 1923 年，魏玛政府即有过禁止政府公职人员的妻子担任公职的法令，该法令于 1928 年期满终止。经济大危机期间，布吕宁政府于 1932 年再次允许解雇已婚的女性公职人员，如果“她们的经济来源能够长期得到保障的话”。不过该法令的应用范围仅限于州一级的政府部门。希特勒上台后，政府便于 1933 年 6 月下令解除所有政府工作人员妻子的公职，称由于女性应结婚生子，35 岁之前将不会获得拥有永久职位的权利，待遇也会相应地低于男性。该法令的应用范围被扩大到地方一级，对象包括除政府公共职业以外的教师、律师等职业。在私人企业中，雇主同样可以无理由地解雇女性雇员，只要其丈夫或父亲有能力供养她。在专业领域，政府对女性采取了严格的限制。在一向被视为适合女性的教育领域，女性不再被允许参加教师培训，已经在校的女性教师不得担任主管，原来在高级女校任教的女教师将被调往国民小学，男女教师的比例必须达到 4∶1。[①]到 1935 年，女子中学的女教员人数下降了 15%，女教授人数从 59 名减至 37 名。[②]司法领域更是受到希特勒的特别关注。他认为“女性难以进行逻辑性思考并作出客观的推理，她们只会被情感所左右”，所以女性特别不适合在司法部门供职。于是，从 1936 年起女性就不能担任法官、律师或检察官，只允许从事管理工作或处理私人性质的纠纷。1937 年的法令进一步规定，除了在一些“适合女性”的领域如教育、健康和福利事业，只有男性才能担任高层职位。[③]同时，为了让女性看到她们在职业上前途渺茫，所有的特权岗位都不向她们开放。早在 1933 年，全国内政部部长弗里克即下令将每年女性大学生的录取名额限制在 10%之内。[④]由于政府不希望得罪工商业集团及相关的民众，因此没有颁布强制性的法令来驱逐女性劳动力。政府在私营经济领域，主要是通过公众的压力、对雇主的劝说和经济杠杆，来达到由失业男性替代职业女性的目的。由于这些压力属于非官方性质，因此很难确定究竟有多少女性由此退出了职场，

---

① U·弗雷福德：《德国妇女运动史：走过两世纪的沧桑》，马维麟译，五南图书出版公司，1995 年，第 200 页。

② Benjamin C. Sax, *Inside Hitler's Germany: A Documentary History of Life in the Third Reich*. Lexingto, 1992, p. 276.

③ Jill Stephenson, *Women in Nazi Germany*. New York, 2001, p. 64.

④ U·弗雷福德：《德国妇女运动史：走过两世纪的沧桑》，第 200 页。

但的确有一些女性在收到恐吓信之后放弃了一段时间的工作。同时在重工业领域，政府更有理由以有损女性健康的名义来阻止招收女性劳工，或是引入男女同工同酬来消除女性劳动力的应聘优势。

政府在呼吁女性退出工作岗位的同时，还重视对她们实施家政管理教育。它继承了德国传统的男女双重教育模式，并在学校教育中加强对女性的家政培养。最初，它对于女性教育还拿不出一套完整的方案，只是按着自身的理念逐步对魏玛时期的做法作些修补。如1935年，将针线工艺课程加入女子的中学课程，同年又为提高教学质量而取消了这一课程，改为女生在家自修，再作统一考核。①直到1937—1938学年，对女性学生的教育方案才初步成形。1937年之后，女性雅利安学生所能进入的学校类型被局限在国民小学（Volksschule）、中学（Mittelschule）、女子中学（Oberschule）与特种中学（Aufbauschule）四类。②在基础教育阶段，针线工艺成为女孩的必修课程，并在较高年级中开设简单的家政课程。从第十学年开始，女性的教育开始向着与男性完全不同的方向发展。严格执行男女分校制度，传统文理高级中学作为迈入高等教育的必由之路，不再招收女性学生。女孩将进入以学习家庭经济为主的中学。为了使女孩将来成为称职的妻子与母亲，1938年，政府创建了专门的女子中学和女子特种学校。在这些学校中，自然科学和数学课程大量缩减，连外语也被限制，拉丁语（大学学习的基本语言）几乎完全不见踪迹。同时女性课程却大量扩充。1940年，有11362名女生（占总人数的1/2）选择了家事课程，其中包括烹饪、庭院管理、手工艺和医疗保健等。女孩们在其中学习如何充分利用有限的资源，并掌握节俭而出色的管理方法，以及必需的庭院装饰美化技巧。而对于那些想要进入较高学府继续深造的女生，还要在家事方面接受考核，以证明其有能力很好地管理家务。

为了让女性更好地担负起性别角色，当局还强化了原有的“劳动服役”制度。早在一次大战之前，普鲁士部分保守人士即提出应组织女性从事类似于男性军役的活动，以彰显传统的德国奉献精神。20世纪20年代，对于很多年轻女性来说，这种活动既使其体验了共同体的生活，又成为其爱国精神的表现方式。希特勒上台执政后，很多人都视这种义务性质的劳动为有用的工具，以消化失

---

① Jill Stephenson, *Women in Nazi Germany*. New York, 2001, p. 73.

② Jr. John Caruso, *Adolf Hitler's Concept of Education and Its Implementation in the Third Reich*. Ann Arbor, Mich.: UMI, 1974, p. 86.

业的青年人口，并吸引年轻人来弥补农业劳动力的不足。不过政府更看重其教育功能。它被视为发掘女性气质、为女性结婚生育做准备的最佳途径，不仅能培养年轻女性的共同体意识和正确的工作态度，而且使女性在婚前远离城市的喧嚣与污浊，在农业和家政劳动中得到锻炼，有利于她们将来选择适合女性的职业。该“劳动服役”最初是失业女性自愿性质的行为，1934 年略有变化，成为女性学生在进入高等学府之前必须经历的阶段，即从事半年的义务性农业劳动。1938 年，戈林签署了关于女性“义务年”计划的政令。该计划规定，所有年龄在 25 岁以下的单身女性，在从事有酬的工业劳动和文员工作之前，都必须在农业和家政服务业从事为期一年的义务工作。工作内容包括在“劳动服役”的框架内从事服务工作，或者作为护士、幼儿教师及服务工作者服役两年。①这一强制性的规定很快起了作用，1938 年有 7.7 万人参加这个项目，1939 年人数上升到 21.7 万人。② 1939 年，政府作出了统一规定，所有 17—25 岁年龄段内没有工作、不在学的女性，都必须到农村从事半年的“劳动服役”。③在服役期内，这些人或者在多子女的家庭中从事帮佣，如帮助家庭主妇做饭、洗刷衣物、照顾孩子，或者参与农业劳作，如挤牛奶之类的简单劳动。她们每天都固定从事 7 个小时的劳动。来自不同阶层的女性被安排在野外的营帐中共同生活，以培养其共同体意识和奉献精神。

此外，政府还在社会上对女性组织培训，以使家庭管理趋于专业化与合理化。全国大量开设“母亲学校”。这类学校主要由妇女组织主管，多建立在工人聚居区等“必需之地”，以抵消马克思主义对无产阶级女性的影响，同时使这些劳工女性能够掌握必要的家政管理技能。开设的课程包括家政经济学、健康护理学和理论教育。女性可以在 12 节课程中，学习烹饪和营养原理，从而懂得如何利用已有的食材制作出更为实惠的饭菜，了解怎样保持新鲜水果和蔬菜中的维生素与矿物质，并掌握幼儿护理与家庭保健的基本常识。学习修补衣物、设计色彩搭配和制作玩具等家庭管理技能。由于讲授的内容较为实用，尤其在 1936 年以后物资逐渐紧俏，家政课程成为妇女组织开展的一项最为成功的活动。这些学校散布在全国各地，到 1941 年，在纳粹当局所统治的地区已开设了

---

① Rupp. Leila J., *Mobilizing Women of War: German and American Propaganda, 1939-1945.* Princeton University Press, 1978, p. 82.

② Matthew Stibbe, *Women in the Third Reich.* London, 2003, p. 91.

③ Jeremy Noakes, *Nazism, 1919-1945.* Volume 4. 1998, p. 340.

517所。[①]据德国官方称，这些学校总是门庭若市，每年有超过150万女性听取近84万节课程。[②]如1939年就有170万妇女曾听取过10万节以上课程，到1944年，参加人数更是增加到500万人。党卫队也专门建立了自己的新娘学校，用来培训队员妻子。新娘们在为期6周的课程里，学习家政管理与幼儿护理，明确作为一名妻子的职责。在完成全部课程后能获得一个证书，以证明她们已经掌握了必备的家政管理技能。到1939年，全国已有5所这样的学校落成。[③]在偏远地区，纳粹妇女组织会经常派遣专门的指导人员，到那些无法开设母亲学校的乡村和小城镇，对女性的家庭管理给予指导与建议。除此之外，纳粹政府还充分利用报纸、杂志和广播等媒体，对女性实施相关教育。“聪明主妇必备生活小窍门”等栏目在报纸、杂志上随处可见，通常占据着大片版面，其中罗列了烹饪和家庭生活必备的各种技巧与建议，如怎样开启玻璃罐子、怎样清洗空瓶子，甚至会列出一个月之内每天的餐饮建议单。全国和各地区的广播频道，每天都会播放大量专门为家庭主妇制作的节目，如“为您第一个孩子做好准备”“健康、快乐的母亲”“如何将屋子粉刷得更漂亮”“厨房小贴士”“怎样预防家庭疾病”等。[④]

在全国推行“自给自足”经济运行模式、大肆扩军备战的背景下，家政培训与家政指导也被纳入了这一轨道。1934年，纳粹妇女组织专门成立了国民经济部，其首要任务即是指导家庭妇女如何选取和使用替代物品，尤其是如何利用有限的供给，保证全家的营养摄入与健康。在“四年计划”出台之前，国民经济部即大量散发与饮食及替代物品相关的宣传材料，同时建立自己的实验室，专门研究各种食谱和替代物品。随着政府对于家庭主妇经济职能的关注，妇女组织加大了宣传引导的力度，并举办了一系列展览与演示活动。如在纺织品展览中，官方会向主妇们推荐人造丝等新型的合成物，并对其合成与加工制作的工艺详加解说，以劝说主妇们放弃传统的天然纤维制品，接受新型的合成替代品。为了使主妇们在烹饪时高效节能，并在不使用紧俏原料的同时烹制出丰富且营养的食物，国民经济部经常举办烹饪演示，讲授烹饪技巧与食品采购建议。如合理食用苹果、苹果保鲜、正确加工兔肉、充分利用食材的每一部分。在盛

---

① Lisa Pine, *Nazi Family Policy*, *1933-1945*. New York, 1997, p. 76.

② Claudia Koonz, *Mothers in Fatherland*: *Women in Nazi Germany*, in *Becoming Visible*: *Women in European history*. ed. Bridenthal, Boston, 1977, p. 460.

③ Cate Haste, *Nazi Women*: *Hitler's eduction of a nation*. Londonnel, 2001, p. 91.

④ Lisa Pine, *Nazi Family Policy*, *1933-1945*. New York, 1997, p. 80.

产鱼类的地方，鱼肉成为官方推崇的肉食替代品。“鱼肉烹饪的25种方法”“鲱鱼腌制方法大全”等经常成为演示的主题。国民经济部还在地方上设立148个咨询中心，向主妇们提供家庭管理和消费的咨询服务。这些中心都配有经验丰富的工作人员和专门的厨房，以便提供操作性指导。

从纳粹统治初期妇女政策的实际效果来看，从1933年到1936年，全国女性劳动力在整个劳工队伍中的比重从29.3%下降到24.7%。[①]这似乎表明有不少女性离开工作岗位回到了家庭。然而在同样的时段里，女性就业的绝对人数却从485万上升到563万。[②] 换而言之，尽管有数十万女性领取了婚姻贷款，因而表明她们退出了劳动力市场，但是又有更多的女性加入了劳动大军。造成该现象的原因是多重的。对于雇主来说，盈利是经营活动的主要追求目标，一般不会因为意识形态的原因而放弃使用廉价的女性劳动力。一般而言，熟练女工的工资只相当于男性熟练工的66%和男性非熟练工的70%。其次，一般家庭都无法仅靠一份收入就轻易地度日，尤其是到1935年仍有10.3%失业率的情况下，妇女势必外出工作以贴补家用。而对几百万单身女性来说（1933年已婚妇女仅占就业妇女的29.9%），她们必须靠工作来养活自己。最后，在纺织、食品加工、成衣等行业，许多岗位都需要女性来从事。所以尽管政府多加限制，也无法强制性地令其招收男工。1934年，德意志劳动阵线专门创建了女性分部，这从一个侧面反映出当局已承认这数百万女性劳动力是不可或缺的。

从1936年起，德国出现了劳动力供应紧张的现象，到1938年，甚至有100万个工作岗位无人就业。[③]为了应付这一局面，当局作了政策微调。1936年，政府废除了结婚贷款对妇女工作的限制条件。于是女性的就业人数进一步上升，到1939年，女性劳动力占到劳动力总数的37.4%，与魏玛共和国末期的数据基本持平。[④]而且事实已经证明，工厂劳动并不意味着降低女性的生育率。这时女性遇到的问题，是她们在工厂中主要从事的还是非技术性的流水线工作，且升迁的机会很少。在工资待遇方面，即使工业领域中女性的工资是农业领域的2倍，但也只达到同行业男性工人的1/3，而非熟练女工的工资，仅是其男性同伴的30%。在医疗行业，除了1938年和1939年有两位妇女被任命为工程与牙

---

① Matthew Seligmann, *Daily Life in the Hitler's Germany*. New York, 2004, p. 81.

② Martin Durham, *Women and Fascism*. London, 1998, p. 25.

③ Tim Mason, *Nazism, Fascism and the Working Class*. Cambridge University Press, 1995, p. 179.

④ Dr. Matthew Seligmann, *Daily Life in the Hitler's Germany*. New York, 2004, p. 88.

医学院院长，其他女性都处于行业底层。[1]

1939年欧洲战争爆发前后，随着越来越多的男性征召入伍，劳动力短缺的现象越发严重。劳动力匮乏不仅影响生产，而且带来一系列社会问题，如工资上涨、劳动纪律下降、物价上涨等。于是，为了不妨碍其“自给自足政策”的实现，纳粹政府不得不考虑让妇女大量就业。

由此，当局在宣传上开始转向。1939年3月，《人民观察家报》向民众发出呼吁，称“‘总体战’思想要求拓宽先前对妇女参加战争工作所作的限制，那些有工作经验的妇女不应只限于从事福利工作、红十字会救助、空袭保护和清闲的办公室工作，她们中的大多数应被重新安置到军事工业中，以接替被征招入伍的男性所留下来的工作”。[2] 同时部分历史学家也开始研究女性在人类发展中的经济作用，并得出结论称，早在中世纪和工业革命之初，女性就在社会生产中扮演着重要的角色，现在是女性回到生产劳动中去的时候了。而经济学家们则开始研究女性在第一次世界大战中发挥的作用，以便为现实政策张目。原来那些反对已婚妇女就业的言论逐渐销声匿迹。纳粹当局所一贯强调的母亲角色，被转化成如同爱儿子一样地热爱德国军人。同时，作为母亲角色的衍生，还可以加入空防队，保护家园，或进入兵工厂劳动，为前线的儿辈们提供急需的弹药。女性的家庭主妇角色，被解释成不仅要负责家庭的琐事，同时也应支持民族的文化和经济政策。妇女们不仅要继续支持政府的消费政策，收集一切有用的物品，还要在传统的女性领域内为战争服务，如收集衣物、访问和安慰伤员及士兵。而作为民族的捍卫者，女性应该进入工厂，从事“非女性”的职业。政府经常将在工厂工作的女性比作战士，可以充任铆工、焊工和吊车工，像男性战士一样为国效力。

然而，由于受到纳粹主义理念中关于种族和人口理论的制约，以及出于稳定社会秩序、为总体战提供良好的后方基地的策略考虑，当局在政策调整方面做得相当谨慎。1938年9月，劳动部颁发《动员前夕女性就业指导令》，对女性的工作范围做了各种限制，强调避免损害女性的健康及生育能力。根据规定，以下工作被认为不适合女性从事：严重威胁健康的工作，超出女性体力的工作，需要高超的智商、准确的决断力和快速的反应的工作，需要高层次技术的工作

---

① Jill Stephenson, *Women in Nazi Germany*. New York, 2001, p. 61.

② Matthew Stibbe, *Women in the Third Reich*. London, 2003, p. 92.

（经过特殊技能培训者除外）。[1] 1939 年春，戈林准备了一份政令，鼓励所有具有劳动能力的妇女都应为战争尽力，可是这份命令直到欧洲战争爆发后仍未正式颁布。[2]相反，劳动部倒是下达了有关动用女性劳动力的基本原则，其中规定“到目前为止仍然没有参加过工作的女性可以继续免于被征召，除非她们自愿参与劳动动员”。[3]到 1940 年 4 月，劳动部再次草拟了一份女性动员令草案，规定“所有 15—40 岁的女性都有义务进行劳动登记以备征用”。[4]然而，纳粹高层决策者却认为该法令过于敏感，需要从长计议。德国打败法国后，纳粹当局认为找到了替代征调女性的方法，即征调外籍劳工和战俘来补充劳动力。于是，政府对于女性就业问题仍然主要依靠非强制性的鼓动宣传。1941 年 3 月 16 日，希特勒的党务秘书就要求各大区领袖发动宣传攻势，在“妇女帮助赢得胜利”的口号下动员志愿女性为战争服务。

在这段时间里，纳粹当局主要依靠提高经济和福利待遇来吸引女性就业。1939 年，劳动部在相关命令中规定，在运输和公交等部门中，如果女性担负昔日由男性所担负的工作，可以获得与男性同等的酬金。在私人企业中，男女的平均薪资差距不能超过 25%。同时还规定，从 1940 年起军备工业和极少数实行计件工资的地方，女性劳工可以领到和男性劳工同等的工资。[5]另外，政府还规定，从 1941 年 7 月起，工资将不再算入家庭补贴，对于那些享受家庭补贴的女性，如果她们在战争开始之后放弃了工作而又没有老幼病残者需要照顾，她们就要进行劳动登记，否则将扣除她们大部分的家庭补贴。全国大约有 20% 的女性受到此项规定的影响。1942 年，当局在劳动阵线的努力下，还通过了一部保护女性雇员的立法。该法对怀孕女工的工作类型和产前产后福利待遇作了详细规定：怀孕的女性劳工经医生证明，可以停止工作，以免母子的生命或健康受到损害；孕妇应避免从事繁重的体力劳动、有污染或高辐射的工作、高强度的流水线工作；禁止孕妇和哺乳期的女性劳工加班或从事夜间工作；所有女性劳工在分娩前后 6 周内将得到“生育补贴”，其数额相当于该女工前 13 周工资的总和；使用母乳喂养的女工，将在产后 26 周内每天得到 0.5 马克的补助；无论女性劳工是否自愿，都不能以其生育为理由或在其怀孕及产后 4 个月内将其解

---

① Jeremy Noakes, *Nazism, 1919–1945*. Volume 4. p. 312.

② U·弗雷福德：《德国妇女运动史：走过两世纪的沧桑》，第 203 页。

③ Jeremy Noakes, *Nazism, 1919–1945*. Volume 4. p. 313.

④ Jeremy Noakes, *Nazism, 1919–1945*. Volume 4. p. 316.

⑤ U·弗雷福德：《德国妇女运动史：走过两世纪的沧桑》，第 205 页。

雇，除非有其他重大理由。[①]除此之外，政府和私人企业主还通过企业福利和社会福利来吸引女性劳工，如在企业内设置幼儿园，在地方上扩充托儿所，同时在企业中设立委员会，帮助解决女工的家庭和生活问题，为女性劳工提供休息室，派遣女大学生到多子女家庭帮助料理家务，等等。1940年，劳动阵线宣布为女工建立度假村，让军工企业的女工得以在其中带薪休假两周。在女工休假时，女大学生将顶替她们从事至少三周的义务性劳动。仅1940年一年，全国就有约6000名女工受益。[②]

然而，当局吸引女性就业的努力成效并不大。从统计数字上看，1939—1945年女性劳动力仅从1460万上升到1490万，而且在1941年一度下降到1410万。[③]直到1942年4月，女性劳动人口仍然低于战前水平。[④]事实上，由于1939年单身女性的就业率已经达到90%，所以对于政府来说，可供动员的对象主要是已婚女性中尚未就业的2/3人口。但这部分人口本身并没有参加工作的愿望。由于政府坚持自愿原则，因而很多女性的反应非常消极。如在德累斯顿，政府通知1250名妇女参加征召大会，而实际到场的只有600人，其中仅有120人表示愿意参加劳动。1941年在哈勒，120名被邀女性中只有40人到场，其中仅有20人作出了积极的回应。这种情况同样出现在魏玛、多特蒙德、亚琛等地。在哈勒，经过相关人员的不懈劝说，与会87位妇女中只有5人同意全日工作，另有5人同意半日工作，剩余77人中只有少数人能够给出不参加工作的合理解释。[⑤]造成该现象的原因很多。纳粹党和希特勒关于女性职责的定位和保持后方士气的要求，在很大程度上影响着已婚女性的选择，也制约着各级领导人对女性动员的热情。同时，经济措施也难以完全配套。欧战爆发后德国女工的工资确实增长较快，男女工资差距有所缩小，但政府一直不愿意推行男女同工同酬。1939年，劳动部规定女性的工资应是男性的75%，1941年这一数字上升到80%[⑥]，但一直不肯再度提升。按照希特勒的说法，工资不仅与生产效率有关，而且受制于个人的生活需求。由于男性需要供养更多的家庭成员，所以收入理

---

① Jeremy Noakes, *Nazism, 1919–1945*. Volume 4. p. 337.

② Matthew Stibbe, *Women in the Third Reich*. London, 2003, p. 93–94.

③ Michael Burleigh, *The Racial State: Germany 1933–1945*. Cambridge University Press, 1991, p. 260.

④ Matthew Stibbe, *Women in the Third Reich*. London, 2003, p. 92.

⑤ Jill Stephenson, *Women in Nazi Germany*. New York, 2001, p. 156.

⑥ Claudia Koonz, *Mothers in Fatherland: Women in Nazi Germany*, in *Becoming Visible: Women in European history*, ed. Bridenthal, Boston, 1977, p. 467.

应比女性高，如果男女工资平等了，就会破坏家庭中夫妻关系的和睦。当局还担心，在消费品短缺的情况下，提升女性工资会加剧国内的通货膨胀。另一项阻碍女性就业的经济措施是当局在战争之初推行的“分离补助”政策。政府为了保证军队的士气，稳定军心，于 1939 年 10 月引入一项战时补贴规定：那些被征召入伍的士兵，妻子可以得到一项补贴，数额相当于其丈夫原有收入（包括现金、租金、保险费等）的 85%。但这项政策仅仅适用于没有参加工作的妻子，并且其丈夫是在战争爆发后参军的。对于那些有工作的妻子，其补贴数额将视家庭收入情况，可减少达 45%的幅度。[①]这一补贴幅度高于其他交战国。在德国，战争爆发后本来就有很多人结婚，而“分离补贴”进一步加速了这一进程，使得 1939 年比前一年多出了 13 万对新人，创造了最高的结婚记录。此外，当局所热衷的“劳动服役”活动，非但没有起到预期中的作用，反而分流了日益紧缺的劳动力。因为参加该活动的年轻女性，通常是纺织业、成衣业、烟草业和公司机关的潜在劳动力。她们在从事“劳动服役”活动期间，每天都要进行体育锻炼和政治学习，加上往返劳动地点与营帐的时间，实际上真正从事劳动的时间并不多，形成工作能力的浪费。对中产阶层女性来说，还有一层原因，即非常不希望与下层妇女在一起劳动。面对政府的战争动员，她们要么继续出现在咖啡厅和网球场，要么到行政管理部门或诸如公共运输、邮政、通讯、社会工作部门等工作轻松、待遇较好的工作部门谋个职务，以逃避工厂劳动。

斯大林格勒会战结束后，德国急需大量补充兵力，劳动力进一步紧张，希特勒在戈培尔、阿尔伯特·施佩尔（Albert Speer，1905—1981）和其他高层官员的压力下，终于同意于 1943 年 1 月 27 日颁布《战时劳动力动员法》（*Arbeitskräfte-Mobilisierung für Kriegseinsatz*，亦译《征募法令》）。该法令规定，所有年龄在 17—45 岁的妇女，均有义务进行登记以供征调，但符合以下条件者可以免除登记：在公共服务部门、武装部队、农业领域、健康中心工作者，工时超过每周 45 小时者，孕妇及有一个 6 岁以下或 2 个 14 岁以下孩子者，学生和在劳工服务部门工作者。[②]该法令颁布后，动员工作的效果仍然不太理想。如 1943 年，在 310 万实施登记的女性中，只有 123.5 万适合参加劳动。而在这些人中，有一半以上的人以要照看家庭为由，仅愿意从事半天劳动。而剩余的那

---

① Jeremy Noakes, *Nazism*, *1919-1945. Volume 4*. p. 315.

② Jeremy Noakes, *Nazism*, *1919-1945. Volume 4*. p. 331.

些能够从事全天劳动的女性，一年之内就有将近一半人开出了免除劳动的健康证明。[①]在整个欧洲战争期间，德国对女性的战争动员，仅使女性劳工的数量增加50万人。

三

从1918年德意志帝国崩溃，随之魏玛共和国建立，到1945年第三帝国崩溃，在这27年里，德国历史的发展轨迹呈现出一个宽度较大的“之”字形图景，这个国家“在善和恶两方面都走了极端”。这一发展轨迹，较为明显地反映出德意志人追求完美甚至极端的特性，即任何道路都要走得极致。然而，物极必反，常常矫枉过正。这时，德意志人又会向着相反的方向狂奔。从深层次看，表象后面还有理念的冲撞：德国是赶上世界潮流，让发展不同步的政治经济体制尽快补上“短板”，还是坚守德意志特色，排除各种披着华丽或不华丽外衣的非德意志因素，让德意志社会沿着自己的轨道发展。

魏玛共和国的政治体制是先进的，甚至带有点过于超前的色彩。然而，超前的民主体制建立在怀旧的德意志社会之上，似乎从一开始就埋下了地基不稳的隐患。因此，在德国沿着世界化道路向前发展时，另一种主张始终在发出自己的声音。第一次世界大战爆发前后，这种主张以“1914年思想”的形式表现出来。“1914年思想”认为，当时风行世界的“1789年思想”是“破坏性解放的革命”思想，自由、平等、博爱是“真正的十足的商人理想”，为的是“迅速赢得所有个人的赞同”，强调西方意义上的自由是“任意”和“无节制的”。而“1914年思想”具有德意志特色，主张“建设的革命”，认为“德国式自由”强调“秩序”，是真正的自由，生命能在“真正的自由中”绽放。他们强调德国的平等是有机的平等，类似于军队中的战友关系和同志关系，大家平等效劳，在不同岗位上发挥不同的作用，“既学会听话，又学会命令”。随着20世纪20年代中后期美国文化的大量渗入，德国又兴起了新“保守革命”思潮，要求抵制西方议会民主和西方文明，抵制现代性，维护和捍卫德意志传统和文化。

1929年秋，肇源于美国的经济大危机袭来后，严重依赖于美国的德国经济很快深陷其中，“黄金时代”的镀金铜瞬时消散，德国与美国一起“并立”成

---

① Jill Stephenson, *Women in Nazi Germany*. New York, 2001, p. 57.

为受打击最严重的两个资本主义国家。在经济危机的推动下，共和国时期逐渐得到缓解的深层次矛盾又被推向表面。由于缺乏睿智能干的政坛干将，国会-总统二元体制非但没有成为集中权力攻陷危机堡垒的载体，反而为希特勒上台提供了通道。

希特勒担任德国总理后，立即以恢复德意志传统为幌子，对民主体制大动干戈。他标榜自己要重建“日耳曼民主”模式，解散其他政党，同时改变纳粹党的属性，称其为代表全民族利益的精英党。他通过《授权法》降低议会的地位和作用，声称要让议会回复到 Rat 一词的古义的地位，即仅仅是元首的顾问团。最后，国会蜕变成“接收希特勒声明的响板”和“昂贵的合唱团”。通过《授权法》获得立法权的内阁，从 1938 年 2 月起就不再开会，部长们只能从广播中知悉“德国政府”所作出的决定。希特勒政府逐渐演变成“小朝廷”，国家元首通过党、政府、军队三个办公厅的主任，实施着个人的独裁统治。其他领域中的情况大致相同。经济上提出“自给自足”的口号，力图脱离世界市场，为此不惜违背经济规律，开采和提炼贫铁矿石。文化上以“德意志”和“非德意志”为划分标准，极尽扶持打压之能事，不惜将相对论的创始人爱因斯坦逐出国门。社会生活中鼓励女性脱离公共事务“回归家庭”，充当德意志斗士的贤妻良母，在“教堂、厨房、孩童”的有限范围内，成为德意志民族的生育机器。

然而，客观规律难以违背。本文所探索的纳粹德国农业政策和妇女政策，尽管其起因并非完全不合理，尤其在农业方面，如果站在德国农民的立场上看问题，纳粹党人的有些口号甚至是相当贴心的，政策初衷也颇具吸引力。但是，尽管从总体上看，纳粹主义理论是“回归”与“超越”并存，“超越”服从于“回归”，而在农业与妇女问题上，纳粹当局的政策却是以“回归”为主色调，其“超越”的一面最多体现在宣传的用词上。因而最后的结果是，尽管当局在这些问题上用力甚多甚猛，而成效却乏善可陈。

另外需要指出的是，纳粹政权尽管以“回归德意志传统”为口号，但是其所作所为并不代表德意志特色。下列三件事情可以作为例证。第一，神圣罗马帝国的政治架构中有重视制衡的特点，其中包含选侯与皇帝、邦君与皇帝、政权与神权之间的互相制衡，但纳粹政权却以实施“绝对统治”为追求目标。第二，在纳粹当局讨论应对现代主义文化的政策时，戈培尔曾经表示，“纳粹党人是一群具有现代意识的先进分子，这不仅在政治和社会领域是如此，而且在精神和艺术领域也是如此”，然而在希特勒明确表示要实施打压政策后，他立即转向，毫不脸红地谴责现代派艺术是“附庸风雅”，是“病态”和“腐朽”的，应该遭到清除。第三，纳粹当局在战争准备阶段，曾经强调实施“自给自足”，要摆脱世界市场，规避风险。但是在侵占大片欧洲领土后，它就以欧洲统一体系为目标，力图改造各国的产业结构，实现产业分工，在欧洲范围内展开产品循环。它也需要欧洲一体化乃至世界一体化，然而是德国绝对统治下的一体化。

（原文载于《经济社会史评论》2018年第4期）

1939 年希特勒开战决策初探

李钜廉*

一

研究发动第二次世界大战的德、日法西斯的战略决策和开战决策，是深入探讨第二次世界大战起源的重要环节。

古今中外一切战争，不论其性质和规模如何，总是矛盾双方对立斗争的结果，就发动战争的积极性而言，一般有两种情况：一种是交战一方积极主动发动战争，另一方完全处于被动和防御地位（如二战中日本进攻中国，德国进攻波兰和苏联）；另一种是交战双方都积极主动地发动战争（如一战时的同盟国和协约国）。对于后一种情况，如果再作深入分析，仍然可以看到其中一方发动战争的积极性和主动性更高（例如在一战时，同盟国一方的德国和奥匈帝国发动战争的积极性和主动性就更高一些）。这是因为，矛盾的诸方面，其发展是不平衡的；而事物的发展，主要地是由取得支配地位的矛盾的主要方面所规定的。就战争的起源来说，积极主动或比较积极主动发动战争的一方，就是矛盾的主要方面，一场战争打不打得起来，主要取决于这个矛盾的主要方面。

二战时，德日法西斯是矛盾的主要方面，德国更是起着支配作用。我们可以这样说，全面的第二次世界大战打不打得起来？什么时候打起来？在很大程度上取决于纳粹德国的战略决策，尤其是它的开战决策。矛盾的其他方面的作用，常常要通过这个矛盾的主要方面的决策才发生作用。例如，英法的绥靖政策，波兰的落后和孤立，苏联的麻痹和失误，都是希特勒发动侵波战争和侵苏

---

* 李钜廉，曾用名李巨廉，华东师范大学历史学系教授。

战争决策的重要因素。又如，20 世纪 30 年代中国的贫弱，蒋介石政府的不抵抗政策，英美的绥靖政策，也是日本作出发动侵华战争决策的重要因素。如果不同战争发动者的战略决策和开战决策联系起来，孤立地分析其他因素，例如关于经济危机的加深、军事平衡的破坏等，就既可以引出导致战争打起来的结论，也可以引出战争将打不起来的结论。其实，不管有多少因素，无论是促使战争发生的因素，还是制止战争发生的因素，最后都必将落实到战争发动者的战略决策（尤其是开战决策）上面，才看得出它们的实际作用。因此，我们可以这样说，德国和日本（尤其是德国）的开战决策，就像一个聚光镜，把无数的光线（即相关的其他因素）聚集到一点，能使我们对于二战的起源有更加深刻的认识。

二

二战的历史表明，被侵略的防御性国家，在战略上的重大失误，大多集中于对侵略者的开战决策判断失误（例如苏联对希特勒发动战争的判断失误，美国对日本发动太平洋战争的判断失误），要准确地作出正确的判断，必须解决如下几个问题：潜在的战争发动者是谁？它的战略决策体制是怎样的？它发动战争的一般规律（历史规律）是什么？它所处的决策环境怎样？它可能作出的战争决策是什么？这里有一系列复杂和广泛的问题需要研究。这些问题，同样也是探讨二战起源所必须深入的课题。下面仅以手头上的一些原始文献，对希特勒在 1939 年作出开战决策的十个方面的因素，略作粗浅的剖析。

第一，慕尼黑会议的后果和影响是 1939 年希特勒作出开战决策的主要国际环境。

20 世纪 30 年代中后期，英法推行绥靖政策，以致发展到在慕尼黑出卖自己重要盟友捷克的顶峰，其所产生的后果和影响是巨大而深刻的。关于这方面，近年国内已有不少文章作过分析和叙述，在此不再重复。但必须指出，从对希特勒作出开战决策影响的角度，最深刻的一点就是希特勒本人 1939 年反复说过的：英法“没有什么杰出的人物”。他说：“我在慕尼黑已领教过达拉第和张伯伦这些可怜的小蛆虫。他们太懦弱，不敢发动进攻。他们采取的行动将不会超出封锁的范围。”①

第二，关于“不流血再也不能取得新成功”的战略判断是希特勒1939年作出开战决策的大前提。

拙作《纳粹德国的对英政策》② 曾把希特勒争夺世界霸权的扩张计划，概括为中欧—欧陆—海外三个阶段。在其建立的“大德意志帝国”以实现中欧霸权的第一阶段，希特勒的战略方针是实行“不流血的征服”。他虽然进行了战争讹诈，甚至动员和集结军队，采取了某些军事行动，但当时他并不准备也不可能发动战争。慕尼黑会议之后，希特勒加快了其扩张步伐，迈入了夺取欧陆霸权的第二阶段。这时，他从纳粹德国夺取欧陆霸权的基本战略目标出发，根据同英法矛盾趋向激化的因素，在1939年5月23日的高级军事会议上，作出了“不流血再也不能取得新成功”的战略判断，他说：“我们不能期望重演捷克事件，将进行战争。”③ 从此，纳粹德国的一切工作，就进入了以发动战争为直接目标的时期。

第三，“先西后东”战略打击顺序的确定是1939年希特勒作出开战决策的指导原则。

近年来我国史学界在探讨纳粹德国的对外扩张时，常常以1937年11月《霍斯巴赫备忘录》所反映的高级秘密会议，作为希特勒确定“先西后东”方针（或称战略打击顺序）的标志。我认为这种说法不准确，值得重新探讨。

所谓“先西后东”，一般的理解，这个“东”是指苏联（而不是波兰），所谓“西”则是指英法。这里面就需要作具体分析。

希特勒的对英战略是有一个变化过程的。20世纪20年代他的战略构想是把英国作为盟友（见《我的奋斗》和《希特勒的第二本书》）。1933年希特勒上台之后，最初几年执行的是对英“和解”外交。在1937年11月5日的秘密会议上，希特勒首次确定英国也是德国的主要敌人。他说：“德国的政策必须把两个仇敌——英国和法国考虑在内。”④ 这是希特勒从大战略上所作的判断。如果从他实际执行的外交战略上去分析，则从1937年11月至1939年春，其对英政策仍然只是以排除英国对德国在欧陆扩张进行军事干涉为目标，追求“不流

① 《第二次世界大战起源历史文件资料集》（以下简称《文件集》），华东师范大学出版社，1985年，第824、830页。

② 刊于《世界现代史论文集》，三联书店，1982年。

③ 《文件集》，第637—638页。

④ 《文件集》，第53页。

血的征服”，或有限的军事手段进行征服，而不是要打击英国。在军事战略上，德国也是到1938年春才把英国作为未来战争的预想之敌正面提出来。[①] 而且它仍然是把可能的对英战争，预想为对法战争的一个侧面来考虑。

至于法国，在希特勒所构想的大战略里，一直是作为德国的主要敌人。1933年以来纳粹德国实际推行的外交战略，也一直是以法国为主要打击对象。至于在军事战略上，早在20年代德国国防军所设想的未来战争主要预想之敌，就一直是法国以及法国在东欧的同盟体系。希特勒上台后第四天，在对国防军高级将领的第一次秘密讲话中，也明确以法国为主要敌人。

如果我们把所谓“先西后东”的“西”理解为英法，那么就没有区别希特勒对英国和法国长期存在的不同战略。如果把这个“西”理解为主要是法国，那么无论从外交战略和军事战略上，希特勒一直是把法国作为主要对象，并不存在到1937年11月《霍斯巴赫备忘录》时才确定的问题。

我们再来谈谈苏联，即所谓“东”的问题。征服苏联，无疑是希特勒夺取欧陆霸权的主要战略目标之一。从这个意义上说，苏联一直是纳粹德国潜在的预想之敌，并不存在希特勒想同苏联结盟的问题。尤其是30年代中期，苏联加入国联，同法国一起致力于建立东方公约，缔结苏法和苏捷互助条约，援助西班牙人民阵线政府等，都是针对纳粹德国的侵略扩张的。因此，在政治宣传和外交策略上，希特勒常常以苏联为主要攻击目标。西方国家长期排斥和孤立苏联；而苏联本身由于外交上的大国沙文主义倾向，同周边国家的关系又搞得不好。这两点均被希特勒利用了。这就使得苏联对欧洲国际事务的影响十分有限。加上按照西方的军事观点，苏联被认为虽有巨大防御潜力而无足够进攻能力，而且一次大战后德苏之间并无共同边界。所以在外交战略和军事战略上，希特勒在1940年以前一直没有把苏联作为实际的打击对象。这同苏联在希特勒的大战略中，被作为德国将来要加以征服的对象是没有矛盾的。

如果我们仔细分析一下《霍斯巴赫备忘录》，以及同一时期的德国作战计划等文献，我认为，德国1937年底确定的，只是首先夺取捷克和奥地利来解决德国的“生存空间”问题。在从对捷、奥动手的角度，希特勒把英、法、苏以及毗邻国家（主要是波兰）作为敌对的因素作了考虑。其中，法国和英国进行军事干涉（因而发生战争）的可能性最大。从这个判断出发，德国在确定夺取

---

① 根据邓尼茨的回忆录，希特勒1938年春指示海军总司令雷德尔，从现在起也应将英国列为可能之敌，海军必须据此在军备方面拿出自己的方案。

捷、奥时，认真地考虑和准备了对法（英）的战争（“红色”方案）。从这个意义上可以说，希特勒当时有“先东后西”的趋向。但是，他力争的是英国“不介入”，从而法国也不会对德国采取军事行为。这同我们通常讲的先打英法、后打苏联的概念，是不一样的。

对于希特勒来说，究竟是先打法国（连同英国），还是先打苏联，作为一个摆到面前必须作出决策的重大战略问题，是在慕尼黑会议后的 1939 年，也就是他下决心调整同苏联的关系的时候出现的。1939 年 11 月 23 日，即德国侵占波兰之后，希特勒在一次高级军事会议上曾这样回顾 1939 年春天时的情况：“终于决定进入波希米亚。然后建立起庇护关系，而这就为向波兰进军奠定了基础。但是在那时我还不完全清楚，我究竟应当首先向东前进然后再向西，或者是相反。”①

总之，“先西后东”“声东击西”“祸水东引”等，是一些比较粗糙而侧重某一方面的简单化概括。我们在使用时，一定要比较小心，实事求是，不要随意扩大和绝对化。

第四，对原来战争时刻表的调整。《霍斯巴赫备忘录》所记录的 1937 年 11 月 5 日会议上，希特勒曾提出了一个纳粹德国发动战争的时刻表。他确定要在 1943—1945 年动手，而在两种情况下将提前行动：一是法国内讧，二是法国卷入同另一个国家的战争。后来这两种情况虽未出现，但英法的绥靖政策，却使德国“兵不血刃”地顺利吞并了奥地利和捷克的苏台德区。因此，1939 年希特勒在确定“先西后东”的战略打击顺序时，调整了 1937 年 11 月提出的战争时刻表，把时间大大提前了。

这一年的 3 月 8 日，希特勒在一次军事、政治和经济界上层会议上，对纳粹德国的战争计划作了新的全面概括。他首先透露，已下达占领整个捷克的进军令，“然后将轮到波兰”。他说，匈牙利、罗马尼亚，还有南斯拉夫，当然是德国所必需的“生存空间”。对于这些国家，通过消灭波兰和给予一定的压力，“将使它们就范”。“这就是 1940 年以前将要实现的计划，到那时，德国将是不可战胜的”。也就是德国可以同英法正面交锋了。因此，希特勒接着说，“到 1940 年和 1941 年，德国将一劳永逸地同自己的宿敌——法国进行清算。……当法国被击败后，德国就能轻而易举地确立对英国的统治”。然后，“在第一次按照新的观念统一了欧洲大陆以后，德国将着手执行整个历史上最伟大的战斗行

---

① 《纽伦堡审判》第 1 卷，莫斯科，1957 年，第 603 页。

动：我们将以英法两国在美洲的领地为基地，同美国的‘犹太金元大王’进行清算”。[①] 这就是1939年希特勒确定的新的战争时刻表。

第五，对苏作出让步以避免两线作战是希特勒1939年作出开战决策的重要条件。

德国地处中欧，在军事上最大的优点是具有内线作战之利，最大的弱点则是可能两面甚至多面受敌。所以，从俾斯麦时代起，力图避免两线作战，成了德国发动战争的最重要的战略原则。在一次大战时，德国面临的两线强敌，一个是法国，一个是沙俄。施利芬计划是利用沙俄的落后，动员和集中较慢，首先集中兵力迅速击败法国。这也是一种“先西后东”。当然，这同后来希特勒稳住苏联以集中力量进攻西欧的“先西后东”有所不同。可以说，施利芬计划打的是一种起跳之后的“时间差”进攻；而希特勒则是调开一方，集中力量向一方打个“一锤定音”。

调整对苏关系是希特勒在1939年采取的一项重大战略行动。为此，他不仅作了处心积虑的安排，而且对苏联作了巨大的让步以求成功。有一个现象值得我们注意：1939年春夏希特勒的一系列讲话（包括秘密讲话）中，很少谈苏联问题。我认为，这反映出这时苏德关系尚有很大的未知数，希特勒尚未完全把握。但从这很少的一些话中，我们仍然能摸出其脉络。希特勒在1939年5月23日的秘密会议上，在谈到日本对与德国结盟谈判态度冷淡时，分析日本的利益是要“及早对俄国采取行动”。接着，希特勒就说：“俄国也许对消灭波兰不感兴趣，这种可能性不能排除。如果俄国继续对我们采取敌对态度，我们同日本的关系会变得更密切。”[②] 同年8月22日，即希特勒已经派里宾特洛甫飞赴莫斯科签订《苏德互不侵犯条约》的时候，他说：“冯·勃劳希契上将答应我，将在几个星期之内结束对波兰的战争。如果他向我报告需要两年或哪怕只是一年的时间，我就不会发布进军的命令，暂时不与俄国联盟，而与英国结盟。因为我们不可能进行长期的战争。……而且，先生们，我对波兰采取的行动当然也适用于俄国。在斯大林死后——他是一个患有重病的人——我们再摧毁苏联，从而实现德国的全球统治。”[③]

由此可见，“先西后东”和调整德苏关系，是紧密相连的一个问题的两个

① 《文件集》，第475—476、639、830页。

② 《文件集》，第830页。

③ 《文件集》，第430—433页。

方面，其核心都是避免两线作战。打败法国和摧毁苏联，是希特勒这一阶段扩张侵略的基本战略目标。他根据 1939 年的战略形势，决定“先西后东”，就必然要调整对苏关系，以稳住东线，为此他下了很大决心，一改过去反苏的面孔，作出巨大让步，甚至不惜恶化了同当时一心想北进的日本的关系。但是，由于 30 年代以来苏德关系一直比较紧张，加上意识形态的分歧，这一调整能否成功庶难逆料。如果一旦调整德苏关系不能成功，从避免两线作战的原则和需要出发，希特勒完全可能反转过来，同英法妥协，联络日本，实行“先东后西”。

第六，关于解决波兰的决策也是一个与上述问题紧密关联的避免两线作战的问题。

慕尼黑会议之后，希特勒制造但泽危机，把解决波兰的问题提到了日程上来。当时他考虑过两种方式：一种是把波兰纳入“反共公约”之内，使之成为德国的附庸；另一种是以武力侵占波兰。如果首先实行击“东”（打苏联），采取前面一种方式是有利的。在慕尼黑会议刚结束时，希特勒确曾倾向于此。1939 年 1 月，波兰外长贝克访问德国，希特勒和里宾特洛甫都作过这方面的试探。[①] 但是，希特勒很快就放弃了采取这种方式的考虑。因为波兰拒绝了参加“反共公约”的建议，而且波兰同英法的关系加强了，更主要的是希特勒决定了“先西后东”的战略打击顺序。从避免两线作战的原则出发，他需要迅速解决波兰问题。这一点，希特勒在 1939 年 5 月 23 日的秘密会议上讲得很清楚：“不能把‘波兰’问题同对西方国家的摊牌割裂开来。”[②]

我们可以这样说，当时德国的东线有两个可能的敌人——一个是苏联，一个是波兰。1939 年 3 月德国出兵占领布拉格之后，张伯伦想以造成两线作战的态势来遏制希特勒，也是考虑过苏联和波兰的。为此他开始了同苏联的结盟谈判，并发表援波声明。但是由于种种原因，张伯伦把重点摆错了。在 1939 年张伯伦的对德战略中，波兰是他的东线主要国家（丘吉尔和劳合·乔治都认为东线主要国家应是苏联）。而希特勒却抓得很准，他把重点放在苏联，出了大价钱同苏联签订了互不侵犯条约。希特勒在 1939 年 8 月 22 日的秘密会议上，洋洋得意地说：“敌人还希望俄国在波兰被征服后会与我们为敌，敌人没有考虑到我有这样大的决心。”[③] 解决了同苏联的问题，希特勒就基本解决了他的东线问

① 《文件集》，第 436—438 页。
② 《文件集》，第 638 页。
③ 《文件集》，第 872 页。

题；而张伯伦丢了苏联，他想用以对付希特勒的东线就成了纸糊的。

对于德国东线的另一个敌人——波兰，希特勒是力图用彻底孤立它之后加以侵占的办法来解决。虽然他没能完全做到彻底孤立波兰，但他一方面充分利用了英法长期推行绥靖政策而没有足够的准备又无进攻的决心，另一方面利用了《苏德互不侵犯条约》签订给波兰形成一种两面受敌的不利态势。正是在有了充分的把握在短期内消灭波兰之后，希特勒才最后作出开战决策的。

第七，张伯伦所谓"外交革命"的逆反后果。1939 年 3 月伯明翰演说后，张伯伦政府采取了一系列新的外交行动，包括对波、罗、希、比、荷等欧洲小国作出保障，同苏联进行谈判，以及在国内征兵等。西方一些学者称之为张伯伦的"外交革命"。我国近年来也有不少人认为，这是英国外交从绥靖转上抗德的标志，予以肯定。究竟对此应作如何评价呢？我想，如果我们从它们的实际后果去考察，尤其是抓住这些行动对于 1939 年希特勒作出开战决策的实际影响去考察，就会看到另一种情况，得出不同的结论。

张伯伦不是宣布征兵、采取了扩军的行动、开始转向对德强硬了嘛，这对希特勒产生了什么影响呢？希特勒是这样看的："英国并没有进行真正的扩充军备，而仅仅停留在宣传上。"他认为，英国正在对德国进行"神经战"，"扩充军备这出戏是这种神经战的一个组成部分"。接着，希特勒对英国的扩军行动进行了分析，认为英国"在 1941 年或 1942 年前海军不会得到根本的加强"，"陆军方面发展甚小，英国最多只能向大陆派遣三个师"，"空军方面取得一些发展，但仅仅是开始……两三年之后才可能改变这种情况"，结论是"在英国，人们希望再过两三年才发生这场冲突"。①

张伯伦不是大吹大擂地对一系列欧洲国家作出援助的保证嘛，希特勒是怎样看的呢？他认为，英国既没有能力，也没有决心，去履行这些义务。他在 1939 年 8 月 22 日的秘密讲话中说："下列事件很能表明英国的性格：波兰为扩充自己的军备，希望得到英国的贷款；然而，英国只答应提供贷款以保证波兰向其购买军用物资，尽管英国没有能力交货。这就说明英国不想真正支持波兰。尽管它在中国已经投入了五亿英镑，但在波兰却不敢冒八百万英镑的风险。"②

张伯伦不是同苏联进行了结盟谈判嘛，希特勒又是怎么看的呢？这一着，因为是涉及希特勒避免两线作战这一基本战略的中心问题，所以他最初也是相

① 《文件集》，第 825—826 页。
② 《文件集》，第 826 页。

当紧张的。为此，1939年4—5月间，德国采取了比较积极的态度去同苏联调整关系。但是，张伯伦在对苏谈判中三心二意，讨价还价，态度并不积极。因此，希特勒就进一步把英国人看透了。1939年7月，希特勒得出这样的结论：英国的外交政策完全是软弱无力的，英国同俄国所进行的三个月无结果的谈判就是明证。[①] 当1939年8月初，英法军事代表团动身去莫斯科进行军事谈判的时候，希特勒对前来访问的意大利外长齐亚诺说"俄国不会准备为西方列强火中取栗"，英法"派遣军事代表团去莫斯科的唯一目的是掩盖政治谈判陷入僵局这一真相"。[②] 我们完全可以这样说，一个是经过慕尼黑会议，另一个是几个月毫无结果的英、法、苏谈判，这两件事使希特勒得出结论——英法政府首脑们都是一些意志薄弱、缺乏胆略、没有行动决心的庸人。

正因为这样，所以当1939年8月中旬齐亚诺访问德国，希特勒告诉他德国将在最近进攻波兰时，齐亚诺表示意大利认为这将会酿成一场全面战争，而希特勒却坚信"西方民主国家最终将会退缩而不敢发动一场全面的战争"。[③]

问题还不仅这样，如果我们再进一步考察，则还会发现，在1939年这种特定的历史环境之下，恰恰是张伯伦这种对抗与绥靖参半的政策，推动了希特勒作出开战决策。我们知道，西方民主国家的潜力比德国大，它们所处的战略态势本来也是比德国有利得多。由于西方阵营内部种种矛盾和英法几年来推行绥靖政策，希特勒取得了军事上的相对优势，暂时形成了一个对他发动战争有利的态势。1939年3月德国出兵布拉格的事件，使英法开始在绥靖主义的迷梦中醒过来（但还未完全清醒）。鉴于英法的潜力比德国大，它们又开始调整内部矛盾，着手扩军和重组对德阵线，这就会使希特勒前几年苦心经营而取得的一点点相对优势和有利态势，很快丧失。既然希特勒判断德国要夺取欧陆霸权难免同英法一战，那他就必须抓住这个对他来说难得的时机，趁英法尚未完全清醒过来，尚未调整好阵脚和认真实行扩军，提早发动战争，打对方一个措手不及。希特勒对这一点的感觉是很强烈的。他在1939年5月23日和8月22日的会议上，一再谈到"所有这些有利的形势在两三年后就不会存在了"，"我们面临着一种严酷的选择：或者战胜敌人，或者迟早肯定被消灭"。[④]

① 《文件集》，第714页。
② 《文件集》，第808页。
③ 《文件集》，第803页。
④ 《文件集》，第825、52页。

第八，德国国内经济困难的压力。1939年希特勒作出开战决策，德国国内的经济困难也是一个重要的因素。这是希特勒本人在多次重要的秘密讲话中都谈到的。

早在1937年11月5日的讲话中，他就说："经济动机乃是日本和意大利扩张欲望的基础；对德国来说，经济上的困窘也同样变成了推动力。"①

1939年3月8日，他在讲话中一开头就说到德国经济的困难，强调"四年计划是最后的一着棋"，德国的现实问题是要保证自己拥有繁荣所必需的"生存空间"。②

1939年5月23日的会议上，他强调说："经济问题也必须得到解决。创造解决这个问题所必需的前提是德国人民无法回避的使命。"而"如果不入侵其他国家。……这是不可能实现的。"③

同年8月22日的会议上，希特勒还引用掌管"四年计划"的戈林的话来说明："如果在即将来临的战争中不能取胜，那么四年计划就将破产，而我们也将完蛋。"④

第九，军事技术和武器发展的影响。任何一场战争，对于发动战争的一方来说，如果它没有可能打赢的话，它是不会发动这场战争的。对于希特勒来说，他在1939年是估计过，认为德国可以赢得对英法的战争；而在这个估计中，新的军事技术和武器的发展，以及新的作战手段的出现，是起了作用的。

1939年5月23日的秘密讲话中，希特勒明确地谈到了这一点。他说："在从前，还没有足够的力量打败英国舰队。要征服英国，必须在英国本土登陆。"而今天则不同了。他说："如果我们能成功地占领并保住荷兰和比利时以及打败法国，就创造了战胜英国的基础。这样，空军就可以从法国西部就近封锁英国，而海军可以依靠潜艇实行更广泛的封锁。""结论：英国不可能在大陆上作战，空军和海军每天的攻击将切断其所有的命脉。"这样，"它就会被迫投降"。⑤

由此可见，希特勒当时认为，德国依靠其优势的坦克摩托化部队进行闪击战，能够迅速攻占低地国家和法国，然后可以依靠空军和潜艇实行封锁，迫使英国屈服，用不着等到德国海军能对抗英国和派兵登陆英伦三岛，就能赢得这

---

① 《文件集》，第475页。
② 《文件集》，第637页。
③ 《文件集》，第829页。
④ 《文件集》，第640—641页。
⑤ 《文件集》，第823—825页。

场战争。

第十，希特勒个人政治上的成功感与危机感的复合作用。在纳粹德国这样的法西斯独裁国家，希特勒个人的因素，在其战略决策中是有着特别重要的影响的。希特勒又是一个信奉尼采超人哲学的人，因此在他考虑战略决策问题时，又更加着重其个人的存在和个人的判断。在希特勒看来，英法没有杰出的人物，这是他敢于发动战争的一个重要因素；另一方面，他把自己和墨索里尼的存在，看作轴心国发动战争的一个十分有利的因素。在 1939 年 8 月 22 日的秘密讲话中，希特勒就大谈他个人的存在是促使他作出开战决策诸因素中的首要因素。① 在这一大段的讲话中，充分地透露出他个人政治上的成功感与危机感的复合影响，而两者都促使他行动。

政治上的成功感，使得希特勒把自己看作代表天意的绝对正确的圣人。这大大加强了他对自己作出开战决策的信心和意志力，减弱了当时确实存在于德国军事、政治、经济界上层反对开战的人物对他的牵制作用。当时西方国家曾对德国内部这种牵制作用寄予很大希望。其实，英法推行绥靖政策对形成希特勒这种成功感起了很大作用。1939 年 11 月 23 日，在闪击波兰胜利之后，希特勒曾回顾其政治上成功的道路。他历数了从 1933 年退出国联、1935 年毁约扩军、1936 年进军莱茵非军事区、1938 年吞并奥地利和捷克等过程。他说，每次都有很多人反对他，预言要失败，但他都成功了。他说，这是因为他个人在作出重大而严酷的决策时，有坚强的意志，并“顺应天意”。

另一方面是危机感。这常常是一个独裁者必然有的一种心理状态。而对于希特勒来说，还要加上当时德国的军政界上层，确实存在着反对这个独裁者的密谋活动。这些密谋分子同英国情报机构也有联系。可以肯定，虽然当时希特勒没有抓到证据，但凭其政治敏感，确实意识到和感觉到这种活动的存在。这种害怕被人暗杀和推翻的政治上的危机感，也是促使希特勒作出开战决策的一个因素，这一点也是他在 1939 年 8 月 22 日的讲话中反复提到的。

三

纳粹德国在 1939 年发动战争不是偶然的。它包含有经济、政治上十分深刻的必然性因素。但是，必然性的东西同偶然性的东西是不可分离的。历史上的

① 《文件集》，第 823—825 页。

重大事件，尤其是战争，其必然性总是通过大量的偶然性表现出来，而且以偶然性为补充。离开或不谈偶然性，一切必然性都是空的。在 20 世纪，大国的争霸有发生世界大战的必然性趋势，但这种趋势同世界大战之是否实际发生之间，存在着一系列的中间环节，包括大国统治阶级及其政党的活动，国家机关和社会组织的活动，身居要职的个别人物的活动等。这些个人的活动（具体行动），不仅受经济必然性因素的制约，而且是在一系列其他偶然因素影响下形成的。列宁说得好，“历史必然性的思想丝毫不损害个人在历史上的作用，因为全部历史正是由那些无疑是活动家的个人的行动构成的”。① 我们过去在研究二战的起源时，常常片面地强调了规律，也就是必然性的东西，而忽视甚至抹杀了偶然性和对个人活动的研究，结果常常把十分复杂、千变万化、丰富多彩的具体历史过程，变成了简单枯燥、千篇一律的绝对化概念，因而也就把我们一些本来具有相对真理意义的观点，变成了失去生命力的公式教条。本文提出对 1939 年希特勒开战决策的探讨，就是企图打破过去这种状况，深入研究包含有众多个人活动和众多偶然性因素的具体历史过程，使我们对于二战的起源有一个更深刻的认识。

（原文载于《世界历史》1987 年第 1 期）

---

① 《列宁全集》第一卷，第 139 页。

贸易争端与美国和纳粹德国敌对的起源

陈 弢*

近现代以来，自由贸易的领导者和推动者往往发展成了世界霸权国家。霸权兴衰长周期理论集大成者莫德尔斯基（George Modelski）指出，要成为世界领导者，除了具备一定量的经济规模之外，还取决于其制度创新（Innovation）方面有质的突破，形成一种“量与质的特殊结合”。① 这种创新是霸权国家在其国内开放稳定的基础上去构建世界霸权体系，“提出具体的体系模型并确定国际经济秩序的基本规则”。②

20世纪30年代是二战后形成的美国全球霸权体系的重要开创期。当时的国际经贸体系出现了一场空前巨大的危机。在一场世界性的经济危机过后，世界各主要大国都采取了以邻为壑（beggar-thy-neighbor）的对外经贸政策。1933年3月罗斯福正式担任美国总统后，美国作为世界上头号经济强国，其改革和经济复苏让世界期待。1933年底，著名经济学家凯恩斯致信罗斯福：“你已经使自己成为各国力求在现存制度范围内运用明智试验以纠正我们社会弊病的人们的信托人。如果你失败，合理的变革会在全世界受到损害，只好让正统观念和革命去互相厮杀出一条路来。”③ 而在对美国霸权制度构建进行研究时，相当多的学者认为“1934年体制”以及互惠贸易协定（Reciprocal Trade Agreement Act，下文中简称RTA）法案是美国设计“战后政治和贸易秩序的第一步”。④

---

* 陈弢，华东师范大学历史学系世界史博士，现为同济大学德国问题研究所副研究员。

① George Modelski, *Long Cycles in World Politics*, London: Palgrave Macmillan, 1987, p. 223.

② Ibid, p. 224.

③ 威廉·洛克仑堡：《罗斯福与新政》，刘绪贻等译，商务印书馆，1993年版，第383页。

④ Michael Butler, *Cautious visionary: Cordell Hull and trade reform, 1933-1937*, The Kent State University Press, 1988, p. 9.

目前国内有关20世纪30年代美国重新构建国际经贸制度的研究中，很少有研究对美国与其他国家，尤其是纳粹德国正在构建的对抗性体系进行竞争的研究。大多数研究倾向于从政治外交史角度出发，认为美国政府在二战爆发前对德绥靖政策中发挥了重要的作用。[①] 此外，国内学者认为美国构造世界多边自由贸易体系的努力是在二战期间进行的。[②] 这些研究无疑忽视了在政治外交领域之外，美国与纳粹德国所进行的RTA谈判问题。RTA及对外贸易谈判“标志着美国开始领导和重树国际自由贸易体系”。[③] 与此同时，对德贸易谈判的失败，使得美国政府将德国视作制度上的根本敌人。就连政府内绥靖派的代表——副国务卿韦尔斯（Sumner Welles）也认为，德国贸易政策若继续，将“会损害美国的任何贸易协定以及其政策的根本准则”。[④]两种不同贸易制度的竞争是如何影响了美国对国际贸易体系的塑造？又如何导致了美国对德敌意的起源？就美德所进行的RTA协定谈判过程及其影响进行考察，显得十分必要。本文拟在德美原始档案材料的解读基础上，对美国外交政策与双方谈判的缘起、发展、终止及其影响进行探讨，从而加深我们对贸易与和平、战争及国际政治变迁关系的思考，并解释美国构建的这一套国际体系的基本性质，及其为何难以应对纳粹对和平的挑战。

一、德美两国重建世界经贸秩序的不同道路

在20世纪30年代初的世界经贸体系中，主要大国都采取了以邻为壑的封闭性经济贸易战略，关税战、货币战成了当时国际经济的主旋律。美国国会在1922年和1930年分别通过了《福德尼·麦克康伯法案》和《斯穆特·赫利法案》，这两个法案规定，一旦国外对美国商品征以高额关税，美国应当采取关税报复以回应。同时，一直作为自由贸易制度捍卫者的英国也缩进了帝国特惠制

① 程文进：《慕尼黑危机与美国对纳粹德国的绥靖》，《首都师范大学学报》2003年第5期，第24—29页；金卫星：美国对德绥靖的“韦尔斯计划”，《历史研究》1995年第4期，第85—95页；徐蓝：《对罗斯福——韦尔斯和平计划的历史考察》，《世界历史》2001年第4期，第12—21页。

② 金卫星：《二战期间美国筹建战后世界多边自由贸易体系的历程》，《史学月刊》2003年12期，第73—78页。

③ David Lake, *Power, Protection, and Free Trade*, Ithaca: Cornell University Press, 1988, p. 72.

④ 因为，“要应对这种竞争，世界各国政府必须对其私人企业进行看管”。参见“The Under Secretary of State (Welles) to the German Ambassador (Dieckhoff)”, *Foreign Relations of the United States* (*FRUS*), 1937. Vol. Ⅱ. pp. 333-337.

度下过日子。作为资本主义世界力图通过协商合作解决世界经济危机的一次世界性经济大会，1933 年伦敦经济会议也以失败告终。

RTA 法案就是在这种背景下出台的。1934 年6 月12 日，经过几个月的拉锯之后，罗斯福正式签署了在国会参众两院通过的 RTA 法案。该法案本身是双边贸易协定，主要是授权总统与外国进行双边协商以减低关税。从此罗斯福总统获得了通过与全球各国进行双边协商来实现美国贸易政策自由化的机会。其实质精神在于通过与他国签署互惠协定，给予他国商品更多进入美国市场的机会，从而换取美国出口的增加。简而言之，就是投之以桃，报之以李。并在此基础上凭借美国丰富的原材料、巨大的市场、强大的生产能力以及雄厚的资本将这种双边协议以无条件最惠国待遇的形式扩大到全世界。① 最终建立在一个美国领导下和平富裕的自由资本主义世界体系。

按国务卿赫尔（Cordell Hull）等人的规划，RTA 法案的核心精神体现在无条件最惠国原则中。但它并非赫尔原先设想的多边贸易谈判和关税减免，而是通过无条件最惠国原则将双方达成的减免协定惠及其他国家。这也就是所谓的双边谈判、多边受益原则。这样的规划是出于当时的大环境考虑的。在伦敦经济会议后的国际经济合作低潮中，双边贸易谈判显然更容易达成，也不会像多边谈判那样引起国会的强烈反感。

这之后，美国政府与他国进行互惠贸易协定谈判，最终实现谋和平、缔造霸权，将其他国家融入美国领导的多边自由国际体系中的目标。随后一系列 RTA 的签署，标志着美国关税大幅降低的开端。美国对国外商品的平均关税由 1934 年的 46%降低到了 1962 年的 12%。② RTA 不但为世界各国的双边贸易协定谈判提供了重要的指南，随着美国国内关税的降低，全球市场也逐渐出现自由化，世界矛盾得以快速发展。美欧各国迅速抛弃了以邻为壑的贸易政策。

---

① 无条件最惠国待遇指，如果美国与甲国签订了有关某种商品的关税优惠条约，那么这些优惠就将自动适用于乙国及丙国，只要乙国和丙国给予从美国进口商品的待遇与它们给予其贸易伙伴中的最好待遇，即最少的税率和贸易阻碍。同时这一原则也包括惩罚和报复措施，即如果乙国或丙国不给予美国商品最好的待遇，那它们两国的产品在美国则将承受《斯穆特赫利法案》所制定的高关税。美国实行无条件最惠国原则最先始于 1923 年哈定总统的国务卿休斯。与赫尔相比，休斯更重视其经济功效，单纯为扩大美国商品的出口服务。与此同时当时美国的高关税也使这种最惠国待遇打了折扣。见 Cordell Hull, *The Memoirs of Cordell Hull*, New York: Macmillan, 1948, pp. 359–360.

② Michael Bailey, Judith Goldstein and Barry Weingast, "The Institutional Roots of American Trade Policy: Politics, Coalitions, and the International Trade", *World Politics*, Vol. 49, No. 3, 1997, pp. 309–338.

与美国拟重新构建的多边自由国际体系完全不同，此时的纳粹德国完全是以国际秩序的挑战者出现在世界舞台的。它在政治和军事上则加快了重整军备，挑战《凡尔赛条约》后的欧洲国际关系现状，对世界和平造成了重大威胁。在经贸领域，德国经济民族主义趋势越发明显。1933 年的伦敦经济会议失败后，德国舆论普遍认为这敲响了“国际经济的丧钟”。[①] 第一次出席如此规模的国际经济会议的纳粹德国代表们是带着几分满意和欣喜离开伦敦的。7 月 28 日，一家德国官方报纸宣称，伦敦发生的事足以说明德国抛弃国际经济以及类似的乌托邦思想的决定是正确的。[②] 与会的纳粹党员克罗格曼（Krogmann）兴奋地告诉希特勒，德国现在可以充分利用西方国家的冲突了，由于在伦敦的失败，“美国目前显然是在到处寻找朋友”。[③]

希特勒执政初期，并未直接管理和干涉德国的经贸事务。此时德国对外贸易的主要负责人是经济部部长沙赫特（Hjalmar Schacht）。作为德国政府内著名的国际派人物，沙赫特保守但不激进。他不仅亲自参与了 20 年代魏玛德国与西方国家的几次经济会议，还结识了众多英美银行家、商人和政治上层人士，被称作“唯一受到英美金融界注意的德国人”。[④] 沙赫特与纳粹激进派不同，他支持纳粹扩充军备并不是为了对外发动战争，而是想借此恢复德国的经济，“使生产要素能物尽其用，并消除失业”。[⑤]沙赫特认为，自给自足相当于“割喉自杀”[⑥]，德国最终还是要回归到正常的世界体系中。因此，他的经济政策从根本上是使德国重新成为一个国际经济强国，而非纳粹渴望的自给自足的封闭国家。为此，沙赫特曾多次向西欧诸国表示德国目前的困境是由难以获得世界贸易市场导致的。只要德国获得了一定数量的殖民地，满足了原材料需要，就会重新融入世界经济。

尽管如此，为了迅速稳定和恢复德国经济，沙赫特在对外贸易中采取了大肆构建排他性的双边易货贸易协定的办法，以提振德国的出口。德国政府不仅通过各种形式对与美国企业竞争世界出口市场的德企进行补贴，还在外贸领域

---

① Patricia Clavin, *The Failure of Economic Diplomacy: Britain, Germany and the United States, 1931-1936*, London: Palgrave Macmillan, 1996, p. 164.

② Ibid, p. 164.

③ Ibid, p. 167.

④ 约翰·韦茨：《希特勒的银行家》，张禹九译，光明日报出版社，2000 年，第 81 页。

⑤ Amos Simpson, “The Struggle for Control of the German Economy, 1936-1937”, *The Journal of Modern History*, Vol. 31, No. 1, Mar. 1959, p. 39.

⑥ Ibid.

出台了阿斯基马克（ASKI-Mark）制度。外国若想出口商品到德国，则必须同意德国进口商通过德国银行确定的一个专门账户进行交易。同时，其通过出口所挣得的钱也只能购买德国的商品，且不能将其兑成美元等外汇转移出德国。[①] 在这种制度下，德国与中国及中美、南美等地区国家达成了贸易协定。[②] 德国因此也获得对华出口的大量增长，并使得中国对德贸易入超扩大。[③] 更严重的是，强调国家主义和贸易保护主义的德国经济学说此时还在中国等其他国家产生了巨大影响。[④] 而在美国的 RTA 法案签署后，德国在 1935 年 10 月甚至正式废除了 1923 年与美国签订的附有最惠国待遇条款的《德美贸易条约》，并打算以此威逼美国签署服从德国的贸易原则。可以说，纳粹德国这些构建封闭性经济区的做法和经济贸易思想完全和双边协定、多边互惠的 RTA 法案精神相违背，成了美国在全球范围内的主要竞争者。

二、德美有关贸易问题的初步接触

为了回应德国废除《德美贸易条约》的行为，美国将德国放进了贸易黑名单之列，并规定美国任何通过 RTA 谈判自动惠及他国的好处德国都不能享有。同时，国务院也一直在考虑将德国也纳入 RTA 体系中。1935 年初以来，赫尔和国务院诸君多次或明或暗地指出，一旦德国遵守无条件最惠国待遇原则，美国就会与德国重新签订贸易协定。美国政府认为，这样做能够对维护世界和平有利。3 月 28 日，赫尔对德国驻美大使路德表示，德国政府现在有个前所未有的机会去领导西欧恢复正常的政治、社会与和平关系。他反复强调这一机会非常容易失去，因此“需要一个有决心的人，全心全意地追求国际事务、政治、经济与和平的稳定，这样才能成功”。[⑤] 4 月 4 日，RTA 行政主管萨伊尔（Francis Sayre）与路德会谈时表示，“一旦德国接受平等待遇及最惠国待遇原则，我们

---

① Michael Ebi, *Export um jeden Preis*, *Die Deutsche Exportförderung von 1932-1938*, Stuttgart: Franz Steiner Verlag, 2004, p. 187.

② Ibid, p. 188-189.

③ 周建明:《民国时期的中德贸易》,《中国经济史研究》2007 年第 1 期，第 132—141 页。

④ 严鹏:《德国历史学派与民国时期中国经济学的发展》,《德国研究》,2011 年第 2 期，第 40—45 页。

⑤ “Memorandum by the Secretary of State”, March 28, 1935, *FRUS*, 1935. Vol. II . p. 319.

今晚就能签订协议”。[①] 30日，他再次对路德暗示，德国能找到缓解当前紧张形势的办法，那就是接受平等待遇和最惠国原则，“这样的和解必须建立在我国计划的基础之上”。[②]

此时的美国政府认为，纳粹政府的经济部部长沙赫特是德国稳健派的代表，可以与其进行谈判。5月17日，驻德大使多德（William Dodd）在给赫尔的信中指出纳粹政府内部存在以沙赫特、外交部部长牛赖特（Konstantin von Neurath）和国防军总参谋长布伦伯格（Werner von Blomberg）为代表的稳健派与戈培尔及罗森堡（Alfred Rosenberg）等纳粹党激进派之间的斗争。[③] 他认为，稳健派仍然在政府内起着重要作用，“尽管激进派常常成功地使政府采取激进措施，而稳健派也成功地使这些政策在实际操作中有所节制”。[④]

在得知美方有意商讨新的贸易协定之后，沙赫特也发出了一些积极的信号。7月5日，沙赫特在巴黎与出席国际商业联合会大会的美国代表团团长沃特森举行了会谈，并表示支持赫尔旨在消除国际贸易壁垒的贸易计划。[⑤] 8月，他通过路德对赫尔表示，“沙赫特博士等人明确地认识到德国有时使用的双边贸易伎俩确实是有害无益，而且他们都非常支持美国现行的经济计划（指RTA），一旦条件成熟，德国政府将宣称其对此计划的兴趣”。[⑥] 随后，美国政府也开始收敛起过去在对德贸易问题上的强硬态度。去年还坚决反对与德国协商贸易协定的驻德使馆商务参赞米勒也开始与德国商谈有关德国购买60万捆美国棉花等事项。[⑦]

在经过这些前期的交流之后，罗斯福和赫尔决议派遣在德国及欧洲其他地区拥有大量投资的商人富勒（Samuel Fuller）出使德国，以了解详细情况。罗斯福在写给多德的信中表明，富勒访德除了接触希特勒之外，主要是为了与德国

---

① Patrick Hearden, *Roosevelt Confronts Hitler*: *America' s Entry into World War II*, Dekalb: Northern Illinois University Press, 1987, p. 66.

② Ibid, p. 66.

③ “Letter from The Ambassador in Germany (Dodd) to the Secretary of State”, May 17, 1935, *FRUS*, 1935. Vol. II. p. 266.

④ “Letter from The Ambassador in Germany (Dodd) to the Secretary of State”, May 17, 1935, *FRUS*, 1935. Vol. II, p. 269.

⑤ Edgar Nixon, ed., *Franklin Roosevelt and Foreign Affairs*, *1933-1937*, Vol. Ⅱ, Cambridge: Belknap Press of Harvard University Press, 1969, pp. 550-551.

⑥ Ibid, pp. 82-83.

⑦ William Dodd, *Ambassador Dodd's Diary*, New York: Harcourt Brace, 1941, p. 254.

稳健派代表人物沙赫特进行联系。[①]

德方最初的回应比较积极。1935 年 9 月 17 日，沙赫特发表演讲，表示德国应该用经济而非军事手段解决争端，“如果我们被认为行动像野人，就会使我们受到损失，因为外国人不愿与我们做生意”。[②] 6 天后的 9 月 23 日，沙赫特就与富勒在美国驻德使馆进行了秘密会谈。沙赫特表示德国的经济问题在于其不能获得充足的原料，也没有足够的外汇储备。因此德国需要建立一个马克经济区以获取原材料，必须拥有殖民地。同时，他还向富勒直接表示了想与美国签订附有最惠国待遇的 RTA，甚至表达了亲赴美国谈判的愿望。由于沙赫特一直以来都以倡导双边易货贸易著称，这让富勒都感到吃惊。[③] 沙赫特为了争取美国支持其殖民地要求，甚至愿意以签订最惠国原则为基础的贸易协定作为交换。

沙赫特的回应让美国政府十分满意。1935 年 12 月 2 日，罗斯福在一封私人信件中夸奖了纳粹的成就，“由于沙赫特魔术般的政策，德国看上去正在从破产的状况中走出，这为其赢得了国际银行家的赞誉”。在这封信中，罗斯福强调了美国解决国际危机的意愿，“以美国的政策作为榜样，我们能使人们思考并获得拯救自己命运的机会”。[④] 1936 年 1 月 3 日，罗斯福在对国会发表的国情咨文中指出“那些寻求对外扩张，寻求纠正由于过去的战争导致的不公正、寻求贸易市场、寻求人口或者渴望以他们自己和平的方式对文明进步做出贡献的国家目前显得耐心不足，不愿通过和平协商或诉诸世界平等的理念去寻求合理合法的目标”。他最后表示，“美国政府将以身作则，使用所有合乎规范的手段来劝说世界各国重归和平与信任”。[⑤]

在这种情况下，富勒第二次前往柏林，并在 4 月 1 日与希特勒进行了会谈，而沙赫特任翻译。谈判的主题仍旧是殖民地问题，富勒推荐以比属刚果作为德国的原料产地，而德方想要的是喀麦隆。[⑥] 在富勒后来写给罗斯福的备忘录中，他指出目前与德国进行 RTA 对话是合理的。希特勒并不想立即发动战争，而是渴望待价而沽的谈判。美英应该努力减轻德国的负担，要实现持久的和平，“这

---

① Edgar Nixon, ed., *Franklin Roosevelt and Foreign Affairs*, *1933-1937*, Vol. Ⅱ, p. 541.

② 约翰·韦茨：《希特勒的银行家》，张禹九译，光明日报出版社，2000 年，第 194—195 页。

③ "Memorandum by Mr. S. R. Fuller, Jr., of a Conversation With Dr. Hjalmar Schacht Minister of Economics and President of the Reichsbank of Germany", September 23, 1935, *FRUS*, 1935. Vol. Ⅱ. pp. 282-286.

④ Edgar Nixon, ed., *Franklin Roosevelt and Foreign Affairs*, *1933-1937*, Vol. Ⅲ, pp. 102-103.

⑤ Ibid, pp. 152-156.

⑥ Ibid, p. 293.

就需要采用国务卿所提出的以最惠国原则为基础的互惠贸易法案”，“由于其避免了美国的政治参与，因此这事实上是美国目前为维持和平所能使用的唯一之计”。[①]

大约同时，德国正式向美方提出了进行RTA谈判的请求。3月30日，德国驻美大使馆一秘迈尔对美国国务院贸易协定司司长格拉迪表示，德政府已要求其与美国商谈附有无条件最惠国待遇的互惠贸易协定，并提出了具体建议。在当晚写给国务院的备忘录中，格拉迪表示这一请求似乎体现了德国从双边贸易中走出的意愿。[②] 4月3日，驻德大使多德也从德国人那里收到了类似的信息。[③]在今后一段时间中，德美之间有关RTA的谈判，主要由两国大使馆负责进行。

三、德美谈判的正式开始及进展

在正式协商开始后，德美双方出现了激烈的争论。首先，美方认为，谈判的前提是德国必须先行转变现行的贸易政策。此时，德国并未废止其歧视性的贸易政策，其提议中仍然保留了以阿斯基马克及其他补偿措施作为支付手段。国务院担忧：“他们（德方）会通过怎样的具体手段作为其增加从美国进口商品的支付呢?”[④] 赫尔对德国驻美使馆官员强调，在美国宁愿为自由贸易政策牺牲自身利益的情况下，不希望看到那些执行狭隘商业政策的国家只是为了眼前利益而暂时服从这一政策，那样的政策将会是灾难性的。因此他希望莱特纳回国后，德国能向美国那样全面实行自由商业政策。[⑤]他认为，一旦这份协定是建立在平等待遇原则以及最惠国待遇基础之上，美国的RTA体系就将“在条件和情形允许的时候囊括德国入内”。[⑥] “美国贸易政策的根本原则必须得到承认与实施”。[⑦] 总之，经过充分评估后，美国要求德国必须全心全意地忠实于RTA的

---

① Ibid, pp. 291-293.

② “Memorandum by the Chief of the Division of Trade Agreements (Grady)”, March 30, 1936, *FRUS*, 1936, Vol. Ⅱ. pp. 221-222.

③ “Letter From The Ambassador in Germany (Dodd) to the Secretary of State”, April 3, 1936, *FRUS*, 1936, Vol. Ⅱ. p. 223.

④ 国务院所做的分析报告具体见*FRUS*, 1936. Vol. Ⅱ. pp. 224-225.

⑤ “Memorandum by the Secretary of State”, May 4, 1936, *FRUS*, 1936, Vol. Ⅱ. pp. 225-227.

⑥ “Memorandum by the Secretary of State”, January 25, 1937, *FRUS*, 1937, Vol. Ⅱ. p. 329.

⑦ “Telegram From The Ambassador in the United States to the Foreign Ministry”, January 25, 1937, *Documents on German Foreign Policy* (*DGFP*), Ser. C, Vol. 6, London, 1983, p. 332.

基本规则方能正式开展谈判。

而德方的要价则完全相反，在谈判中提出以归还殖民地和其他国家首先开放市场为谈判的先决条件。1937 年 1 月，作为纳粹德国政府官员的沙赫特获准在美国著名的国际主义杂志《外交事务》上发表的文章明确地解释了德国的贸易政策。他指出，没有德国的繁荣，也就没有欧洲和世界的繁荣，“如果德国能靠获得它自己的原料来源而发展了经济，这就会有助于刺激世界贸易的恢复。……它不仅会提高德国人民的生活水平，而且将提高整个工业世界的生活水平”。因此他明确指出，美国应该鼓励经济绥靖的行动。在其他国家满足德国的经济公平要求以前，德国是不会放弃自给自足的。① 同年 2 月，沙赫特表示只有西方国家给予德国经济好处并以殖民地为代价时，希特勒才会坐下来谈判。那时，自给自足和出口补贴等非常贸易措施都将被废止，而德国也将真正地限制其军备扩充。②

德美双方的贸易协商还涉及其他国家，因此其实是个相当复杂和难以立即实现的问题。例如，即使美国同意，德国提出的归还殖民地要求也是美方不能直接做到的。由于美国本身并无多少殖民地，因此这就需要美国促使拥有大量殖民地的英法等国给予其殖民地和开放市场，并涉及其正在和英国等商谈的 RTA。打破帝国特惠制事实上是赫尔的一贯目标，而他将这个与德国融入自由世界经济体系和争取和平是联系起来看待的。1936 年 10 月他就对英国大使林赛指出开放世界市场使德国重新富裕起来的必要性：“任何有理性的人都能判断，6500 万德国人民，在无食无衣也没有足够的原材料的情况下。会无限期地坐在那里（等待）苦难和形势继续恶化吗?”③ 1937 年 1 月底，在英美两国就 RTA 进行的首次高级会谈中，赫尔要求英国发表一个自由贸易声明，然后德国和意大利等国家就会毫无疑问地感到这样一个计划的好处，并出于自身利益考虑而加入。因为，“一旦轴心国家开始在经济上合作，解决政治问题的谈判就将大大地开启”。④ 然而，无论是归还殖民地，还是开放市场，当时的英国都不会轻易就范。因为这其实涉及美英的世界霸权争夺问题。⑤ 因此，德国的要求很难

① 麦克唐纳：《美国、英国与绥靖》，中国对外翻译出版公司，1987 年，第 14 页。

② Patrick Hearden , *Roosevelt Confronts Hitler*, p. 107.

③ “Memorandum by the Secretary of State”, October 22, 1936, *FRUS*, 1936. Vol. Ⅰ. p. 689.

④ Cordell Hull, *The Memoirs of Cordell Hull* , pp. 524-526.

⑤ 国内对此时美英有关谈判的研究，参见张振江：《从英镑到美元：国际经济霸权的转移，1933—1945》，人民出版社，2006 年。

达到。

纳粹政府的谈判意愿对德美 RTA 谈判的成败也极为重要。纳粹执政初期，希特勒对德国经贸事务的掌控主要交由沙赫特等人。而此时沙赫特等稳健派却逐渐在纳粹政府内部失势，德国谈判的意愿显得多变且不确定。1936 年 10 月，希特勒正式签署了以实现经济上的自给自足和扩军备战为导向的 4 年计划，纳粹党徒戈林被任命为该计划主管，从而开始了纳粹德国经济的新时期。这样，沙赫特已不能再独自处理德国经济事务。在这种情况下，德国要满足美国的条件，放弃双边易货贸易并遵从无条件最惠国原则显得更加困难。1937 年初希特勒明确表态反对沙赫特等人提出的德国出席日内瓦国际原材料委员会会议的提议。[①] 2 月 10 日德国外交部的一份文件表明，戈林等人正在加紧通过各种双边歧视性手段获取战争所需的物资。[②] 4 月 15 日，德国银行主管之一的布林克曼对美国驻柏林副领事福克斯表示，鉴于德国目前虚弱的经济状况，德美两国之间不可能达成一个公正的贸易协定，因此德国将通过特殊手段进口所需农产品。[③]

同时，此时美国国内舆论对于纳粹政府的贸易政策多持批判态度，这也限制了政府对德谈判时所能做出的妥协的程度。《纽约时报》多次刊文指出德国的易货贸易政策会对美国经济和贸易体系造成的损害。[④] 而主要出于美国民众对纳粹德国国内政策的强烈不满等因素，美德 RTA 谈判始终是秘密进行的。

即使美德在上述因素中都能够达成妥协，两国贸易政策上难以调和的根本分歧也会阻碍一份新贸易协定的签署。RTA 本身是个扩张性的协定体系，它要求美国最大限度地扩展其协定范围，以实现全球范围内的门户开放，否则这一体系本身便不能继续运作。这种在国际政治经济学里被称为“自行车理论”以及“出口政治”的性质，正是授予美国总统商谈贸易协定权力的“1934 体制”

---

① “Minute by the Director of the Economic Policy Department”, January 12, 1937, *DGFP*, Ser. C, Vol. 6, p. 283.

② “Letter From The Reich Federation of Industry to the Foreign Ministry”, February 10, 1937, *DG-FP*, Ser. C, Vol. 6, pp. 395-398

③ “Letter From The Consul General of Berlin (Jenkins) to the Secretary of State”, April 15, 1937, *FRUS*, 1937. Vol. Ⅱ. pp. 329-330.

④ “Trade Board Issues New Aski Mark Rules”, Jan. 30, 1936, *New York Times*; “Germany may gain business in Brazil”, Nov. 12. 1937, *New York Times*.

的根本原则。[1]相比之下，英国的帝国特惠制虽然也属于经济民族主义的范畴，其采取对内减免、对外排斥的方式构建其专属的贸易区域，却仍然保留货币交易而非易货贸易，从而使得三边或多边贸易成为可能。而德国以阿斯基马克为基础的易货贸易体系则完全排除了多边贸易的可能性，严重威胁了任何意义的世界多边自由贸易的复兴。这是力图以 RTA 树立自由贸易大旗的美国所坚决不能接受的。

因此，虽然美国国务院要与德国达成 RTA，但其短期目标（维护世界和平）与长期目标（扩大 RTA 体系，以实现美国的全球经济霸权）存在着巨大的矛盾。任何为维护和平所牺牲的自身利益都不能妨碍这一长远目标及美国贸易协定体系运行。这就构成了以 RTA 为主进行经济外交的最大矛盾。萨伊尔在论及德美贸易问题时曾说过一句经典名言。他认为双边歧视性贸易制度与基于无条件最惠国待遇原则的贸易制度正在世界各地相互竞争，“世界太小而不能同时容纳两者，因此最后必定是一方战胜另一方”。他明确指出，德国正是他指的那种国家，正在拉美与美国进行斗争。[2]

此时德国的贸易政策正好对美国构成了挑战、竞争之势。沙赫特通过签订双边易货贸易协定将德国的对外贸易重心转向了中国、东欧和南美。在这样的协定中，德国同意对这些国家大量的农矿产品开放市场，然而前提是对方必须购买德国的产品。而一旦这些国家与德国签署了易货贸易协定，就不得不继续依赖和德国做生意。在世界经济贸易没有完全恢复的情况下，沙赫特的这一招屡试不爽，德国出口量占世界总出口量的比重从 1934 年的 4.3%上涨到 1936 年的 8.7%。[3] 随着这一体系的不断发展壮大，它成了纳粹增加出口与获取原材料的主要手段，连作为其发明者的沙赫特也难以对其稍作改动。

德国与南美的巴西、阿根廷、智利及乌拉圭等国签署了双边易货协定尤其挑战了美国在当地的传统出口利益。双方在巴西的争斗比较突出。1934 年德国以威逼利诱的方式迫使巴西与其签署了双边易货贸易协定之后，1934 年到 1937

---

① “自行车理论”指贸易体制需要不断前进（即不断自由化），否则其便会倒下，屈服于新的进口限制。“出口政治”指美国政府为消解国内利益集团的压力，将主要精力放在增加出口事务上，以开辟海外市场。对“1934 体制”的性质及特点的详细解释，参见戴斯勒：《美国贸易政治》，王恩冕等译，中国市场出版社，第 11—37 页。

② “Memorandum by the Assistant Secretary of State (Sayre)”, January 26, 1937, *FRUS*, 1937. Vol. Ⅱ. p. 6.

③ Patrick Hearden, *Roosevelt Confronts Hitler*, p. 70.

年德国商品占其进口总量的比例由14.02%上涨到26.03%，而同期美国的比例则由23.67%下滑到21.02%。[①] 而考虑到美国已在1936年和巴西签署了RTA，这样的结果就更不能让国务院接受。这在美国民众及朝野内引发了强烈的不安情绪。多德分别对罗斯福及赫尔指出，“希特勒是想将美国赶出拉丁美洲”。[②] 美国国务院拉美司的黑斯指出，美国必须使用各种手段阻止巴西与德国签署“进贡式的”易货协定。美国政府顾问菲斯于1936年7月指出，“在某些情况下，美国出口贸易不能持续与这个（德国）体系竞争”。[③]

对此，美国对外贸易政策总负责人赫尔的态度是矛盾的。他一方面多次表示美国愿意为自由贸易牺牲其自身利益，而同时也表达了对德国在拉美所作所为的不满，声称沙赫特的贸易政策手段正在“有意地取代美国在拉美的贸易”。[④] 而地位在德国日益不稳的沙赫特也不准备对美让步。1937年5月20日，他对多德表示，虽然赫尔的政策比裁军听起来是一种更好的解决方法，然而德国将会继续坚持其双边易货贸易政策。他还要求多德证实传闻中美国在计划打压德国对外贸易的消息。因为据称，赫尔已经转告巴西政府，一旦巴西给予德国更多好处，那美国就会停止从其处购买铜或者咖啡。[⑤]

沙赫特的反应让国务院的绥靖派感到恐慌，比赫尔更加坚定支持与德国谈判的副国务卿韦尔斯5月25日致电多德，认为沙赫特肯定是获得了“不确切的报告”，美国政府并不想限制德国和巴西进行贸易。韦尔斯要求其“改正沙赫特的看法”，但他不希望多德在与沙赫特的交谈中带有威胁的态度。但是，就连韦尔斯自己也指出，德国商品的激烈竞争使得美国原先能够通过正常的竞争手段控制的领域被取代了。因此，德国与巴西的贸易应该以自由贸易原则为基础，不应使得美国贸易陷入“非经济的竞争”。[⑥]

德美两方的相互猜忌情绪不断增长，无论是美国的绥靖派，还是纳粹政府里的温和派，都逐渐感到双方制度的根本差异难以调和。6月30日，韦尔斯邀

---

① “The Under Secretary of State (Welles) to the German Ambassador (Dieckhoff)”, *FRUS*, 1937. Vol. Ⅱ. p. 336.

② Patrick Hearden, *Roosevelt Confronts Hitler*, p. 69.

③ Ibid, p. 70.

④ “Memorandum by the Secretary of State”, May 4, 1936, *FRUS*, 1936. Vol. Ⅱ. p. 227.

⑤ “Telegram From The Ambassador in Germany (Dodd) to the Secretary of State”, May 21, 1937, *FRUS*, 1937. Vol. Ⅱ. p. 332.

⑥ “Telegram From The Acting Secretary of State to the Ambassador in Germany (Dodd)”, May 25, 1937, *FRUS*, 1937. Vol. Ⅱ. pp. 332-333.

请新任德国驻美大使狄克霍夫前来就当时美巴两国正在进行的贸易问题协商进行面谈。狄克霍夫借机直接表达了对美国政策的不满。他指出，德国与巴西的贸易只是稍稍超过了战前的数据，并没对美国在巴西的商业利益造成威胁，德国目前的自给自足政策只是为了寻求美国及其他一些贸易大国通过货币贬值所得到的利益。他还威胁，如果美国促使巴西限制与德国贸易，德国会完全保留采取自由行动的权力。①

在这份国务院的备忘录中，韦尔斯的讲话充分反映了美国绥靖派的矛盾心理。他虽然指出，美国的贸易政策不是为其自身的狭隘利益服务，它绝不会敌视或嫉妒任何国家的贸易扩张，没有使用强迫手段影响巴西和德国的贸易关系。基于平等待遇的美国贸易政策不会使用不公平竞争或经济强制手段，欢迎德国不断表明其支持最惠国待遇原则及消除关税壁垒。但是德国现在的政策正在给美国增添困难。德国在贸易上实施的政策与公平竞争相悖，它每年有10亿帝国马克的出口补贴，相当于20%的德国出口产品价值。德国继续其政策将会损害任何美国的贸易协定以及其根本原则。②

双方贸易对话陷入僵局，德国国内的经济控制权斗争及其结果则消除了德国接受美国条件的最后一点机会。在希特勒的支持下，在经济领域影响越来越大的戈林依据 4 年计划，不顾一切地增加财政开支，以用于重整军备计划。5 月14 日，德外交部部长牛赖特对多德表示，鉴于德国目前严峻的经济状况，其看不到（签署）一个国际经济协定的必要性。③ 5 月 20 日，在致美国国务院的报告中，多德表示，“改善德美关系的前景已不复存在，这种可能性已经荡然无存”。④ 同一天，来自驻法大使布利特的信息也似乎证明了这一点，法国总理布鲁姆告诉他，沙赫特最近已经终止了其所有要求获取殖民地的谈判。⑤ 与此同时，德国政府还正在帮助意大利与东欧一些国家建立一个排他性质的经济区。

---

① “The Under Secretary of State (Welles) to the German Ambassador (Dieckhoff) ”, *FRUS*, 1937. Vol. Ⅱ. pp. 333-337.

② Ibid.

③ “Telegram From The Ambassador in Germany (Dodd) to the Secretary of State”, May 14, 1937. *FRUS*, 1937. Vol. Ⅰ. p. 92.

④ William Dodd, *Ambassador Dodd' s Diary*, pp. 400-414.

⑤ “The Ambassador in France (Bullit) to the Secretary of State”, May 20, 1937, *FRUS*, 1937. Vol. Ⅰ. p. 95.

在德国的帮助下，意大利和南斯拉夫签署了歧视性的贸易协定。①

面对受到阻碍的外交政策和日益恶化的国际局势，赫尔一反其平时乐观谨慎的常态，将一脑子怒气统统发在德国身上。5月15日，他对刚刚来到美国的新任德国驻美大使狄克霍夫反唇相讥道：“在（一战结束）十八年后的欧洲，恢复国际秩序和正常国际关系的唯一基础（竟然）在于极端狭隘、麻烦不断的贸易手段，以及一个疯狂扩展军备的民族。”② 罗斯福的反应更加激烈，他对赫尔等人推崇备至的经济外交政策表示怀疑。19日，他对菲利普斯表示：“越研究形势我就越相信，从经济的角度来实现和平就像一根十分脆弱的芦苇，是靠不住的。”他认为：“这个办法可能推迟战争，但是如果备战进程以目前的速度继续下去，这样的办法怎能阻止战争的爆发呢?”③

1937年上半年之后，德美贸易对话一直处于停滞状态。11月下旬沙赫特辞职之后，双方的部分官员尽管还在一些场合里提到过这个问题，但这无异于隔靴搔痒，不可能真正使德国认同或加入RTA体系，更不可能起到赫尔等人所希望的维持世界和平的作用。德美双方有关RTA的谈判也完全以失败告终。

四、结语

多边自由国际体系是二战后出现的美国霸权的核心特征之一。而美国早在20世纪30年代中期就已经开始对其进行构建了。在经济领域，这一制度以门户开放和无歧视待遇反对双边易货贸易为特征。④ 1934年的RTA法案颁布后，主要在美国国务卿赫尔的领导下，美国政府希望通过无条件最惠国原则将双方达成的减免协定惠及其他国家，这也就是所谓的双边谈判、多边受益原则。这样的多边体系加上美国国内以私营经济为主的自由经济制度，成了美国构建的多边自由国际体系的基础。

但主要由于20世纪30年代国际政治经济背景及美国国内政治特点，诞生于1934年的RTA法案，是一种“深嵌式自由主义”（Embedded Liberalism），即

---

① “Memorandum by the Ambassador in Italy (Phillips)”, April 9, 1937, *FRUS*, 1937. Vol. Ⅰ. p. 71.

② “Memorandum by the Secretary of State”, May 15, 1937, *FRUS*, 1937. Vol. Ⅰ. pp. 837-838.

③ 麦克唐纳：《美国、英国与绥靖》，第34—35页。

④ John Ruggie, *Winning the Peace, America and World Order in the New Era*, New York: Columbia University Press, 1996, p. 22.

一方面强调多边自由体系的重要性，另一方面关注其是否能够确保美国国内的经济利益。① 正是因为如此，20 世纪 30 年代的美国既非“无意”承担世界领导重任②，也非 19 世纪的英国那样主动降低关税以恢复世界经济和贸易，而是通过双边互惠基础上的无条件最惠国待遇原则在优先照顾自身的情况下来领导恢复世界经济，维护世界和平。正如莱克（David Lake）所说的“1934 年体制”开创后的美国仍然是个“机会主义者”③，在与他国锱铢必较的争斗中使自己的利益最大化。

20 世纪 30 年代中期美国与纳粹德国进行的 RTA 谈判深受这种“深嵌式自由主义”的影响。美国政府试图通过达成 RTA，将纳粹德国拉入其正在构建的多边自由国际体系，从而获得更大的市场。同时也以此消除德国发动对外战争的野心，从而维护世界和平。但由于不愿牺牲本国利益，美国最终没能和纳粹德国签署 RTA。在纳粹德国因素之外，这是双方谈判最终走向破裂的重要原因。尽管在贸易谈判失败后，罗斯福政府还曾试图通过政治外交上的绥靖来使德国放弃其战争野心，但双方日益凸显的制度性矛盾使得美德和解已完全不可能。

对德贸易谈判及其失败，还使美国政府逐渐形成了一种新的全球安全观。由于对纳粹德国政治经济制度了解的加深，美国越来越认识到纳粹极权主义和美国自由主义这两种制度间的分歧不可调和。经济贸易制度上的差异逐渐被理解为政治制度上的威胁和挑战。美国政府开始在战略上将纳粹制度视作不能共存的敌人。赫尔等人越发强调以 RTA 为基础，在世界上建立多边自由贸易制度是对美国国内民主自由制度的最好保证，“如果世界贸易得不到恢复，美国国内就将长期处于政府的严密控制之下。”④ 萨伊尔也指出“如果我们选择了一条经济自给自足的道路，那就必然要坦然接受一种与美国传统及信仰不相符的，由政府控制私有企业的制度”⑤，而那就将“敲响我们时代文明的丧钟”⑥。与此同时，美国逐渐形成了这样一种看法，那就是自由资本主义制度无法在一个国

---

① John Ruggie, “International regimes, transactions, and change: embedded liberalism in the postwar economic order”, *International Organization*, 36, 2, Spring 1982, p. 393.

② Charles Kindleberger, *The World in Depression, 1929-1939*, Berkely: University of California Press, 1973, p. 292.

③ David Lake, *Power, Protection and Free Trade*, p. 215.

④ Patrick Hearden, *Roosevelt Confronts Hitler*, p. 48.

⑤ Francis Sayre, “The Question of Self-Sufficiency”, *Annals of American Academy of Political and Social Science*, Vol. 186, Jul. 1936, p. 133.

⑥ Patrick Hearden, *Roosevelt Confronts Hitler*, p. 48.

家内独自存活，必须在全世界推动RTA来促进多边自由经济制度。这也正是美国政府在与德国商谈时强调必须以其多边贸易的核心原则——无条件最惠国原则作为谈判前提的原因。这一全球战略思考，导致美国政府于1940年在相关国内智库的协助下制定了旨在向外扩展其自由主义政治经济制度的GB-235计划，并且在战后积极向外扩张这一制度。

[原文载于《同济大学学报（社会科学版）》2019年第2期]

试析第二次世界大战后美国对德“智力索赔”计划

苑　爽*

第二次世界大战结束后，美国政府没有像第一次世界大战后那样宣布放弃索取德国战争赔偿的权利。那么，通过何种方式索取美国最感兴趣、最希望得到的战争赔偿自然成为很多人关注的焦点。通过“智力索赔”计划①，美国在德国攫取了大量隐性的战争赔偿。隐性战争赔偿主要是指通过掠夺德国的科学、技术、情报、专利、科技人员等无形资产而索取的赔偿。“智力索赔”计划由美国多个政府部门、驻德国机构，以及与该计划利益密切相关的工业、商业、大学、研究机构、协会等多种行业的多个利益集团共同完成。本文试图对第二次世界大战后美国制定、实施的“智力索赔”计划进行较为详细的分析与论述。

---

* 苑爽，华东师范大学历史学系世界史博士，现为哈尔滨师范大学马克思主义学院教授。

① 目前，国内外史学界有关第二次世界大战后美国“智力索赔”计划的研究还比较欠缺。据笔者所掌握的资料，国外史学界研究该问题的主要有两位学者。一是美国学者约翰·金贝尔。在美国占领德国期间，金贝尔曾作为美国翻译人员在德工作过，因此，其专著大多以占领时期美国对德政策为研究对象。金贝尔的《科学、技术和赔偿：在战后德国的剥削和掠夺》（John Gimbel, *Science, Technology and Reparations: Exploitation and Plunder in Postwar Germany*，斯坦福大学出版社，1990 年）一书，比较详细地论述了美国“智力索偿”计划。二是美国学者克拉伦斯·拉斯宾，其著作《曲别针计划：德国科学家与冷战》（Clarence G. Lasby, *Project Paperclip: German Scientists and Cold War*，纽约，1971 年）一书，专门论述了“曲别针”计划与冷战之间的关系，对美国“智力索偿”计划也多有论述。此外，由杰夫里·迪芬德主编的《美国政策与西德的重建，1945—1955》（Jeffry M. Diefendore, ed., *American Policy and the Reconstruction of West Germany, 1945-1955*，剑桥大学出版社，1993 年）一书，收录了一篇与美国“智力索赔”计划相关的文章。目前，国内史学界对第二次世界大战后美国“智力索赔”计划的研究基本处于空白状态。笔者的博士论文《两次世界大战后美国处理德国战争赔偿问题的政策演变》曾对美国“智力索赔”计划进行过个案研究。

一、“智力索赔”计划的起源

第二次世界大战末期，美国决策层已经开始考虑战后对德索赔问题了。[①]决策者们各自提出的索赔政策虽然不同，但基本还是达成了两点共识：一是美国纳税人绝不能再替德国支付战争赔偿；二是避免再次出现第一次世界大战后协约国索取德国赔偿的困境。为此，在美国多个政府部门、驻欧洲机构、利益集团的共同参与、推动下，制定、实施了一项特殊的索赔计划——“智力索赔”计划。可以说，该计划的出台是多种因素共同作用的结果。

其一，避免传统索赔方式带来的困境是制定“智力索赔”计划的初衷。第一次世界大战后，协约国主要通过实物赔偿和现金赔偿两种方式来索取战争赔偿，但这两种索赔方式都存在着很大弊端。首先，协约国大多不愿意接受德国的实物赔偿。因为大量无偿涌入的德国赔偿物资实际上冲击了战胜国的市场，以致英、法的企业家和工人都反对实物赔偿，认为实物赔偿就是一种换了名称的变相出口。[②] 因而，除了德国的煤炭、木材等几种实物外，在制定“杨格计划”时，英、法等国明确表示拒绝继续接受其他实物赔偿。协约国出于本国急需建设资金的需要，大多愿意从德国直接获取现金赔偿。然而，现金赔偿带来的问题更加难以解决。第一次世界大战后德国政府极不情愿履行其赔偿义务，不得已进行的战争赔偿不是通过提高税收、发行非通货膨胀性公债来筹集，而是采取了向私人银行大举借债的方式来支付。而一些德国有产者为了使自己的

---

① 早在1939年9月，欧洲爆发战争后，美国国务卿科德尔·赫尔立即任命莱·帕斯沃斯基作为其特别助理负责研究战后政策。美国参战后不久，国务院开始改组其行政机构，建立了一系列由各界专家组成的委员会来研究战后问题。最早提出对德政策的是国务院下属的“战争—和平委员会”，1942年10月，该委员会一份题为《对战后德国经济的控制》的报告对德国战争赔偿问题进行了阐述。见卡罗琳·艾森伯格：《划线：美国分裂德国的决定，1944—1949》（Carolyn Eisenbery, *Drawing the Line: The American Decision to Divide Germany, 1944—1949*），剑桥大学出版社，1996年，第18—19页。第二次世界大战末期，美国一些决策者开始提出对德索赔计划。其中，财政部部长小亨利·摩根索和陆军部部长亨利·史汀生提出的对德索赔计划分别代表了两种不同的主张。摩根索坚持严厉的“非工业化”索赔政策，而史汀生则强烈反对利用战争赔偿惩罚德国。他们各自的对德索赔计划分别参见摩根索的著作《德国是我们的问题》（Henry Morgenthau, *Germany is Our Problem*，伦敦，1945年），史汀生的日记《供职于和平与战争年代》（Henry L. Stimson, *On Active Service in Peace and War*，纽约，1947年）。

② 威廉·麦尼尔：《美国金钱与魏玛共和国：大危机前夕的经济与政治》（William C. Mcneil, *American Money and the Weimar Republic: Economics and Politics on the Eve of the Great Depression*），哥伦比亚大学出版社，1986年，第102页。

财产免于抽税或免于可能被没收充当赔款，大多将资本汇往国外，这一切都加剧了马克的贬值。1921 年底，马克的价值只相当于战前价值的 2%。① 德国政府在马克急剧贬值时，用 18 亿马克的外汇支付赔款。这引起法国的极大不满，认为德国通过人为的通货膨胀方式来逃避其赔偿义务，最终导致法、比出兵占领鲁尔。当时为了解决德国战争赔偿问题，经美、欧、德三方协商，制定、实施了“道威斯计划”和“杨格计划”。但出乎美国决策者的意料，计划最终的结果却是由美国纳税人替德国支付了大部分战争赔偿。

其二，制定、实施“智力索赔”计划也是基于战场的迫切需要。第一次世界大战期间，美国陆军部曾有过向海外派遣技术使团的经历，但很快就停止了，结果在第二次世界大战爆发之初，美国军事技术情报十分匮乏。1941 年底珍珠港被袭之后，军事技术情报的重要性受到重视。1944 年盟军在诺曼底登陆后，德军第一次使用了杀伤力极大的 V-1 型、V-2 型飞弹。于是艾森豪威尔将军决定立即筹建一个技术部队，它由情报专家、战犯审讯员、语言专家、炸弹爆破小组、特种作战人员等组成，用来甄别、保护、利用对盟军有价值和特殊的情报，包括文件、设备和人员。

其三，“智力索赔”计划的出台是美国政府与相关利益集团相互配合、彼此推动的结果。第二次世界大战后美国应采取什么样的索赔方式，能够既避免传统索赔方式带来的困境，又能满足美国的索赔要求，是很多对德国赔偿感兴趣的美国人都在思考的问题。工业界、商业界、大学、研究机构、协会等多种行业的多个社会团体都属于对德国“智力赔偿”感兴趣，打算获取德国“智力赔偿”或有着相关要求的利益集团。他们为了共同的利益纷纷向国会、国务院、陆军部、驻德机构游说、发函、呼吁，要求将战时的情报调查工作继续进行下去，并发展成战后的商业、技术开发计划。可以说，利益集团的积极参与不仅代表了美国社会的索赔利益，表达了美国社会的索赔要求，而且为该计划的顺利实施起到了重要作用。

其四，更主要的是，由于现代总体战争的特点，战时科技的影响必然延续到战后，战时的科技情报计划自然转化为战后的商业开发计划。1944 年 8 月 28 日，美国科学研究和发展处处长兼总统科学顾问范奈瓦·布什分别给陆军部和海军部写信。布什建议美国应该从被占领国家和德国获得“德国工业方面的技术信息”，认为这些信息将不仅有利于对日作战，而且能够帮助美国工业保持在

---

① 吴友法、黄正柏：《德国资本主义发展史》，武汉大学出版社，2000 年，第 274 页。

世界贸易中的地位，同时也为即将退伍的军人提供就业机会。他还建议，目前寻找武器和军事设施的工作应该加上更长期的、工业技术方面的目的和目标。[①]布什的建议得到了积极回应，海军部部长福莱斯特和陆军生产局局长克鲁格都很赞同布什的建议。另外，战后数以百计由政府机关、私人企业、大学、工业和贸易协会派出的专家们返回华盛顿之后，不断给原来雇用的机构写报告，要求再制定额外的调查项目，以及将战时的科学情报调查延续到战后。

要求继续对德国科学、技术进行调查及其战后利用的呼声，得到了美国政府更高层的支持。美国在盟国赔偿委员会的代表埃德温·鲍莱公开表示，美国不需要德国的工厂、机器、劳役作为赔偿，但美国要求得到“德国的黄金、海外资产、专利、工艺以及每种类型的技术知识”。[②] 美国副国务卿克莱顿、商务部部长华莱士等也纷纷发表言论，认为战后美国如果能够利用敌人的情报就可以创造出“新方法、新产品、新的工作机会”，进而刺激美国由战时经济转向和平经济。早在日本投降之前，杜鲁门总统已经开始考虑美国从战争到和平的转型问题。他指示战争动员和复员局局长弗莱德·文森去重新审查可能公布的所有那些“已经由或者以后将由任何政府部门或机构资助的”科学和技术信息。为了协调各方面的关系，总统随后任命了一个负责发布科学信息的委员会。该委员会的职责是筛选可以公布的材料，更重要的工作是获取那些与美国商业和工业有关的报告。

1945年8月25日，杜鲁门总统发布了第9604号政府行政命令，公布以前和以后的从敌国获得的某些科学和工业信息，范围包括所有有关科学、工业、技术程序、发明、工艺、设备以及在这之前和之后由本政府任何部门和机构获得的信息，不论这些信息是在被解放国家还是在敌国中发现的。[③] 从此，9604号命令成为各个利益机构实施“智力索赔”计划的指导性原则。为了执行9604号命令，各种利益机构首先协调了彼此关系，按照军事和民用两个目标，由参谋长联席会议和商务部分别以“国家安全”和“国家利益”的名义开展工作。按照地区划分则由两个机构负责：一个是商业部的技术服务处，另一个是驻欧洲的战场情报技术局。技术服务处通过它的各个分支机构和咨询团在美国国内

---

① 约翰·金贝尔：《科学、技术和赔偿：在战后德国的剥削和掠夺》，第5页。

② 《美国外交档案》（*Foreign Relations of U. S.*）第1卷，《波茨坦会议，1945年》（*The Potsdam Con.* 1945），第510—511页。

③ 杰夫里·迪芬德：《美国政策与西德的重建，1945—1955》，第177页。

征召各种类型的科学顾问和技术人员，然后把他们派往欧洲“对有科学和工业价值的文件进行筛选、甄别，做检索目录，微缩成胶卷”。对于汇总交上来的报告，会把对公众有价值的情报公之于众。而在欧洲的战场情报技术局，则负责为专家提供工作所需的住宿、设备、交通等服务。据此，“智力索赔”计划明确了分工，有了组织机构和物质保障，很快就演变成美国政府有组织、有计划、大规模索取赔偿的主要方式。

二、“智力索赔”计划的内容与实施

“智力索赔”计划是一项内容广泛、庞杂，由多个部门、行业共同完成的索赔计划。它包括几项相互关联，但又有独立目标和内容的计划和项目。而且，这些计划和项目的内容和工作目标随着国内外形势的发展而不断进行着调整与完善，充分体现了“智力索赔”计划官商结合、自上而下、自下而上、相互促进和相互配合的特点。

1.“曲别针计划”

“曲别针计划”起源于第二次世界大战末期参谋长联席会议批准的名为“覆盖计划”的秘密军事行动。① 1945 年 5 月 15 日，美国驻欧洲盟军司令部在给陆军部的报告中要求陆军部明确指示：如何利用和安置那些作为纯军事情报不再有价值的德国科技人员，如何限制和控制未来德国科学和技术研究，美国驻欧洲盟军司令部要求给出长期政策。陆军部对此十分重视，专门成立了一个委员会。但由于国务院和财政部都明确反对输入德国科学家和技术人员，该问题一直拖延到同年 9 月份。9 月 13 日，参谋长联席会议打算采取一项临时措施，即迅速获取和利用德国科学家，并要求“国务院—陆军部—海军部协调委员会”同意作为“暂时的权宜之计”，然后再逐渐发展成为一项“长期的”政府政策。尽管反复强调德国科学家和技术人员拥有的知识对于美国军事和民用的巨大价值，一些政府机构也“极其希望”利用他们，并警告如不采取行动，最被美国看好的德国人将消失，美国将失去他们的专业知识。但是协调委员会

① 最初的“覆盖计划”打算将德国 350 名火箭科学家和工程人员转移到美国来，“加强美国对日作战的生产能力，另外帮助美国战后军事研究”。克拉伦斯 · 拉斯宾：《曲别针计划：德国科学家与冷战》，第 9 页。

并没有被打动，他们反对临时措施，认为它缺乏细节考虑。①

陆军部和海军部也纷纷向国务院抱怨，因为国务院坚持反对将德国人转移到美国，使得军方制定的“覆盖计划”难以贯彻实施。陆军部部长、海军部部长、技术服务处处长等人给国务卿贝尔纳斯写信，呼吁国务院转变态度。技术服务处处长约翰·格林在信中建议，收集和发布德国科技知识只是一项更大规模的“智力索赔”计划的一个方面。该计划必须包括转移、输入德国科学家，其中一些人将被讯问，一些人将被利用，一些人将被遣返，一些人将被“永久的获得”。与此同时，一些从欧洲发回的报告警告说，美国在德国为了达到非军事化目的，对德国研究和生产的限制将迫使德国专业人员到其他地区寻找工作机会。另一些报告则详细描述了苏联已经用船运走了很多科学家、设备以及作为永久移民的科学家的家属。②

国务院在多方压力下，态度开始转变。在随后的国务卿、陆军部部长、海军部部长的协调会议上，三位部长都同意“阻止”某些杰出的德国专业人员到其他国家。随后，参谋长联席会议指示美国驻德国占领军政府：阻止德国科学家和重要的技术人员离开美占区，并列出了一份可以不再被讯问而苏联和法国要求立即进行讯问的人员名单。这些人员为1000名左右德国科学家和技术人员，名单上注明了每个人的技术专长、科技成果、家庭状况等情况。协调委员会达成的协议和参谋长联席会议的指示后来被统称为“阻止计划”。该计划的主要内容是为了达到军事和民用利用与开发的目的，以有利于“国家利益”或“国家安全”的名义，将德国和奥地利杰出的科学家和技术人员转移到美国。③

到了1946年3月4日，协调委员会出台了“曲别针计划”的初稿。因为是用曲别针将希望转移到美国的德国科学家、技术人才的名单夹在了文件夹的上面，“曲别针计划”由此而得名。它首先吸收了“阻止计划”，另外规定由军方和政府，即参谋长联席会议和商业部共同负责该计划。3月11日，一份由参谋长联席会议起草、经商业部同意的报告表明，“曲别针计划”已经发展成一项大规模的战后利用德国科学和技术的政策。该报告指示，美国应该“像吸尘器一样获取所有德国科学、技术的信息”，现在应该采取两项措施：（1）在德国继续调查工业机械、工具、设备、物资等；（2）将最优秀的德国科学家和技术

① 约翰·金贝尔：《科学、技术和赔偿：在战后德国的剥削和掠夺》，第39页。

② 约翰·金贝尔：《科学、技术和赔偿：在战后德国的剥削和掠夺》，第40页。

③ 约翰·金贝尔：《科学、技术和赔偿：在战后德国的剥削和掠夺》，第42页。

人员转移到美国，从而帮助发展新型武器以及为了民用目的，主要是为了美国工业而利用他们。[①]

“曲别针计划”虽然初步制定出来了，但一开始实施时并不顺利，主要是美国占领军当局不赞成该计划。克莱将军报告说，转移行动引起了美占区德国官员的极大不安，它强化了广泛流行的说法：美国在德国不会带来工作机会，这使得美国打算确保具有民主思想的德国人去管理德国政府的努力成为不可能。克莱将军认为，转移行动对于美国在德国的声誉产生了负面影响，建议立即停止该计划。[②] 负责占领区事务的助理国务卿约翰·海德瑞征求了贝尔纳斯的意见，在随后召开的协调委员会上明确否定了占领军当局的报告。

8 月 21 日，联席会议对“曲别针计划”进行了更详细的修改。它计划转移 1000 名经过挑选的德国和奥地利专业人员以及他们的家属到美国，这些人将被置于“暂时的、有限的”军事保护之下，直至被批准发放签证，或者被遣返回国为止。那些被允许进入美国的人将遵守特别的“工资和工作条件”合同。同时规定遣返那些“发现没有进一步利用价值的人，或者不能作为永久移民而被美国接受的人”。任何被发现曾经是纳粹党成员，或者积极支持纳粹主义或军国主义的人将被视为不合格，除了那些在纳粹政权下既没有地位也没有获得荣誉，仅具有科学或者技术特长的专业人员。为了防止条文可能存在的漏洞，该计划又补充规定：那些转移到美国的人员在到达之后还将“进一步被讯问和筛选”。[③] 9 月 3 日，杜鲁门总统正式批准了该计划。据统计，从 1945 年 5 月至 1952 年 12 月，美国政府以“曲别针计划”的名义一共输入了 642 名外国专业人员，其中大部分是德国科技人员。[④]

2.“文件项目”计划

“文件项目”计划起源于战时的科学和工业情报工作。当时，英美联合情报委员会派出的各种调查小组对调查完成的报告经常需要采取微缩技术进行增补，微缩复制各种公式、图表、蓝图、实验报告、研究报告以及其他能够提供诸如生产工序和生产技术细节的文件。到了 1946 年 1 月，战场情报技术局制定出了具体的“文件项目”计划工作程序：先由情报技术局派出特别侦察小组对

---

① 约翰·金贝尔：《科学、技术和赔偿：在战后德国的剥削和掠夺》，第 43 页。

② 简·史密斯：《克莱将军文件：德国 1945—1949》（Jean Smith, *The Papers of General Lucius D. Clay: Germany 1945-1949*），印第安纳大学出版社，1974 年，第 233—235 页。

③ 约翰·金贝尔：《科学、技术和赔偿：在战后德国的剥削和掠夺》，第 49 页。

④ 克拉伦斯·拉斯宾：《曲别针计划：德国科学家与冷战》，第 5 页。

即将调查的情报目标进行实地考察，然后再派出文件筛选和微缩小组进行实地挑选、拍摄并制成胶片文件。负责文件筛选的工作人员通常要经过德语、科学和技术方面的训练，其主要任务是寻找那些高度机密等级的军事或者工业安全的文件、秘密的专利申请、文件最原始的手写稿，以及美国所不知道的工艺、程序、技术等方面的文件。

情报技术局在德国首先锁定了大约 20000 个情报目标作为提取文件、制作胶片的重点对象。文件筛选和微缩小组对每个目标进行文件提取通常需要几周，先是在现场复制选择出来的文件记录，返回后制成胶片，编制出内容摘要和检索条目，完成后交给技术服务处。两个月后，这项野心勃勃的计划因为工作量浩大而难以按照原来的程序进行。例如，莱茨公司有 198000 页文件、默克公司有 4000 页文件、杜塞尔多夫大学有 18000 页文件、法本化学公司有 311000 页文件都需要制作成微缩胶片。① 而即将调查的 67 家工厂，预计有多于 30 亿页的文件需要筛选，这大概需要 7 年时间。其中大约 3300 万页的文件需要制成胶片，这需要 4 年的时间。② 鉴于此，情报技术局制定出新的工作计划，为限制文件项目的数量，选择大约 400 家公司和研究中心，由来自华盛顿的专家证明具有“进一步调查价值”的文件才需要制成微缩胶片。另外，为完成这项浩大的工程，急需具有语言和技术才能的专业人员。约翰·格林公开呼吁媒体帮助征召技术人员，“在德国复杂和困难的微缩文件项目已经开始了，需要技术人员到德国筛选文件、制作胶片，并监督、领导从事这项工作的德国工作人员”。③ 同时，在欧洲的情报技术局也在当地进行征召工作。为了能够确保得到“足够的、合格的本地人员”，情报技术局甚至不惜违反非纳粹化的相关政策，挑选那些具有语言和技术才能的德国人。

“文件项目”计划实施一年之后，商业部发现收集来的信息数量已经达到如此多的程度，以至于难以将可能有利于公众的信息及时地公之于众。为此，从 1947 年 7 月开始，服务处向那些打算查阅、使用技术文件的美国民众开放制作完成的微缩胶片记录和文件。截至 1948 年 6 月 30 日，即商务部宣布结束“文件项目”计划时，技术服务处一共向 625 个技术团体和贸易协会、大约

① 杰夫里·迪芬德：《美国政策与西德的重建，1945—1955》，第 180 页。

② 约翰·金贝尔：《科学、技术和赔偿：在战后德国的剥削和掠夺》，第 63 页。

③ 杰夫里·迪芬德：《美国政策与西德的重建，1945—1955》，第 183 页。

3000 家工业研究实验室、几百家大学提供了微缩胶卷记录和文件。[①] 商业部虽然宣布结束该计划，但服务处对那些能够确认他们所需或者能够支付重新制作费用的人们，继续提供微缩胶片记录和文件。

3.“科学顾问和技术使团”计划

“科学顾问和技术使团”计划主要是征召美国公民作为政府临时顾问、技术使团成员参加“智力索赔”计划，从而为该计划提供组织、人员和技术保障。约翰·格林为了能够征召到大量合格的技术人员，公开呼吁所有重要报纸的编辑向服务处推荐技术人员和志愿者。格林的呼吁得到了新闻界的积极响应，一家杂志附和道：只要任何工业或者科学团体希望去调查德国工业的方法，山姆大叔都必须安排一个使团去德国。约翰·格林给战场情报技术局写信说，他们打算让顾问和使团计划在工业界被广泛而充分地了解。美国公司、企业可以派技术人员到德国做调查，费用由公司承担，调查报告要上交商务部予以公开。[②] 另外，格林还邀请私人公司提出它们希望从德国获取哪些方面信息的要求，并推荐一些能够作为科学顾问或者技术使团的成员去德国。

由商务部组建的技术使团基本代表了美国主要的工业以及各个科学团体对“智力索赔”的要求。具体领导和完成该计划的主要是级别比较低的政府官员，这些官员虽然级别不高，但他们与政府派往德国的顾问及各公司、协会、研究机构等团体派出的使团代表一样大多是年轻人，对科技知识很感兴趣，他们亲自到现场参加、指导工作，掌握了大量第一手资料。同时，正因为他们不十分了解政府决策层的有关政策，反而不受政策约束，能够放开手脚、因地制宜地采取对策，实事求是地汇报真实情况，为政府决策提供了一系列有益的建议。

据 1947 年 5 月 26 日《纽约时报》报道，在由经济问题主导的第 80 届国会即将闭幕之际，技术服务处实施的开发德国计划，即“掠夺德国科技、知识分子”的计划，已经发展成了政府与商业界的联合事业。“去帮助商务部挖掘文件，为了寻找法本公司的文件、专利和工厂，美国工业界已经派出了 600 名专家去德国。”[③] 另据战场情报局统计，到 1947 年 6 月技术使团计划结束时，美国一共派出了 4994 名科学顾问和技术代表，在德国做了 2922 次现场调查。[④] 按

① 约翰·金贝尔：《科学、技术和赔偿：在战后德国的剥削和掠夺》，第 70 页。

② 杰夫里·迪芬德：《美国政策与西德的重建，1945—1955》，第 183 页。

③ 《纽约时报》(*New York Times*) 1947 年 5 月 26 日。

④ 杰夫里·迪芬德：《美国政策与西德的重建，1945—1955》，第 184 页。

照“科学顾问和技术使团”计划与服务处签署的合同规定，它在离开欧洲返美之前要上交给情报技术局一份研究报告。报告先送到参谋长联席会议下属的“联合情报目标处和科学信息发布委员会”进行安全鉴别，然后再转到商务部通过发行局公之于众。除了免费公开的信息外，商务部也出售很多科技信息。据1947年3月26日《纽约时报》报道，商务部正以每份平均3—4美元的价格出售研究报告——再制作的实际费用——每周平均卖出6000美元，它已经出售了超过40万份的报告，总价值达150万美元。① 美国社会各界对德国科技信息表现出的极大兴趣，以及从中获得的科技信息、情报的数量，由此可以略见一斑。

三、“智力索赔”计划的影响

虽然美国决策层中曾有一些人对“智力索赔”计划的合法性进行过质疑②，但那些对“智力赔偿”感兴趣或与此利益相关的部门和组织，以及一些决策者，以“智力索赔”是美国从德国可能获得的唯一战争赔偿为借口，大肆掠夺德国的无形资产。“智力索赔”计划不仅使美国比较顺利地得到了最希望得到的战争赔偿，而且对战后美国、德国的发展，乃至战争索赔方式的突破方面，都产生了一系列比较重要的影响。

首先，“智力索赔”计划促进了战后美国科技和经济的发展。通过该计划，美国得到了大量无偿、价值连城的科技情报、信息、专利。1948年《美国科学》的一篇文章说，许多描述生产程序、设备、公式、工厂布局以及其他技术数据的研究报告，以不到1美元的价格出售了。美国公司和个人正以平均每天1000美元的速度购买这些报告。③ 商务部的一位官员写道，根据几份企业家的报告，美国通过利用德国技术在未来几十年将节省几十亿美元，并且使他们保持几年的技术领先地位。一位负责调查德国先进设备的调查人员总结道，各种技术上的细节将帮助美国提高产量，降低成本，加快发展同类美国产品的生产。

① 《纽约时报》1947年3月26日。

② 国务卿詹姆斯·贝尔纳斯、美驻德国军政府代表卢修斯·克莱将军等人都曾反对在德国实施“智力索赔”计划。克莱将军认为，因为没有将“智力索赔”的价值计算入美国战争索赔的总额之中，该计划就丧失了合法性而演变成一种掠夺行径。简·史密斯：《克莱将军文件：德国1945—1949》，第129—130页。

③ 约翰·金贝尔：《科学、技术和赔偿：在战后德国的剥削和掠夺》，第96页。

陆军部则公开承认，仅在火箭的基础研究方面，转移来的最高年薪只有3120美元的德国专家们为美国纳税人已经节省了7.5亿美元的经费。[①] 那些直接受益于“智力索赔”计划的美国工商业者们，对于廉价、实用的德国科技信息、专利更是赞不绝口。一位美国制造商承认，他只是使用了一份报告就节省了至少14万美元的成本。因此，当美国政府宣布停止“智力索赔”计划时，许多与该计划有关的官员、调查人员、工商业者、科技团体都感到十分遗憾。通过“智力索赔”计划，美国还网罗了大批优秀的德国科技人员。这些科技精英的价值更是无法用数字来估算，他们与二战期间到美国避难的各国科学家一起，奠定了战后美国科学、技术的世界霸主地位。

“智力索赔”计划对促进美国战后经济发展的事例更是不胜枚举，这里只举一个简单的例子来说明。1973年发生石油危机之后，得克萨斯的A&M大学所属的“能源和矿产资源中心”立刻找到了战后制作的有关德国合成燃料的微缩胶片文件，寻找到了有价值的技术信息。“智力索赔”计划产生的深远影响力由此可窥一斑而知全豹。

其次，对德国来说，“智力索赔”计划的影响则很难一言以蔽之。毋庸置疑，“智力索赔”计划给德国造成了一定损失。至于德国在“智力索赔”计划中的损失到底有多少却很难估算，其原因是：一方面是战后德国被划分成四个占领区，占领区一直没有建立起统一的中央机构；另一方面，一些企业、公司顾忌可能出现不利的税收，对于自己在“智力索赔”方面的损失问题大多不愿意谈及，因而对德国在“智力索赔”计划中的损失进行评估就变得比较困难。第二次世界大战后，德国人评估其“智力赔偿”损失的主要依据是“哈姆森报告”。该报告由不来梅州的经济部部长古斯塔·哈姆森撰写，专门评估盟国占领军从德国索取的“智力赔偿”价值。据哈姆森估算，占领军从德国获取的专利、工业情报，以及类似资产价值大约有50亿美元，美国至少索取了其中的一半。[②] 当然，德国在“智力索赔”计划中也不是一无所获。在很大程度上，西占区德国正是因为该计划而十分顺利地被美国允许参加马歇尔计划，这也算是美国对西占区德国的一种奖励与补偿。

最后，“智力索赔”计划还探索出一个战争索赔新方式。笔者认为，与传统的索赔方式相比，“智力索赔”方式至少有以下几个好处。

---

① 克拉伦斯·拉斯宾：《曲别针计划：德国科学家与冷战》，第186页。

② 约翰·金贝尔：《科学、技术和赔偿：在战后德国的剥削和掠夺》，第9页。

第一，“智力索赔”比较好地把握了索赔的程度。第一次世界大战后协约国处理德国赔偿失败的一个重要原因，是战胜国索取的赔偿数额超出了德国的支付能力，严重影响了战后德国民众的日常生产和生活，伤害了德国民众的民族情感。苛刻的索赔政策使得德国政府与民众共同想方设法进行抵制，拖延履行赔偿义务。由于失去了战败国的合作，战胜国制定的索赔政策无论多么完善都将难以顺利实施。二战后，正是基于此点考虑，以史汀生为代表的温和派极力反对严厉派摩根索的“非工业化”政策，认为它过分严厉，可能重犯伤害德国民族感情、滋生复仇主义情绪的错误。① 为尽量降低对德国民众日常生活的影响程度，美国不再使用实物赔偿和现金赔偿的方式，而是索取了科学、技术、信息、专利、技术人员等资产。这些无形资产的损失对于德国经济来说，长期的负面影响可能会大一些，但短期内负面影响并不突出，不会出现直接导致他们生活水平急剧下降、货币贬值、税收负担加重等情况。从“智力索赔”计划实施效果来看，该计划对于德国经济造成的损失比较隐蔽，大多数德国民众在日常生产、生活中对“智力赔偿”后果的感受也不很明显。因此，“智力索赔”计划没有引起德国民众太多的反感，他们大多采取了默认态度，从而为该计划的顺利实施提供了有利条件。

第二，“智力索赔”有效地避免了传统索赔方式的弊端。因为“智力索赔”的对象是无形资产，不存在实物赔偿和现金赔偿经常出现的赔偿转移、价值评估、冲击索赔国市场、导致战败国通货膨胀、影响战胜国贸易平衡等一系列问题，从而基本避免了实物赔偿、现金赔偿通常导致的后续矛盾。而且，与苏联在东占区进行的大规模拆迁赔偿相比较，“智力索赔”计划的优势也很明显。第二次世界大战后盟国在德国进行的拆迁赔偿造成了巨大浪费，东占区的浪费尤为惊人。苏联在其占领区内曾经进行了六次大规模拆迁行动，拆迁过程中出现了大量机器零件丢失、设备被损坏、包装不到位等情况。更困难的是，这些拆迁下来的机器、设备需要运回千里之外的苏联，再重新安装，才能进行生产。然而，苏联的交通系统在战争中已遭到严重破坏，运力不足，其结果就是大量被拆迁下来的机器、设备被丢弃在铁路边，任其生锈变成一堆废铁。据盟国情报人士分析，苏联仅仅得到了它从德国运出的赔偿物资的1/3。正如哈特里奇评价的那样，这些损坏的物资对苏联来说是废物，但对德国经济来说则是永远

---

① 亨利·史汀生：《供职于和平与战争年代》，第571—573页。

失去的固定资产。①

第三，“智力索赔”比较恰当地解决了惩罚德国与战后重建之间的关系。第一次世界大战后协约国处理德国赔偿失败的经验表明，战胜国通过何种索赔方式达到既满足其索赔要求，又不严重阻碍战后德国和欧洲重建，并且战胜国和德国都能接受的目的确实很不容易。因为惩罚德国的程度、索赔方式的采用不能完全取决于道义原则、战胜国的愿望与要求，它还要考虑到德国的支付能力，以及索赔对战后德国乃至整个欧洲可能产生的负面影响。更重要的是，美国为了实现其战后对外经济输出与扩张的目的，需要构建一个政治稳定、经济繁荣、持久和平的国际新秩序。为此，美国必须进行战后的欧洲重建。而德国传统的经济地位及其经济潜力决定了战后重建很难将其排斥在外，德国终究要重返欧洲。因而，摩根索主张的“非工业化”索赔计划被否决，但与此同时，国内对德国战争赔偿的要求也要得到满足。美国决策者经过多方考虑，最终采取了一种全新的索赔方式——“智力索赔”。该方式既达到了惩罚德国的目的，又没有影响其战后重建的顺利进行。

第四，“智力赔偿”对世界经济也不会产生什么负面影响，而且可能更有利于打破科技垄断，推动科技的传播、扩散，从而促进全世界科技、经济的整体均衡发展。

总之，“智力索赔”计划因为掠夺对象大多是科技、信息、情报、专利、科技人才等无形资产，其价值不容易计算，对普通德国民众的日常生活几乎没有产生直接的负面影响，所以该计划能够掩人耳目、悄无声息地顺利实施。更主要的是，该计划达到了既惩罚侵略者，又不破坏其国民经济健康发展，同时还满足了战胜国索赔要求的多重目的，并且探索出一个行之有效的索赔新方式。这种索赔新方式为日后国际社会处理战争赔偿问题提供了新思路、新经验，其理论和现实意义不容忽视。

（原文载于《世界历史》2011 年第 3 期）

① 埃德温·哈特里奇：《第四帝国的崛起》，世界知识出版社，1982 年，第 91 页。

略论战后初期西占区德国民族的深刻反思

张　沛　胡笑冰*

二战后，德国民族面对的是一个彻底战败的、被占领的国家，接受的是纳粹政权以德国人民的名义犯下的罄竹难书的累累暴行，承受的是精神空虚、麻木、物质巨大损失的苦难。在这种情况下，整个民族都在忍受着心灵的煎熬，不得不进行深刻的反省。他们积极地探讨罪责问题，虔诚地为德国的罪行进行忏悔，呼唤道德的重生，大力宣传政治民主思想，反思德国历史和文化传统。战后初期西占区德国民族的深刻反思，为促使联邦德国从旧体制向新体制的转变和正确二战史观的树立产生了重大的影响，同时也为20世纪60年代以后西德的进一步深层次的反思打下了坚实的思想基础。本文拟对这一问题作一初步探讨，以就教于学界同仁。

一

如果说有过一个国家曾大声疾呼清除过去，重新开始，那就是1945年的德国，面对纳粹给世界人民带来的巨大灾难，许多德国人都表达了深深的忏悔之情。

在战后最初的几年里，德国的罪责问题是一个最尖锐的道德问题。战争不仅给德国造成了毁灭性的打击，而且使整个世界蒙受了无法形容的苦难，尤其是犹太人的遭遇，更是震惊了德国人民。盟国为强调全体德国人都应对纳粹暴政负有不可推卸的责任，对集中营的惨状进行了展览，强迫德国人参观集中营，

* 张沛，华东师范大学历史学系世界史博士，现为上海国际问题研究院信息研究所副所长；胡笑冰，上海贸易学校质量办主任。

帮助掩埋遇难者的尸体，并拍成电影资料在全国放映，以达到教育德国人民的目的。特别是在纽伦堡审判期间，报刊、广播都详细报道了审判的情况，披露了许多纳粹罪行的细节，同时以小册子的形式出版发行了盟国首席起诉人的开幕词，随后还出版了欧根·科贡的《党卫队国家》、彼得·德·门德尔松的《纽伦堡文件》等书籍。大量罪行的披露，极大地震撼了德国人民，它使德国人民看到了纳粹以“德国人民的名义”所犯下的滔天罪行。当德国人不得不承认这种现实时，他们不能不感到万分羞愧，他们也不得不深思：希特勒为什么会在德国上台？作为个人在纳粹暴政中应该承担什么样的责任？应当用什么样的价值观来重新建造德国？

罪责问题是“德国人灵魂存亡的问题”，在这一方面，最著名的就是哲学家卡尔·雅斯贝斯对罪责问题的探讨。他认为：“只有解决这一问题，才能发生将给德国人的灵魂带来必要的彻底新生的转变。”① 早在1945年8月，雅斯贝斯在一次演说中就曾提醒德国人说：“当我们的犹太朋友被拉走时，我们没有上街；直到我们自己也遭到毁灭的时候，我们才叫喊起来。我们宁愿脆弱地活下去，理由是我们的死帮助不了任何人。这个理由是站不住脚的，即使这是合乎逻辑的。……我们活下去是有罪的，是于心有愧的。”② 1946年，他出版了著名的《罪责问题》一书，把罪行区分为以下几种：（1）刑事罪行：这要由法庭进行惩处；（2）政治罪行：要承担由征服者的武力和权力强加的赔偿义务；（3）道德罪行：这只是个人及其良心之间的问题，能引起忏悔，带来新生；（4）抽象罪行：由于人类是一个休戚相关的整体，每个人对世界上的一切不公正，特别是在他面前或在他了解的情况下所犯下的罪行，都应分担责任。雅斯贝斯认为，所有德国人都犯有这种或那种意义上的“罪行”，都要“为我们的政权，为这个政权的行动，为发动战争……为我们让其高踞于我们头上的领导人的行为”负政治责任，必须勇敢地承担责任并接受这种责任带来的政治后果，应当承认和接受国外所提出的惩处、负责和赔偿的要求，每个人都应依其良心来独自反省。③

在早期的德国人民的悔悟自新过程中，教会起到了很大的作用。尽管在希

① 科佩尔·S. 平森：《德国近现代史——它的历史和文化》，下册，商务印书馆，1987年，第731页。

② Gordon A. Craig: *The Germans*, New York, 1982, p. 145.

③ 科佩尔·S. 平森：《德国近现代史——它的历史和文化》，下册，第732页。

特勒上台之初，教会曾给予了极大的支持，但是，随着希特勒独裁体制的全面确立，对纳粹体制进行的最积极、最有效、最一贯的反对却是来自教会。在天主教教会方面，一些宗教界人士或公开布道，捍卫旧约；或冒着生命危险救助遭受迫害的犹太人，帮助他们逃脱盖世太保或集中营的魔爪。如福尔哈贝尔红衣主教、普赖辛格伯爵主教、加伦伯爵主教、格勒贝尔大主教，以及像“天主教行动会”领袖克劳森纳博士、哲学家特奥多尔·海克尔、赫尔曼·穆克曼和弗里德里希·穆克曼兄弟等天主教俗界领袖等，他们“始终使天主教保持了反抗精神”。而在新教教会方面由马丁·尼默勒牧师、符腾堡主教武尔姆、迪特里希·邦赫费尔牧师和汉斯·克里斯蒂安·阿斯姆森牧师以及其他教俗两界领袖领导组成的“忏悔教会”，也对独裁政府的政治和宗教压迫进行了壮烈的抵抗。① 尽管教会在第三帝国时曾同纳粹的邪恶精神作过斗争，但这并未成为他们逃避责任的借口。1945年7月，柏林明认教会发表了《致牧师和教区书》，指出：“我国人民有90%是受过洗礼的基督教徒，他们在极短的时间内，未作多大的反抗就让人剥夺了其政治和文化生活的基督教特征，这对于我们德国人民是一桩深为可耻的事实……我们必须远溯德国的思想史，以便说明为什么我们如此轻易地被引入歧途。长期以来的错误发展使我们在遇到诱惑的时候经不住考验。”10月，新成立的德国福音教会发表了《斯图加特认罪书》，公开宣告：“我们极其沉痛地说：是我们给许多民族和国家带来了无穷的痛苦。”②《斯图加特认罪书》的重要性在于它宣告了每一个基督徒对纳粹体制在德国的建立都负有一定的责任，并要为此赎罪。

对纳粹暴行的揭露和对罪责问题的讨论，使整个民族认识到：“个人必须对他在尽职中和执行命令过程中所造成的对法律的违反负个人责任。”③ 个人不能脱离于自己民族的命运。他们既然未能阻止暴行的发生，就必须为此而承担后果。1945年6月，汉诺威地区的一个基督教民主联盟发表了《团结德国人的号召》，提出：“民族社会主义把德国人民陷入到了不幸之中，这在其漫长的历史中还没有先例，它使德国人民在全世界蒙受了羞愧和耻辱，如果我们人民的大多数不屈从于利己主义，这将永远不会发生。”④ 正是在这种情况下，德意志民

---

① 科佩尔·S. 平森：《德国近现代史——它的历史和文化》，下册，第682页。

② 卡尔·迪特里希·埃尔德曼：《德意志史》，卷四，下册，商务印书馆，1986年，第262—263页。

③ 李工真：《德意志道路——现代化进程研究》，武汉大学出版社，1997年，第483页。

④ Micheal Balfour：*West Germany*：*A Contemporary History*，New York，1982，p. 111.

族进入了深深的心灵探索中，重新认识了国家的作用和价值问题。

二

在盟国实施审查制度后，开始了德国文化的“重建”。重建时期的德国文化面临着一个十分迫切的问题，就是要对受纳粹毒害的国民进行民主思想的“再教育”。宣传政治民主思想、清算纳粹主义、反思德国历史和文化传统、帮助德国人民从道德和精神的废墟中解脱出来，是这一时代的主旋律。

在最初获得批准出版的新闻刊物中，主要的有本诺·赖芬贝格在弗赖堡创办的《当代》、初创于俘虏营中的《呼声》和雅斯贝斯的《转变》，此外还有《法兰克福杂志》《德意志展望》等。这些都是由土生土长的知识分子创办的，他们面对“德国历史上最黑暗的时刻”，发出呐喊，呼唤人道主义的重生，试图从本民族的优秀文化遗产中去复苏人性，摆脱法西斯主义。《呼声》宣称其宗旨正如它的副标题“来自年轻一代的独立作品”一样，要充当正在兴起的一代民主的德国人的喉舌，他们特别把启蒙人道主义看作改造战后文化的一种养料。《转变》的宗旨则是要帮助德国人在已沦为道德和精神废墟的人世里确定自己的方向，要使德国人在“沉思中发现自己”，改变无个性的德国人，使他们“由忍耐顺从的、无个性的动物变成独立而觉悟的、注意保护自由的人的集体”。[①]《转变》还第一次向德国读者展现了《波茨坦宣言》以及纽伦堡审判的材料等文献。

在文学领域，这时期流亡文学得到了广泛的传播，人们如饥似渴地阅读着流亡时期写成的德文书籍，如福伊希特万格的《假尼禄》、亨利希·曼的《亨利四世》、安娜·希格斯的《过境》等。这些小说都鞭挞了纳粹政权，讴歌了人道主义。特别是托马斯·曼的作品更是震撼人的心灵，他的《浮士德博士》是认识和解释德国地狱之行的一次伟大尝试。他的另一部小说《绿蒂在魏玛》则借主人公歌德之口批判了普鲁士民族主义者的沙文主义偏见、自大狂和侵略性。他还对德国进行了批判性的审视，认为不仅仅是少数几个人把德意志民族推向了深渊，而是这个国家自身的缺陷共同酿成了民族的灾难。在国内，著名的则有赫尔曼·海塞和恩斯特·维歇特，他们都号召实现精神和道德的复兴。维歇特认为，在纳粹统治的12年里，全体人民都受到了败坏和毒害，“在国会

---

① 科佩尔·S. 平森：《德国近现代史——它的历史和文化》，下册，第726页。

纵火案中付之一炬的不仅仅是一堆木石。在这火焰中付之一炬的是正义、真理和法律”。[1]他要求战后的一代要认识到德国的罪行，并要努力去洗刷整个民族所承受的耻辱。基督教文学则向人们展现了基督徒在纳粹专制统治下经受的考验，以及教会在各方冲击的动荡世界中表现出的坚贞不屈，对新的基督教意识的形成做出了贡献。如伊丽莎白·朗盖瑟的《无法磨去的印记》。

这时期，电影业也开始恢复，其主题大多数是对战败的德国进行现实主义的描述，呼唤人性的复苏。如战后初期出现的所谓“碎砖石电影” （rubble film），就是置景于德国毁灭的城市中，以此来象征德国民族文化的毁灭和重生。此外，《在那些日子里》《昨日和明日之间》《无标题电影》等也都用德国被毁灭的城市作了形象的比喻，预示着德国文化传统和统一性的破坏。同时，在被毁灭的地区的居民的生活经历中，人们也发现了人性的轨迹，而这将成为法西斯以后德国道德重建的基石。

在经历了 12 年的精神孤立后，德国的知识分子努力为精神和文化生活的复苏而工作，并强烈希望与外界建立联系，回到自我，以拯救“高度文化民族起码的生存”。[2]

三

然而，除了忏悔和羞愧、呼唤道德的重生以外，还有一个更深层次的问题，这就是为什么会在德国出现纳粹主义？是特殊的国际环境造成的一种特殊现象，还是德国历史文化中蕴涵着产生这一浩劫的根本因素？是仅仅停留在对这 12 年的反思，还是对德国的历史文化传统进行更深层次的探讨？换句话说，它是历史的必然抑或偶然？战后初期的历史学家也试图对此作出回答。当代西方最负盛名的历史学家弗里德里希·梅尼克于 1946 年写出了压卷之作《德国的浩劫》，对纳粹主义的出现作了初步的剖析。

梅尼克认为，德国的浩劫源于 19 世纪这样一种思想，即“要通过一种集权主义的、集中的、不受任何一种国会性质约束的对国家、民族和个人的控制而赋予这种融合以顽强性和坚固性”，从而使自由主义和人道主义及古老的基督教

---

① 科佩尔·S. 平森：《德国近现代史——它的历史和文化》，下册，第 728 页。

② 迪特尔·拉甫：《德意志史——从古老帝国到第二共和国》，慕尼黑，1985 年中文版，第 344 页。

的理想世界陷入了黑暗。[①] 在德国，自从腓德烈·威廉一世和腓德烈大王以来，普鲁士国家里就存在着两重心灵，一种长于文化，而另一种则反对文化，普鲁士军国主义的兴起是反文化的心灵对长于文化的心灵的一场胜利，俾斯麦与帝国的建立使军国主义日益渗入平民生活之中。“这种邪恶的普鲁士主义和军国主义，就像压在俾斯麦的事业上的一桩沉重的抵押品，并变本加厉地由他的混血儿后继者（指希特勒）承继了下来”。[②] 事实上，“后来的灾难的种子根本上就植根于此前的历史之中”，绝非现代史上的偶然现象。因此，“我们现在必须和我们的军国主义的过去彻底决裂”。[③] 然而，梅尼克坚决否认纳粹主义同德国的古典文化之间有着必然的联系，并把复兴德国的古典文化视为德国的新生之路，大声疾呼重建歌德时代社会。

梅尼克的《德国的浩劫》与格哈德·里特尔的《欧洲和德国问题——论德国国家思想的历史特点》被认为是战后初期德国人民反思其民族传统的代表性著作。

对德国历史的反思，使得战前德国人所崇拜的民族历史人物马丁·路德、腓德烈大王、俾斯麦、尼采等人受到了批判性的重新评价，军国主义传统和普鲁士精神遭到了鞭挞，正如卡尔·巴特所说，“只要人们还在同德国人谈论着希特勒，那真正的讨论就还没有开始。只有你在讨论中回溯到俾斯麦，才算触到了痛处”。[④]

由此可见，战后初期西占区德国人民对历史的反思是全面而深刻的，它使民主观念开始深入人心，从而使德国人民的思想发生了根本的转变，为德国从旧体制向新体制的蜕变奠定了坚实的思想基础。随着政党和工会组织的准予建立，也开始了西占区政治生活的重建，这些政党和工会组织都明确表达了彻底摧毁纳粹主义的决心。1945 年 5 月建立起的由中产阶级组成的下萨克森人党明确规定：“党要求每一个成员都要为彻底清除民族社会主义的毒草而作出贡献，它成长在普鲁士军国主义的土壤中，因此它是非德国人的。” 7 月 14 日，共产党、社会民主党、基督教民主联盟和自由民主党共同起草了一份政策公告，号召“共同协力清除德国的希特勒主义残余，并按反法西斯和民主路线重建德

---

① 梅尼克：《德国的浩劫》，生活、读书、新知三联书店，1991 年，第 9 页。
② 梅尼克：《德国的浩劫》，第 21 页。
③ 梅尼克：《德国的浩劫》，第 187 页。
④ 科佩尔·S. 平森：《德国近现代史——它的历史和文化》，下册，第 733 页。

国”。[1]

然而，思想的改变不可能整齐划一，民主制度的成功还有赖于物质作保证，与过去的彻底决裂也需要一个漫长的过程。就当时大多数德国人来说，他们更关切的是如何填饱肚子、维持生存，恶劣的社会环境也使许多德国人对过去的反省采取了一种消极的态度，“我作为一个士兵只是在尽我的爱国的职责”“我怎么能够知道集中营里所发生的事情呢?”是他们常常用的托词，甚至认为“纳粹做了一些坏事，也做了一些好事”。因此，“必须首先给他们带来以稳定的经济为后盾的就业保证和过得去的生活，然后一种新的政治主张的种子才会有肥沃的土壤”。[2] 事实也的确如此，到20世纪50、60年代，随着政治现代化和经济现代化的同步发展，国民对政治的兴趣和参政意识才得以明显增强，对历史的反思也得到了进一步的深化。关于联邦德国建立以后德国民族的进一步反思，作者将另撰文加以探讨。

（原文载于《历史教学问题》2001年第1期）

---

① Micheal Balfour: *West Germany: A Contemporary History*, p. 111.

② 埃德温·哈特里奇:《第四帝国》，新华出版社，1982年，第149页。

阿登纳与联邦德国建国初期的重新武装问题

刘芝平　饶国宾*

由于二战的深刻教训及现实中面临的严峻问题，联邦德国在建国初期曾经反对重新武装。但从 1950 年 12 月起，其态度发生了转变。当时，北约斯波福德方案确立了联邦德国在北约框架内参与西方防务的一些原则，并建议由美、英、法与联邦德国合作探索实现途径。联邦德国政府随即声明，准备为西方防务作出贡献。后来，尽管斯波福德方案流产和拟定具体实施方案的彼得斯贝格会谈失败了，但在西方决定实施欧洲军方案后，联邦德国积极参与欧洲防务建设，先后与西方国家签订《德国条约》和《欧洲防务集团条约》。1953 年 3 月，两个条约得到联邦议院的正式批准。欧洲防务集团计划虽然后来流产了，但联邦德国仍然赞成重新武装，并通过加入北约而最终完成了这种转变。本文认为，联邦德国之所以能完成这种转变，与阿登纳的积极推动有重大关系，现分述如下。

一、联邦德国人特别是首任总理阿登纳对苏联有着根深蒂固的成见，这成为他们赞成重新武装并重返西方的一个精神动力。

在联邦德国首任总理阿登纳看来，苏联是一个不守信的国家。为此，他举例说，从 1925 年到联邦德国成立的这段时间，苏联在 11 项互不侵犯条约中背弃了 10 项，其中 4 项是在二战后背弃的，在 18 次结盟中背弃了 15 次，其中 11 次是在二战后背弃的。

正因为如此，联邦德国对苏联战后的军事政策警惕在心。在阿登纳心里，西方与苏联在战争与和平问题上的态度形成了巨大的反差，认为西方在二战后

* 刘芝平，华东师范大学历史学系世界史博士，现为南昌航空大学马克思主义学院教授；饶国宾，南昌航空大学经济管理学院教授。

已经把兵力减少到了最低限度，并把战时生产转变为和平生产，而与此相反，苏联却不断地扩建军备工业，重建庞大的武装力量，并在东德大量驻军和扶持东德建立武装力量。他由此得出结论，苏联的目的在于战争，它完全同沙皇时代一样，苏联是要向西方推进的，要在欧洲占有或征服新的地盘。

联邦德国的这种恐惧和警惕心理由于二战后西欧共产主义运动的发展而进一步加深。当时，西欧部分国家的共产党一度进入政府。在 1946 年的意大利大选中，共产党获得了 19%的选票，并与天主教民主党、社会党组成了三党联合政府，形成三足鼎立局面。在同年的法国大选中，共产党得票率最高，达 28%，也与天主教民主党、社会党联合组阁。① 后来，尽管在美国的压力之下，法、意共产党都被挤出了本国政府，但此事对 1949 年成立的联邦德国仍然影响很大。联邦德国的首任总理阿登纳无时不防备着苏联共产主义。他利用人们对苏联共产主义的恐惧心理，反复提到形势的严重性。他总是不忘告诫人们，尽管共产党在联邦德国的数量微不足道，但绝对不应低估共产党和东方对最重要的工业部门和工人团体进行渗透而产生的影响。

正是出于对苏联和共产主义的恐惧与防范，阿登纳强调，苏联似的极权国家只懂得一种决定性的因素，这就是实力，要与它就解决国际问题进行谈判并获得成功的话，即使不能比它强大，也要跟它一样强。② 在 1952 年签订《德国条约》和《欧洲防务集团条约》后以及 1953 年上半年在美访问期间，他都表达了对苏联的类似看法。

阿登纳对苏联及共产主义的态度，不可避免地对联邦德国的外交安全政策产生影响。他们对共产主义的恐惧及对苏联的不信任，使联邦德国难以建立与苏联的互信合作机制；他们把苏联看作一个具有侵略性的国家，必然会制定防范苏联的政策；他们信奉实力政策，使联邦德国很自然地走向重新武装道路。他们对西方国家和苏联看法的巨大反差，使联邦德国参加西方防务体系也顺理成章。

二、阿登纳反对中立化主张，认为中立将会给联邦德国带来危害甚至灾难。

早在 1945 年 10 月 31 日，阿登纳在致前杜伊斯保市长魏兹先生的信中谈到国际形势时就指出，东西欧截然分开是世界形势的基本事实。1949 年 3 月，阿

---

① Dereck W. Urwin, *Western Europe since 1945: a short political history*, Third edition. New York, Longman Inc, 1981, p. 6.

② Ibid. p. 438.

登纳参加各国议会联盟在伯尔尼召开的会议时再次强调这一看法，并进一步指出，世界已经形成两大国家集团，一方是以美国为首的北约集团，这一集团保卫着基督教和西方文化财富、自由和真正的民主，另一方是苏联及其卫星国。

由于地处中欧，联邦德国处在阿登纳所述的理想完全对立的两大集团之间。因此，他认为，在两大集团之间采取一种中立态度是不现实的，如果不愿被碾碎的话，德国必须不是倒向这方，就是要倒向那方。[①] 在世界上已形成两大对抗集团的形势下，结盟才是唯一的出路。

为此，他在1951年3月四大国外长召开巴黎预备会议时批驳了中立化思想。他指出，中立是不能避免"第三次世界大战"的。一个处于战争地带的国家，只有强大到能保卫自己的边境时才能保持中立，否则只有同友好国家结成防御体系。在中立情况下，一旦东西方在欧洲爆发热战，德国就会遭受像朝鲜一样的命运。[②] 显然，阿登纳不仅拒绝任何形式的中立化，而且认为中立化会给德国带来战争灾难，因此应该予以避免，并且同西方国家结盟。

同年上半年，阿登纳与英国外交大臣赫伯特·莫里森会谈时进一步表明了对中立化问题的立场。他认为，一旦德国中立，苏联人在德国的势力就会占上风，法、意共产党肯定会因此大受鼓舞，而建立一个统一的、非共产主义的西欧联盟的设想将成泡影。12月，阿登纳在访问英国期间一再表示，德国中立化对德国和整个西方来说都是巨大的危险，因为苏联已立足于欧洲的中心，它的力量和影响将变得如此强大，会像磁石吸铁一样把削弱了的欧洲国家吸进它的势力范围中去。[③] 透过阿登纳的谈话可以看出，他反对中立化的一个重要原因是，中立化会使联邦德国乃至西欧被苏联纳入势力范围，而不可能实现真正的中立。

由于反对中立化，阿登纳还与苏联进行了针锋相对的外交斗争。1952年3月10日，苏联向美、英、法三国驻莫斯科代表递交了一份照会，建议三国立即考虑对德和约问题，并要求由一个代表德国的全德政府参加签约。苏联拟定的对德和约草案建议，实现德国统一，各占领国在和约生效一年内撤走驻军及军事基地，德国可建立仅用于防卫国土所需的军队，并有义务保证不参加旨在反

---

① Dereck W. Urwin, *Western Europe since 1945: a short political history*, pp. 98-99.

② 康拉德·阿登纳：《阿登纳回忆录·二》（1953—1955），上海外国语学院德法语系德语组等译，上海人民出版社，1975年，第41页。

③ 康拉德·阿登纳：《阿登纳回忆录·一》（1945—1953），上海外国语学院德法语系德语组等译，上海人民出版社，1975年，第675页。

对任何一个曾以自己的武装部队参与对德作战的国家的任何集团或军事联盟。[①]这份照会并没有动摇阿登纳政府的立场。[②] 阿登纳的判断是，这一计划将使统一后的德国成为一个中立化和受监督的二等国家，而从当时德国的落后状况来看，无法依靠自己的武装部队来保卫国土。他指出，苏联的目的已昭然若揭，即搞长期谈判，使这一时期本来就困难重重的有关欧洲防务集团的讨论陷入僵局。因此，当西方三国声明不理会苏联照会而继续进行《欧洲防务集团条约》与《德国条约》谈判时，阿登纳非常欢迎。他强调，一个中立的德国要是失去了西方联盟的保护，在军事上将受到苏联的压力，在政治上将为苏联所颠覆，而且，要是就苏联提出的那种一箭双雕的建议进行谈判，那就等于冒着丧失国家安全的实质上的危险而去追求镜花水月般的统一谈判。

事实上，阿登纳上述反对中立化的立场不无道理。在苏联提出德国中立化主张时，联邦德国建国不久，经济落后，国际地位低微，又几乎被剥夺了军事生产能力，因此光靠自己的力量并不能保护自己。

三、朝鲜战争的爆发是联邦德国决定重新武装和参加西方防务的催化剂。

朝鲜战争的爆发特别是北朝鲜军队的胜利进军使联邦德国民众惶恐不安，因为德国的形势同朝鲜半岛类似，都是在东西方支持下分别建立社会主义和资本主义两种性质不同的国家，其中前者的军事力量比后者强大。当时在民主德国驻扎的苏军有 22 个师，民主德国自身的警察部从在 1950 年达到了 5 万人。相比之下，在联邦德国的西方驻军只有美、英两国各 2 个师和一些法国部队，联邦德国各州的警察部队总共只有 1 万人。[③] 在这种情况下，联邦德国担心类似朝鲜半岛的情况会在德国重演。[④] 他们思考着：苏联集结的大军是否会进攻联邦德国?

正当联邦德国为安全问题担心时，美国希望西欧增加常规部队，特别是重新武装联邦德国，以加强北约防务力量。对联邦德国来说，美国对朝鲜战争的

---

① United States Department of State, *Documents on Germany*, Department of State Publication, Office of the Historian, Bureau of Public Affairs, 1985, p. 361.

② Charles Williams, *Adenauer*, *The Father of the New Germany*, New York, John Wiley & Sons, Inc, 2000, p. 377.

③ 康拉德·阿登纳：《阿登纳回忆录·一》（1945—1953），上海外国语学院德法语系德语组等译，上海人民出版社，1975 年，第 397—408 页。

④ Charles Williams, *Adenauer*, *The Father of the New Germany*, p. 365.

反应对其外交政策的形成起了举足轻重的作用。[1] 1950 年 6 月底，联邦德国向西方三国高级专员递交备忘录，指出联邦共和国日益增加的安全需要，表示必须加强各州警察部队，建立地方基层辅助警察力量，加强税卡和铁道警察力量，而目标是建立一支联邦警察部队。对于这份备忘录，西方三国的高级专员们都只是用已经发表过的声明例行公事地作了答复。阿登纳对此忧心忡忡。他坚信，苏联对德国所拟定的做法同朝鲜是一样的，在未来几个月中，苏联将在很大程度上对东德放手不管，以制造给这个政府以更多的行动自由的假象。他害怕一旦出现这种情况，苏联就会把它看成东德警察去“解放”联邦德国的好时机。[2] 联邦德国的反应表明，它已将安全问题置于突出位置，并提出了自己在这一问题上的要求。

与此同时，民主德国的宣传也增加了联邦德国对国家安全的担心。民主德国领导人一再声称，要“解放”西德。联邦德国将这些宣传与民主德国的军事现状联系起来，深信民主德国会发动进攻。8 月 17 日，在与高级专员举行的彼得斯贝格会议上，阿登纳将安全问题提交讨论。他要求，让联邦政府建设一支 15 万人的防卫部队，以便在东德人民警察进攻西德而盟国不能介入时，这支部队将能有效地抗击。他还提醒高级专员们注意，不应忘记，“谁占有西德及其钢铁生产，谁就有可能赢得第三次世界大战。”[3]

8 月 29 日，联邦德国政府又向盟国高级委员会递交了一份备忘录，指出远东局势的发展使联邦德国人民产生了不安全的感觉，担心西方在联邦德国的驻军及联邦德国薄弱的警察力量无力抵御来自苏联和东德的进攻，请求增加占领军的兵力，认为这样才能向民众显示出西方国家在危急关头保卫联邦德国的决心。备忘录还声明，假如建立一支国际西欧军，可以派遣（联邦）德国部队参加并对此作出贡献。[4] 从备忘录的内容可以看出，联邦德国不仅意识到国土防务力量的薄弱，流露出对安全问题的担心，而且表达了加入西方防务体系的迫切愿望。

---

① Gale A. Mattox/John H. Vaughan, *Germany Through American Eyes-Foreign Policy and Domestic Issues*, Boulder/San Francisco/London: Westview Press, 1989, p. 4.

② United States Department of State, *Documents on Germany*, Department of State Publication, Office of the Historian, Bureau of Public Affairs, 1985, p. 398.

③ 康拉德·阿登纳:《阿登纳回忆录·一》(1945—1953), 第 401 页。

④ Manfred Jonas, *The United States and Germany: A diplomatic History*, Ithaca: Cornell University Press, 1984, p. 290.

1950 年晚秋，当时的联合国军在朝鲜战场遭到了一次严重的挫折。这一事件对联邦德国产生了重大影响，民众中笼罩着恐惧气氛，他们对民主德国进攻联邦德国的担忧进一步加重了。

到 1952 年秋，朝鲜战争尽管已经进行两年之久，停战谈判也进行了一年多，但不仅看不出停战的明显迹象，而且战争正酣。另外，第三世界国家的共产主义运动也如火如荼。所有这些，更加使阿登纳相信，联邦共和国坚定地加入西方世界的防务体系，乃是免遭一场战争的唯一保证。①

不过，联邦德国在重新武装和参加西方防务的道路上并不是一帆风顺的。阿登纳及其领导的政府尽管在此问题上持坚决的赞成态度，但国内的主要反对党却表示拒绝。为此，联邦议院对此进行了激烈辩论。社会民主党人强烈反对《德国条约》和《欧洲防务集团条约》，尤其反对后者。在阿登纳的不懈努力下，联邦议院才最后批准这两个条约。

从以上分析可以看出，正是在朝鲜战争引起东西方冷战升级为局部热战后，联邦德国由于自身所处环境与南朝鲜（韩国）的相似性，对安全的担忧加重。在此情况下，联邦德国加快了重新武装和参加西方防务的步伐。联邦德国政府不仅频频向西方高级专员委员会提交备忘录，而且阿登纳等赞成重新武装的强硬派在国内与反对派进行了针锋相对的争论。正是由于这些因素，《德国条约》和《欧洲防务集团条约》才会在 1953 年得到联邦议院的批准。简而言之，正是因为朝鲜战争的爆发，联邦德国才大大加快了融入西方防务的进程。

四、重新武装有利于联邦德国的生存、发展和统一。

阿登纳政府反对中立，恐惧苏联和共产主义，在不得不对两大集团作出选择的情况下又爆发了东、西方两大阵营之间第一次公开对抗的朝鲜战争，因此，重返西方是其必然选择。对联邦德国来说，重返西方可以获得以下利益。

第一，保证联邦德国的资本主义生活方式和民主自由。二战后，受冷战的影响，联邦德国是循着“美、英、法三国占领区—美英双占区加法国占领区—西占区—德意志联邦共和国”这一发展轨迹建立起来的，因此，它在国家政治生活中建立的是资本主义民主制度。而且，他们也十分珍惜这一制度，希望站在西方国家一边，以便保护这一政治成果。关于这一点，阿登纳在回忆录中曾经写道：“对我们来说，拯救我们的政治自由、我们的个人自由、我们的安全以及我们在许多世纪中形成的以基督教人道主义世界观为基础的生活方式的

① 康拉德·阿登纳：《阿登纳回忆录·二》（1953—1955），第 401 页。

唯一道路是：坚决地同一些民族和国家站在一起，只要它们对国家、个人、自由和所有制方面的观点和我们一致；我们必须继续坚定和顽强地抵抗来自东方的任何压力。"① 1952 年 12 月，阿登纳在联邦议院对《欧洲防务集团条约》进行二读时再次谈到这一问题。他指出："正如事态的演变一样，谁否定了欧洲防务集团，谁也就否定了欧洲。谁否定欧洲，谁就是把西欧各国人民，特别是把我们德国人民拱手交给布尔什维主义奴役。谁否定欧洲，谁就是放弃欧洲的基督教人道主义生活方式。谁否定欧洲，谁就是德国人民的掘墓人，因为他剥夺了德国人生活下去的唯一可能性；而这种生活对他们来说，是富有意义和宝贵的，这是他们的自由的、以基督教教义为基础而建立起来的生活。""签订这些条约事关德国的自由、德国的生存以及德国子子孙孙的前途。""眼前我们要在奴役和自由之间作出抉择，我们选择自由。"② 也就是说，在对两大阵营对抗体系中，阿登纳认为只有选择与本国意识形态相同的西方，并坚决反对东方，才能保护业已形成的资本主义制度和生活方式。

第二，可以借此消除西方世界对联邦德国的猜疑，并获得它们的信任。阿登纳认为，联邦德国的一个重要任务是要消除西方各国到处存在的对德国人的不信任。为此，必须努力逐步地建立起西方对德国人的信任，而达到这一点的前提则是，始终如一、毫不动摇地明确表示返回西方。③

第三，可以有效抵御东方。阿登纳认为，西方世界处于极大的危险中。德意志联邦共和国是这个西方世界的一部分，由于它的地理位置，它比其他国家处于更大的危险之中。他以民主德国的现状作为佐证，指出联邦德国若与苏联结盟就会变成卫星国，变成莫斯科推行强权政治的、毫无骨气的工具。相反，只有同西方国家紧密结合起来，才能防止被苏联控制。正因为如此，阿登纳强烈要求加入欧洲防务集团。他认为，加入欧洲防务集团，而这个集团本身又通过与英国缔结防御联盟以及美国的安全保证和《北大西洋公约》联系在一起，联邦德国就为此获得可以想象的最大安全。④ 为了让政府的提案能够顺利通过，阿登纳对那些反对欧洲防务集团的人进行了猛烈抨击。在他的坚持和努力下，1953 年 3 月 19 日，多数票赞成《德国条约》和《欧洲防务集团条约》，条约顺

① Dereck W. Urwin, *Western Europe since 1945, a short political history*, p. 99.
② 康拉德·阿登纳：《阿登纳回忆录·二》(1953—1955)，第 195—196 页。
③ Dereck W. Urwin, *Western Europe since 1945, a short political history*, p. 99.
④ Ibid. p. 631.

利通过了三读，并于5月15日得到联邦议院的最终批准。

第四，可以为德国的重新统一创造重要条件。阿登纳认为，联邦共和国只有坚定地加入西方联盟体系之后，才能在重新统一政策上获得有效的支持。[①] 如果没有《德国条约》，（联邦）德国就要冒西方三盟国和苏联搞幕后政治交易的重大危险。对此，他进一步阐释道，德国的重新统一不是单靠自身的力量所能达到的，要完成这件事情，只能通过原来的四盟国对此达成一致意见。在美、英、法、苏四占领国中，联邦共和国使其中的三个即西方盟国通过《德国条约》站到了自己一边，这是一个巨大的成就。[②] 就联邦德国加入西方防务体系与德国统一的关系来说，阿登纳的分析具有现实性。在当时的情况下，联邦德国如果不是与西方而是与苏联结盟，毫无疑问，不仅会损害二战结束以来联邦德国（建国之前为德国西部占领区）与西方国家建立起来的紧密联系，而且会使它们之间的关系恶化。这样，在德国未来的统一问题上，三西方占领国可能会一致反对，从而在四占领国中形成3个反对、1个赞成（假设苏联赞成）的不利局面。在这种情况下，德国统一不可能实现。相反，联邦德国通过参加西方防务而与西方结盟，就会继续赢得西方的信任和援助，并逐步为实现德国的最终统一创造条件。权衡利弊，通过重新武装并与西方结盟，既是联邦德国理想的方针，又是其现实的抉择。

（原文载于《德国研究》2009年第3期）

① 康拉德·阿登纳：《阿登纳回忆录·二》（1953—1955），第48—49页。

② 同上，第182页。

论 1958—1961 年柏林危机中民主德国的目标与行动

葛　君*

1958—1961 年的柏林危机是苏联、美国为首的东西方两大阵营在欧洲冷战过程中发生的重大事件，同时又是冷战局势在欧洲由紧张走向缓和的一个重要转折点。①在冷战国际史的研究中，长期以来一直是一个重要的课题，国内学术界对于柏林危机的研究取得了一定的成果。②而国外学术界对此课题从危机结束以后就开始予以较大关注，相关研究一直持续至今。③

从 20 世纪 60 年代中期到 80 年代中期为止，对柏林危机的研究着眼点主要

---

* 葛君，华东师范大学历史学系世界史博士，现为华东师范大学历史学系讲师。

① 对于柏林危机的名称界定不一，国内学术界一般把 1948 年发生的柏林危机称作第一次柏林危机；而把 1958 年开始的柏林危机称为第二次柏林危机；同时由于对于后一柏林危机的结束时间看法不一，又有把 1961 年 8 月 13 日的修建柏林墙视为第三次柏林危机。国外学术界有把 1948 年的柏林危机称作“柏林封锁”（The Berlin Blockade），把 1958 年的柏林危机称为“柏林危机”（The Berlin Crisis），同时加以时间限定，也有“第二次柏林危机”（The Second Berlin Crisis）的说法，但比较少见；也还有“柏林墙危机”（The Berlin Wall Crisis）的说法，但并不是指修建柏林墙的行动导致危机的爆发，而是将修建柏林墙视为危机的结束。而对于“柏林危机”的结束时间主要又有三个不同的节点：1961 年、1962 年与 1963 年。笔者认为 1961 年 8 月 13 日柏林墙开始修建之后，柏林危机实际上已经开始走向缓和，所以采用 1961 年作为危机的结束时间，同时也顾及本文所涉及的内容以及篇幅的限制。本文中除特别说明外，统一简称为柏林危机。

② 关于国内学术界一些对于柏林危机有价值的研究结论的介绍，可参见白建才、田华：《二十年来我国学术界对冷战史的研究》，《世界历史》1999 年第 2 期。国内学术界对柏林危机的主要研究成果有：张盛发：《赫鲁晓夫与 1958—1961 年柏林危机》，《上海师范大学学报（哲学社会科学版）》1993 年第 4 期；张屹峰：《第二次柏林危机与美国对德政策的演变》，《历史教学问题》2005 年第 1 期；张屹峰：《肯尼迪与美国的第二次柏林危机政策》，《华东师范大学学报（哲学社会科学版）》2005 年第 2 期；刘馗：《论柏林危机（1948—1961）与冷战初期的德美关系》，《学术论坛》2006 年第 1 期；吴征宇：《论苏联发动第二次柏林危机的主要原因》，《国际观察》2006 年第 3 期；邹耀勇：《第二次柏林危机与联邦德国统一政策的转变》，《历史教学问题》2007 年第 2 期。

③ 关于国外学术界对于柏林危机研究的概况，可参见刘得手：《柏林危机（1958—1963）的研究动态和新解密档案的启示》，《世界历史》2000 年第 3 期。

放在苏联和美国，集中于从柏林危机这一事件出发来研究冷战背景下的美苏关系，包括对美国和苏联政策的研究及评价。从 20 世纪 80 年代末至今，对柏林危机的研究在角度、内容和观点上都有所拓展和变化，在研究方法上更体现出历史学的特点。[①]特别是德国统一、苏联解体以后，民主德国和苏联的档案文献纷纷得到解密公布。这为深入研究民主德国与苏联在柏林危机中的关系，尤其是在整个危机过程中民主德国扮演何种角色、起到何种作用的问题上提供了很大的空间。[②]本文试图在已有研究成果的基础上，尝试对民主德国在柏林危机期间的目标与行动作一番初步的考察。

一

二战结束后，柏林最初是由“四国军队分别占领，各自军区总司令委派一个领导人，这 4 人组成一个盟国间的行政管理机构，将共同对柏林建立直接的管理”。[③] 而到了 1948 年 6 月 24 日，出于对美英法三国在他们自己的德国占领区内实行货币改革的强烈不满，苏联对西方占领区与柏林之间的陆路与水路交通实行了封锁，由此造成了 1948 年的柏林危机。在危机期间，双方各自成立了柏林市的市政府，柏林正式分裂成了两座城市。危机结束以后，在各自占领区的基础上，德意志联邦共和国和德意志民主共和国分别于 1949 年的 9 月与 10 月相继成立。德国由此分裂为两个国家，西柏林变成了民主德国境内的一块“飞地”，由于东西柏林之间的边界一直是开放的，西柏林就“俨然成了西方资本主义阵营安插在共产主义阵营内的芒刺”。[④] 西柏林的这一独特地位对民主德国而言，无疑是一个重大的隐患。这主要体现在以下三个方面：

其一，西柏林对于民主德国的国家政治安全构成了一定的威胁。昂纳克认

---

① 刘得手：《柏林危机（1958—1963）的研究动态和新解密档案的启示》，《世界历史》2000 年第 3 期。

② 其中最有代表性的著作是 Hope M. Harrison, *Driving the Soviets up the Wall: Soviet-East Germany Relations, 1953-1961*, Princeton: Princeton University Press, 2003。该书突出了民主德国在柏林危机中的作用，认为民主德国的领导人乌布利希利用动荡不定的国内局势以及不断恶化的国际局势逼迫苏联就柏林问题采取行动，最终迫使苏联同意在西柏林的边境上修建柏林墙。

③ United States Department of State, ed., *Documents on Germany, 1944-1985*, Washington, D. C.: U. S. Dept. of State. Office of the Historian, Bureau of Public Affairs, 1985, p. 38.

④ ［美］亨利·基辛格：《大外交》，海南出版社，1998 年，第 520 页。

为在西柏林“至少有 80 个间谍机构和恐怖组织在那里干着不可告人的勾当”。[1] 1953 年 6 月发生的东柏林事件，在民主德国领导人们的眼中，是西柏林方面有组织的行动，是敌对势力在美国特务、人民的敌人以及波恩的战争贩子的直接支持和领导之下发动的法西斯政变，而且他们的特务和联络人员，长期以来就在民主德国积极活动。[2]

由于西柏林特殊的地理位置，其无疑成为西方的特务情报活动的最佳场所，而“柏林隧道”事件证明了这一点并非空穴来风。为了“秘密搜集苏联的情报，而这些情报据说是通过某些地下通讯电缆传送，那些通讯电缆毗邻美国在柏林的占领区，容易搞清楚”。就此，美国中央情报局准备“通过建造一条长约 1800 英尺的地下通道——其中一半在苏占区境内”来接近这些电缆。[3]这条“柏林隧道”于 1954 年 10 月开工，1955 年 2 月底完成，1956 年 4 月被苏联方面发现。作为社会主义阵营成员的民主德国，其首都柏林俨然变成了东西方情报战的战场，可见这对其国家安全确实构成了不小的威胁。

其二，西柏林给民主德国所带来的隐患还表现在经济方面。借助自身的经济优势，联邦德国通过西柏林在民主德国境内“大肆进行货币投机，试图完结民主德国的经济；成立机构，招募民主德国的劳动力”。[4]同时，由于东西柏林边界处于开放状态，“西柏林居民能自由地进入东柏林享用各种公共服务事业……因为东柏林的物价低得多，所以西柏林人还在那里把各种大量需要的东西如肉、动物油及其他食品抢购一空。东德因而损失数以百万计的马克”。[5]“这样，西柏林人就一直在促使东马克贬值，给德意志民主共和国的农民和工人增加很大负担，并从这种局势中汲取政治上的利益和经济上的利益”。[6] 这些情况都使得“民主德国不得不对付一个经济上十分强大因而对民主德国的公民富有吸引力的敌人”。而“由于使用同一种语言，西德对民主德国有更大的诱惑力”。[7]

---

① ［民主德国］埃里希·昂纳克：《我的经历》，世界知识出版社，1987 年，第 182 页。

② 沈志华主编：《苏联历史档案选编》第 27 卷，社会科学文献出版社，2002 年，第 16 页。

③ David E. Murphy, Sergei A. Kondrashev and George Bailey, *Battleground Berlin: CIA vs. KGB in the Cold War*, New Haven: Yale University Press, 1997, p. 213.

④ ［民主德国］埃里希·昂纳克：《我的经历》，第 182 页。

⑤ ［苏］尼基塔·赫鲁晓夫：《赫鲁晓夫回忆录》，东方出版社，1988 年，第 650 页。

⑥ ［苏］尼基塔·赫鲁晓夫：《最后遗言：赫鲁晓夫回忆录续集》，东方出版社，1988 年，第 753 页。

⑦ ［苏］尼基塔·赫鲁晓夫：《赫鲁晓夫回忆录》，第 649 页。

民主德国的领导人乌布利希对这种诱惑力心知肚明，却又表示无可奈何："西柏林在经济上已经变强了，以下事实就是明证：至今仍还有大约5万名东柏林工人在那里工作。由于那里有更高的工资，因而一部分高素质劳动力都去西柏林工作……教师在西柏林赚得要比在东柏林多200—300马克。医生在那里则能多赚两倍多。……为什么我们不去提高这类人的工资呢？首先，我们没有这样的打算。其次，就算我们提高了他们的工资，我们所拥有的商品也无法满足他们的购买力，而他们将会用这些钱到西柏林去买东西。"①

其三，经济上的诱惑力对民主德国的社会稳定造成了更加严重的影响。一方面民主德国的商品廉价地被西柏林人买去，另一方面自己的商品又不能满足国内人民的需求。经济的落后造成社会的不安定，这在很大程度上导致了民主德国的民众大规模出走的现象的产生。1949—1961年间从民主德国出走的总人数在320万以上。②在这一过程中，西柏林便成了出走者们最大的"中转站"。据统计，通过西柏林再到联邦德国的出走活动总数约有1649070次。③1952年民主德国开始强化边界管理，可供出走者选择的路线急剧减少。1955年之后，西柏林就成了出走者唯一可去的目的地。④特别是柏林市区的地铁，不受地面边界的干扰，苏联和民主德国都无权过问，每个出走者"只需要搭乘地下铁到西柏林任何一个车站下车，然后申请移民即可"。⑤

伴随着民众的大规模出走，造成的直接后果就是民主德国的劳动力紧缺，特别是在专业高等技术方面所拥有的劳动力更加匮乏。这导致经济发展上的瓶颈，而经济上的困境又会再度引起社会的不安，促使民众的出走，从而产生了一个恶性循环。这无疑是民主德国所面临的最大危机。

民主德国急需改变西柏林的这种地位，特别是要限制其民众以此为"中转站"出走到西德去。但是柏林问题作为冷战格局的产物，民主德国要解决它，若是没有获得苏联的支持，则是根本不可能的。而出于对自身的战略安全的考虑以及其他多方面的因素，苏联领袖赫鲁晓夫也想解决这一问题，因此构成

---

① Hope M. Harrison, *Driving the Soviets up the Wall: Soviet-East Germany Relations, 1953-1961*, Princeton: Princeton University Press, 2003, p. 151.

② 参见陈煜骅：《1949—1961年民主德国民众出走现象初论》，华东师范大学硕士学位论文，2003年，第13页。

③ 数据参见 Jurgen Rühle und Gunter Holyweißig, *13, August, 1961: Die Mauer von Berlin*, Köln: Edition Deutschland Archiv, 1986, S. 155.

④ 陈煜骅：《1949—1961年民主德国民众出走现象初论》，第17页。

⑤ ［美］亨利·基辛格：《大外交》，第520页。

1958 年引发柏林危机的动因。而在引发柏林危机的过程中，民主德国对于柏林问题却有着自己的目标，也采取了相应的行动，并没有同苏联的政策完全保持一致。

二

由于西柏林的特殊地位对民主德国在政治安全、经济发展和社会稳定等方面构成直接的威胁，所以民主德国要求解决柏林问题的愿望比起苏联来更为迫切，在解决问题的目标上也显得更加直接。乌布利希希望苏联能够让他掌握西柏林通道的管理权，如此一来他就有权关闭柏林市内的边界。其实，早在 1952 年末，民主德国就要求关闭柏林市内的边界，而斯大林死后上台的新的苏联领导层却拒绝了这一要求，他们认为关闭边界在政治上是不可接受的，这将使柏林的市民对苏联和民主德国政府产生怨恨，将使苏联和西方的关系处于复杂而不利的局面。①民主德国没能得到苏联的支持。

此后很长一段时间内，苏联官方在同西方打交道的过程中几乎没有提到西柏林的地位问题。而与此相反，乌布利希在这段时间内一直促使其盟友通过正常途径将柏林移交给民主德国，这当然包括了柏林的西占区部分。其理由是认为柏林应以一个整体迈入社会主义的大道。1957 年 5 月 21 日，乌布利希在一次讲话中指出："西柏林人知道西柏林是处在民主德国境内。与帝国主义间谍机构的联系和北约的宣传都延伸进了西柏林……每个人应明白西柏林全体人民总有一天将付出沉重的代价。"② 可事实上，在没有获得苏联支持的前提下，乌布利希的表态不会具有任何效力。

1958 年 5 月，在双方的一次会谈中，统一社会党中央委员会主管国际事务的弗洛林表示，民主德国的领导们对柏林问题仍然没有达成一致的看法，有些同志们认为只要德国没有统一就无法解决柏林问题，而另一些则认为柏林问题可以通过坚决执行这样一条路线逐渐解决，即在政治、经济上征服西柏林，这样就为柏林的统一创造了前提条件。而他自己支持后一种看法。对此，苏联态度是，对于西柏林的问题，民主德国不应该单独行动，而应该和其他社会主义

① Hope M. Harrison, "Driving the Soviets up the Wall: A Super-Ally, a Superpower, and the Building of the Berlin Wall, 1958-1961", *Cold War History*, vol. 1, no. 1, 2000, p. 56.

② Harrison, *Driving the Soviets up the Wall*, pp. 104-105.

国家一道来合作处理，当然其中最重要的是与苏联的合作。①

在这之后，乌布利希对于柏林问题的态度表现得更为积极。甚至将西柏林和中国的金门作起了类比，他表示："金门和西柏林不仅被那些正在那里行使权力的军事力量所威胁，变为发起挑衅的策源地；而且同时都被不合理地从他们的腹地中分裂出去。金门位于中华人民共和国的领海内，眼下暂时属于台湾的外部领海境内。柏林则位于民主德国的境内。就像蒋介石集团同其美国支持者及其盟国违背人权占领金门，将它变成了发起挑衅的策源地来反对中国一样，在西柏林的独裁者眼中，西柏林的作用也总是用来反对民主德国的，是一个麻烦的制造者。这两个地方不仅有着相同的目的，当然也有着相同的弱点。它们都是孤岛，并且不得不为这一地位承担一切后果。"② 当1958年8月23日毛泽东下令炮击金门后，乌布利希则认为对西柏林应进一步采取攻势，而由于西柏林在民主德国境内处于"孤岛"的境地，因此西方是难以防御的。在10月27日的讲话中，乌布利希宣称："整个柏林都位于民主德国的境内……西方势力已经破坏了他们在柏林存在的合法基础，他们在法律上、道德上、政治上不再拥有任何正当的理由继续占领西柏林。"在乌布利希的眼中，毛泽东的这一行动，比起赫鲁晓夫对西方的大叫大嚷来得更具吸引力。③

出于多方面的原因和动机，当时赫鲁晓夫也决定要去改变西柏林的状况。④民主德国驻莫斯科大使柯尼希曾在事后写道，在11月6日，苏联外交部的几位

---

① Harrison, *Driving the Soviets up the Wall*, pp. 101-102.

② Harrison, *Driving the Soviets up the Wall*, p. 104.

③ Harrison, *Driving the Soviets up the Wall*, p. 134. 哈里森认为乌布利希或多或少地在寻求利用赫鲁晓夫和毛泽东在对待西方的正确政策上的分歧获取自己的利益。而赫鲁晓夫最后同意乌布利希关闭边界的要求的部分原因是确保东德不再向中国人靠拢。但作者也表示还没有看到任何关于中国推动苏联修建柏林墙的直接证据。詹姆斯·里希特认为乌布利希利用"不断恶化的国际环境和中国对苏联的压力，来加强德意志民主共和国对莫斯科的杠杆作用"。在此过程中，东德敦促赫鲁晓夫对西柏林采取更强硬的姿态，并发出开启柏林危机进程的第一个最后通牒。参见柯庆生：《东亚社会主义同盟与美国的遏制战略》，《冷战国际史研究》2007年第2期，第46—47页。笔者认为下面两个问题值得进一步探究，可能也需要在得到更为准确而直接的材料后方可解决：1. 乌布利希是否故意利用当时中苏关系的紧张在柏林问题上向赫鲁晓夫施压？2. 赫鲁晓夫是否真是因为忌惮于东德倒向中国从而在柏林问题上采取强硬态度？

④ 关于赫鲁晓夫发动柏林危机的动机可参见张屹峰：《论第二次柏林危机（1958—1963）》，陕西师范大学硕士学位论文，2002年，第13—18页；吴征宇：《论苏联发动第二次柏林危机的主要原因》，《国际观察》2006年第3期，第70—78页；Harrison, *Driving the Soviets up the Wall*, pp. 113-116; Petr Luňák, "Khrushchev and the Berlin Crisis: Soviet Brinkmanship Seen from Inside", *Cold War History*, vol. 3, no. 2, 2003, pp. 53-82.

同志即透露，赫鲁晓夫同志 11 月 10 日的讲话将就德国问题提出“一些新的东西”。[1]

1958 年 11 月 10 日，赫鲁晓夫在莫斯科体育馆举行的苏波友好大会上所发表的讲话确实带来了“新”东西，这也随即引发了柏林危机。他在讲话中宣称：现在是签订使中欧局势正常化条约的时候了，也是终止西方国家对西柏林占领的时候了。要让美国、英国、法国自己同民主德国建立联系，如果他们关心有关柏林的任何问题，让他们自己同民主德国达成协议。[2]

在之后与波兰领导人的会谈中，他进一步解释道：“我今天的声明应当这样去理解：我们单方面停止遵守关于柏林地位的协定，停止行使因我们参加管制委员会而产生的职能。然后我们召回我国驻西柏林的军事长官和军事代表团。格罗提渥将请英国人和美国人连同其军事代表团一齐撤走。可是我们的军队因参加《华沙条约》的原因将留驻民主德国。届时资本主义国家在柏林问题、过境问题、运输问题上将不得不向民主德国提出。”当波兰部长会议副主席伊格纳尔表示出这可能会引发战争的忧虑时，赫鲁晓夫认为：“这不会引发战争。当然局势将会尖锐化，将会搞封锁。他们可能试试我们的反应将会怎样。”同时，他又进一步指出：“在西柏林问题上，我们征询过民主德国同志的意见。他们完全支持这些措施。”[3]

乌布利希立即表示支持赫鲁晓夫 11 月 10 日的讲话以及苏联关于解决柏林问题的计划，他同时又补充认为：“苏联如能于 11 月 26 日之前向西方三国以及向联邦德国和民主德国发出照会的话，则将会十分有利，因为这将为我们在西柏林的议会选举的准备过程中利用这些文件中的原则性立场提供机会。”[4]

赫鲁晓夫在 11 月 27 日就柏林地位这一问题照会了美、英、法三个《波茨坦公告》缔约国，同时也照会联邦德国和民主德国。在照会中，苏联政府提出了对西柏林问题的解决方案：“使西柏林成为独立的政治单位——自由市，任何一个国家，包括现存的两个德国，不得干涉西柏林的生活。……在自由市区内解除军备，不驻扎任何武装部队。西柏林自由市可以有自己的政府，自己管理自己的经济、行政和其他事务。”苏联政府会“在半年内不改变美国、英国和

---

① Harrison, *Driving the Soviets up the Wall*, p. 107.

② United States Department of State, ed., *Documents on Germany, 1944-1985*, p. 545.

③ 沈志华主编:《苏联历史档案选编》第 27 卷，第 181—183 页。

④ Harrison, *Driving the Soviets up the Wall*, p. 108.

法国从西柏林向德意志联邦共和国进行军事运输的现行制度。……如果没有利用上述期限来达成适当的协议，那么苏联将要通过同德意志民主共和国协商的办法来实现既定的措施。同时应当指出，德意志民主共和国①，同任何其他独立的国家一样，将完全处理涉及自己空间的问题，也就是对自己的领土、领水和领空行使主权。苏联驻德国武装部队代表和其他官方人士迄今为止就有关柏林问题同美国以及英国和法国有关的武装部队代表和其他官方人士进行的一切接触将同时停止。"②

这一照会除了强调并重申了赫鲁晓夫11月10日的讲话内容之外，进一步提出了将西柏林变为自由市的解决方案。特别是规定了6个月的谈判期限，如果在这6个月内未能在取得相应的进展，苏联则将同民主德国单方面签订一个和平协定，并把西柏林通道的控制权移交给民主德国。在西方看来，这是苏联给他们下的一个最后通牒。

对于把西柏林变为自由市的方案，乌布利希表示出他的疑虑："有这样一个先例，但泽也曾是个自由市，但结果却怎样?"③乌布利希的疑虑所反映的正是民主德国在解决柏林问题上的最高目标，即把整个柏林交由民主德国控制。其逻辑就如在此之前曾提到的那样，既然柏林是处于民主德国的境内，那么民主德国就有权对整个柏林行使主权。所以乌布利希对于自由市的提法显然是不甚满意的。但是让苏联介入柏林问题的目标却已经完全达到了，而得到苏联的支持才是最为关键的。如果没有这一前提条件作为保证的话，民主德国关于解决柏林问题的任何设想都难以付诸实施，也就奢谈所谓的最高目标了。

因此对于苏联照会，民主德国没有理由不给予最大的支持。有了苏联的介入，乌布利希对解决柏林问题充满了信心，甚至已经准备为接受西柏林通道的控制权做准备了。在11月29日对《纽约时报》记者的谈话中，他表示："在这六个月之内，苏联政府和德意志民主共和国政府之间将举行关于移交检查权利的谈判。"④ 可是随后的局势发展，并没有如乌布利希想象当中的那样一帆

---

① 此处原文为"德意志联邦共和国"，这同照会的意思明显不符，同时根据《苏联政府建议把西柏林变成非军事的自由城市给美英法政府的照会（摘要）》（《新华月报》1958年第22期，第175页）："这就是说，德意志民主共和国将完全对本国领土、领水和领空行使主权。"故在此将其更改为"德意志民主共和国"。

② 《苏联政府给美国政府的照会》，《新华月报》1958年第23期，第143页。

③ Harrison, *Driving the Soviets up the Wall*, p. 109.

④ 《乌布利希就柏林问题答"纽约时报"记者问》，《新华月报》1958年第23期，第149页。

风顺。

三

赫鲁晓夫挑起了柏林危机，使民主德国在解决柏林问题上看到了希望，但柏林危机的发生并不能直接使柏林问题按照乌布利希的心愿来获得解决。民主德国在柏林危机爆发之后还需要面对来自两方面的不确定因素，一方面是西方的态度，另一方面则是苏联本身的政策所可能产生的变化。

“1958 年 12 月 14 日，西方三大国联合发表声明，重申决心维护他们在柏林的地位和权利以及自由进出柏林的权力。”① 西方仍然保持着一贯较为强硬的立场，但其内部意见仍有分歧。艾森豪威尔政府表示：“我们不会放弃属于自己的权利半步，基于这一前提……现状必须得到保持及承认。”同时拒绝同民主德国的代表达成任何协议。而英国的柏林政策则较软弱，认为西方几乎没有选择的余地，无法阻止赫鲁晓夫去做这些事。②相比较而言，联邦德国的态度就强硬许多，杜勒斯在 11 月 26 日的会议中同意把在柏林边界的东德人看作苏联的代理人，但联邦德国却完全反对西方的这种政策。西方一方面继续坚持他们在西柏林地位上的强硬态度。而在另一方面，美英法三国于 2 月 16 日向苏联提出建议，就德国问题的所有方面及其所牵涉的一切问题召开外长会议进行谈判。③

针对西方的反应，苏联的态度发生了改变。1959 年 2 月麦克米伦访苏让赫鲁晓夫清楚地了解了西方对柏林的强硬态度。于是他做出了退让，在 1959 年 3 月 2 日撤回了 6 个月限期。同时，他也十分愿意同西方进行谈判，虽然赫鲁晓夫想要的是一个四国最高领导人的峰会，而不是一个外交部长会议，因为他认为最高领导人的会议将更为有效。如果西方不同意的话，他则要求召开四国、两德以及波兰和捷克斯洛伐克的外长会议（西方则反对后两个国家的介入），并建议会议不迟于在 2 到 3 个月之内举行。到了 3 月底，苏联进一步妥协，四国最终决定于 5 月 11 日于日内瓦召开外长会议。苏联撤回“最后通牒”，这未免使得民主德国感到有些始料不及。

---

① ［德］W. G. 格雷韦：《西德外交风云纪实》，世界知识出版社，1984 年。

② John Gearson and Kori Schake, *The Berlin Wall Crisis: Perspectives on Cold War Alliances*, New York: Palgrave Macmillan, 2002, p. 26, 51.

③ Harrison, *Driving the Soviets up the Wall*, pp. 118-119.

对民主德国而言，柏林危机的最好结果就是西方态度软弱，在6个月内同意了苏联的要求。否则，如果苏联的态度能够继续强硬，民主德国也能在6个月后同苏联单方面签订协议，得到西柏林通道的管理权，这样乌布利希就能如愿以偿地关闭柏林边界。即便这样可能会在柏林引起武装冲突，民主德国也能靠着苏联的军事力量率先控制住西柏林。当赫鲁晓夫撤回6个月限期，同意召开日内瓦外长会议时，民主德国则失去了解决柏林问题的最佳时机。在这一点上，充分反映出赫鲁晓夫希望通过柏林危机所要达到的目标同乌布利希的目标是有一定差异的。

赫鲁晓夫对于柏林问题的态度主要是出于苏联对整个德国问题的战略考虑。对他而言，西柏林就好比是“美国插在欧洲的那只脚有一个发痛的水泡”①，可以利用这个“水泡”随时主动出击压制西方，同时可以不断地刺激西方。最后期限能敦促双方都采取行动，同时迫使他们达成妥协。②从事后可以发现，苏联对引发柏林危机并因此举行日内瓦会议的结果是比较满意的，而民主德国只能无奈地被迫接受这一事实。

既然采取强力手段以解决柏林问题暂不可行，民主德国则希望能够在苏联和西方的谈判桌上达成自己的目标，即苏联在照会中所要求的西柏林的“非军事化”。1959年6月9日和18日，在日内瓦会议期间，乌布利希和赫鲁晓夫在莫斯科分别举行了两次会谈，赫鲁晓夫认为：“对于日内瓦会议的未来，我们现在就可以说它不会产生任何实质性的结果。我们很早就看到了这一点，因为还没有一个环境来为积极的解决方案创造基础。日内瓦是为了测试各国的力量，试探各国的姿态。”对于苏联的建议，赫鲁晓夫觉得有70%的把握可以认定西方是不会接受的，所以接下来就必须举行一个最高峰会。③

同时，赫鲁晓夫认为所谓的单方面与民主德国签订和平协定则是一把悬在西方头顶上的“达摩克利斯之剑”，在会谈中苏联部长会议第一副主席米高扬表示：“之前，关于柏林他们根本不想同我们对话，但现在他们被迫就这个问题和我们谈判。……以签订和平协定为威胁，将迫使他们同我们谈判。”由此可见，在苏联政府看来，日内瓦会议的目的不是为了解决柏林问题，而只是为了

---

① ［苏］尼基塔·赫鲁晓夫：《最后遗言：赫鲁晓夫回忆录续集》，第746页。

② Harrison, *Driving the Soviets up the Wall*, p. 117.

③ Hope M. Harrison, “The Berlin Crisis and the Khrushchev-Ulbricht Summits in Moscow, 9 and 18 June 1959”, CWIHP *Bulletin 11*: *Cold War Flashpoints*, Winter 1998, p. 208-209.

展开更高层次的会谈。苏联只是把与民主德国签订和平协定当作威胁西方的手段，而非解决柏林问题的目的，而签订和平协定在民主德国看来一直是解决柏林问题的目标所在，关系到自己的切身利益。而这在苏联看来只是用来吓唬西方，逼迫他们坐回到谈判桌边的工具而已。对于赫鲁晓夫的这些态度，乌布利希显然感到失望。在两次会谈中，他谈了许多关于民主德国的处境和经济困难的问题，试图让赫鲁晓夫觉得民主德国的困难极大，以希望引起他对西柏林问题的重视。①

柏林危机爆发之后，看似是苏联一直在对西方施加压力，但是在关乎民主德国切身利益的柏林问题上，却没有采取任何实质性的行动，而是在利用这一压力，迫使西方同自己谈判。苏联的目标已经达到，所以赫鲁晓夫会如此自信地表示："如果你已经把敌人打翻在地，你就不必再去把膝盖压在他的胸膛上。我们不需要显示出我们已经赢了。我们应该给人一种双赢的印象。"② 而民主德国却希望苏联能采取更为积极的态度以解决柏林问题，乌布利希在不公开与苏联对立的前提下进行了一些尝试，但收效甚微。

四

1959 年 9 月，赫鲁晓夫访问美国，同艾森豪威尔在戴维营进行了会谈。关于柏林问题，他们同意于 1960 年 5 月份在巴黎召开四国峰会。这也就意味着柏林危机进入了缓和阶段。然而谁都没有料到的是，就在巴黎峰会即将召开之际，1960 年 5 月 1 日苏联击落了美国的一架 U-2 侦察机，国际局势顿时又变得紧张而复杂起来。

美国政府的态度从开始的试图掩盖到之后的霸道强硬激起了赫鲁晓夫的怒火。5 月 16 日，在巴黎峰会的预备会议上，赫鲁晓夫发表声明谴责美国的挑衅行为，同时表示："除了把政府首脑会议大约推迟 6 个月到 8 个月的时间之外，再没有更好的办法。"巴黎峰会就此流产。③

此时的民主德国似乎再次看到了希望，苏联对 U-2 侦察机事件的强硬态度

---

① Harrison, "The Berlin Crisis and the Khrushchev-Ulbricht Summits in Moscow, 9 and 18 June 1959", CWIHP *Bulletin 11*: *Cold War Flashpoints*, Winter 1998, pp. 205, 213, 215.

② Harrison, "The Berlin Crisis and the Khrushchev-Ulbricht Summits in Moscow, 9 and 18 June 1959", CWIHP *Bulletin 11*: *Cold War Flashpoints*, Winter 1998, p. 209.

③ 沈志华主编：《中苏关系史纲》，新华出版社，2007 年，第 267 页。

预示着可能将在柏林单独采取行动。但事实上，赫鲁晓夫虽然已经对艾森豪威尔感到十分失望，但是他并没有放弃通过谈判方式来解决柏林问题，他把希望放在了下一届美国政府身上。就像他在巴黎所强调的那样，谈判将只会同下一届美国政府进行。①于是，柏林问题也就被暂时搁置了起来。

而民主德国的领导人们也没有放弃自己对于柏林问题的目标，因为从1960年春天开始，从柏林出走的民主德国的民众人数从2月份的9803人到5月份的20285人足足增加了一倍，民众出走形势的进一步恶化使得民主德国不得不要求有所行动。11月30日，赫鲁晓夫和乌布利希就柏林问题举行了一次会谈，乌布利希首先提出了柏林在经济上遇到的诸多挑战，他认为“现在我们要尽全力保护自己免受这些不良问题的侵害，而在柏林的冲突数量将会因此增加。我们必须这样做，既然我们有责任保卫民主德国的首都，那我们就不容许西德在那里为所欲为……”②

可是赫鲁晓夫反对乌布利希改变柏林边界体制的计划，“现在当你们想从这一问题中解放你们自身的话，你们将使局势恶化。但这对我们不利。我们既然已经作了承诺，在召开首脑会议之前，我们不会改变现存状态。如果我们现在改变了，我们将被看作违背诺言。既然我们已经错过了这一次的机会，那我们不能现在就单方面地去改变局势”。乌布利希对在巴黎峰会流产之后，苏联没有同民主德国单方面签订和平协定表示了不满，而赫鲁晓夫却认为这是正确的一步。③

1961年1月肯尼迪出任美国总统，就柏林问题提出与赫鲁晓夫会晤，这显然符合赫鲁晓夫的意愿。由于“肯尼迪政府试图推翻卡斯特罗，在猪湾登陆失败，加上对老挝问题的迟疑不决，显然令赫鲁晓夫认定肯尼迪软弱无能”。④ 这或许增强了赫鲁晓夫的信心。与此同时，民主德国则在努力堵住民众的出走浪潮，但没有取得任何成功；乌布利希仍继续向苏联表示，要求控制西柏林的边界，向西方关上大门，这样就可以减少出走的人数，削弱反对民主德国的经济阴谋的影响。

1961年6月的维也纳会议上，赫鲁晓夫给了肯尼迪一份关于柏林问题的备

---

① Petr Luňák, “Khrushchev and the Berlin Crisis: Soviet Brinkmanship Seen from Inside”, *Cold War History*, vol. 3, no. 2, 2003, p. 68.

② Harrison, *Driving the Soviets up the Wall*, pp. 148, 152.

③ Harrison, *Driving the Soviets up the Wall*, pp. 152, 155.

④ ［美］亨利·基辛格：《大外交》，第534页。

忘录，其中再次提到，“当前苏联政府认为没有比将西柏林转变为非军事化自由市更好的途径来解决柏林问题”。并且“为了避免延误达成和平协定必须设定一个时间期限……苏联政府认为谈判时间不应超过 6 个月。……如果美国没有意识到缔结和平条约的必要性的话，我们将对此表示遗憾，然而，因为延误签订和约是不可能且危险的，我们则将被迫不是与所有的而只是与想签约的国家签订一个和约。这样一个和约将正式确定西柏林自由市的地位”。①

但美国的态度仍然强硬，对于柏林问题将“坚持并保卫它的合法权利，反对任何单方面的废除行为，因为西柏林人民的自由是建立在这些权利延续的基础上的。……美国仍然支持西柏林人民关于他们的城市地位不会发生改变的明确而强烈的愿望，因为那样会使他们立刻或逐渐地，长期地暴露在现在外围地区所实行的那样一种制度的统治之下”。西柏林“事实上将被所谓的‘德意志民主共和国’根据苏联的指示控制所有通往城市的通道……对于要求自由的城市或人民，就是给予他们不受经济、政治或警察的压力，自己做出选择自己的生活的机会。西柏林的人民现在已经有了这一自由，我们政策的目的就是继续维持这一情况”。②

赫鲁晓夫在与肯尼迪政府的交手中并没有占据上风，美国坚决不放弃西柏林，苏联达到目的的可能性极小。于是，赫鲁晓夫索性就从进攻态势转为防御，封锁边界以保全民主德国的稳定，防止人口外流的加剧，这也就等于默许了乌布利希的要求。民主德国可以在得到苏联的支持下真正把解决柏林问题的目标付诸行动。

但是民主德国并没有立即就决定选择采取修建柏林墙的方式来封锁边界。1961 年 6 月 15 日，乌布利希仍然是在强调要求西柏林变成非军事化的自由市，当被问及“自由市”是否意味着国家的边界将修建在勃兰登堡门上时，乌布利希的回答是：“没有人打算去建一堵墙。”③可见当时民主德国还是希望通过签订和平协定以控制西柏林的通道，但是从另一个角度也可以看出，修建柏林墙也确实是他们将可能会做出的选择之一，因为民主德国一直以来就认为解决柏林问题的最好的方法就是关闭东西柏林的边界。到了 7 月初，乌布利希表示出要

① Great Britain Foreign Office, the Secretary of State. *Documents about the Future of Germany (including Berlin) June to July 1961*, London: H. M. S. O., 1961, pp. 4-5, 20.

② Great Britain Foreign Office, the Secretary of State. *Documents about the Future of Germany (including Berlin) June to July 1961*, pp. 8-9, 12-14.

③ United States Department of State, ed., *Documents on Germany, 1944-1985*, p. 737.

求封锁西柏林的意向："民主德国的局势明显变得更加糟糕，不断增长的出走潮流使得整个共和国的生活更加难以维系。不久必将会导致一场剧变。……如果边界仍然保持着开放的现状，崩溃将不可避免。"最终，赫鲁晓夫同意了关闭西柏林边界的建议，就像他之后所说的那样，"建这堵墙是我出于乌布利希迫切的愿望而下的命令"。①

当得到了赫鲁晓夫的同意之后，民主德国就着手准备关闭柏林边界的计划。7 月 24 日就拟好了一个详细的计划，之后就送往克里姆林宫。8 月 3 日《华沙条约》缔约国共产党、工人党中央委员会第一书记在莫斯科举行会议，在会议上商讨关于关闭柏林边界的问题，乌布利希告诉赫鲁晓夫封锁行动将还需要 2 周的时间才做好准备。赫鲁晓夫则表示："什么时候行动将对你们最有利？当你们想行动的时候就干吧，我们在任何时候都可以行动。"② 最终，双方同意于 12 日至 13 日的夜里行动；赫鲁晓夫事后表示，13 是一个对西方很不吉利的而对社会主义阵营却很吉利的数字。③

1961 年 8 月 12 日下午，民主德国部长会议做出关于加强对德意志民主共和国边界（包括通往西柏林的边界）的管理的决定。8 月 13 日 0 点，行动的直接负责人昂纳克发出命令，封锁边界的行动正式开始。柏林墙，这道有形的"铁幕"，从这一刻开始缓缓落下。

五

以上考察了民主德国在 1958—1961 年柏林危机中的目标和行动，在此可以得出下面一些结论：

首先，民主德国在柏林危机过程中所要达到的目标是彻底解决西柏林的问题，因为东西柏林开放的边界直接威胁到国家的政治、经济和社会的稳定发展。尤其是民主德国民众通过西柏林出走到联邦德国的行为对于民主德国构成了最大的经济和社会威胁。所以民主德国希望通过柏林危机以实现解决柏林问题的目标贯穿于危机进程的始终，同时也可以分成以下几个层次：最高目标是让西柏林和东柏林合并，使得整个柏林成为民主德国的首都。若此目标无法达成，

---

① Harrison, *Driving the Soviets up the Wall*, pp. 185-186.

② Harrison, *Driving the Soviets up the Wall*, p. 193.

③ ［苏］尼基塔·赫鲁晓夫：《最后遗言：赫鲁晓夫回忆录续集》，第 753 页。

则希望西方从西柏林撤出其军队和势力，使西柏林变成一个非军事化的“自由市”。而其最低目标则在于西方不放弃西柏林的利益的前提下，封锁西柏林的边界，以降低对于民主德国的不利影响，同时可以阻止民众以西柏林为“中转站”出走。这一目标可能也是最符合实际的，因此乌布利希一直向苏联突出关闭柏林边界的要求。柏林墙的修建使民主德国达到了其解决柏林问题的最低目标。

其次，为达成其目标，民主德国采取了相应的行动。而其中最为关键的就是争取到苏联的支持，早在柏林危机之前，民主德国就已经向苏联提出了相关的关闭边界的要求，然而没有得到苏联方面的同意。在柏林危机发展过程中，民主德国的行动主要顾及自身的目标，同时也要跟随苏联而动。当苏联的态度比较强硬时，就完全支持苏联，通过依靠苏联的力量来达成目标；而当苏联的态度较为缓和时，民主德国就会出于柏林问题的切身利益，向苏联施加一定的压力，但其方式是比较消极的，往往是通过向苏联强调自身经济上、劳动力上的困难以求打动苏联采取更为强硬的策略。

造成上述现象的主要原因是苏联和民主德国在柏林危机中各自的目标和动机并不一致。乌布利希的目标简单而直接，就是要解决柏林问题。而赫鲁晓夫，作为冷战中社会主义阵营中一位领袖，他必须要考虑更多方面的问题。赫鲁晓夫之所以发动柏林危机，其动机主要包括：要求西方承认民主德国，以实现东西方在欧洲的战略平衡；阻止西德获得核武器；促使西方同苏联谈判，并从中获取优势；力图暗中破坏西方同盟；稳定民主德国及其边界；甚至借此获得反对国内和中国对其批评的力量。这比起乌布利希的目标来要更为多元与复杂。这种双方在目标上的不一致，使得民主德国的行动在柏林危机发展过程中呈现出一种起伏不定的状态，而这种起伏取决于苏联态度的变化。

由于民主德国最终达成了自己的目标。有观点认为，乌布利希对赫鲁晓夫施加了重要的影响，迫使苏联对柏林采取强硬政策，就好像“狗尾巴大胆地摇动了狗”①，柏林墙的修建则被认为是民主德国对于苏联的胜利。但事实上，若民主德国得不到苏联的同意，就根本无法关闭柏林边界并修建柏林墙，故苏联在这里无疑掌握了最重要的最终决定权。② 而同样毫无疑问的是，赫鲁晓夫在

① Harrison, *Driving the Soviets up the Wall*, p. 139.

② Harrison, “Driving the Soviets up the Wall: A Super-Ally, a Superpower, and the Building of the Berlin Wall, 1958-1961”, *Cold War History*, vol. 1, no. 1, 2000, p. 60.

处理德国问题时，肯定会考虑乌布利希的意图，民主德国确实对苏联的最终决定产生了一定程度上的影响。

民主德国之所以能对苏联产生影响，是由于民主德国在社会主义阵营内部的重要战略地位，它直接面对着西方，可以说是社会主义阵营的前沿阵地。虽然民主德国国内困难重重，但它的经济实力和科学技术还是在社会主义阵营中处于领先地位。而这两点就足以使得苏联要努力维持民主德国的社会稳定和经济发展。

同时，赫鲁晓夫个人对民主德国的重视除了民主德国本身的重要性之外，还有着他的一份个人因素。在斯大林死后，当民主德国遇到了经济困难时，贝利亚就曾提议要民主德国放弃社会主义道路。① 东柏林事件发生后，苏联方面甚至准备免除乌布利希的代总理的职务，限制中央书记处的职权。②而这些对德政策，成为后来赫鲁晓夫拿来指控贝利亚的罪行之一，“在讨论德国问题时，贝利亚这个钻进党内的奸细和帝国主义的代理人表现得最为明显，当时他就提出一个问题，让民主德国放弃社会主义建设，向西方让步。这就意味着把1800万德国人置于帝国主义的统治之下。他说：‘应当建立中立的民主的德国。’……贝利亚大声斥责乌布利希同志和德国其他同志，以至于我们都感到不好意思”。③

甚至到了发动柏林危机之时，赫鲁晓夫仍然对此念念不忘，他表示：“我们这里有过这样一些人，他们认为我们必须从柏林让步。贝利亚建议过这个，而‘软骨头’马林科夫支持过他。……这是完完全全的愚蠢。”④ 从一定意义上可以看出，对德国问题的态度成了赫鲁晓夫打击国内对手的政治资本。而同时这又是一个政治负担，在德国问题上，他必须同贝利亚和马林科夫的态度相反，全力支持民主德国和乌布利希。通过支持民主德国封锁柏林边界，也能够体现出其在对德政策上的“一贯正确”。

最后，民主德国的目标也得到了社会主义阵营中其他国家的支持，波兰领导人哥穆尔卡曾在事后对乌布利希表示：“早在你宣布关闭西柏林边界的时候，我就多次提醒你们，波兰共产党建议你们应关闭边界。……我跟赫鲁晓夫讲了

① 参见时殷弘：《权力欲望与改革尝试：贝利亚在1953年》，《历史研究》1999年第5期；沈志华主编：《冷战时期苏联与东欧的关系》，北京大学出版社，2007年，第88—95页。

② 沈志华主编：《苏联历史档案选编》第27卷，第13—14页。

③ 沈志华主编：《苏联历史档案选编》第28卷，社会科学文献出版社，2002年，第65页。

④ 沈志华主编：《苏联历史档案选编》第27卷，第180页。

多少次了!”① 有了其他社会主义国家的支持，也在一定程度上使民主德国对苏联增加了其影响力。

综上所述，在柏林危机中民主德国一直以解决柏林问题为目标，同时对苏联采取了施加影响的行动。而苏联出于多方面的原因最终同意了民主德国关闭柏林边界、修建柏林墙的建议。在柏林危机期间，双方的关系是双向互动的，而非单一的向度。

① Douglas Selvage, “The End of the Berlin Crisis, 1961-1962: New Evidence from the Polish and East German Archives”, CWIHP *Bulletin 11*: *Cold War Flashpoints*, Winter 1998, p. 222.

史学史

刍议“种族”一词在德国历史叙述中的演进

徐璟玮[*]

引　言

关于人类族群划分的文学作品，最早要追溯到公元前十几个世纪，古埃及时代的《地狱之书》（*Book of Gates*）将当时已知的人类按照外观划分为“埃及人”（Reth/Egyptians）、“闪米特人”（Aamu/Asiatics）、“古利比亚人”（Themehu/Libyans）和“努比亚人”（Nehcsu/Nubians）四大类，这也是“种族”与“民族”概念出现的雏形。而后来的古希腊文明、华夏文明与古罗马文明由于更为注重氏族和传承的因素，对于以外观划分的“种族”认知相对较少。[①] 但希腊、罗马、中国等文明对外观不同的“种族”也有自己的见解，比如，中国的《山海经》就描写过很多异族或者想象中的异族。部分罗马作家也认为居住环境对种族的特征产生很大影响。纵观这些历史，尽管许多古代文明都以氏族为尊，但是外表不同者依然可以融入当时的文明，并完全有可能成为该团体中的一员，比如画师利玛窦。

中世纪时，欧洲就将古典理论与《圣经》的描写相结合，认为人类就是“挪亚三子”——闪族（亚洲人）、含族（非洲人）与雅弗族（欧洲人）的后代。而随着地理大发现与大航海时代的来临，欧洲人在探索世界的过程中不断

---

* 徐璟玮，华东师范大学历史学系世界史博士生，上海理工大学助理研究员。

① 大卫·戈登伯格：《含之诅咒》（David Goldenberg, *The Curse of Ham: Race and Slavery in Early Judaism*），《基督教与伊斯兰教》（*Christianity and Islam*），普林斯顿大学出版社，2003 年。

接触世界各地的不同民族，近现代对于种族的理解也是这个时代的特殊产物。①1684年，弗朗索瓦·贝尔埃（François Bernier）第一次使用该词在人类学意义中对其进行分类。不久以后，“Rasse”这个词语就频繁出现在使用法语和英语的人群之中。而德国总是有点慢热：直到19世纪下半叶，这个词语的使用才变得普遍起来。

一、“种族”一词的起源及发展

“种族”（Rasse）这个看似极其简单的词语，蕴含了太多的深意。在13世纪早期，人们从古罗马语中找到了“Rasse”这个词语，之后被运用在关于人类集体的多种类型定义之中，包括宗教族群以及人类族群。1492年，当西班牙的“收复失地运动”结束之后，一种畸形的“分类行动”出现了：人们根据信仰的不同来区分彼此，大量本来信奉犹太教的信徒被强迫改信基督教。尽管那些人改信了基督教，但是宗教狂热分子还是不满足于此。他们不但没有完全承认那些“改信徒”的信仰纯正性，而且提出一种所谓的“血统纯正性”。渐渐地，“种族”一词被用作区分人群、家庭和团体的重要概念，像犹太群体、基督群体以及摩尔群体等。

从15世纪至16世纪开始，由于非洲奴隶贸易的兴起，欧洲的奴隶来源地从过去的欧洲本身、中东地区逐渐转变成非洲大陆；欧洲的传教士来到了欧洲以外的广袤地域，很多欧洲的学者不由得会产生将人类分类的想法，并以此作为奴役非洲人冠冕堂皇的“理论依据。”② 通过对当时欧洲内部的关系的梳理，同时对古罗马、古希腊的相关文献进行借鉴，欧洲人开始将自己区分为与其他民族在外表、行为、能力等方面不同的群体，并把遗传学的外表特征与内在的行为、智力水平甚至道德水平互相联系。虽然其他文化中也存在相似的观点③，但是这种观点对社会构架的影响起源，主要是从欧洲及其殖民地扩张开始出现的。

当然，在启蒙运动中，“种族”（Rasse）一词并非单单只是一个生物学的

---

① 奥黛丽·斯梅德利：《北美的人种：全球观念下的起源与进化》（Audrey Smedley, *Race in North America: Origin and Evolution of a Worldview*）第3版，西部视点出版社，2007年。

② 弥尔顿·梅尔策：《世界史》（Milton Meltzer, *A World History*），初音岛出版社，1993年。

③ 冯客·迪克特：《现代中国的人种论述》（Frank Dikötter, *The Discourse of Race in Modern China*），斯坦福大学出版社，1992年。

概念，同时还是个含有历史纲领属性的词语。1727 年，法国历史学家亨利·德·布鲁凯尔布兰维埃（Henri de Boulaincilliers）将“贵族”与“民众”视为两个不同的“种族”。保皇主义史学介绍和延续了各类种族划分的偏见态度。1797 年，阿贝·巴吕埃尔（Abbé Barruel）出版了 5 卷本的备忘录《激进主义历史》，第一次提及了现代历史的阴谋论理论。巴吕埃尔把革命归咎为共济会的秘密阴谋。[1] 尽管他没有提到任何“犹太人阴谋”，但随着这种说法变得清晰，反共济会命题就在随后的 10 年中慢慢流行起来。此外，19 世纪后期和 20 世纪的保皇党历史学家也都愿意重复那种推理。就像史提芬·威尔逊（Stephen Wilson）表述的那样：查尔斯·莫尔斯（Charles Maurras）、莱昂·都德（Leon Daudet）、皮埃尔·加克索特（Pierre Gaxotte）等人，在他们的作品中清楚地使用了反犹主义的修辞。在德雷福斯（Dreyfus）事件后，保皇主义史学把法国的整个犹太群体视为反法神话的核心，这个核心则是由共和党人、新教徒、共济会和其他“外来人员”组成。

19 世纪的上半叶是种族概念传播最为迅猛和广泛的时代。奥古斯汀·蒂埃里（Augustin Thierry）在 1825 年出版了著作《诺曼人对英格兰的征服历史》（*L'Histoire de la conquête de l'Angleterre par les Normands*, 3 Bände, 1825），这是此种史学类型中一个含蓄使用种族概念的范例。蒂埃里这样进行暗示：所有欧洲历史都是通过冲突来推进的，每次征服的部落胜利者却又会被失败者影响，并慢慢对他们的原有文化进行消除。他对诺曼人征服历史的论述表明，随着 1066 年的胜利，诺曼贵族文化取代了英格兰习俗。诺曼和英格兰双方，如同西不列颠群岛的凯尔特人那样被描述为一个群体。历史演变就成为这些群体之间对抗、胜利和失败的一种叙述。此外，蒂埃里还认为，通过和被征服方面的异族通婚，胜利的种族更易受到失败种族的影响而导致退化。这种推断是为当时的法国获取教训和意义。蒂埃里推断，就像英格兰和诺曼人的混合那样，法国经历了一次又一次的种族胜利、内部融合以及而后出现的冲突。另外值得一提的是，乔治-路易·勒克莱尔·德·布冯（Georges-Louis Leclerc de Buffon）则是首位自然科学方面的学者，他利用次分法，系统地解释了“种族”一词在科学语境中的运用范围。

---

① 阿贝·巴吕埃尔：《激进主义历史》（Abbé Barruel, *Memoires pour servir a l'histoire du jacobinisme*）第 4 版，巴黎出版社，1973 年，第 30—36 页。

二、德国历史叙述中的“种族”

当谈及“种族”（Rasse）一词在德国的运用时，大多数人脑海中首先自然而然浮现的肯定是“种族灭绝”（Völkermord）一词。不过，从德语的字面意义来看，“种族灭绝”中的“Völker”其实是由德语“民族”（Volk）一词衍生而出的，而非简单地出自“种族”（Rasse）一词。事实上，直到18世纪末期，德国学界才开始提及“Rasse”一词。1775年，约翰·弗里德里希·布卢门巴赫（Johann Friedrich Blumenbach）与伊曼努尔·康德（Immanuel Kant）两人分别发表了作品，并将整个人类划分为四大种类或者说四大种族。按照康德的观点，种族的划分应该按照学识能力来进行，而处于上层的当然就是白肤色的欧洲人。他这样描述道：“处于热带国家的人们在所有方面都会成熟得较早，但是达不到温带地区人群的完美性。人类将其最大限度的完美性展现在白肤色的‘种族’之中。黄皮肤的印度人（印第安人）只拥有了少量的天赋才能，而黑人的拥有量则更少，当然最少的是美洲国家的某些部分人群。”①

约翰·哥特弗雷德·赫尔德（Johann Gottfried Herder）是德国最著名的哲学家之一，他的“民族类型学”所产生的重要影响并不局限于德国；他觉得人类的“进化差异”并不存在，因而拒绝使用“种族”这一术语。② 格奥尔格·威廉·弗里德里希·黑格尔（Georg Wilhelm Friedrich Hegel）对德国历史思想进步的影响比赫尔德更强，但也拒绝使用“种族”这个术语。在他眼中，反对使用“种族”作为一个社会或历史分析范畴的言论，这是人们应该与生俱来的理性。事实上，直到19世纪末，德意志思想包括史学均未将种族作为一种常见的类别，而是随着国际知识界的流行才渐渐普及，这并不是一个在内部发展中出现的与众不同的部分。在1871年德意志统一之前，为了支持民族认同而使用“种族”的现象是闻所未闻的，因为它对国家统一的范畴毫无用处。相反，“文化”概念才是帮助定义德语术语“日耳曼性”（Germanness）的根源，文化被视为一种关键因素，并以此将分散的日耳曼群体紧密联系成为一个民族。因为在功能上，任何以种族为由的论证都是无用的：如果德国被设定是一个“种族的德

---

① 鲁道夫·艾斯勒：《康德大辞典》（Rudolf Eisler, *Kant-Lexikon*），1930年版。

② 约翰·哥特弗雷德·赫尔德：《人类历史哲学的思想》（Jhann Gottfried Herder, *Ideen zur Philosophie der Geschichte der Menschheit*）第10版，柏林出版社，1864年，第42页。

国”，在逻辑上会将其不由自主地涵盖到日耳曼族群的所有成员，如奥地利、瑞士等，甚至也可能来自低地国家的人民。因此，“种族”这一表述自然就被拒绝了，德语术语中的“文化民族”（Kulturnation）和“国家民族”（Staatsnation）概念被认为更加适合来定义德意志的民族。

在19世纪中叶，理想主义的统治地位凌驾于实证主义之上，德国的知识分子也在致力于对抗任何与民族主义融合的强大种族思想。19世纪50年代至70年代，在德意志统一前夜，“种族”这一术语更多地指向了文化相似性，而并未因带有种族主义内容而被排挤。兰克的观点也是一个很好的例子：尽管他接受了古罗马民族和日耳曼民族间的区别，然而这是基于文化特性的，最典型的就是语言；语言的统一才是一个民族统一和它潜在群体统一的明确标志。[①] 反犹主义的阴谋论同样出现在晚期的德国流行文化和出版物中。而19世纪20年代，远在法国的阿贝·巴吕埃尔发动关于反犹的讨论，并在19世纪60年代发表了第一个德语版的阴谋论文本《天主教德国的历史政治唯一性》（*Historisch-politische Blütter für das Katholische Deutschland*）。19世纪后期，民粹主义者特赖奇克（Treitschke）也是个极端的例子，他在自己的讲座中经常反复使用反犹主义的词语，给听众以潜移默化的影响。

随着文化的发展，相对发展先进的民族就开始不断地将自己的种族特性同其他相对落后的人群区分开来。许多作者在他们的作品中不断加深着这些痕迹，使得本来只能处于理论层面的“种族概念”讨论，在19世纪末慢慢地渗透到实践性的运用之中。于是，1885年至1890年，“种族”一词成了动物学、人类学、民族学等学说的词汇新来源，并且在自然科学与自然哲学范畴内进行衍生，随之出现了一批热衷于种族分类的新学者，比如乔治·居维叶（Georges Cuvier）将人类按照3个大类来划分，詹姆斯·考尔斯·普利查德（James Cowles Prichard）则将其分成了7大类，路易斯·阿加西（Louis Agassiz）又分为了8大类。而进一步地逐级分层也成了流行，简·文森特（Jean Baptiste Bory de Saint-Vincent）将种族划分为24类，而约瑟夫·丹尼克（Joseph Deniker）更是单单将欧洲人就分为29类。[②] 自从亚瑟·德·戈比诺（Arthur de Gobineaus）将“雅

---

① 兰克：《罗马与日耳曼民族历史，1494—1514》（L. Ranke, *Geschichten der romanischen und germanischen Volker 1494 bis 1514*），《历史与政治》（*Geschichte und Politik*），莱比锡出版社，第421页。

② 伊尔丝·扬等：《生物学历史》（Ilse Jahn, Rolf Löther, Konrad Senglaub, *Geschichte der Biologie*），耶拿出版社，1985年，第548页。

利安”这一在种族理论领域中的概念引入语言科学之后，像卡尔·路德维希·谢尔曼（Karl Ludwig Shemann）和科西瓦·瓦格纳（Cosima Wagner）这样的译者就不断地对“种族”这一概念进行强化。[①]

不过，到了19世纪后期，种族的概念才逐渐成了一种流行语。[②] 这种发展源于理查德·瓦格纳（Richard Wagner）的女婿——英国人休斯顿·斯图尔特·张伯伦（Houston Stewart Chamberlain）的作品的流行。根据他编纂的作品，民族这一曾经被视为贯穿文化和语言的标记，变得与种族相关联。[③] 当时，日耳曼的种族概念越来越融入知识分子的生活和社会之中。正如法国历史学家一直认为德国人是野蛮的种族，德国历史学家则一直认为法国是一个堕落的种族。马克斯·诺尔道（Max Nordau）就是一个典型的例子，在对“世纪灭绝（fin de siecle）”进行表述时，建议将它用“种族灭绝（fin de race）”进行替换。这些也和19世纪末“人种学”的推动有着直接的联系。

种族理论从19世纪末开始迅速发展，在当时的概念中，人类主要是被分为白人、蒙古人、澳洲土著与黑人四大类。德国和英国的学者从19世纪90年代开始，就致力于对“种族价值衡量”的研究。许多“优生研究项目”被安放至欧洲之外的殖民地区域，伦敦在1912年召开了首届“优生学世界大会”；1921年，“第二届优生学大会”的召开也是很明显的佐证，这届会议的口号就是“优生学是对人类进化的自我控制”。[④] 当然，最为激进的种族主义思想出现在其后不久的“民族社会主义”（Nationalsozialismus）之中，这也是纳粹德国的核心思想之一。

在纳粹德国时期，官方意识形态的“种族主义”就是独一无二的，即使同其他欧洲民族的殖民精英主义与人种偏见形式相比较，德国的“种族主义”仍是高高在上的。德国的种族意识形态主要指反犹主义，这在反民主、反对资本主义进程中也有对应学说。对纳粹和纳粹意识形态而言，犹太人被构想为一个旨在构建某种全球阴谋的资产阶级，他们的目标是摧毁民族共同体的联盟和价值。这导致德国当时很多知名人物甚至历史学家都接受或支持纳粹的种族主义，

---

① 乔治·L. 莫斯：《欧洲种族主义历史》（George L. Mosse：*Die Geschichte des Rassismus in Europa*），法兰克福（美因河）出版社，2006年，第80页。

② 克里斯蒂安·郭艾伦：《种族主义史》（Christian Geulen，*Geschichte des Rassismus*），第69页。

③ 休斯顿·斯图尔特·张伯伦：《雅利安人的世界观》（Houston Stewart Chamberlain，*Arische Weltanschauung*），布鲁克曼出版社，1905年。

④ 克里斯蒂安·郭艾伦：《种族主义史》（Christian Geulen，*Geschichte des Rassismus*），第93页。

比如说以东部区域研究为专长的特奥多·希德（Theodor Schieder）。此外，“种族”一词还被像奥托·福斯勒（Otto Vossler）这样的纳粹历史学家所利用：一方面种族成为文字体系中对纳粹体系的妥协，另一方面还把它看成一个流行的“现代”术语。[①] 在这段时间内，德国历史界的同行被迫绑定到与一种民族主义、种族主义及反犹主义迫害相连的体系之中。为了从纳粹体系的工作中获得最大化的收益，部分教授和研究人员甚至热情参与了相关学术宣传。这导致德国的犹太学生和学者从大学校园被驱逐时，这些沾染了纳粹主义的学者只能远离或保持沉默。纳粹主义开拓了基于种族主义的研究主题：村庄名字、东欧的民族分组、“印度-日耳曼问题”研究、犹太人问题等。

从1933年开始，参与这些领域研究的历史学家数不胜数，甚至在1938年之后，奥地利维也纳大学的一些历史学教授也热情地加入进来。这些甚至对战后初期的法国都有着很大影响。这里的极端例子是极右翼作家莫里斯·巴代什（Maurice Bardeche）；他发表于1947年的小册子《应许之地纽伦堡》（Nuremberg ou la terre promise）[②]，认为良好的法国人反而被盟友和戴高乐（de Gaulle）所起诉，以对这种现象的争辩来煽动学界否认大屠杀方面的作品，理由是存在一个更广泛及妖魔化的纳粹战争罪行，但这和当时进行的对于纳粹战犯公审的“纽伦堡审判”大环境显然是格格不入的。

在战后的20年中，整个德国历史研究群体都陷入了一种沉默之中。在面对那些曾经或多或少沾染纳粹元素的同僚时，德国历史学家常常使用的就是这种做法：对他们的过错，在一定程度上进行妥协，或者选择性地进行遗忘；甚至个别拥有思想道德败坏经历的学者，堂而皇之地回到了他们以前的大学教室之中。这种沉默导致的结果是严重的，种族的概念并未被真正地驱逐出德国知识分子的头脑。随后，某些纳粹统治时代关于民族的历史研究观念，在某些官方立场上改头换面，并作为地方及社会历史研究观念获得重生，再次粉墨登场。还有一些学者提出了异议，比如凯伦·希瓦拉德（Karen Schönwälder），她在20世纪60年代的历史教学中就一再强调，对于纳粹民族历史的“秘密延续”这一话题，大家不应该过分解读。这种主导模式是为了造成一种与过去的严肃决裂，

---

① 奥托·福斯勒：《从卢梭到兰克的民族思想》（O. Vossler, *Der Nationalgedanke von Rousseau bis Ranke*），慕尼黑、柏林出版社，1937年，第20页。

② 莫里斯·巴代什：《应许之地纽伦堡》（Maurice Bardeche, *Nuremberg ou la terre promise*），巴黎出版社，1947年，第36—40页。

这也是一种受世代变化模式而产生的鼓励式态度。①

20世纪60年代末开始，德国党派、学界和社会阶层开始从很大程度上中立地看待那段历史，种种讨论也层出不穷。而“种族”一词也逐渐成了一个历史性的词，或者说是一个具有研究意义而不太含有现实意义的词。尽管还有少量遗老遗少会在部分描述中使用该词，不过，历史的洪流终究会将一些东西慢慢洗刷殆尽。

三、后“种族”时代发生的变化与启示

鉴于第二次世界大战以及大屠杀暴行的负面影响，联合国教科文组织（United Nations Educational，Scientific and Cultural Organization，简称UNESCO）于1949年召集世界各地的人类学家和社会学家，对“种族”这一概念所引发的问题进行商讨。终于在1950年，形成了一项公开的声明：在普遍的语言运用时，将占有大多数的“人类团体”标记为“种族”，这个概念的有效定义在科学性上并不适用；如果要在人种的科学框架中提及，“种族”一词仅和自然科学和生理学相关。② 基于这项声明，1965年，在国际范围内共同签署了《抵制各种形式的种族歧视》的协议。

不过，美国的部分南部州直到20世纪60年代末还未消除种族隔阂，而南非也直至1990年才战胜了种族隔离政策。直至今日，“种族”一词在美国依然被运用于族群的概念，这个词语仍旧出现在美国人口普查（United States Census）的主要章节中。近年来，在美国多次发生的白人警察对黑人公民的暴力执法，也将美国的抵制种族歧视运动推到了风口浪尖。美国总统特朗普上台之后，对民粹主义的宣扬，对美国利益至上的煽动，其实也是另一种极端“种族主义”的抬头。这不得不让人们产生警惕。

半个多世纪以来，德国对于过去种种的正视态度，在世界范围内也是被认可的。作为欧洲的大国，它所承担的国际责任也得到了周边国家的赞许；作为“一带一路”的另一端，德国与中国在全方位的合作，为世界人民也谋求了不

① 凯伦·肖恩瓦尔德：《历史学家与政治》（Karen Schönwälder，*Historiker und Politik.*），《民族社会主义的历史科学》（*Geschichtswissenschaft im Nationalsozialismus*），法兰克福（美因河）出版社，1992年。

② 联合国教科文组织：《三、种族问题》（UNESCO，*III*：*Race Problem*），1950年，http：//unesdoc. unesco. org/images/0012/001282/128291eo. pdf，2017年5月17日。

少福祉。2017 年 5 月 14 日至 5 月 15 日在北京召开的“‘一带一路’国际合作高峰论坛”就对加强国际合作、对接彼此发展战略，共享互利合作成果方面取得了很大共识。《“一带一路”国际合作高峰论坛成果清单》第五部分第一款中指出：“增强民生投入，深化民心相通。……（一）中国政府将加大对沿线发展中国家的援助力度，未来 3 年总体援助规模不少于 600 亿元人民币。……”① 这种合作共赢的举动，已经跨越了民族、语言、地域的界限，充满着后“种族”时代的正能量。

（原文载于李维、胡晓琛主编：《历史语境下的德国与欧洲》，社会科学文献出版社 2018 年版）

① 《“一带一路”国际合作高峰论坛成果清单》，http：//www. beltandroadforum. org/n100/2017/0516/c24-422. html，2017 年 5 月 17 日。

现代德国史学历史知识的认知建构及其诉求转向

范丁梁*

“历史学之科学化”是西方史学中一个核心问题。整个20世纪的绝大部分时间里，史学史家和史学理论家们都热衷于探讨这个科学化进程的起点、过程和影响，其中形成的一个主流看法是，史学自18世纪至19世纪完成了由非科学向科学的转型。对于德国史学而言，这种转型是以“历史主义之胜利”为主线的，即历史主义全面取代启蒙史学（*Aufklärungshistorie*）的过程。学者们对这种转型的断裂性和彻底性各有看法①，但也大都承认，从启蒙史学到历史主义的道路是一条越来越朝向“现代”的道路。20世纪70年代兴起了两股思想浪潮，深刻地改变了历史学将自我主题化的视角和方法：一股是科学哲学、语言哲学、知识社会学和科学史之间的跨学科对话，尤其是科学知识社会学“强纲领”理论——即认为要用社会学来对包括科学知识在内的一切知识进行成因说明——所带来的冲击，颠覆了人们的理性科学发展观；另一股是史学理论的叙述转向，它改变了人们对历史中的事实、真实、客观等概念的理解。在这两股浪潮的影响下，从20世纪末开始，对历史学之科学化的审视重新转向质疑该问题本身之有效性：倘若把史学史单纯描述成从非科学向科学转变的进步史，倘

---

* 范丁梁，德国特里尔大学历史学博士，现为华东师范大学历史学系讲师。

① 强调断裂和变革的代表是吕森（Jörn Rüsen）及其追随者布朗克（Horst Walter Blanke），他们将这种转型定义为在历史观念、研究对象和研究方法上全面的“范式更替”。参见Jörn Rüsen, *Historische Vernunft: Grundzüge einer Historik I: Die Grundlagen der Geschichtswissenschaft*, Göttingen: Vandenhoeck & Ruprecht, 1983; Horst Walter Blanke, *Historiographiegeschichte als Historik*, Stuttgart-Bad Cannstatt: frommann-holzboog, 1991。而约尔丹（Stefan Jordan）则发现在这两个范式之间还存在一个“门槛期”（Schwellenzeit），它不是历史主义的前史，而是一个本身有独立史学理论的阶段。参见Stefan Jordan, *Geschichtstheorie in der ersten Hälfte des 19. Jahrhunderts: Die Schwellenzeit zwischen Pragmatismus und Klassischen Historismus*, Frankfurt a. M.: Campus Verlag, 1999。

若完全聚焦在今时今日之科学性标准的形塑上，史学史是否会缩减为我们学科当下形态的前史，并掩盖掉所有偏离性的因素？

对这一问题的审慎思考，让研究者开始将“科学”视为一种历史性地形成的状态。于是可以发现，在德意志，在这个无论是历史还是史学的概念流变都比英语世界更复杂的地区，“启蒙史学”和“历史主义”这类标签各自内含的统摄性，并不足以覆盖史学发展之取向选择背后所支撑的全部逻辑。本文试图通过勾勒18世纪至20世纪德国史学家在思考史学特性时［他们发展起了一套归于“历史知识理论”（Historik）名下的话语体系］，对历史知识之建构性、目的性、功用性的认知变化，并将其与“科学”“研究”“知识”等概念的历时面貌结合在一起，来说明：德国史学之发展，与其说是经历了非科学向科学、前现代向现代之转型，毋宁说是在对历史知识之基本特性的理解上经历了摇摆和位移。

一、建构性的高扬与回落

早在18世纪启蒙时代晚期的史学中，德国历史学家就认识到，历史书写者在空间、时间和生活世界上的立场束缚是无法回避的，他们的偏见与站队是人类认识的基本前提，历史学家因此是历史的建构者。这种看法最早由克拉德努（Johann Martin Chladenius）提出。他是18世纪德国最重要的史学理论家之一。1752年，他出版了讲座文集《历史科学的一般问题》（*Allgemeine Geschichtswissenschaft*），这个书名就已经表明了作者的立场：其身处于修辞导向的传统史学（Historie）向科学导向的现代史学（Geschichtswissenschaft）转变的节点上。当时史学受到了从17世纪开始流行的历史怀疑主义的损害，后者宣称一切皆不可信，一切皆可怀疑。在与怀疑主义的对抗中，克拉德努发现人们对“历史知识的特性”（Beschaffenheit der historischen Erkenntniß）缺乏系统的认知，需要对其进行进一步的研究和完整的解释。①

克拉德努的核心主张是，要求一种不偏不倚的历史叙述并不意味着取消叙述的立场，每个叙述都受制于（直接或间接的）观察者各自的“视点”（Sehepunkt），视点是观察者的内外状态，包括他的社会状况、身份地位、情绪心

① Johann Martin Chladenius, *Allgemeine Geschichtswissenschaft*: *Worinnen der Grund zu einer neuen Einsicht in allen Arten der Gelahrtheit gelegt wird*, Leipzig: Friedrich Lanckischens Erben, 1752, Vorrede.

态等；不偏不倚的叙述就是“竭尽所能地、问心无愧的”（nach besten Wissen und Gewissen）叙述，就是不蓄意地掩盖或扭曲所述之对象。但是因为这种叙述受制于经验和判断的相对性，所以过去本身无法在总体上再现出来，“历史的原型”（Urbild der Geschichte）在“叙述的生产”（Erzeugung der Erzählung）中发生了变化。这样一来，史学之任务和意义就在于历史学家能够从、必须从、同时也被允许从自身视角出发来编排、勾勒、探究历史。[①] 在此克拉德努的任务是对传承下来的“史学”（Historie）进行拷问，拷问之前的历史学家（Geschichtsschreiber）从何视点出发进行讲述。

因为这种自反性的思考，使得克拉德努被视为现代史学的开路先锋，科泽勒克（Reinhart Koselleck）称其“补交了前现代史学的认识论”。[②] 但是，作为一位同时在哲学、教会史和修辞学上都有建树的神学家，克拉德努的诉求与其说是代表着要将史学建设成为一门专业科学的雄心，毋宁说是反映着上述学科对史学的兴趣和理解。他的贡献在于把历史真相与对历史真相的认识区分了开来，并因此在历史知识之历史化的基础上赋予史学以有效性。

克拉德努的视角论在18世纪下半叶得到了普遍接受。哥廷根学派的重要代表之一加特勒尔（Johann Christoph Gatterer）曾言：“所有这些人都有他们自己的立场，都有他们自己的视角；对他们而言，这些立场和视角让一件事、一个情形、一个事物的某一面时而变得举足轻重，时而又变得无关紧要，时而甚至完全不为人知，并且因此根据截然不同的预期决定了他们对事件的选择。”[③] 他的同事，哥廷根学派的另一重要代表施洛策尔（August Ludwig von Schlözer）同样认为：“对现在来说，一个事实有可能看上去极为微不足道；但是对历史本身或者对评论界来说，它迟早能够变得至关重要。”[④] 19世纪初，歌德也还在强调：“世界史必须不时地被改写，在我们的时代对此大概已经毫无怀疑了。”“但这种必要性的产生绝对不是因为许多事件事后被发现了，而是因为有了新的

---

① A. a. O., 5. Kapitel, §. 11, 12; 6. Kapitel, §. 12, 33, 34.

② Reinhart Koselleck, “Standortbindungen und Zeitlichkeit: Ein Beitrag zur historiographischen Erschließung der geschichtlichen Welt”, in ders., *Vergangene Zukunft: Zur Semantik geschichtlicher Zeiten*, Frankfurt a. M.: Suhrkamp, 1979, S. 176-207, hier S. 185.

③ Johann Christoph Gatterer, “Abhandlung vom Standort und Gesichtspunkt des Geschichtsschreiber oder der teutsche Livius”, in ders. (Hg.), *Allgemeine historische Bibliothek*, Bd. 5, Halle: Johann Justinus Gebauer, 1768, S. 3-29, hier S. 6.

④ August Ludwig von Schlözer, “Vorrede”, in Abbé Mably, *Von der Art die Geschichte zu schreiben, oder über die historische Kunst*, Straßburg: Akademische Buchhandlung, 1784, S. 1-24, hier S. 15, Anm.

视角，因为一个不断向前发展之时代中的人们被引导到了能够以一种新方式去俯瞰和评判过去的立场上。”①

视角论主导下对历史知识之选择性、建构性、历史性和主体性的强调，之所以能够在18世纪德语世界中流行开来，与这一时期“科学”（Wissenschaft）概念的日常语义关系密切。在此需要强调的是，对历史学自我认知产生深刻影响的，并不是经验论与唯理论关于人类掌握知识之途径的激烈争执，而是社会主流的科学观。在近代早期德语的语言使用中，“科学”主要是指一种主观指涉、个体指涉之物；它是个人的“智识看法”，是一种技能或者能力，甚至更像是一种“美德”，因为它的获得要基于人在智力和心性上的特质（比如聪慧、明智、才思敏捷等），并且需要专门的传授；它不强调知识的学科分类，因此通常以复数形式出现。② 这种科学概念一直到18世纪晚期都是德意志知识界的普遍认知。当时的德意志人相信，科学是一种个人的能力和学识，它是不确定的。正因如此，他们也才相信，历史叙述的视角论无损于历史学之科学性。

但是与此同时，科学概念本身却在悄悄发生变化，它内涵中的个体性越来越薄弱。在1811年的《高地德语方言语法评论词典》和《德语词典》中，“科学”词条都明确指出了这个词的三种用法：其一是人知晓某事的状态，其二是人所知晓之知识的整体，其三是作为普遍真理之总体出现的客观物，其中尤以第三种用法越来越流行。③ 相应地，科学地行事则变成“彻底地、连贯地、有序地、全然地行事，以至于人们能够从中获得一种尽可能澄明的、清晰的、确定的知识”，对此之追求亦即“科学性之精神”。④ 由此出发，19世纪上半叶新的科学概念给自己贴上了以下几个特征标签：首先，科学是超个体的。它不再因个人的个性、能力和学识而异，而是可以获得的普遍有效知识。其次，科学

① Johann Wolfgang von Goethe, “Zur Geschichte der Farbenlehre”, in ders., *Sämmtliche Schriften*, Bd. 22, Wien: Anton Strauß, 1821, S. 231.

② Wolfgang Hardtwig, “Die Verwissenschaftlichung der Geschichtsschreibung zwischen Aufklärung und Historismus”, in ders., *Geschichtskultur und Wissenschaft*, München: dtv, 1990, S. 58-91; Waltraud Bumann, “Der Begriff der Wissenschaft im deutschen Sprach- und Denkraum”, in Alwin Diemer (Hg.), *Der Wissenschaftsbegriff: Historische und systematische Untersuchungen*, Meisenheim a. G.: Anton Hain, 1970, S. 64-75.

③ Johann Christoph Adelung, *Grammatisch-Kritisches Wörterbuch der Hochdeutschen Mundart*, Bd. 4, Wien: Pichler, 1811, S. 1581f; Joachim Heinrich Campe, *Wörterbuch der deutschen Sprache*, Teil 5, Braunschweig: Schulbuchhandlung, 1811, S. 746f.

④ Wilhelm Traugott Krug, *Allgemeines Handwörterbuch der philosophischen Wissenschaften, nebst ihrer Literatur und Geschichte*, Bd. 5, Abt. 2, Leipzig: Brockhaus, 1838, S. 467.

是自治的。一门科学就代表着该领域内所有可能之知识的总和，不同科学之间彼此区分。再次，科学是系统的。作为一个总体，它的各部分处在一个整体的论证语境中。最后，科学来源于推导。科学不是直观的知识，它是被推导或者自我推导出来的。因此，科学知识要凭借特定的行事方法而形成，并得到保障。以上这些特征，都无法在视角论的框架内得到认证，因此历史知识的建构性在19世纪逐渐回落。

二、自为目的性的确立与保障

19世纪德语中的“科学”概念，并没有把自然科学之科学性作为特征标签和统一标准，因此给德国史学通过转型获得现代科学性留下了空间。这种转型并不是对史学活动之本质的抽象概括，而是一种赋值和重塑。以兰克（Leopold von Ranke）为代表的历史知识之“客观化”是这种赋值的一个鲜明表现，但仅凭这一点并不足以概括德国史学成为独立科学的全貌。德国史学为了获得现代社会语境中的科学认证，运用了复杂的策略。首先，它确立了“自为目的”的形象，这通过让史学摆脱政治伦理说教性和理性从属性而实现。随之，它发展起了一套独立的行事方法程序为该形象保驾护航，这通过区分两类行为模式——一类是与历史打交道的“科学”的方式方法，另一类是与人类过去打交道的其他方式方法——而实现。

传统史学（Historie）将自己定义为“对过去发生之事的叙述”（narratio rei gestae）或者“关于发生之事的记载”（historia rerum gestarum）。这种叙述/记载本身就是对真相的真实报道，其重点在于历史之“流传”。它要遵循的方法是修辞五艺中的“觅材取材”（inventio）、“布局谋篇”（dispositio）和“文体风格”（elocutio）。这些活动概括起来就是“历史写作”（Geschichtsschreibung），其功用在于充当“生活之师”（historia magistra vitae）。这种强调“对过去发生之事的叙述”要具有道德训诫和政治教导功能的史学模式，就是修昔底德和波里比乌斯所倡导的修辞性实用主义。这种取向在文艺复兴的人文主义史学中得到复苏和发展。

从18世纪下半叶开始，这种实用主义开始被德语区的历史学家——尤其是哥廷根学派的成员——所拒斥。他们提出了一种新实用主义。一方面，新实用主义虽然仍然承认史学之道德教化功能，但是不再主张历史叙述要主动提供教诲，历史学要从一种显性的实用主义转向隐性的实用主义。1772 年，施洛策尔在阐释他的普世史（Universalhistorie）理念时指出，历史学家的对象是所有有助于历史认识、有助于政治行动、有助于公民之历史政治意识教育的可靠历史事实，但是历史学家在写作时要“不带推理，不带描写，不带说教式的审视。只有事实，不过是根据是否有用挑选出来的事实；而且事实要依次排列，以至于读者自身就必须联想到要评判。普世史本身要避开实用主义这个雷区，但是它指导读者自己花力气变得实用主义。它只是搜集、整理和叙述”。[①] 另一方面，新实用主义认为，历史写作就是要用因果链条来对合适的“过去发生之事”进行系统的编排叙述。这其中有两个核心：一是因果联系，一是由此构建的系统。阿尔特多夫大学的哲学教授威尔（Georg Andreas Will）曾言，史学所作的叙述“必须是一种连续的、有序的叙述”。[②] 加特勒尔认为史学中的“实用”之物就是其他科学中称为“系统”之物[③]，“原因在前，结果在后，如此行事的历史学家，就是实用主义的”[④]。历史写作要把事件的因果体系呈现出来，这就是历史知识之系统性和科学性所在。实用主义的这种转向，与人们对于历史功用看法的转变密切相关。科泽勒克认为，“历史乃生活之师”这一观念从 1750 年开始逐渐失去信众。因为该观念的基础是相信过去与现在处在一个共同的“经验空间”（Erfahrungsraum）中，所以历史无论如何不会无用武之地。但是近代以来急剧的社会变化让这种共同的经验空间不复存在了。于是逐渐地，不再有强调典范意义的历史（Historie），而只有强调事件本身的历史（Geschichte）。[⑤] 就此而言，新实用主义恰恰是这种变化开始的第一环，它对历史知识之事实性的强调已经隐隐预示着 19 世纪德意志史学发展的方向。

不过，新实用主义虽然力图让史学摆脱说教性，但并没有让史学摆脱其知

① August Ludwig Schlözer, *Vorstellung seiner Universal-Historie*, Bd. 1, Göttingen: Dieterich, 1772, S. 26.

② Georg Andreas Will, “Einleigung in die historische Gelahrtheit und die Methode, die Geschichte zu lehren und zu lernen”, in Horst Walter Blanke und Dirk Fleischer (Hg.), *Theoretiker der deutschen Aufklärungshistorie*, Bd. 1, Stuttgart-Bad Cannstatt: frommann-holzboog, 1990, S. 313-349, hier S. 314.

③ Johann Christoph Gatterer, “Von der Evidenz in der Geschichtkunde”, in Horst Walter Blanke und Dirk Fleischer (Hg.), *Theoretiker der deutschen Aufklärungshistorie*, Bd. 2, S. 466-477, hier S. 466.

④ Johann Christoph Gatterer, “Abhandlung vom Standort und Gesichtspunkt des Geschichtsschreiber oder der teutsche Livius”, in ders. (Hg.), *Allgemeine historische Bibliothek*, Bd. 5, S. 5.

⑤ Reinhart Koselleck, “Historia Magistra Vitae: Über die Auflösung des Topos im Horizont neuzeitlich bewegter Geschichte”, in ders., *Vergangene Zukunft: Zur Semantik geschichtlicher Zeiten*, S. 38-66, hier S. 47ff.

识从属性。18 世纪上半叶德语圈最知名的百科全书主编齐德勒（Johann Heinrich Zedler）将知识分为两个类别：一类是“来自理性之光”（aus dem Lichte der Vernunft）的认知，其具有哲学性；另一类是“来自启示之光”（aus dem Lichte der Offenbarung）的认知，其具有神学性。历史学（Historie）属于第一类知识。① 该定位要求历史学之任务和目的在于：察觉所有历史现象中的理性，用理性推导历史现象，并用理性为其说明理由。这种认为历史学要具有哲学性、理性和普遍性的看法，正是以伏尔泰和哥廷根学派为代表的大部分启蒙史家所倡导的观点。他们的基本共识在于：“历史中的实用主义完全不在于历史之有用性，而在于哲学精神之应用中，该精神试图以敏锐的眼光到处探索事件之驱动物，并将其清晰地发展起来。”② 因此，新实用主义让史学摆脱表面的“生活之师”角色，只是迈出了让其成为现代意义上自治独立之科学学科的第一步。在整个知识谱系中，历史知识还是为了进入更高级之科系——主要是神学和法学——学习而做的人文准备，它从属于“人文学”（Humaniora）。③ 摆脱知识从属地位的任务，要在 19 世纪上半叶完成。

到了 19 世纪前叶，已经有越来越多的人承认：“历史要用实例为一种道德、一种政治或者一种哲学做出解释——这种受古往今来的实用主义者欢迎的定义被删除了。”④ “虽然在政治、道德等的学习中，仍然可以并且必须用到作为支持性学说的历史……但是倘若要将历史作为历史来学习和教授，那么最高目的就在于其本身。”⑤ 哥廷根七君子之一的格维努斯（Georg Gottfried Gervinus）更明确地指出：“假如还有人像赫尔德和康德那样，总是在历史中寻找一个目的、一个理想的顶点、人类的完美联合、社会的完美状态或者类似之物，那么我们

---

① Johann Heinrich Zedler u. a. (Hg.), *Grosses vollständiges Universal-Lexicon Aller Wissenschafften und Künste*, Bd. 57, Halle und Leipzig: Verlegts Johann Heinrich Zedler, 1748, S. 1399-1517, hier S. 1401.

② D. Wilhelm August Rudloff, "Versuch einer pragmatischen Einleitung in die Geschichte und heutige Verfassung der teutschen Chur- und fürstlichen Häuser", in Johann Christoph Gatterer (Hg.), *Allgemeine historische Bibliothek*, Bd. 7, S. 87-93, hier S. 89.

③ Wilhelm Giesebrecht, "Zur Charakteristik der heutigen Geschichtsschreibung in Deutschland", *Historische Zeitschrift*, 1858 (1).

④ Friedrich Rühs, *Entwurf einer Propädeutik des historischen Studiums*, Berlin: Realschulbuchhandlung, 1811, S. 14.

⑤ Wilhelm Wachsmuth, *Entwurf einer Theorie der Geschichte*, Halle: Hemmerde und Schwetschke, 1820, S. 129.

可以说，他没有理解所有历史教训中的最基本之物。"[①] 1824 年，兰克发表了一段被后人不断引用的言论："人们曾赋予历史学（Historie）借鉴过去，教导当代，嘉惠未来的职责。眼下的这一尝试并不承担如此崇高的职责，它仅仅想要指明当时的情况究竟如何而已"。[②] 从这段话中概括出的名言"如实直书"变成了史学科学化的一面旗帜，但这与其说是兰克为史学之客观性打出的标语，毋宁说是现代的 Geschichte 与传统的 Historie 划清界限的宣言，其最大目的是令史学不再从属于实用功能，也不再从属于"理性真理"（Vernunftwahrheit）。

伴随着史学之去功用化和去哲性化，其"自为目的"的特性得到了确立和认可，随之而来的是需要提供保障这一特性的手段。换言之，当"历史"的内涵从对过去发生之事的叙述、记载或报道，转向对过去发生之事尤其是其细节的调查（singularium rerum cognitio）时，需要建构一套相应的新行事方法，一套不同于修辞技艺的历史技艺。这就导致史学工作变成了历史写作（Geschichtsschreibung）与历史研究（Geschichtsforschung）的结合体。

"研究"这一概念在 18 世纪至 20 世纪德国史学中的含义与地位变化，并非一蹴而就的。[③] 在启蒙史学中，"研究"与"写作"是一对无关的概念，"研究"与"科学"也是一对无关的概念。虽然，哥廷根学派的一大特色和贡献就在于承认史料考证、史料选编、大事年表勘定等工作的地位，并发展出相关的方法和技艺。但是，他们的新实用主义取向仍然认为史学最重要的任务不是研究，而是写作，是表现（Darstellung），是要通过写作把历史引人入胜地表达出来。他们用以称呼自己工作的词汇不是研究，而是论述（Abhandlung）、探讨（Untersuchung）或者思考（Betrachtung）。1820 年，被视为启蒙史学向历史主义过渡的关键人物瓦克斯穆特（Wilhelm Wachsmuth）在代表作《一种历史理论的构想》中将关于历史的理论分成两个部分："这个理论的第一部分将历史视为客观保有人类认识的一种原料，并且通过内化理性法则把这种原料整理成一种系统知识之总体。这包括，划定这种系统知识的范围，确定并且整理它的内容，指明它与其他人类知识之间的关系。也就是说，第一部分是科学形式之总体，

---

① Georg Gottfried Gervinus, *Grundzüge der Historik*, Leipzig: Engelmann, 1837, S. 63.

② Leopold von Ranke, *Geschichten der romanischen und germanischen Völker von 1494 bis 1514*, Leipzig: Duncker & Humbolt, 1885, S. VII.

③ Wolfgang Hardtwig, "Konzeption und Begriff der Forschung in der deutschen Geschichtswissenschaft", in ders., *Deutsche Geschichtskultur im 19. und 20. Jahrhundert*, München: Oldenbourg, 2013, S. 19–35.

历史通过嵌套这些形式而被形塑成一种科学的内容物，这一部分因此可以被称作历史科学理论（Theorie der Ges chichtswissenschaft）。这个理论的第二部分讲授主观地对待历史原料，历史原料如何通过研究被变成一种人类精神的所有物，变成一种主观之物，并且通过表现被作为带有自身特点的艺术作品而重现出来。这两种工作结合在一起就叫作历史艺术；这第二部分的名称就是历史艺术理论（Theorie der historischen Kunst）。"① 显然，在瓦克斯穆特看来，关于历史知识的理论包括"历史科学理论"和"历史艺术理论"两部分，人们通过内化理性法则把历史建构成历史科学，通过研究和表现把历史塑造为艺术作品。其中，一方面，研究与史学之科学性无关。"研究"一词在这里显然还不具备其现代特征，它并不是指依据确定规则而进行的真理认识过程。对事实本身、对历史原料进行调查的研究活动完全是主观的，它虽然属于史学之要素，但并不负责建构史学之科学性。如果说"科学"是透过现象认识本质，那么"研究"则是形成对现象的有条理认识。另一方面，研究还与历史写作割裂。"对原料之表现……是一种与研究截然不同、紧接在研究之后的工作"。② 历史写作要反映研究之成果而不是为意义创设服务，这种思想在瓦克斯穆特那里仍没有成熟地发展起来。

随着历史主义的发展，历史写作与历史研究之间的割裂逐渐弥合了。及至1857年，历史主义理论大家德罗伊森（Johann Gustav Droysen）将关于历史知识的理论分为"方法论"和"系统论"两个部分，历史研究与历史写作就被统一在方法论的范畴下。③ 史学理论的这种结构布局变化，一方面标志着研究与科学紧密联系在一起，研究变成了史学之科学行事方法的代名词；另一方面标志着研究与写作紧密联系在一起，写作就是以不同的形式把研究结果呈现出来。

研究活动在史学中的地位提高，首先与历史学家将原始材料视为历史写作之首要基石，并且愿意从事档案工作密切相关。利用档案写就的历史作品在18世纪仍然被认为是无用的、学究的，它们偏离了史学的古典范式。19世纪初，

---

① Wilhelm Wachsmuth, *Entwurf einer Theorie der Geschichte*, S. 1.

② A. a. O., S. 119.

③ 德罗伊森后期将历史写作（或者说表现）独立成"体裁论"。但这种变化并不是基于历史研究与历史写作的分裂，而是为了强调历史写作之重要，他本人仍然认为历史研究的性质就决定了历史写作的方式。参见德罗伊森：《历史知识理论》，耶尔恩·吕森、胡昌智选编，胡昌智译，北京大学出版社，2006年，第91页。关于德罗伊森的史学理论，参见吕和应：《德罗伊森〈历史知识理论纲要〉研究》，复旦大学博士学位论文，2009年。其中关于"表现"理论的地位变化详见第104—121页。吕和应：《德罗伊森时代的学科之争——兼论德国现代史学的诞生》，《历史研究》2015年第3期。

吕斯（Friedrich Rühs）还在警告他的同仁们要当心档案馆中“沉闷的空气”对健康的损害。[①] 到了19世纪30年代，普遍的观念已经认为历史学家应该“研究布满尘埃的档案”。[②] 在此基础上，将研究视为对真理之探究的看法日益占据主导地位。围绕着“研究”开始形成一套专门的史学方法论，亦即一种历史思考的程序。

这套程序最初以启迪（Heuristik）和批判/考证（Kritik）这两个步骤为核心。[③] 这两个概念在19世纪上半叶的内涵，与德罗伊森的理解并不相同。在德罗伊森那里，启迪由两个部分组成：首先提出问题，然后搜集对一个可能答案而言必要的材料。而这时的启迪，是指寻找隐藏在材料中的“事实”；启迪是非常个人化的，因为它其实反映了研究者与研究对象之间的关系，并且受制于研究者自身的认知和能力。在从史料中弄清事实后，需要确证这些事实。为此就发展起了批判的方法。“批判”是德国史学在朝研究型转向时的核心概念。虽然批判态度从古典史学起就属于史学传统的一部分，但是19世纪德意志史学的批判法首先是为了应对“法国人人道化的、政治化的方法及其伪哲学的思考”。[④] 在德国史家看来，没有什么比“伏尔泰、兰盖（Linguet）及其盲从者所推荐的行事方法”更不具有批判性的了。[⑤] 这种“现代”的批判概念最初在尼布尔（Barthold Georg Niebuhr）那里得到深化。尼布尔认为，对历史之批判“不是阐明那些只是引发负面看法的结果，而是阐明对这段历史之全部的探讨本身”[⑥]；“批判”和“预言”（Divination）是弥补史料之瑕疵、歪曲和不足的两大手段[⑦]。通过强调历史思考之批判性，历史学家开始彻底否定启蒙史学和新实用主义。但是在尼布尔那里，批判还是一种“无法依据规则来传授的技艺”，只可以“受教于大师”。[⑧] 其后的历史学家逐渐将批判发展成获取历史真相的史料考证法，以支撑史学的客观化。史料考证的任务是“查验那些流传下来的内

---

① Friedrich Rühs, *Entwurf einer Propädeutik des historischen Studiums*, S. 235.

② Georg Gottfried Gervinus, *Grundzüge der Historik*, S. 92.

③ 在胡昌智译本的《历史知识理论》中，这两个词分别被译为“问题之提出与材料收集”和“史料考证”。

④ Stefan Jordan, *Geschichtstheorie in der ersten Hälfte des 19. Jahrhunderts*, S. 93.

⑤ Friedrich Rühs, *Entwurf einer Propädeutik des historischen Studiums*, S. 245.

⑥ Barthold Georg Niebuhr, “Einleitung zu den Vorlesung über Römische Geschichte”, in ders., *Kleine historische und philologische Schriften: Erste Sammlung*, Bonn: Weber, 1828, S. 83-101, hier S. 87.

⑦ A. a. O., S. 11.

⑧ Ebd.

容，这些内容是我们对于过去还有现在之认识的基础，指明其中的错误，揭露谎言，并且就此尽可能形成确证可信的事实”。① 及至德罗伊森处，它已是一种由“真实性考证”（Kritit der Echtheit）、“一致性考证”（Kritik des Früheren und Späteren）和“正确性考证”（Kritik des Richtigen）等不同层次所构成的、以大量辅助学科为依托的系统程序。②

到19世纪中期为止，与历史打交道的“科学”方式方法已经被确定为：以调查为目的，通过启迪和批判的研究手段，追求对历史事实本身的认识——这就是史学之行事方法的基本科学性所在。至此，史学凭借“自为目的性”来建立自身知识地位和科学地位的目标基本实现了。

需要注意的是，在这个史学科学方法论的形塑阶段，历史学家的主体建构性，也就是对历史的解释（Interpretation）和理解（Verstehen），虽然并不占据核心地位，但它并没有被完全抹去，只是变成了史学的侧翼。学者们常常提到解释，虽然更多的是将它视为语言学技艺，而不是历史研究中一个固有步骤。他们也都认识到历史学需要理解，虽然它不是依附于一套方法程序。洪堡（Wilhelm von Humboldt）在《论史家的责任》中强调了史家之主体性和理解的重要，当然他并没有将理解作为一个史学专业的方法论术语来使用。③ 与“理解”这个强调过程的概念相比，德国史家在19世纪前期更喜欢用“领悟”（Verständnis）这个强调结果的同源概念。史学要追求“对人类生活最内在之物的领悟”，史学之科学性就在于它提供的是一种“领悟世界”的知识。④ 哪怕是兰克这样的事实论者，也将“领悟”视为史学的核心关切，承认“史学之职责不仅在于搜集事实并将其依次安排，而且在于对它们的领悟”。⑤ 1837年，格维努斯在其《历史知识理论之基本特征》的结尾总结历史学家技艺时指出，历史

---

① Hartwig Floto, “Ueber Historische Kritik”, in Stefan Jordan (Hg.), *Schwellenzeittexte. Quellen zur deutschsprachigen Geschichtstheorie in der ersten Hälfte des 19. Jahrhunderts*, Waltrop: Hartmut Spenner, 1999, S. 247-251, hier S. 248.

② Johann Gustav Droysen, “Grundriß der Historik”, in ders., *Historik. Historische-kritische Ausgabe von Peter Leyh. Bd. 1*, Stuttgart-Bad Cannstatt: frommann-holzboog, 1977, S. 401f.

③ Wilhelm von Humboldt, “Ueber die Aufgabe des Geschichtsschreibers”, in ders., *Gesammelte Werke*, Bd. 1, Berlin: Georg Reimer, 1841, S. 1-25.

④ Friedrich Wilhelm Tittmann, *Ueber Erkenntniß und Kunst in der Geschichte*, Dresden: Waltherschen Hofbuchhandlung, 1817, S. 57, 70.

⑤ Leopold von Ranke, “Ueber die Verwandtschaft und den Unterschied der Historie und der Politik: Eine Rede zum Antritt der ordentlichen Professur an der Universität Berin im Jahre 1836”, in ders., *Sämmtliche Werke*, Bd. 24, Leipzig: Duncker & Humblot, 1872, S. 280-293, hier S. 284.

学家“应该以纯粹的情感去感知意外背后的伟大奥秘”，“要有领悟的生理机能结构（Organe des Verständnisses）”。[①] 在所有这些叙述中，领悟是史学的基本意识，但其地位不在学科方法论层面或者说史学研究之程序层面；不存在一套可以对领悟性知识进行严格逻辑鉴定的标准，它是自觉的、情感性的、生理性的、直指结果的。可是无论如何，在史学现代科学化的进程中，建构性从未消失过，它的地位变化是史学为了获得科学认证所付出的代价。

三、科学性与功用性的消长

随着史学越来越成为一门自洽且自治的专业科学，德国史学之自我定位有了新方向，它重新有了对现实地位的迫切诉求。如果说传统史学追求道德训诫和政治教导的功能，所强调的是历史自身的功用性，那么历史科学追求意义创设和现实导向的功能，所强调的则是史学与史学家的功用性。这种新诉求导致学科分裂为两个阵营，一方仍恪守史学之“自为目的性”而要求冷静疏离现实，另一方则以史学的这种独立性为基础而要求强势介入现实，后者日益占据上风。1841 年初，霍伊瑟尔（Ludwig Häusser）在当时的主流政治杂志上撰文，将历史学家分为三个类型：第一种是“书房里的历史学家”，他们作为学术专家专注于档案与考据；第二种是“沙龙里的历史学家”，他们要么是不食人间烟火的文艺爱好者，要么是为自由主义、保守主义或者宗教势力服务的理论家；第三种是“生活中的历史学家”，他们既带着专家的批判与考证精神进行历史书写，又以知识分子的身份向公共领域阐释历史对于现实的意义。霍伊瑟尔呼吁德国的历史学家们都做第三种人。[②] 聚贝尔（Heinrich von Sybel）——这位在德国史学之组织专业化上做出的贡献或许比兰克和德罗伊森都要大的历史学家——曾声称：“我身上，4/7 是教授，3/7 是政治家。”[③] 他提倡“学术与政治的

---

① Georg Gottfried Gervinus, *Grundzüge der Historik*, S. 92–94.

② Ludwig Häusser, “Die historische Literatur und das deutsche Publikum”, in ders., *Gesammelte Schriften*, Bd. 1, Berlin: Weidmann, 1869, S. 4–17.

③ Thomas Brechenmacher, “Wieviel Gegenwart verträgt historisches Urteilen? Die Kontroverse zwischen Heinrich von Sybel und Julius Ficker über die Bewertung der Kaiserpolitik des Mittelalters (1859–1862)”, in Ulrich Muhlack (Hg.), *Historisierung und gesellschaftlicher Wandel in Deutschland im 19. Jahrhundert*, Berlin: Akademie Verlag, 2003, S. 87–112, hier S. 87.

紧密结盟”。[①] 特奥多尔·蒙森（Theodor Mommsen）在1885年5月7日写给聚贝尔的信中这样写道：“撰写历史尤其是当代史的人，有为政治教育服务的义务。他应该为他的读者指明并且帮助其确定以后对国家的立场。”[②]

这是在三月革命前时代（Vormärz）成长起来的一代人所秉持的典型立场。1815年，从法国人统治下解放出来的德意志民族并没有迎来一个独立统一的德国，维也纳会议维持了德意志的政治分裂。1848至1849年，德国人想要通过政治革命重塑德国的尝试又失败了。这次失败不仅冲击了他们的自由主义理想（包括温和自由主义和右翼自由主义），而且冲击了他们历史思维中关于“过去、现在与未来之间关系的普遍想象”。[③] 更具体地说，民族要变成国家，“一个”民族要变成“一个”国家，历史发展是在现代民主国家框架下扩展自由的权利与权力：历史学家对历史的这种意义赋予失去了立足之地。随之而来的是，他们越来越将建立现代德意志民族国家的责任从市民阶层（Bürgertum）转交给普鲁士王国之手，这一派历史学家也因此被称为“普鲁士学派”。

该派学者坚信科学尤其是历史科学是确保帝国内部统一的重要因素，他们的目标是在民族、国家与史学之间缔结合约。1856年，聚贝尔在审视学科状况时这样描述：“在我们的文献中有一定地位的所有历史学家，都有他自己的色调；有人笃信宗教，有人是无神论者，有人是新教徒，有人是天主教徒，有人是自由主义者，有人是保守主义者，有来自各个党派的历史写作者，就是不再有客观的、无倾向性的、没有血肉的历史学家了。这是极其显著的一个进步!”[④] 历史知识的任务是要在一种人把自我塑造成个性化个体的“通人教化”（Bildung）中指明价值取向，为此历史学家自身必须首先有热切的希望与激情。德罗伊森在反对“不怒不苦”（sine ira et studio）的历史工作标准时曾说：“我想要自己看上去就呈现为我自身立场中的相对真理——比如我的祖国、我的宗教信仰、我的政治信仰、我的时代——允许我保有的样子，不多也不少……像瓦克斯穆特在其历史知识理论中所倡导的客观的不偏不倚，是不近人情的。人

---

① Heinrich von Sybel, *Über den Stand der neueren deutschen Geschichtsschreibung*, Marburg: Elwert'sche Universitäts-Buchhandlung, 1856, S. 7.

② Lothar Wickert, *Theodor Mommsen: Eine Biographie*, Bd. 4, Frankfurt a. M.: V. Klostermann, 1980, S. 239f., hier S. 239.

③ Friedrich Jaeger, Jörn Rüsen, *Geschichte des Historismus. Eine Einführung*, München: C. H. Beck, 1992, S. 87.

④ Heinrich von Sybel, *Über den Stand der neueren deutschen Geschichtsschreibung*, S. 7.

性其实就是必有偏向。”[①] 如果从这个意义上来理解，为什么他将史学方法论编排为“启迪—考证—解释”三部曲，为什么他把解释视为历史科学达到“研究性理解”（forschendes Verstehen）的关键，并以此强调历史知识的主体勾连与诠释特征，这种理论建构不单单是要为史学谋求更稳固的学科地位，不单单是学科理论发展积累到一定程度后的系统反省，而且是要通过强调史学的意义创设功能，来为其谋求比其他所有人文社会科学都更高的现实地位。

在普鲁士学派的努力下，德国史学在各方面摆脱从属地位并且形成一套自成体系的研究方法论后，将自身从一门为政治和道德伦理提供实例说教的支持性学科，正式变成了一门具有政治导向力、意义创设力和社会教化力的学科。尽管特赖奇克（Heinrich von Treitschke）等人在有益于政治的道路上走得太远了，尽管民族保守主义的上位为德国史学带去许多弊端，尽管德罗伊森对主体性的强调隐藏着唯我论的危险，但无法否认的是，他们塑造了历史学和历史学家的建构力量。他们将18世纪对历史知识之建构性的认识，从反对历史怀疑主义的辩护之词变成了提升自身地位的有力武器。史学从来没有在这样一种语境中看到自己的潜力。自此之后，无论是支持者还是反对者，无论是讨论历史之“用途”还是“滥用”，抑或史学之“益于人生”（Lebensdienlichkeit），都以承认史学之力量为前提。

不过，在19世纪下半叶，对普鲁士学派的反对的声音也开始出现，并且随着局势转变而越来越响亮。最初的批判者来自政治异见者。无论是在围绕如何评价德意志帝国之中世纪意大利政策而爆发的聚贝尔—菲克尔争论（Sybel-Ficker-Streit，1859—1862年），还是在围绕如何评价自由主义与德国统一之间的关系而爆发的特赖奇克—鲍姆加藤争论（Treitschke-Baumgarten-Kontroverse，1882—1883年），虽然争论的焦点是现实旨趣是否应该主宰对历史之评价，历史书写到底在多大程度上可以具有意图性和倾向性，但是归根结底，其驱动力不是深化对历史知识之特性的认知，而是为了维护自身的政治认同。站在聚贝尔和特赖奇克这样的普鲁士学派对面的，是支持以大德意志方案解决德意志问题的菲克尔（Julius Ficker）和仍忠于自由主义的鲍姆加藤（Hermann Baumgarten）。

学科自我认知的再次转向得益于代际更替。从19世纪80年代开始，新生代的历史学家开始在俾斯麦帝国成长起来，这批人包括莱曼（Max Lehmann）、

① Johann Gustav Droysen, “Historik. Rekonstruktion der ersten vollständigen Fassung der Vorlesungen”, in ders., *Historik. Historische-kritische Ausgabe von Peter Leyh. Bd. 1*, S. 236.

德尔布吕克（Hans Delbrück）、伦茨（Max Lenz）、马尔克斯（Erich Marcks）、拉赫法尔（Felix Rachfahl）、翁肯（Hermann Oncken）和汉普（Karl Hampe）等。他们都出生在19世纪中叶，对他们产生决定性影响的集体经验，不是1848年革命的失败，而是德意志统一后俾斯麦的政策、帝国社会经济问题的爆发和民族自由主义思想的复归。在他们看来，“帝国必须建立，这之后才能重新唤醒实在性的意义，唤醒对现实包括对过去的正确审夺。这方面的功绩，俾斯麦比兰克大。只要民族还在为它最崇高的财富而斗争，客观的史学就必须后退避让；当赢得胜利时，它才走上前来。激情平复后，我们才能重新公正行事”。① 在这种新取向下，他们要求改变学科的政治和学术取向，重新与兰克式的客观主义紧贴在一起，这就被称为新兰克主义（Neorankeanismus）或者兰克复兴浪潮（Rankerenaissance）。1848年革命后，因为保守主义和普鲁士邦国主义立场而受冷落的兰克，重新成了德国史学的精神领袖。

这股重建学科客观性的浪潮在20世纪初仍然主宰着德国史学，它不断加固着兰克式的客观主义在学科史中的地位，直至第一次世界大战爆发。从某种意义上来说，第一次世界大战比第二次世界大战更加强烈地改变了德意志民族国家与历史科学之间的关系。笼罩在德国人头上的战争失败阴影，迫使当时许多德国历史学家离开学术研究和课堂教学的安全之地，而投身时代的政治和文化之争。此后的德国历史学家都把自己视为“本民族历史宝库的守护者”和“历史圣坛上圣火的守护者”②，重新主张历史书写的政治与社会职责，并且把国家命运当作伦理政治运动和历史编纂的中心。他们在第三帝国时期与纳粹政权的“合意”，很大程度上也与他们的这种自我认知倾向和学科定位密切相关。③

直至20世纪五六十年代，史学在联邦德国的社会境遇发生了转变。虽然以黎特（Gerhard Ritter）为代表的历史学家仍然希望史学重新成为一股教化民众的力量，承担起比以往更重的政治责任。但一方面是史学在阻止“德国的浩劫”上的无能为力，另一方面是社会科学的声名鹊起，使得德国史学遭遇了严重的学科合法性危机。社会不再相信历史本身、历史科学、历史课和历史知识的价值，不断质疑这一学科的教化力量。史学在公共领域失去阐释权，逐渐丧

---

① Max Lenz, *Die großen Mächte: Ein Rückblick auf unser Jahrhundert*, Berlin: Paetel, 1900, S. 26.

② Bernd Faulenbach, *Ideologie des deutschen Weges: Die deutsche Geschichte in der Historiographie zwischen Kaiserreich und Nationalsozialismus*, München: C. H. Beck, 1980, S. 437f.

③ 关于纳粹时期德国史学的具体状况，参见景德祥：《纳粹时期的德国史学》，《山东社会科学》2008年第8期。

失了对自我能力的信心。这种质疑导致了 20 世纪 70 年代前期历史学科的大讨论。①

在德国史学的这场自我审视中，其核心对象有两个。第一个是关于历史知识的主体性。在此，18 世纪德国史学中的建构主义传统复苏了。包姆嘉特纳（Hans Michael Baumgartner）指出，一直以来被称为“历史”的事物，其实是一种“意义构成物”（Sinngebilde）；历史“既不是对发生之事复刻般的写照，亦不是加倍的再生产，而是对在时空上可确定之要素、进程、时间、情节的一种专门的、赋予价值和意义的建构性组织。感性的具体人类生活世界是基础和原料，历史……以对其的构造为前提，但无论如何不会与其完全等同”。② 沃尔夫冈·蒙森（Wolfgang J. Mommsen）也宣称：“我们不能再以此为出发点，即认为存在一种客观意义上的历史，或者历史的进程本身有一种客观的意义，只要对史料有足够的、深入的、不带前提的检视，就可以客观地掌握和阐明这种意义。……今时今日，在科学历史编纂学的有效射程内，历史视角之客观化……不再具有普遍强制力。”③ 总而言之，人们如何对某段历史做出说明和解释，并不能在史料层面上被决定，史料的功能、史料考证的功能和史料解释的功能都在一定程度上被缩减了。在这种前提下，为了证明历史知识不是一种随心所欲的肆意妄为，蒙森等人将视角放在了历史知识的知识社会学和知识心理学的前提下。历史知识的建构性主要受这些因素影响：时代精神对历史和人性的设想，学科内部的结构和状况，历史学家所属的社会群体，历史学家作为社会成员代表所具有的视角，历史学家对理性和经验的信仰、对现实的认知、对变化的理解、对未来的期待，等等。200 多年后，克拉德努的视角论重新找到了共鸣者。这

① 讨论内容涉及历史研究和历史科学的方方面面，包括史学如何与其他科学相区分，史学究竟是人文/精神科学还是社会科学，诠释与分析、理解与解释之间的关系如何，什么是史学的价值无涉（Wertfreiheit）与价值有涉（Wertbezogenheit），什么是史学的客观与偏见，等等。讨论的高潮是在 1971—1973 年，出版了一系列的专著和（会议）论文集，其中影响最大的是法贝尔的《史学理论》（Karl-Georg Faber, *Theorie der Geschichtswissenschaft*, München: C. H. Beck, 1971）和沃尔夫冈·蒙森的《超然于历史主义的历史学》（Wolfgang J. Mommsen, *Die Geschichtswissenschaft jenseits des Historismus*, Düsseldorf: Droste, 1971）。1973 年，“历史理论”（Theorie der Geschichte）工作小组成立，出版了一系列讨论文集。新的历史理论教席也随之建立，在比勒菲尔德大学的执掌者是科泽勒克。

② Hans Michael Baumgartner, “Thesen zur Grundlegung einer transzendentalen Historik”, in ders., Jörn Rüsen (Hg.), *Seminar: Geschichte und Theorie*, Frankfurt a. M.: Suhrkamp, 1976, S. 274-302, hier S. 276f.

③ Wolfgang J. Mommsen, “Der perspektivische Charakter historischer Aussagen und das Problem von Parteilichkeit und Objektivität historischer Erkenntnis”, in Reinhart Koselleck, ders. und Jörn Rüsen (Hg.), *Theorie der Geschichte: Bd. 1: Objektivität und Parteilichkeit*, München: dtv, 1977, S. 441-468, hier S. 449.

之后的德国史学家从弗莱克（Ludwik Fleck）那里学来了“思维集体”（Denkkollektiv）和“思维风格”（Denkstil）的概念①，从库恩（Thomas Kuhn）那里学来了“范式”和“不可通约性”的概念，从福柯（Michel Foucault）那里学来了“规训”的概念，从布尔迪厄（Pierre Bourdieu）那里学来了“场域”和“惯习”的概念。他们在这些概念的指导下，对自己的学科特性进行再思考。

第二个核心对象是历史知识的政治功用，即“历史（学）还有何用”的问题。② 以“历史社会科学”学派（Historische Sozialwissenschaft）为代表的一方，认为历史学家要彻底改变自己的职业定位，以便重新在公共领域唤醒历史科学的威望，实现它的政治功用。这一学派自视为启蒙史学的继承人，要重新建设史学的实用主义。其核心人物韦勒（Hans-Ulrich Wehler）和科卡（Jürgen Kocka）试图将历史科学打造成一门“批判性的社会科学”，他们主张一种“具有实用性的，但是绝对不是为政治而工具化的历史科学”，号召历史学家比以往更加严肃认真地看待自己“在政治与社会教育上的职责”和对当下社会的自我启蒙具有重要实践意义的“道德工作”。③ 与之相反，以尼培代（Thomas Nipperdey）和希尔格鲁伯（Andreas Hillgruber）为代表的新保守主义一方，则警告同仁们要时刻对学科的政治化保持警惕。虽然非科学的力量对历史研究的选题有重要的影响，但是历史学家不应事先假定研究对象的政治和教育意义，只有抛弃对研究对象是否有用、是否符合道德伦理这样的判断，才能获得真正有助于实践的历史知识。他们认为，对历史学家而言，研究成果不应该有“进步”与“反动”之

---

① 波兰籍犹太裔学者弗莱克的思想，被认为开创了20世纪科学史和科学社会学研究的新方向，并给了库恩很多启发。他提出的“思维集体”是人们互相交流思想或者在智识上互相影响的共同体，是思想发展和知识储备的载体；“思维风格”是感知事物和适当领会已感知到事物的倾向性表现。思维风格会对个人施加一种定向的感知方式，集体的思维风格决定了个人的思维风格。思维集体将人们区分开来，只有思维集体内部的成员才可以互相沟通理解。德语圈从20世纪80年代初开始越来越重视弗莱克的思想，国内的相关讨论则一直较少（参见夏钊：《弗莱克研究现状及其在中国的意义》，《科学文化评论》2014年第1期）。

② Reinhart Koselleck, “Wozu noch Historie?”, *Historische Zeitschrift*, 1971 (1); Thomas Nipperdey, “Wozu noch Geschichte?”, in Wolfgang Hardtwig (Hg.), *Über das Studium der Geschichte*, München: dtv, 1990, S. 366-388; Jürgen Kocka, “Geschichte-wozu?”, in ders., *Sozialgeschichte. Begriff-Entwicklung-Probleme*, Göttingen: Vandenhoeck & Ruprecht, 1977, S. 112-131; Willi Oelmüller (Hg.), *Wozu noch Geschichte?*, München: Fink, 1977; Arnold Sywottek, *Geschichtswissenschaft in der Legitimationskrise. Ein Überblick über Diskussion um Theorie und Didaktik der Geschichte in der Bundesrepublik Deutschland 1969-1973*, Bonn-Bad Godesberg: Neue Gesellschaft, 1974.

③ Jürgen Kocka, “Theorien in der Sozial- und Gesellschaftsgeschichte: Vorschläge zur historischen Sichtungsanalyse”, *Geschichte und Gesellschaft*, 1975 (1).

分：一项支持“反动”政治立场的研究成果，它在学术上有可能是正确的；而反之，一项有“进步”政治意义的研究成果事实上有可能是错误的。[①]

从后续的发展来看，对功用性的讨论胜过了对科学性的讨论。其中一个至关重要的原因大概是在德意志现代史学传统中，主体性尽管几经涨落，但始终或隐或显地支撑着史学的发展。因此，当后现代浪潮带来主体性的回归时，对18世纪建构主义传统的重新发掘，让人们对历史知识之特性的认知从前科学到后科学隐隐形成了一个闭环。相反，围绕着历史的政治功用和历史科学的政治定位而展开的大讨论，导致了联邦德国史学内部持久而深刻的分裂。这种对立根本上无法调和。

或许是出于对这种认知分歧的妥协和规避，或许是对于主体性高扬的回应，德国史学将自我现实力量的建构，从承担社会政治责任逐渐偏转为促进个体历史意识和社会历史文化发展。这在历史教育学中表现得尤为突出。2000年，德国科学基金会、欧盟委员会和德国科学赞助者联合会等多个机构合作提出了“反思性历史意识的促进与发展”计划（Die Foerderung und Entwicklung von reflektierem Geschichtsbewusstsein，简称FUER Geschichtsbewusstsein）。[②] 该计划认为，历史性思考就是重构与解构的过程。所谓重构，就是以问题和方法为基础进行系统的叙述；所谓解构，就是对已有之历史表现进行分析。在这两大范畴中，历史性思考包括四种能力：历史性的提问能力、历史性的方法能力、历史性的取向能力和历史性的事实能力。历史教育学家潘德尔（Hans-Juergen Pandel）提出，历史学习是人类生活的一项终生活动，历史性思考的能力是人克服生活中的困境、面对各种争论的基础能力。这种能力包括叙事能力（能够从不同的历史事件中提炼出一段“进程发展”的历史）、阐释能力（能够从历史材料的文字和图像信息中获取意义）、类型能力（能够对不同的历史文本类型及其价值进行评判）、历史文化能力（能够运用历史产品中的逻辑和理性）。[③] 吕森则认为，历史学习之目的是让“我们有能力能够叙述我们所需之历史，以熟悉自己生活实践的时间维度”。[④] 这些理论各有侧重，但它们的共同点是，衡量

---

① Thomas Nipperdey, “Uber Relevanz”, *Geschichte in Wissenschaft und Unterricht*, 1972 (10); Andreas Hillgruber, “Politische Geschichte in moderner Sicht”, *Historische Zeitschrift*, 1973 (3).

② 参见 http://www1.ku-eichstaett.de/GGF/Didaktik/Projekt/FUER.html, 2019-4-1。

③ Hans-Jürgen Pandel, *Geschichtsdidaktik: Eine Theorie für die Praxis*, Schwalbach im Taunus: Wochenschau-Verlag, 2013, S. 207-245.

④ Jörn Rüsen, *Historik. Theorie der Geschichtswissenschaft*, Köln u. a.: Böhlau, 2013, S. 258.

历史学习效果的标准已经不再是所学之历史知识的多寡，而是要学习如何以正确的方式用历史思维来进行思考，这是史学所承担之“通人教化”的新职责所在。

余　论

简而言之，从18世纪至20世纪，德国史学对历史知识之建构性、科学性、自为目的性和现实功用性等特性的认识，根本上都是史学为了获得自己的知识地位和社会地位而做出的努力。其中包含两个基本层次：其一是以科学性为基础的学科性。在这其中，科学概念是变动的，科学性是复数的，它们的状态与性质是各自历史性地形成的。科学化并不是一个“自然”的过程，就像启蒙史学在某些方面比经典历史主义更现代一样。因此，历史学自我认知的“前现代—现代—后现代”发展线，与其说是一条递进式线性链条，毋宁说是一条迂回曲折、时而甚至自我相叠的道路。在科学性赋值的过程中，“自为目的性”的确立和保障是核心。但这其中隐含的逻辑线，更多的是单数的历史学家个体如何完成自我工作的自洽，而不是复数的历史学家群体如何解决彼此的分歧与冲突。就此而言，史学之自为目的性不仅强化着学科的特异性，同时也强化着史家个体的特异性。因为历史学家每个个体在程序逻辑上的论证是独白式的，所以历史知识之有效性是协商式的，甚至更进一步，关于学科的自我认知也是协商式的，是基于主体间性的。正是这种协商性决定了，在科学主导的知识体系中，就“历史是什么”和“历史学是什么”的问题展开争论，并永远无法完全达成一致，是历史学和历史学家的宿命。其二是史学的现实功用性。曾经，德国史学为了建构自为目的性而拒斥其伦理说教性；曾经，它为了提高社会地位而突显自己的价值导向能力；现在，它的视角从国家转到个人，因此强调自身的个体教化功能：这种变化的核心其实并不在于史学之有用无用，而是在于怎么用。功用性与科学性也不是截然对立的关系。它们时而贴近，时而又分离。德国史学的矛盾之处就在于，它有过最系统的科学方法论程序，但是同时又有过最现实政治（Realpolitik）导向的史学功能论。它就在这两个极端之间移动，尝试各种组合，以期找到自己的立足点。

（原文载于《天津社会科学》2019年第4期）

公共历史文化中的"克服历史"之争

——近来德国公众史学研究中的一个热点问题

孟钟捷*

关于"public history"① 从现象到学科的思考与讨论，国内外都已进行了一段时间，达成了一些共识，也出现了普遍关注的问题指向。② 公共历史争议就是其中的一个热点。它指的是公共领域中围绕某个历史问题而出现的争议性事件。它一般基于公众所关注的重大历史话题，通过公共媒体平台（从传统的辩论会到报刊、电台、电视台，直至网络上的新媒体）加以传播和渲染，形成一场全民参与的公共讨论活动，并最终对公众的历史意识产生影响。在这一进程中，职业历史学家不仅加入公共讨论中，成为公共历史争议的参与者，而且越来越意识到自己作为书写这段历史之人的使命感。由此，公共历史争议的缘起、特征及其影响便成为公众史学的重要研究对象。

在德国，"克服历史"（Vergangenheitsbewältigung，又译"历史清算"）是指人们与纳粹历史所进行的交往。它牵涉当代德国人认识纳粹历史、评价纳粹罪行、反省民族责任的立场、途径与限度，正是战后德国社会不得不面对的重

---

* 孟钟捷，华东师范大学历史学系世界史博士，现为华东师范大学历史学系/社会主义历史与文献研究院教授。

① "public history"在中文语境下存在各种理解。笔者把作为现象的"public history"译为"公共历史"，把作为学科的"public history"译为"公众史学"。

② 中国大陆的研究主要有：陈新：《"公众史学"的理论基础与学科框架》，《学术月刊》2012年第3期；拙文：《公众史学学科建设的可行路径——从德国历史教育学改革模式谈起》，《天津社会科学》2013年第3期；钱茂伟：《公众史学的定义及学科框架》，《浙江学刊》2014年第1期；李娜：《美国模式之公众史学在中国是否可行——中国公众史学的学科建设》，《江海学刊》2014年第2期；李娜：《连接学生与历史实践——公众史学在中国的教育体系建构》，《学术研究》2014年第8期。各大媒体对此也予以了关注，如《中国社会科学报》2014年6月20日刊发题为《构建中国公众史学学科体系》的报道，《社会科学报》2014年1月2日刊发题为《公众史学的中国式境遇》的报道等。

大历史问题。20 世纪 80 年代以来，“克服历史”愈加频繁地成为德国公共历史争议的主角。德国历史学家们敏锐地抓住了这一话题，在公众史学研究领域开拓出一系列值得我们重视的新方向。在下文中，笔者将首先说明“克服历史”之争何以引起德国史学界关注的前提条件，随后呈现德国历史学家们在最近 30 年间研究“克服历史”之争的进展，最后讨论德国在公共历史争议研究中的范式特征及其对中国公众史学的学科化之路所带来的启示。①

一

“克服历史”的概念最早产生于 20 世纪 50 年代中叶。② 不过，围绕在“克服历史”的立场、途径与限度上的争议，直到 80 年代后才成为职业历史学家们的研究对象，并自 90 年代以来演化成为公众史学研究领域的热点问题。这种变化是同纳粹研究的持续推进、史学视野的扩大创新、代际更迭带来的开放心态、大众媒体的兴盛与积极参与心态、新时代的德意志民族身份建构需求等因素有所关联。

职业历史学家们的研究进展，既为公共历史争议提供了学术支撑，又反过来推动这些争议本身成为学界的热议话题。在纳粹研究中，人们首先从希特勒个人转移到统治集团，由此形成了所谓“个人独裁”与“多头治理”之间的观点交锋；随后，学者们又把研究重点从纳粹党的各类下属团体延伸到武装部队、

---

① 就笔者目前阅读所知，德国史学界在这一方面的研究成果也不多见。唯一的一本比较史学研究是，Simone Rauthe, *Publikc History in den USA und der Bundesrepublik Deutschland* (Essen: Klartext Verlag, 2001). 最近的一篇重要论文是，Klaus Große Kracht, “Kontroverse Zeitgeschichte. Historiker im öffentlichen Meinungsstreit”, in: Sabine Horn / Michael Sauer (Hg.), *Geschichte und Öffentlichkeit. Orte-Medien-Institutionen*, Göttingen: Vandenhoeck & Ruprecht, 2009, S. 15–23. 笔者曾对此有所梳理，参见拙文：《从德国范式看公众史学争议的起因、进程与影响》，《江海学刊》2014 年第 2 期。

② 该词最早出现在 1955 年 7 月 15—18 日柏林福音派学院（Evangelische Akademie Berlin）有关“1944 年 7 月 20 日刺杀希特勒事件”研讨会的邀请函中。该函如此写道：“我们希望……今年这次有关 7 月 20 日事件的会议将在一个具有约束力的历史图景问题下召开。在 1945 年崩溃之后，是否存在着一幅得以具有普遍约束力的、有关我们历史的画面吗？究竟什么可以作为具有约束力的因素，来适用于我们也已产生的历史画面呢？1944 年 7 月 20 日的失败是否并未表明这种也已产生的历史画面过于狭隘，缺乏作用，而无法有效应对未来？与此同时，到今天为止，它是否显示出一种尚未被克服的过去（unbewältige Vergangenheit）之阴影将更为强大地存在？”此后，更为清晰使用该词的是哥廷根大学中世纪史学家赫尔曼·海佩尔（Hermann Heimpel）。他在 1956 年初强调：“只有清晰的、并非依靠辩解而提出的对于个人以及民族生活和历史的观点，才能治愈我们时代的疾病，才能克服未能克服的过去。”参见 Michael Kohlstruck, *Zwischen Erinnerung und Geschichte. Der Nationalsozialismus und die jungen Deutschen*, Berlin: Metropol, 1997, S. 13–14.

大学、教会等其他社会组织，以此追问纳粹党之外社会精英所应承担的历史责任；80 年代后，这种研究继续推进到普通人的角色问题，从中产生了纳粹罪行是否应该由德国社会集体承担的争议性话题。① 这些极具学术性的研究活动在学界内部制造出争辩舞台的同时，也影响到学界外部的社会舆论。通常受到人们热议的话题（例如武装部队的罪责、普通德国人的角色等②）会促使一些职业历史学家进行反思：为什么专业学术研究的某些结论无法被一部分公众所接受?③

史学研究的当代史转向与社会文化史的蓬勃发展，为职业历史学家重视“克服历史”之争奠定了学理基础。“当代史”（Zeitgeschichte）是目前德国历史学科中最受欢迎的分支学科。“克服历史”之争作为 1945 年后德国社会认识纳粹历史的复杂表现之一，自然受到学界的重视这一点在最近 10 年德国历史学家大会的分场话题设置中表现得十分明显。④与此同时，随着社会文化史的影响面持续扩大，职业历史学家们对于公共历史争议的现象及其文化内涵的兴趣，远比传统观念下关注真假问题更为浓厚。⑤

---

① 关于纳粹研究的学术回顾，可参见 Dieter Pohl，“Die Holocaust-Forschung und Goldhagens Thesen”，*Vierteljahrshefte für Zeitgeschichte*，45. 1，1997，S. 1-48；沃尔夫冈·席德尔著，孟钟捷、唐晓婷译：《德国史学界关于民族社会主义研究的回顾》，《德国研究》2002 年第 4 期。

② 笔者在这两个案例上曾做过相关研究。参见拙文：《统一后德国的身份认同与大屠杀争议——1996 年的“戈德哈根之争”》，《世界历史》2015 年第 1 期；《公共历史教育和德国的战争罪责观——以 1990 年代末“武装部队罪行展览之争”为中心的考察》，《历史教学问题》2015 年第2 期。

③ 如在戈德哈根之争中，职业历史学家在事后便直言不讳地提出了这样的问题：“为什么德国历史学家不为人所知?”参见 Johannes Heil und Rainer Erb（Hrsg.），*Geschichtswissenschaft und Öffentlichkeit. Der Streit um Daniel J. Goldhagen*，Franffurt a. M.：Fischer，1998，S. 131.

④ 关于当代史在联邦德国史学研究中的发展，可参见范丁梁：《二战后联邦德国当代史研究之兴起与发展》，见陈启能主编：《国际史学发展论丛》，第 1 辑，社会科学文献出版社，2015 年，第 180—201 页；德国历史学家大会分场话题设置的研究，可见拙文：《新世纪以来德国历史学研究趋向刍议——以历史学家大会为考察对象的分析》，同上，第 202—212 页。

⑤ 在 20 世纪 20 年代轰动一时的“历史通俗文学之争”中，职业历史学家曾轻而易举地以“历史主义”为名，挤压路德维希·埃米尔（Ludwig Emil）等历史传记作家们所引发的公共话题（如“谁是一战的罪魁祸首?”），认为这些话题根本不值得讨论。但到 90 年代的公共历史争议发生后，却出现了以此观察联邦德国“文化权力争夺”的论文。前一事件见 Eckart Kehr，“Der neue Plutarch. Die ‘historische Belletristik’，die Universität und die Demokratie”（1930），in：ders，*Der Primat der Innenpolitik. Gesammelte Aufsätze zur preußisch-deutschen Sozialgeschichte im 19. und 20. Jahrhundert*，Herausgegeben und eingeleitet von Hans-Ulrich Wehler（Berlin：Walter de Gruyter，1970）269-278；Michael Kienzle，“Biographie als Ritual. Am Fall Emil Ludwig”，in：Rucktäschel，Zimmermann（Hg.），*Trivialliteratur*，München：Fink，1976，S. 230-248；Christian Gradmann，*Historische Belletristik. Populäre historische Biographien in der Weimarer Republik*，. Frankfurt a. M.：Fischer，1993. 笔者曾以此为主题，做过一次演讲，主题内容刊登在《文汇报》2014 年 3 月 31 日上。后一说法来自 Wolfgang Wippermann，*Wessen Schuld? Vom Historikerstreit zur Goldhagen-Kontroverse*，Berlin：Elefanten，1997.

职业历史学家中的代际更迭，孕育了一批更为客观地看待“克服历史”之争的青年学者。二战后的第一代历史学家（19、20世纪之交时出生）大都经历过从帝国到纳粹的统治，他们以“无距离性”（Fritz Wagner语①）来抵制把纳粹历史纳入克里奥神殿中的当代史研究。第二代历史学家（20—30年代出生）在流亡学者（如Hans Rosenberg）和第一代中少数派（如Werner Conze、Theodor Schieder）的鼓励下，开创了“批判学派”（即“比勒菲尔德学派”，其中干将包括Hans-Ulrich Wehler、Heinrich August Winkler、Jürgen Kocka），在60—70年代冲锋在前，检讨德国通往纳粹之路的文化根源。②在一定意义上，上述两代学者其实都是“克服历史”之争的主要参与者，一方希望以消极的回避态度绕开这段“难堪的历史”，另一方则以积极的批判态度来集中反思这个“沉重的负担”。也正因如此，所谓“不识庐山真面目，只缘身在此山中”，他们很少发现争议本身也能够“历史化”，成为客观研究的对象。相反，70年代后半叶成长起来的第三代（40—50年代）、第四代（60—70年代）历史学家们便拥有更宽阔的行动空间。尽管他们中的一些人继续延续着上面两代人的各自立场，竞相成为新一轮“克服历史”之争的参与者，但其他青年学者却逐步超越了研究禁忌。

日益昌盛的大众媒体在制造“克服历史”之争的同时，也为相关研究提供了舞台。一方面，它们邀请职业历史学家参与主持有关争议的“中期回顾”或“争论总结”等栏目，《明镜》周刊（*Spiegel*）、《法兰克福汇报》（*Frankfurter Allgemeine Zeitung*）等便是如此；另一方面，它们又主动汇编相关争议材料，为相继兴起的研究做好准备，如《时代报》编辑了戈德哈根之争的史料。③

最后值得一提的是，职业历史学家们积极回应80年代以来建构德意志民族新身份认同需求的努力。在二战结束40年后，德国迎来了一系列重大变革，其中包括经济地位跃升为欧洲领袖、政治统一、恢复中欧强国地位等。在此情况下，“克服历史”之争实际上关系到德意志民族是否能够以及如何才能改变“有罪身份”的问题。这是德国内外十分关注的新身份认同建构进程。对此，德国历史学家对相关争议的梳理和解释，便成为国民自我体验的指南与应对世

---

① Fritz Wagner, “Geschichte und Zeitgeschichte. Pearl Harbor im Kreuzfeuer der Forschung”, *Historische Zeitschrift*, 183. 2, 1957, S. 303-326, 322.

② 拙文：《“独特道路”：德国现代历史研究的范式转变与反思》，《历史教学问题》2009年第4期。

③ *Zeit-dokument*: *Die Goldhagen-Kontroverse*, 1996.

界疑惑的回答。

二

“克服历史”的努力从战后伊始便已出现，但其“历史化”的起点是1983年赫尔曼·吕贝（Hermann Lübbe，1926年生）的论文《德国战后意识中的纳粹主义》。[①]作者敏锐发现了德国社会围绕在“克服历史”中的矛盾心态：“一方面，新的德意志共和国必须反对纳粹主义，彻底瓦解它的意识形态；另一方面，它又不能违背大多数民众的感情。为了赢得民众对民主的支持，也必须赢得民众对政府的支持，其中便涉及‘克服过去’的问题。在很长时间内，纳粹主义都成为一种禁忌话题。”颇有意思的是，吕贝早年参加过纳粹党，战后左转成为社民党成员。对于吕贝个人而言，身为纳粹党员的身份似乎也是一种禁忌话题。直到2007年，他的这种身份才被人发现，进而受到媒体热议。[②]这种反差至少表明在“克服历史”的问题上，一方面，历史学家作为一个普通人，同样不得不经历十分艰难的心理转型（即从回避到坦承）；另一方面，历史学家比普通人更为敏感，有能力——尽管需要一定时间差——发现围绕“克服历史”所产生的争议本身，足以反映战后德国社会的多种面向。

在此之后，德国学界的讨论大致表现为以下几个方面：

第一，从政治史角度来讨论联邦德国早期历史政策中的回避倾向及其原因。克莱门斯·福尔哈斯（Clemens Vollnhals，1956年生）在《在排挤与启蒙之间：联邦德国初期围绕大屠杀的争论》一文中，把吕贝所指出的那种矛盾心态具象化，特别集中在大屠杀问题在“克服历史”之争中的重要地位。[③]这一研究思路后来也反映在维尔纳·贝格曼（Werner Bergmann，1950年生）的论文《1949年到1989年间西德对大屠杀的反应》中。值得一提的是，该文还提到了历史教

---

① Hermann Lübbe, “Der Nationalsozialismus im deutschen Nachkriegsgebewusstsein”, *Historische Zeitschrift*, 236, 1983, S. 579-599

② 与此类似，文学家君特·格拉斯（Günter Grass）也是在多年批判纳粹历史后，到2006年方才承认自己曾经为纳粹服务的经历。

③ Clemens Vollnhals, “Zwischen Verdrängung und Aufklärung. Die Auseinandersetzung mit dem Holocaust in der frühen Bundesrepublik”, in: Ursula Büttner (Hrsg.), *Die Deutschen und Judenverfolgung im Dritten Reich*, Hamburg: Christian, 1992, S. 357-392.

科书编撰与“克服历史”之争的关系，因为历史教科书多少反映了国家意志。[①]除大屠杀问题外，前纳粹高官的命运也是历史学家们关心的问题。诺贝特·雅各布斯（Norbert Jacobs，1955年生）在其博士论文《1949—1973年联邦德国公共讨论中围绕汉斯·格洛布克的争议：有关德国政治文化》中，直接把这种类型的“克服历史”之争与德国政治文化重塑进程联系起来。他通过对大量公共媒体的调查研究，认为格罗布克这位阿登纳时代的总理办公厅主任之所以会成为当时舆论的焦点人物，不仅是同其作为前纳粹高官和“7·20刺杀希特勒事件”参与者的双重身份相关，而且反映了50—60年代联邦德国政治文化在摆脱纳粹历史与记忆纳粹罪行之间摇摆不定的问题。[②]尽管约尔格·弗里德里希（Jörg Friedrich，1944年生）不是一位职业历史学家，但他的专著《冷酷的大赦：联邦共和国中的纳粹罪犯》却是对该主题更为翔实的梳理，影响颇大。[③]乌尔里希·布洛赫哈根（Ulrich Brohhagen）在《纽伦堡之后：阿登纳时代的克服历史及其向西方融入》一书中开宗明义地谈到了两种有关“德国历史是否被克服”的态度——“太多了”还是“太少了”。而在作者看来，与纳粹历史的交往，不仅要回答“是否”与“多少”的问题，而且必须回答“如何”的问题，亦即把这种交往作为“历史现象”来加以研究。正因如此，在评价阿登纳政府的历史政策中，他试图去“理解”而非“批判”阿登纳，特别将其历史政策与外交旨向结合在一起进行思考。[④]这种思路后来也体现在诺贝特·弗赖（Norbert Frei，1955年生）的专著《历史政策：联邦德国初期和纳粹历史》中。作者用“历史政策”来代替“克服历史”这一术语，主要关注政府层面的历史认知形成过程及其所引发的社会争议。[⑤]

第二，从社会史角度来考察不同时代“克服历史”之争所出现的特征及其

---

① Werner Bergmann, “Die Reaktion auf den Holocaust in Westdeutschland von 1945 bis 1989”, *Geschichte in Wissenschaft und Unterricht*, 43, 1992, S. 327–350.

② Norbert Jacobs, *Der Streit um Dr. Hans Globke in der öffentlichen Meinung der Bundesrepublik Deutschland 1949–1973. Ein Beitrag zur politischen Kultur in Deutschland*, 波恩大学哲学系博士论文，1992年。

③ Jörg Friedrich, *Die kalte Amnestie. NS–Täter in der Bundesrepublik*, München, Zürich: Piper, 1994.

④ Ulrich Brochhagen, *Nach Nürnberg. Vergangenheitsbewältigung und Westintegration in der Ära Adenauer*, (Hamburg: Junius, 1994).

⑤ Norbert Frei, *Vergangenheitspolitik. Die Anfänge der Bundesrepublik und die NS–Vergangenheit* München: C. H. Beck, 1996.

原因。米夏埃尔·科尔斯特鲁克（Michael Kohlstruck，1957 年生）在《在回忆和历史之间：纳粹主义与年轻的德国人》一书中讨论了代际更迭与公共历史争议之间的关联。在他看来，“克服历史的社会实践，根据群体、代际和政治体制各有差异，新一代德国青年人完全不同于前面两代人”，因为他们既没有第一代人真实的“个人罪责”，也无须拥有第二代人不得不面对的“集体罪责”。不过，第三代人虽然不用在罪责灯光下讨论纳粹历史，但越来越浓厚的民族归属感问题却同样让这种讨论充满着紧张感。[①]贝恩德·福伦巴赫（Bernd Faulenbach，1943 年生）在《同纳粹时代及其回忆的范式转变》一文中，从历时性角度勾勒出公共意识与学术界在回忆纳粹历史方面的交往模式变迁。[②]

第三，以当代史的参与者身份来书写刚刚过去的“克服历史”之争。正当德国史学界开始重视“克服历史”之争的史学价值时，80—90 年代恰是此类争议形成新浪潮之际。由此，不少历史学家在参与争议的同时，也成为最早一批研究者。例如在 80 年代中叶“历史学家之争”发生后不久，唐·迪纳（Dan Diner，1946 年生）就出版了《民族社会主义是历史吗？论历史化与历史主义》一书[③]；在 1996 年“戈德哈根之争”结束的次年，米夏埃尔·施耐德（Michael Schneider，1944 年生）便进行了题为《“戈德哈根之争”：媒体社会的一场历史学家之争》的演说，并结集出版[④]；在 1995—1999 年的“武装部队罪行展览之争”的谢幕之时，传媒学者瓦尔特·霍姆贝格（Walter Hömberg）等发表了《观念斗争中的武装部队罪行展览》一文。[⑤]

第四，综合性与比较性的研究逐渐增多。沃尔夫冈·维普曼（Wolfgang Wippermann，1945 年生）首先发现了从“历史学家之争”到“戈德哈根之争”

---

① Michael Kohlstruck, *Zwischen Erinnerung und Geschichte. Der Nationalsozialismus und die jungen Deutschen*, Berlin: Metropol, 1997.

② Bernd Faulenbach, “Paradigmenwechsel im Umgang mit der NS-Zeit und des Erinnerns”, in: Karl Giebeler, Abraham Peter Kustermann (Hg.), *Erinnern und Gedenken-Paradigmenwechsel 60 Jahre nach Ende der NS-Diktatur?* Berlin: Frank & Timme, 2007, S. 37-52.

③ Dan Diner, *Ist der Nationalsozialismus Geschichte? Zu Historisierung und Historikerstreit*, Frankfurt a. M.: Fischer, 1988.

④ Michael Schneider, *Die “Goldhagen-Debatte”. Ein Historikerstreit in der Mediengesellschaft*, Bonn: Forschungsinstitut der Friedrich-Ebert-Stiftung, Historisches Forschungszentrum, 1997.

⑤ Walter Hoemberg / Christiane Reiter, “Die Wehrmachtsausstellung im Meinungskampf”, in: Juergen Wilke (Hrsg.), *Massenmedien und Zeitgeschichte*, Konstanz: UVK Medien, 1999, S. 234-246.

所蕴含的“罪责问题”。[①] 两位70后的文化学者托尔本·费歇尔（Torben Fischer）与马蒂亚斯·N. 劳伦茨（Matthias N. Lorenz，1973年生）主编了《德国“克服历史”辞典：1945年后纳粹主义的争辩与讨论史》一书，系统整理了1945年后联邦德国在这一领域中的变迁过程。[②] 曼弗雷德·基特尔（Manfred Kittel，1962年生）推出了《纽伦堡和东京审判之后——1945—1968年日本与西德的“克服历史”》一书。这是德国学者首次对德日两国战后反省历史的进程加以比较的学术专著。[③]

三

在有关“克服历史”之争的研究中，德国职业历史学家为我们呈现了应对公共历史争议的一种积极态度以及可在公众史学研究中继续思考的一些问题。

尽管公共历史争议发生的形式各种各样——它包括职业历史学家之间学术争议的公共化（例如“历史学家之争”）、职业历史学家与公共历史学家之间的争议（例如“戈德哈根之争”）、公共历史学家之间的争议（例如“欧洲被害犹太人纪念碑之争”）等三种，但学界的态度已经从漠视、轻视转变为努力纠偏、尝试理解。特别是大牌教授，也没有轻易放过这种理解当下社会心态、反思学界各种问题的机会。在一系列“克服历史”之争发生后，不少历史学家体现出主动参与研究的自觉性：有的人有意识地把相关史料结集成册，如恩斯特·莱茵哈德·皮佩尔（Ernst Reinhard Piper，1952年生）主编了有关“历史学家之争”的史料集[④]，尤里乌斯·汉斯·肖普斯（Julius H. Schoeps，1942年生）主持编辑了有关“戈德哈根之争”的史料集[⑤]，汉斯-京特·梯勒（Hans-

---

① Wolfgang Wippermann, *Wessen Schuld? Vom Historikerstreit zur Goldhagen-Kontroverse*, Berlin: Elefanten, 1997.

② Torben Fischer, Matthias N. Lorenz (Hg.), *Lexikon der "Vergangenheitsbewältigung" in Deutschland. Debatten- und Diskursgeschichte des Nationalsozialismus nach 1945*, Bielefeld: transcript, 2007.

③ Manfred Kittel, *Nach Nürnberg und Tokio. "Vergangenheitsbewältigung" in Jpan und Westdeutschland 1945 bis 1968*, München: Oldenbourg, 2004. 2014年，该书由上海交通大学出版社推出中文版，其中“克服历史”被译为“历史清算”。

④ Ernst Reinhard Piper (Hrsg.), "*Historikerstreit*". *Die Dokumentation der Kontroverse um die Einzigartigkeit der nationalsozialistischen Judenvernichtung*, München: Piper Verlag, 1987.

⑤ Julius H. Schoeps (Hg.), *Ein Volk von Mördern? Die Dokumentation zur Goldhagen-Kontroverse um die Rolle der Deutschen im Holocaust*, Hamburg: Hoffmann und Campe, 1996.

Günther Thiele，生年不详）推出了有关“武装部队罪行展览之争”的史料集①等。有的人很快把这些争议作为当代史的研究对象，如毕生致力于纳粹历史研究的沃尔夫冈·本茨（Wolfgang Benz，1941 年生）在为《历史科学与公共舆论：围绕在丹尼尔·J. 戈德哈根上的争议》一书写的前言中，开宗明义地指出这些争议一方面传播了学术研究的最新成果，另一方面也推动了研究者对其公共教育使命的反思，“假如当代史现象成为反思的对象，那么有待调查的是学术界与社会之间的裂痕”。②

在释读争议所产生的根源、发展进程的阶段性特征及其影响中，职业历史学家陆续提出了一些值得不断反思的问题：

第一，如何平衡历史真实与政治正确之间的关系？当后现代观念不断冲击 19 世纪以来形成的所谓“史学科学化”思想时，历史研究的求真使命已经在某种程度上受到了质疑，而其政治意义越来越受到关注。在“克服历史”的问题上，争议双方便往往是在不同维度上进行“鸡鸭对话”的。正因如此，斯坦凡·贝尔格（Stefan Berger，1963 年生）才提出，伴随公共历史争议发生频率不断增强，职业历史学家们“不应像以往那样，带着同样傲慢的自信心，来认为他们作为职业历史学家，（比大众历史学家）知道得更为全面”，而应该“拥有更多的平和之心”，因为“历史学最终既只是政治，又不仅仅只是政治”。③

第二，如何把历史专业平台与公共交流渠道结合在一起？公共历史争议往往蕴含着大众媒体的影响力，如当代史学者克劳斯·熊豪文（Klaus Schönhoven，1942 年生）在 1997 年的学术会议上，便通过梳理“戈德哈根之争”的前因后果，反思“历史研究对于当下德国记忆文化和历史政策所起到的社会功能”。在他看来，这种“克服历史”之争属于“媒体事件，或者说是媒体制造的事件”，反衬出“媒体传播与学术辩论之间的巨大差异性”。④马丁·克

---

① Hans-Guenther Thiele (Hrsg.), *Die Wehrmachtsausstellung. Dokumentation einer Kontroverse.* Bremen: Edition Temmen, 1997.

② Johannes Heil und Rainer Erb (Hrsg.), *Geschichtswissenschaft und Öffentlichkeit. Der Streit um Daniel J. Goldhagen*, Frankfurt a. M.: Fischer, 1998, S. 9-15, here 9.

③ 斯坦凡·贝格尔.《职业历史学家与大众历史学家，1800—1900—2000》，《新史学》第 11 辑，孟钟捷译，大象出版社，2013 年，第 95 页。

④ Klaus Schönhoven, "Die Goldhagen-Rezeption in Deutschland. Über die öffentliche Resonanz der Holocaust-Forschung", in: Hans-Jochen Vogel und Michael Ruck (Hrsg.), *Klaus Schönhoven. Arbeiterbewegung und soziale Demokratie in Deutschland. Ausgewählte Beiträge*, Bonn: Dietz, 2002, S. 460-470, here 460、463.

特（Martin Kött，生年未详）在其博士论文中专门研究了德国媒体在“戈德哈根之争”中所表现出来的情绪性和防御性的姿态，以此讨论当代历史知识的传播特点。①

第三，如何以可视化的方式来弥补历史叙述中的不足？当学术化且略显枯燥的历史叙述以可视化的方式（图片、影像等）加以呈现时，必定会增强吸引力。但在“克服历史”之争中，历史知识的“可视化”限度也成为诱发因素之一。例如在“武装部队罪行展览之争”中，当事人、公共历史学家汉内斯·黑尔（Hannes Heer，1941年生）强调这次展览旨在突破德国历史学界在大屠杀问题上所遵循的“图片禁忌”，以便对观众“产生冲击”，强化“可读性”。在他看来，“可视化”不仅仅是“美学问题”，而是“把照片作为史料的评价发生了重要变化”。②但是，这场争议的焦点之一正是在于如何证明照片的真实性：因为拍摄者的信息已经消失，照片又不足以自证历史叙述的内容。正因如此，一些批评者认为，展览照片并没有达到布展方所希望实现的历史想象，观众很难形成判断。③ 简言之，人们可以继续讨论的问题是，在传递历史认识中，图片史料是否以及如何确保其在场性与叙事目标的统一性？

“克服历史”之争已经成为德国公共历史文化中的重要组成部分。对于“克服历史”之争的研究，正是职业历史学家试图理解和阐释德国公共历史文化的一种努力。公众史学的学科化恰恰需要这样一种努力，来证明“public history”的理论内涵与现实意义。该方向契合了方兴未艾的社会文化史研究热潮，也产生了一系列值得关注的成果和继续思考的问题。该研究的基本观念与方法或许可为中国的公众史学的学科建设指明一种方向。

［原文载于《复旦学报（社会科学版）》2015年第6期，收入此文集时有所修改］

① Martin Kött, *Goldhagen in der Qualitätspresse. Eine Debatte über "Kollektivschuld" und "Nationalcharakter" der Deutschen*, Konstanz: UVK Medien, 1999.

② Hannes Heer, "Das Haupt der Medusa. Die Auseinandersetzungen um die Ausstellung 'Vernichtungskrieg. Verbrechen der Wehrmacht 1941 bis 1944'", in: Hannes Heer, Walter Manoschek, Alexander Pollak, Ruth Wodak (Hrsg.), *Wie Geschichte gemacht wird. Zur Konstruktion von Erinnerungen an Wehrmacht und Zweiten Weltkrieg*, Wien: Czerning Verlag, 2003, S. 245-268, here 262-263.

③ Markus Krischer / Robert Vernier, "Nur zur Illustration. Wie das Reemtsma-Institut nach dem Fälschungsvorwurf Bilddokumente entwertet", *Focus*, 21. 04. 1997. Thorsten Schmitz, "Der unfreiwillige Zeuge", *SZ*, 15. 03. 1997.

德中关系史

论郑观应的德国观

郑宗育*

郑观应是近代中国著名的早期维新思想家，爱国的实业家。他在 19 世纪后半期民族危机日益加深的时刻，为了救亡图存，“究心泰西政治、实业之学。”① 在所写的《盛世危言》等著作中，非常注重对普鲁士-德国的研究，并且发表了许多真知灼见。本文拟就郑观应的德国观作一次初步探索。

一

1840 年后的中国，灾难深重，腐败的清政府经不起外国侵略者坚船利炮的打击，一时国门洞开。列强各国虎狼齐来，五六十年代侵略战争及其带来的恶果都像石头一样，压抑着郑观应这个爱国忧时的知识分子的心。目击时艰，他决心研究国家富强之道。为此，他开始研究 18 世纪末至 19 世纪初年，普鲁士中兴的历史。他说：“昔普鲁士耻为法人所困，发愤维新，转弱为强。采其往事，为我今鉴，知守旧之非策，作维新之忠告也。”② 爱国之心溢于言表。

在《论普鲁国中兴事略》中，郑观应分析了 18 至 19 世纪转折关头普鲁士败弱的原因，指出：“普国从前亦主守旧之说，其前皇有名飞芝喜者（fridrich，此处指弗里德里希大王）声名洋溢欧洲……国势强盛，政教修明，所立制度后人皆遵守之……普国之人，认为遵守遗法，已足治国，不知因时更新，所以致

---

* 郑宗育，华东师范大学历史学系副教授。

① 郑观应：《盛世危言后编》卷 8，第 31 页。

② 夏冬元编：《郑观应集》上册，第 340 页。

弱之故实缘于此。”[1] 郑观应认为，正是由于当时普鲁士实行农奴制统治，君权太重，民无议政权。世爵之家（指容克地主）役农民如同奴隶，所以民无爱国之心，国势涣散，才会造成1806年普兵在燕拿城（Jena：耶拿）大败于法，次年被迫立约于提尔息（Tilsit；指《提尔西特和约》）。拿破仑胁迫普国割其地大半，责赔偿军费一百四十兆法郎克。驻兵柏林，俟赔款清而后退。普国兵额只准四万二千名，不准增兵，不准增筑炮台，等等，郑观应感叹地说，法国“挟制普国至矣”。[2]

但是，多难兴邦。《提尔西特和约》的签订是德意志民族屈辱的顶点，也是其复兴的起点。普鲁士是怎样由败转胜的呢？郑观应认为，普国丧败以后，人心尽变。君臣皆知旧法不足恃，乃刻意图新，开民智慧，使举国之民皆通达国事。普相赐德鹰（Stein：施泰因）以计笼络国人，破除旧制，进行改革，令凡民皆有自主之权。虽然他的改革遭到容克贵族的反对，但当时普鲁士政府仍毅然行之，遴选议员入议院，举国之民皆有议政之权，政府仅为之主持而已。由于普鲁士开民权，行新政，民有爱国之心，自君至民，皆卧薪尝胆，以雪国耻为务，所以不及一年，法人所索之军饷已如数偿补。1808年偿款清还，法国军队退出普鲁士中心城市柏林。法兵既退，普鲁士乃潜修战备。实行速成兵制，进行军事改革，民乐为国效死。于是才迎来了1813年联俄国、奥地利军队败法兵于来积城（Leipzig：莱比锡。指莱比锡民族大会战）。1815年于哗打罗地方（Waterloo：滑铁卢。指滑铁卢战役）与英国合兵，大败拿破仑，而成挫法之势。自是以后，普国日益强盛，至1870年普法战争，俘虏法皇，恢复失地，而大仇胥复，遂成为地球上一等强国。

在这里，郑观应非常重视施泰因改革在普鲁士中兴和反对拿破仑统治的民族解放战争中的积极作用，认识到改革是中兴之本，维新是强国之路，并鼓励中国人学习普国中兴的经验，这点不仅和德国的历史相吻合，而且是非常有见地的。18世纪末年的德国，正如恩格斯所说：“一切都烂透了、动摇了，眼看就要倒塌了，简直没有一线好转的希望，因为这个民族连清除已经死亡了的制度的腐烂尸骸的力量都没有。”[3] 正因为落后，才挨打，才经不起拿破仑军队的一击，于是才有耶拿-奥尔塔特战役大败于法国。割地赔款，丧师辱国，国家面

---

① 见夏冬元编：《郑观应集》上册，第340页。
② 见夏冬元编：《郑观应集》上册，第340页。
③ 《马克思恩格斯全集》第二卷，第633—634页。

临全面崩溃状态。在国破家亡，山河破碎的情况下，1807 年海因利希·弗里德里希·卡尔·冯·施泰因男爵受命于危难之际，担任握有最高权限的国务大臣，随即进行改革。1807 年 10 月奏请国王发布《关于放宽土地占有条件限制和自由使用地产以及农村居民的人身关系》的敕令（简称“十月敕令”），对农村进行改革，废除封建等级制度和农奴对地主的依附关系，保证农民的人身自由。次年 11 月颁布《普鲁士王国城市规程》，使城市摆脱容克贵族的控制，扩大资产阶级的权力。后又颁布《关于改善普鲁士国家行政管理机构法规》及《普鲁士省行政管理法令》。施泰因改革的支持者沙恩荷尔斯特、格奈森瑙等人，还在普鲁士实行军事改革，举贤任能、择才晋升，打破贵族子弟无功受禄，控制军队的局面，并实行普遍兵役制。施泰因的改革事业，后来由其后继者哈登堡继续推进。施泰因-哈登堡的改革极大地唤醒了普鲁士的民族意识，在反拿破仑的民族解放战争中发挥了巨大的作用，而且对日后普鲁士的复兴和建成资本主义世界强国都产生了深远的影响。近代中国人了解和向西方学习，经历了一个极为艰难的历程，郑观应在当时的历史条件下，能对普鲁士中兴的历史作出如此精辟的分析，实在是很不容易的。

二

郑观应认为，国之兴衰系于人，欲自强致富，必先讲求学校，因此，他主张学习西方的教育制度。在考察泰西各国学校规制后，他指出：“欧洲各国锐意讲求教育之道，而其法莫良于德。”① 德国的教育制度尤为明备。为此，他专门写了《德国的学校规制》一文，详细地介绍了德国学校的规则、课程内容和设置等，并指出德国教育制度有如下特点：

一曰无人不学。德国无论男女贫富，七八岁时，须一律入学。8 岁以上不入学者罪其父母。即所谓食德之毛，践德之土，必入德之学。这样国无非学之人，犹如国无不垦之地，则粟米不胜食，贤材不胜用。

二曰无地无学。乡有乡塾，为家贫子弟所设；郡有郡塾。学制四等：国家特设者谓国学，官督民办者叫公学，民间自办的叫民学，教士经理者称教学。每学必分十数班，课程亦分十余种，终年不能升迁者，不能出学就艺。

三曰无事非学。四民之业，无不有学。一切学问都设立学堂。文则有文学

① 夏冬元编：《郑观应集》上册，第 253 页。

院，工则有工学院、格致院、船政院，医则有医学院，商则有商学院，农则有农学院，武则有武学院，欲为师者则有师道院，欲传教者则有宣道院。凡有一事，必有一专学以教之。平常人固然有学校读书，即使疲癃残聋瞽喑哑者，亦无不有学。这样做的结果就使得国中之人无一弃材，广开材路，于公于私兼有好处。

四曰学以致用。由于无事无学，则今日之所学，即明日之所行。而所习非所用，所用非所习之弊可无虑也。

郑观应认为，正是由于德国学校众多，教化完备，人才辈出，方兴未艾，而执欧洲之牛耳。“普为法败后六十余年，不独国能自立，且能胜法，实由于教育之普。此史家之所宜普知也！”①

事实正如郑观应所说的那样。普鲁士-德国之所以能够中兴，并在第一次工业革命起步较晚的情况下，成功地吸收了英国的技术成就，急起直追，在第二次工业革命中遥遥领先，跃居资本主义世界工业强国地位，这和德国一贯重视教育事业，主张人才兴国是分不开的。早在 19 世纪初年，教育改革就是施泰因-哈登堡改革的一个重要内容。威廉·洪堡适应资产阶级的需要，领导了普鲁士的教育改革。他制定的教育改革方案规定：学校不能被贵族或某一特权阶层独占，它必须属于整个民族或国家；实行普遍的全民教育；学校要尽可能发挥每个人的才能；教育要逐渐适应自然科学的发展，壮大国家力量，等等。他还成立“教育代表团”，以监督改革方案的实施。在他的领导和影响之下，1810 年建立柏林大学，1812 年制定了中学毕业考试制度，并确立了学校教育分初等教育、中等教育、高等教育三个阶段的制度。所有这些措施对后来德国的教育事业产生了深远的影响。

郑观应看到当时中国推行科举制度，以八股为正途，视别学为异端，以有用之心力，消磨于无用之时文，用非所学，学非所用，脱离实际的种种弊病。参酌中外教育成法，他认为培养人才，必兴学校，提出文武并重、设立专科等方案，主张模仿德国的教育制度，在当时是大大有利于西方资本主义思想和先进科学技术在中国的传播的。

---

① 夏冬元编：《郑观应集》上册，第 264 页。

三

在国家面临外患加深、强邻日逼的形势下，郑观应在实践中逐渐认识到，势强则理亦强，势弱则理亦弱，势均力敌才有理与公法可言。因此，他非常重视国家的军事实力。他说，克敌之功，尤资利器，对普鲁士-德国的兵制、军事技术、兵器等非常羡慕。

在《论普国中兴事略》中，他介绍了普鲁士在反拿破仑民族解放战争中军事改革的经验。“法兵既退，乃潜修战备……兵力不能增则勤训练而速更代之。”[①] 这样，兵额虽不过四万二千名，而不及三年，已有精兵十五万矣。他这里所指的就是普鲁士当年采用的短期训练，不断轮训，扩大兵员的速成兵制。他认为，“国人莫不知兵”正是普鲁士君臣卧薪尝胆，卒以战胜法国的一个重要原因。

在《民团》一文中，他从寓兵于农，古之良法的思想出发，考察了德国的兵制。他指出，德国“除残疾、老弱、孤子外，举国之民皆充兵籍，使学攻守之法。年二十隶营伍，充战兵四年，充留后守兵又五年，乃退入团练营。每岁两操，万一有事，当听调遣，若年至四十以上者，仅守本国，不列战兵”。[②] 他认为，这种寓兵于士农工商，有警则人可为将、人可为兵的办法很好。

在《火器》一文中，郑观应对德国的兵器赞不绝口。他说，“尝考西人构战，专用火攻，其器固以钢炮为良，更以德人克鹿卜（克虏伯）为最”，该炮“名噪诸邦，六大洲皆叹为不如，争相购办”。[③] 在洋枪方面，他认为德国制造的后膛茅塞枪，装放方便，“允为洋枪之冠”。[④] 因此他主张购买德国的兵器。这对于李鸿章等人筹办洋务，建立舰队，大批购置德国制造的军舰、枪炮，无疑都起了推动作用。郑观应还引用俾斯麦的话激励国人不但要购买火器，更重要的是制造兵器。他说：“德相卑士麦（俾斯麦）谓我国只知选购船炮，不重艺学，不兴商务，尚未知富强之本。非虚言也。”

郑观应对德国在三次王朝战争中，能够运用先进的军事科学技术，克敌制

---

① 夏冬元编：《郑观应集》上册，第 341 页。
② 夏冬元编：《郑观应集》上册，第 898 页。
③ 夏冬元编：《郑观应集》上册，第 132 页。
④ 夏冬元编：《郑观应集》上册，第 100 页。

胜，最后完成统一大业，尤为赞叹。他以普法战争为例作了说明。他说："在普法战争前，德提督（指德国陆军参谋总长赫尔穆特·毛奇将军）对法国大使说如果欲战，我国可于十四日中，在边境集军十万，粮械俱备，后克践其言，大获全胜。"郑观应认为，德国之所以胜法国，很重要的原因是"藉电信与火车之行军迅速耳"。[①] 因为普鲁士人在行军之处尽设电线，能用火车调动军队和粮草。

综观郑观应对普鲁士-德国军事技术经验的介绍和分析，可以看出他对普鲁士在反拿破仑民族解放战争时期沙恩荷尔斯特的军事改革，以及 1860—1862 年普鲁士陆军大臣罗恩所进行的军事改革对提高普鲁士军队素质所起的作用已予以充分的重视。他不仅重视人的因素、士气因素在战争中的作用，而且非常重视武器、军事技术在决定战争胜负中所起的作用，这一点是非常正确的。从德国历史看，普鲁士军队在三次王朝战争中所使用的武器都比奥地利、法国军队的武器先进。当时普鲁士军队所用的都是后膛枪，即撞针发射枪，五分之三的陆战炮兵都装备有来复线的火炮，而奥地利军队用的都是前膛枪、前膛炮。普军能用铁路快速调动军队，用电报统一指挥，这一切都保证了普鲁士能够顺利地打败奥地利和法国，完成国家统一事业。郑观应对德国军事技术的介绍和认识，不仅符合当时德国的情况，而且对当时军事技术落后的中国来说，无疑起了振聋发聩的作用。

四

郑观应从"政治不改良，万业实难兴盛"的观点出发，主张实行君主立宪制度。早在《易言》中，他就说过实行议院能使国家"长治久安"。1892 年在《盛世危言·议院篇》中，更明确地提出："然博采旁参，美国议院则民权过重，因其本民主也。法国议院不免叫嚣之风，其人习气使然。斟酌损益适中经久者，则莫如英、德两国议院之制。"[②] 这段话表明了郑观应在比较欧美诸国政体之后，认为中国应该选择君主立宪的政权组织形式。

郑观应认为，德国的君主立宪制与英国大体相同。"盖有议院揽庶政之纲领，而后君相、臣民之气通，上下堂廉之隔去，举国之心志如一，百端皆有条

① 夏冬元编：《郑观应集》上册，第 79 页。
② 夏冬元编：《郑观应集》上册，第 312 页。

不紊。为其君者恭己南面而已。故自有议院，而昏暴之君无所施其虐，跋扈之臣无所擅其权，大小官司无所卸其责，草野小民无所积其怨，故断不至数代而亡，一朝而灭也。”① 郑观应的这番话和黑格尔所说的君主立宪政体确有不少相似之处。黑格尔说：“国家成长为君主立宪制，乃是现代的成就。”② 尽管黑格尔把王权抬到吓人的程度，但他主张的君主仍为立宪的君主，要受法律的制约，实际上是一个统而不治的虚君。正如郑观应所说的“为其君者恭己南面而已”。黑格尔认为，立宪的君主不能妄自为法，为所欲为。“在近代，国王必须承认法院就私人事件对他自身有管辖权，而且在自由的国家里，国王败诉，事属常见。”③ 而郑观应也认为实行议院制“而昏暴之君无所施其虐”。黑格尔把议会当作一个宣泄的工具，认为通过代议制，“当群氓进入国家而成为有机部分时，他们就应采取合法而有秩序的方法来贯彻他们的利益，相反地，如果不存在这种手段的话，那么群众的呼声总将是粗暴的”。④ 郑观应说，有了议院制，“则草野小民无所积其怨”。你看，何其相似。

郑观应还从日本向西方学习，实行两院制，变法维新取得成功的事实中，极力主张中国也应该像日本一样以德国为样板，实行议院制，驳斥“议会宜西不宜中”和“中国不宜亟行议院”的顽固论调。他指出：“今日本行之亦勃然兴起，步趋西国，陵侮中朝。而犹谓议院不可行哉？而犹谓中国尚可不亟行哉？噫！傎矣。”⑤ 日本的宪法是以德国的宪法为蓝本制定的。1882 年伊藤博文等人到欧洲考察政治，历时一年多，从德国学到了如何在立宪政治的形式下，保持君主统治大权的经验，后又重金聘请德国立宪专家赴日指导起草宪法。1889 年明治政府颁布宪法，次年开始实施，由是日本形成一套君主立宪制的天皇独裁的制度。尽管郑观应 1895 年后，在《盛世危言增订新编》续作《议院・下》中说过，在中国实行议院制“惟必须行于广开学校，人材辈出之后，而非可即日图功也”⑥ 的话，也就是说，他和梁启超一样，都认为在“民智未开”之前不可急设议院，说明软弱的中国民族资产阶级的代表人物对人民群众的不信任。但是总的说来，郑观应对日本行立宪以后的“勃然兴起”是很羡慕的，并且也

---

① 夏冬元编：《郑观应集》上册，第 312 页。
② 黑格尔：《法哲学原理》，第 273 页附释。
③ 黑格尔：《法哲学原理》，第 221 页。
④ 黑格尔：《法哲学原理》，第 302 页补充。
⑤ 夏冬元编：《郑观应集》上册，第 315 页。
⑥ 夏冬元编：《郑观应集》上册，第 316 页。

希望能在清政府政治制度的范围内作一些改良，实行君主立宪，以达到自强的目的。郑观应作为近代中国最早提出实行君主立宪主张的代表人物，在历史上的进步作用是不容抹杀的。历史进入 20 世纪初年，随着中国资产阶级民主革命运动的高涨，郑观应未能跟着历史潮流前进，仍然原地踏步，并且和盛宣怀集团在一起，维护清政府的假立宪，反对辛亥革命，从而走到了自己的对立面，这不能不说是他的悲剧。

五

1895 年，甲午战争中中国被新兴的小国日本打败，充分暴露了清政府的腐败无能和军事力量的脆弱。此后列强各国都把中国作为宰割的对象，加速了争夺中国的步伐。它们争先恐后在中国办工厂、开矿山、筑铁路，建立银行争夺奴役性的政治借款，强租港湾，划分势力范围，中国面临被瓜分的危险。1897 年德帝国主义以山东发生的巨野教案为借口，出兵强占胶州湾。次年 3 月清政府全权代表李鸿章被迫与德国驻华公使海靖签订《胶澳租界条约》，山东成为德国的势力范围。就在这个时候，郑观应连续写了《上礼部尚书孙师相论德占胶州湾书》以及《上安徽抚宪邓师帅论德占胶州书》，痛斥德国侵占胶州湾“情同寇盗，全违公法”，主张将其无理之处布告各国，并聘问教皇，传教乃劝人为善，教士被杀，例无过抚恤，何以不俟究办，遽然占据胶州，且多端勒索。郑观应还认为，我国不能对列强的侵略行径“事事曲从其请”，否则他们又会援引“利益均沾”之例，群起谋我，中华民族将会祸不旋踵，面临被瓜分的危险。从上面这些话中可以看出，尽管郑观应当时对列强、教皇、公法尚存在幻想，但是他痛斥德国侵占胶州湾的心情，却是跃然纸上。

帝国主义的侵略空前激化了中华民族与帝国主义之间的矛盾。1898 年义和团在山东兴起，随后很快席卷京津，1900 年形成高潮。这场轰轰烈烈的群众反帝爱国运动，沉重打击了中外反动派，震撼中外，最后被八国联军绞杀。八国联军在华犯下了滔天罪行，连瓦德西也无法掩饰。他说：“所有中国此次所受毁损及抢劫之损失，其详数将永远不能查出，但为数必极重大无疑。”① 在义和团运动和八国联军侵华期间，尽管郑观应也说过一些攻击义和团运动的话，但他更主要的一面是对八国联军侵华的罪行进行了义正词严的愤怒控诉和严厉的谴

① 《瓦德西拳乱笔记》，《义和团》第三册，第 18 页。

责。这在他写的《拳匪》一诗中得到证明。诗曰：

“（八国起兵来华）俄德兵最凶，杀人如犬豕。奸淫复枪毙，妇孺全惨死。京师遭毒气（绿气弹最毒），屋宇成棘积。玉石谁为分，兰艾同时毁。春秋救邻国，大义岂如此。列强各怀私，强秦更奇诡（俗呼俄为秦），官商归不得，告急呼梓桑。救济救急会，派人相料理。局船比慈航，生还皆欢喜。北望泪沾巾，烽烟何日止。车驾盼东还，新政从此始。”①

在这首诗中，郑观应淋漓尽致地揭露了八国联军的滔天罪行，盼望早日结束战祸，推行新政，富国强兵以抗外侮。从“俄德兵最凶”句中，也可以看出此时的郑观应对后起的德帝国主义，推行“世界政策”，在华划分势力范围，争当八国联军侵华的急先锋，残酷镇压和掠夺中国人民的罪行表示极大的愤慨。

郑观应的对德观一定程度上代表了近代中国人对德国的认识。

郑观应认为，近代中国与18世纪末至19世纪初年的普鲁士-德国的国情是相似的。多灾多难的鲁普士通过改革，由衰及盛，统一德国，并跻身世界强国行列。郑观应对此十分羡慕，并以此激励中国人不要丧志，奋发图强，改革兴国。他说：“今吾中国由人挟制，未必过于法之待普也。普受此胁迫，尚可复强，中国何必丧志哉。”②

由羡慕德国，进而主张学习德国。诸如，学习普鲁士中兴的经验，改革兴邦；学习德国的教育制度，废科举、办学校、人才兴国；学习德国的军事技术，办民团，购买德国兵器，以防边患；模仿德国的政治制度，设议院，实行君主立宪政体，等等。郑观应认为，师其技，攻其所短，夺其所恃的主要目的都是为了抗击外侮；这一点和曾国藩、李鸿章等人师夷长技，对内制服人民，对外实行“羁縻”政策是有所不同的。

1897年，德国侵占胶州湾，随后积极参加八国联军侵华，在中德关系史上写下了最黑暗的一页。此时郑观应的对德观，也由先前的羡德、学德，变成了对德帝国主义的痛恨。“俄德兵最凶”表达了他对德帝国主义的愤慨之情。

郑观应对德国的认识，大体上和近代中德关系发展的进程是吻合的。中德两国人民早有友好的交往和文化交流，早期的中德贸易关系基本上也是建立在平等的基础上的。1840年，英国用鸦片和大炮打开了中国的大门，当时的普鲁士-德国尚未统一，不可能大规模拓展对华贸易，在对华事务上只是扮演了英国

---

① 郑观应：《罗浮待鹤山人诗草》卷2，第25页。

② 夏冬元编：《郑观应集》上册，第341页。

小伙伴的角色。1861 年，《中普通商条约》的签订，德国挤进了侵略中国的强权国家的行列。但是当时俾斯麦因忙于通过王朝战争，统一德国，无暇东顾。1871 年，德国统一后，俾斯麦外交政策的重点是在欧洲，推行“大陆政策”与谨慎的殖民政策。尽管他有觊觎中国领土之心，想寻找一个“储煤站”，作为海军基地，但终究未酿成武装占领中国领土的事件。因此，在 19 世纪 90 年代之前，德国在中国对外关系史上的地位是和多次发动侵华战争的英、法、日本等侵略国家不同的，也不像沙皇俄国经常与中国发生边境摩擦。德国通常是跟在其他列强后面，通过片面最惠国待遇，取得在华权益。它在中国对外交涉中，经常持“中立”态度，且“距华较远，并无边界毗连，亦无传教及贩卖洋药等事”。[①] 这正是郑观应产生羡德、仿德，甚至认为德国“亲睦中华”情绪的历史背景。而他的仇德情绪则产生于德占胶州湾前后。

郑观应的对德观不乏真知灼见，对当时正在寻求真理的先进的中国人曾产生了很大的影响。

［原文载于《华东师范大学学报（哲学社会科学版）》1996 年第 1 期］

① 《李文忠公全集·奏稿》卷 27，第 4 页。

近代德国对华借款浅析（1890—1918 年）

徐继玲*

近代，西方列强通过一系列不平等条约迫使中国政府或自主或被迫向外引进外资，“借款”是其中的一个重要形式。借款是近代列强在华资本输出相对稳定的项目，也是资本输出最简单的方式。甲午战争前，英国对华借款始终占据绝对优势；但战后，英国开始受到德、日、俄等后起资本主义国家的竞争，尤以德国竞争力最大。据雷麦的大致估计，至一战爆发时，德国对华借款达 12759.6 万美元，占各国投资借款的第二位。[①] 从德国对华借款的用途来看，主要分军政借款和实业借款两种，前者集中在辛亥革命后，后者集中在甲午战后至辛亥革命时期。本文对 1890—1916 年间德国对华借款的目的、要求、形式、内容及作用进行梳理，并在此基础上重新审视近代中德经济关系。

一、军政借款

近代军政借款就是债务国将借款用于购买军械或用于军饷、军费、政府的财政开支等。它分为赔款借款、军事借款、地方借款等多种类型。

军政借款的一种类型是赔款借款，其政治性强，弊大于利。德国参与这一类借款次数比较少，但在几次大的项目中，均担当了重要角色。由于当时列强在华矛盾重重、钩心斗角，所以在这类借款中，德国很难独立行动，不得不紧随英国。首先，英德双方联合在 1896 年打击了俄法势力，争取到甲午赔款借款的主动权。中日甲午战后，中国赔偿日本军费 2 万万两，分 8 年付清。如果中

---

* 徐继玲，华东师范大学历史学系世界史博士，现为华东师范大学教育学部副教授。

① 雷麦：《外人在华投资》，中华书局，1962 年，第 481 页。

国能在3年内付清赔款，可免赔款利息，省银1000多万两，同时减少威海卫军费，清政府为此决定借款以赔款，早日了结此事。俄法与英德曾进行过争夺，最终英德取得了借款权，这就是1896年英德借款、1898年英德续借款，它们是近代首批带有浓厚政治色彩的借款之一，也是近代首批数额巨大的借款之一。其次，在1900年，八国联军侵华战后赔款中，德国态度更强硬，要求中国赔款数额巨大，列为第二，这就是庚子赔款，后来这些赔款被转化为借款。此外，德国与英国联合取得了一笔庚子镑亏借款，多因列强强行要求中国借款用金计算，而中国资源收入均用银计算，银价日跌，金价日增，无疑出现了镑亏，庚子赔款就因此在赔款本息外，又增加了一笔额外的借款。此次借款由汇丰、德华联合承借英金100万镑，中国政府至1915年始还清。

近代德国在华争取的第一笔借款是军事借款，即1862年的苏松太道第三次借款，用于武装洋枪队，镇压太平天国运动。已查明的十几笔德国对华军事借款，基本上集中在1910—1913年，情况如下表：

1850—1914年德国对华军事借款表①

年份	款名	承借者	款额
1862	苏松太道借款3	德商惇裕洋行	规平银300000两
1889	崇武军借款1	德商泰来洋行	库平银182480两
1890	崇武军借款2	德华银行	库平银364960两
1910	海军部硕效厂借款	德硕效厂	170053镑
1911	陆军部购弹借款	德逸信洋行	公码128222.87两
1911	海军部西门子欠款	德西门子厂	117482.96马克
1911	陆军部瑞记借款	瑞记洋行	规元120000两
1912	捷成洋行借款	捷成洋行	德金5000000马克
1912	浙江省礼和借款	德商礼和洋行	德金6000000马克
1912	南京留守礼和借款	德商礼和洋行	德金4200000马克
1912	瑞记第一次借款	瑞记洋行	英金300000镑
1913	瑞记第三次借款	瑞记洋行	英金300000镑
1913	陆军部捷成借款	捷成洋行	京公码银204878283两
1913	奉天礼和借款	礼和洋行	银元700000

① 许毅：《清代外债史资料》，中国财政经济出版社，1996年。徐义生：《中国近代外债史统计资料》，中华书局，1962年。

以上借款绝大部分用于购买军火，少量用于充当军饷军费。

德国对华军政借款也包括地方借款。清末，中国政府财政枯竭，不得不答应地方借款来进行必要的活动。这些借款有的是经过中央政府批准的，有的是地方政府自借的。但无论是哪一种，归根到底是中国借款的一部分，往往由国家来承担责任。地方借款主要集中在中国改革币制和振兴实业的时期，几个省份以“新政”“实业”为由举借了不少外债。德国以山东为势力范围，所以山东的地方财政借款基本上由它垄断。此外，它还试图将势力延伸到长江以南的地方政府中。1906 年，德国联合英国以低息为诱饵，企图打破日本对湖北借款的垄断，但交涉失败。德国并未放弃努力，直到 1911 年湖北当局借款还旧款，德国又有了机会，只是此时控制中国借款的已经是银行团的集体行动了。因此，1911 年湖北银币借款，是英、德、美、法联合出借，款额 200 万两洋例银。另据《五十年来之中国经济》中记载，1903 年广东地方当局向德商举借“广东善后局借款”400 万马克。另外，1911 年英德洋行联合向云南借“滇省借款”，共 25.2 万两。清末“新政”期间，有一大部分内债（约 1324 万两，占全部发行额的 78.34%）被转化成借款，其中日本取得最多，德国第三，有 99 万两。[①] 最大的一笔是德国对湖南官钱局借款，湖南官钱局在 1910 年左右发行公债 120 万两，因为民力无法承担这些公债，1911 年 8 月省官钱局以公债作抵，以平价卖给德国铅矿 3 万吨为条件，向德国礼和洋行借款 70 万两。[②]这样，湖南省公债几乎全部转变为外债。

在南京临时政府统治时期，德国对华借款占了首位，前后出借了 10 次，其中两次因议会反对未成，一次被挪用于实业。这期间，中国举借外债达 2800 万两，而德国对华借款达 1350 万元，占 47.77%，居第一，远远高于英美日等国。[③] 原因主要为德国本身军工业在此时期发展迅速，积极寻找海外市场；同时，中国内地连年征战，各地政府财政枯竭，购买军火主要依赖借款。此期间，德国对华军政借款达 930 万元，约占其借款总额的 70%。从德国对各地政府借款额分配来看，德国对南京临时政府借款约 510 万元，对南方各省军政府借款约 840 万元。[④] 时至北洋军阀时期，外国银行联合在华成立了银行团，基本垄

① 许毅：《清代外债史论》，中国财政经济出版社，1996 年，第 605 页。

② 许毅：《清代外债史论》，中国财政经济出版社，1996 年，第 601 页。

③ 徐义生：《中国近代外债史统计资料》，中华书局，1962 年，第 106 页。

④ 徐义生：《中国近代外债史统计资料》，中华书局，1962 年，第 160 页（表格）。

断了中国的借款，德国银行只是其中的主要一员。列强银行团的目的是明确的：控制中国的财政。德国通过借款控制政治的倾向也开始明了，同其他列强一起支持袁政府而瓦解南方临时政府。银行团唯一的联合行动是对华“善后大借款”。大借款之前，英法美德四国先后交付了 5 次善后借款垫款，共计银 1210 万两，约有 560 万两被充作北洋军阀政府的军政费用。① 在借款交涉过程中，各国矛盾重重，他们对于中国借款用途的监督和财政控制权，尤其是币制、财政等顾问人选的分配问题上，展开了激烈的斗争。直到 1913 年，各国才达成共识，与袁政府签订了“善后大借款”，名义上是 2500 万镑，中国实收 2100 万镑，利息最高时达年息 12.5%，最低年息也要 6.3%。② 自此中国的盐税权完全丧失，中国内战进一步扩大。

二、实业借款

近代德国对华借款的另一种方式是实业借款。从借款的结果看，一方面实业借款是一种能盈利的借款，常常会产生大于债务数值的经济收益，既能偿还本息，又能发展实业；另一方面，这与列强的借款目的是一致的，获得的政治控制权大于借款产生的经济效益。在德国对华借款中，从数额上讲，军政性借款大于实业性借款；从增长速度上讲，后者又大于前者。具体情况如下表：

近代德国对华借款简表 ③　（单位：百万美元）

年份	军政借款		实业借款	
	借款额	平均每年借款额	借款额	平均每年借款额
1865—1902	286.4	7.5	48.3	1.3
1903—1914	238.3	19.9	205.3	17.1

德国对华军事借款数额虽然高于实业借款数额，但其趋势是下降的，而实业借款则在十几年内增长了近 5 倍。从已有的各种资料看，德国对华实业借款主要集中于甲午战争前后至辛亥革命时期。造成这种现象主要与中国社会发展的趋势有关。甲午战后，“落后就要挨打”的事实震撼着清政府。为了挽救统治，清廷开始实行“新政”“实政”，掀起了筑路、办矿、开厂的高潮，而这些

① 徐义生：《中国近代外债史统计资料》，中华书局，1962 年，第 108 页。
② 徐义生：《中国近代外债史统计资料》，中华书局，1962 年，第 109 页。
③ 吴承明：《帝国主义对旧中国的投资》，人民出版社，1956 年，第 75 页。

大都由国家控制，所需资金巨大而迫切，财政竭枯的清政府不得不通过对外借款来达到巩固统治的需要。与此同时，列强也乐于投资中国实业，因为这些产业可以直接产生利润，并且有具体的经营财产作为抵押，比军政借款更为稳当。在本息还付上，实业借款也远比军政借款好，后者大都长期拖欠不还。可见经济利益无疑是列强借款给中国的原始推动力。

列强对华实业借款中以铁路借款争夺最激烈。19 世纪 80 年代以前，中国清政府恪守筑路不借款的原则，致使铁路建设举步维艰。几经周折，到甲午战后还是走上了“借款筑路”的道路。在中国准备借款的同时，西方列强也完成了从自由资本主义向垄断资本主义的过渡，正欲向外输出资本。这样，两个因素结合起来，推动了中国第一次筑路高潮的到来。到 1911 年为止，外国通过借款建筑的中国铁路达 4587 公里，其中英国居首位，德国居第二位，借款额达 0.55 亿两，占总额的 18.2%。[①] 关于德国铁路借款的具体增长速度及地位可见下表：

英、法、德对华借款投资比较[②]（单位：美元）

国别	款项	合计	1865—1902 年	1903—1914 年
英国	财政借款	234317855	174390855	59927000
	铁路借款	96526675	12542375	83984300
法国	财政借款	145947680	103158680	47789000
	铁路借款	71781092	26000000	45781092
德国	财政借款	189234367	151139702	38094665
	铁路借款	38375620	1171500	37202120

至一战前，德国对华借款居第二位，具体到铁路借款额上，它则居第三位。但从增长速度看，英法则远远落在了德国后面，在短短的十几年里，德国的铁路借款增长了近 36 倍，足见其竞争力。形成这种局面的原因与德国的灵活政策不无关系，在处理借款问题上，德国常常采取“迂回”的战略，既寻找同盟，又不失时机地独立行动。法德是欧洲的老对手，在对华行动中矛盾时时体现出来，加之法国的殖民活动常常触犯英国的利益，引起英国的不满。因此，英德总能在各类借款竞争中取得一定共识。英德联合借款的铁路有：1887 年津沽铁路借款、1894 年津榆铁路借款、1908 年津浦铁路借款、1910 年津浦铁路续借款

① 许毅：《清代外债史论》，中国财政经济出版社，1996 年，第 515 页。

② 吴承明：《帝国主义在旧中国的投资》，人民出版社，1956 年，第 181 页。

等。当然，英德的合作是短暂的现象，他们的背后，也是矛盾重重。在多次合作中，面对德国咄咄逼人的气势，英国不得不作出一定的让步。单就津浦铁路借款看，借款先由英国提出，德国却后来居上，同时向英国、中国施加压力，最终同英国在铁路优惠权上平分秋色。随着德国实力的强大，德国也公开同英国竞争。这以沪宁铁路为开端，按照势力范围的划分，沪宁铁路属于英国的势力范围，德国插手这条路的借款，意图很明显，它认为“我们伟大的利益阻止我们把扬子江完全放弃给英国”。英国和德国分别组织了辛迪加来参加竞争，尽管英国以自己的实力战胜了德国，但它由此感受到了来自盟友的威胁。事实上，在许多借款中，德国取得了“物质与道义”的胜利。例如，在 1911 年湖广铁路借款的角逐中，德国不仅取得了与英美法平分借款额的权利，而且取得了“有利于扬子江流域特别是汉口、宜昌德侨的地位”。[①] 英法并不愿意德国参加借款，但情况是“它（德华银行）已成为这个借款的领导银行，且赛过久已建立的汇丰银行”。[②] 这次借款的结果是“一个外国楔子已经打进扬子江流域英国‘利益范围’内，且在那边制造了外国势力某一些均衡”。[③] 德国势力南下的企图终于有了结果。

随着中国铁路建设高潮的到来与铁路的推进，煤铁等资源的开采提上议事日程。在财政困难的压力下，清政府对矿业发展采取了商办的形式，鼓励中外合资或对外借款来发展矿业。在这个过程中，列强也像争夺铁路建筑及借款权那样，以抵押借款或出资兴办为手段，对中国矿业开采权展开了激烈的争夺。

在矿业借款中，德国的行动非常独立，而且在一定时期内，德国的借款大都属于正常借款范围，有一定的积极意义。如 1899 年 8 月，德国礼和洋行向萍乡煤矿贷款约 132.928 万银两，实收约 128.41 万银两，用于开采煤矿。此矿“所用机器多由德国礼和洋行垫购，机械精良”，被认为是继开平煤矿之后又一所“具有较多资本主义性质”的新式煤矿。[④] 第二次正式的萍乡煤矿借款是在 1902 年，由于第一次借款大部分用于扣还礼和洋行代购机器之款，煤矿开发资金仍嫌不足。在这种情况下，德商礼和洋行又向萍乡煤矿贷款 400 万马克（合库平银 12.25 多万两），其中 300 万马克为现款，100 万马克以购买机器形式支

① 孙瑞芹：《德国外交文件有关中国交涉史料选译》第三卷，商务印书馆，1960 年，第 55 页。
② 孙瑞芹：《德国外交文件有关中国交涉史料选译》第三卷，商务印书馆，1960 年，第 55 页。
③ 孙瑞芹：《德国外交文件有关中国交涉史料选译》第三卷，商务印书馆，1960 年，第 56 页。
④ 祝寿慈：《中国近代工业史》，重庆出版社，1987 年，第 383 页。

付。这些借款是在公司成立初期所借，对萍乡煤矿机器工业化起了很大的作用。德国资本对开平煤矿的初期发展也有很大帮助。1897 年开平煤矿资金周转困难，通过津海关税务司德璀琳，向德华银行借款 60 万两。开平煤矿利用这些资金，使产量呈现上升势头。至 19 世纪末，该煤矿产量比投产初期高出 6 倍多。在汉冶萍煤矿铁厂有限股份公司所借的十几笔借款中，德国借款虽然数量不多，但对公司初期发展具有显著作用。1908 年，德华银行向其贷款 13 万两，德国礼和洋行、捷成洋行分别向其贷款 24 万两和 8.2 万两，共计 45.2 万两。此外，还有一些零星小借款及其他款项被挪用过来。总的来看，以上这些借款，不仅使中国矿业发展获得了资本，而且有利于矿厂学习西方先进的技术和引进先进的设备，从而为中国矿业从手工业向近代机器工业的过渡创造了条件。

三、其他借款

除了上述两种借款外，德国还参加了其他形式的借款，其中之一是“救济市面借款”。这种特殊形式的借款是为救济中国金融市场、缓和金融危机而出借的，但并没有起到预期的效果。1910 年至 1911 年，由上海金融界“橡胶股票”风潮引起全国的金融危机，许多省份为渡过危机先后举借了外债，德国资本也成了缓解这场危机的主角。德国先后参加了“维持上海市面借款”和“维持江南市面借款”。前次款额共 350 万两，由 9 家银行分别摊借，英国汇丰银行所得份额最多，为 80 万两，其次是麦加利、德华银行各 50 万两。后者是英法德三国联合出借，共 74 万两。[①] 在上海金融危机的牵动下，其他地区的市面也产生了危机，不得不依靠借款来维持。在山东地区，英德两国参加了角逐，最终德国略胜一筹，取得几项借款权。1910 年 11 月中德双方达成 40 万两（上海规元）的“山东劝业道德华银行借款”，与此同时烟台的市面也出现危机，12 月山东当局不得不以同样的条件向德华银行借款 15 万规两，是为第二次“山东劝业道德华银行借款”。1911 年 10 月，济南市面银根奇紧，官银号面临被挤垮的危险，山东当局又向德华银行借款济平银 10 万两。以上借款均未按时还上，在 1913 年的善后大借款中予以扣还了。另外，两广总督代表中国政府向德国借款 500 万马克，是为“广东省七厘利息还银之借款”。奥地利瑞记洋行参与的“直隶瑞记借款”“北京瑞记借款”，共 105 万英镑，也用于维持市面（瑞记洋行的

① 许毅：《清代外债史论》，中国财政经济出版社，1996 年，第 630 页。

后台老板是德国的军火商，所以将这些借款划在德国的名下）。[①]

其他借款的另一种形式是对华教育借款。德国对华教育借款相对于其他国家更加突出，具有一定的进步意义。这类借款主要用于留学生学费上，多由中国驻外使馆出面举借，所以称为“驻外使馆借款”或“留学生学费借款”。从 19 世纪末开始，中国政府鼓励学生出国留学，但中国国内财政困难，派遣的留学生常常迫于学费无着落而中断学业。为此，中国驻外使馆曾出面解决。学费借款数额虽不大，但对海外留学生往往起到雪中送炭的作用。例如，1911 年的“驻德使馆抵押借款”（25 万马克）就是在“留德学生学费无着落，恐学生流落异乡”的情况下举借的。1911 年驻比代表向德华银行借款 6 万法郎，这就是“驻比代表借款”。[②]

纵观近代德国对华借款，德国在参与借款的争夺中更注重政治因素的渗透作用，与列强之间既有合作更有竞争，但是从其自身利益来看，它在短时间内就确立了在列强竞争中的优势地位。从中国的角度来看，德国的行动对中国的发展起到了双重作用。一方面，由于中国当时处于近代化进程的关键阶段，由各种不同原因造成的资金短缺现象时时出现，德国对华借款在短期内对中国产生了较好的效应，对中国地方经济近代化起到了催生助幼的作用，另一方面，由于所有的借款是在不平等的条件下展开的，中国付出的代价也是不可估量的。

（原文载于《历史教学问题》2012 年第 6 期）

① 参见许毅：《清代外债史资料》，中国财政经济出版社，1996 年。

② 参见许毅：《清代外债史论》，中国财政经济出版社，1996 年，第 588、589 页（表格）。

20世纪20年代中德贸易关系的重构及其动因

杨　捷*

中德贸易交往源远流长，早在17世纪中叶布登堡-普鲁士侯国就创建了"布登堡东印度公司"，与中国等东方国家通商。鸦片战争后，中国国门被西方列强打开，德意志帝国也在工业革命的作用下积极拓展海外市场，中德贸易日益兴盛。但其间的双边贸易是由德国单方面东来所建立的，并非两国商人相互往来而促成①，同时由于政治因素和彼此国力强弱的差异，导致贸易关系极不平等，并带有殖民与被殖民的色彩。如1861年9月签署的《中德通商条约》规定：德国可以在广州、上海、天津、汉口等15个城市自由通商，并在当地享有领事裁判权和最惠国待遇。进入20世纪后，随着德意志垄断资本主义的发展，对华不平等贸易愈演愈烈，德国通过不平等条约和殖民国的优势地位，在华掠取了大量商务利益。一战爆发和德国战败结束了德意志帝制时代，也宣告其对华殖民贸易的终结，中德贸易在随后的20年代进入了一个新的历史阶段。该阶段最大的特点是，中德贸易建立在两国政治关系平等的基础上，展现出平等和互惠的特征，实现了双边新型贸易关系的构建。同时，新型贸易关系的形成也为30年代两国贸易高潮的到来打下了坚实的基础。本文将以此为切入点，围绕20世纪20年代中德贸易关系的重构及其动因展开议论。

一、1921年《中德协定》与20世纪20年代中德友好关系的奠定

第一次世界大战爆发后，中国北洋政府于1917年对德宣战。战争结束后，

---

* 杨捷，华东师范大学历史学系世界史博士，现为江南大学马克思主义学院教授。

① 余文堂：《中德早期贸易关系》，稻禾出版社，1996年，第142—143页。

中国拒绝在严重侵犯自身权益的《凡尔赛和约》上签字，所以从法理上讲中德间的敌对态势并未终止。该状态的延续对德国来说失大于得，尤其在经济利益方面。一战后的德国经济濒临破产，从1913年到1918年工业生产下降了43%，1914—1918年间的农业总收获量比1909—1913年间减少了1/3以上。此外，德国还因战败而丧失了75%的铁矿产量、44%的生铁生产能力、38%的钢铁生产能力和26%的煤炭产量。①更严重的是，《凡尔赛和约》中强加给德国的巨额战争赔款，加剧了新生的魏玛政权的经济危机。作为传统外贸大国，恢复与各国的通商关系是德国渡过经济难关的重要途径。在德国海外贸易中，中国的地位一直不容小视。德国在19世纪末已成为中国的第二大进口国，当时德国对华海运船只数以及在中国建立的商行数均仅次于英国而位列第二。②一战前中国是德国在远东最大的贸易市场，1913年德国在华公司为196家，但战后的1919年仅剩2家，对华出口货物也从1913年的632万吨锐减至1918年的不足万吨。③为了改变这一颓势，德方积极寻求改善与中国的关系。时任魏玛政府外交部部长罗姆贝格指出，“由于中国未签署条约，我们仍与其处于战争状态”，政府应找到一个同中国妥协的方式，“以便尽快地至少在贸易方面重新建立联系”。④同时，德国工商界为了尽早重返中国市场也不断要求政府就重启双方贸易与中国交涉。为表示和解诚意，德方还严格遵守了《凡尔赛和约》中关于“德国完全放弃在华原有特权”的规定。德国魏玛政府的友好姿态得到了中方的积极回应，1919年9月15日，徐世昌以北洋政府大总统的名义宣布：“中华民国对德国战争状态一律终止。”⑤广东军政府也于同年10月25日宣布结束对德战争。

1920年7月，魏玛政府派遣特使卜尔熙来华与北洋政府谈判复交和通商事宜。经过近一年的谈判，卜尔熙与北洋政府外交部部长颜惠庆于次年5月20日签署两国复交的正式文件——《中德协定》。该《协定》宣布：“两国订立协约恢复友好及商务关系，并觉悟领土主权之尊重与平等相互各种原则之实行，为

① 李芸：《中国近代以来第一个平等条约——1921年〈中德协约〉》，《德国研究》1998年第2期。

② 施丢克尔：《十九世纪的德国与中国》，三联书店，1963年，第12页。

③ 吴景平：《从胶澳被占到科尔访华——中德关系1861—1992》，福建人民出版社，1993年，第120页。

④ Hans Rothfels, Fritz T. Epstein, *Akten zur Dentschen Auswaergigen Politik 1918-1945*, S. A. Vol 2, Goettinggen Vandenhoeck and Ruprecht, 1966, p. 173.

⑤ 程道德：《中华民国外交史资料选编（1911—1919）》，北京大学出版社，1988年，第306页。

维护各民族间睦宜之唯一方法。"① 《中德协定》是近代以来中德关系史上的首个平等条约，中断数年的外交关系在该协约签署后正式恢复。但这并不是简单意义上的复交，而是在更高层次上两国关系的提升。它至少从形式上推翻了一战前中德之间被殖民国与殖民国式的不平等关系，实现了现代意义上国家间关系的平等。这种新型政治关系为两国贸易上互惠交往的开启奠定了基础。

二、中德友好关系影响下的双边贸易

从1921年《中德协定》的内容看，除关于建交程序及说明的官样语言外，许多条款均涉及两国的经贸问题。例如第三款有关双方商人在对方国境内从事商贸活动的说明、第四款对两国进出口关税的规定等。这些内容反映了双方，特别是德国在复交问题上的目的和宗旨，为此后其中德平等互惠贸易的起步提供了法律依据。不过这些条款比较笼统且缺乏可操作性，具体规程有待两国相关部门进一步协商。尽管如此，两国贸易交往还是在《协定》签署后迅速恢复。

由于需求量上升，德国的纺织染料从1922年起大量进入中国市场，其市场占有率升至56%，而同期日本、美国、英国的比率则仅为5%、4%和2%。②在钢铁、棉麻、茶叶等贸易领域，对德贸易量也急速上升。以茶叶交易为例，1923年在中国长江流域最主要的茶叶贸易口岸——南通，对德出口量已攀升到中国该产品对外出口的第三位。③在军火贸易方面，德国延续了自清末以来对华出口的强劲势头。在20年代前期的军阀混战中，德国向中国输出了大量武器产品。以1925年为例，当年使用德国船只运入中国的军火总值为1300万马克，占当年中国全部国外武器进口值的一半以上，其中还未包括大肆走私或以第三国名义转入中国的德国产武器。④

在开展具体贸易活动的同时，两国政府也在为扫清不利于双方平等交往的遗留问题而努力。1924年6月，中德经过平等谈判达成了关于彼此之间赔款和

① 王铁崖：《中外旧约章汇编》（第3册），生活·读书·新知三联书店，1962年，第167—173页。

② Chang Feng Chen, *The Diplomatic Relation between China and Germany since 1898*, Shanghai Commercial Press, 1936, p. 234.

③ Chang Feng Chen, *The Diplomatic Relation between China and Germany since 1898*, p. 235.

④ Willian C. Kirby. *Germany and Republican China*, Stanford University Press, 1984, p. 25.

债务事务的最后解决方案。1928 年 8 月 17 日，德国驻华公使卜尔熙与南京国民政府外交部部长王正廷签署了《关税条约》，主动放弃自 19 世纪后期以来所享有的在华关税特权，至此有碍两国贸易交往的政治障碍基本被清除。这是继 1921 年《中德协定》后两国政府签订的又一个重要的双边协约。与前者相比，该条约专注于两国商品进出口问题，其条款更具可操作性，为中德贸易关系的重构提供了有力的法规保障。条约规定：两国“对于一切关税及其关系事项在彼此领土内享受之待遇，应与任何其他国享受之待遇毫无区别”，“不论在任何情形之下，在其领土内，不得向彼国人民所运输进出口之货物征收较高于或异于本国人民或任何他国人民所完纳之关税、内地税或任何项捐款”，并“以完全均一及平等待遇之原则为基础，开议商订通商及航行条款”。[①]众所周知，近代以来中国的关税自主权逐步丧失。政府无权决定关税率、无权管理和控制本国海关，关税大权长期被列强把持成了中国半殖民地社会的重要标志。列强利用对中国关税财源的控制，在财政上支援服务于自身利益的政治势力，加剧了中国社会的动荡。关税征收及税率制定是主权国家的核心权力之一，这种权力对协调和促进国家经济发展、保护本国民族产业具有重要意义。对国家间开展互惠贸易来说，订立平等的关税协定是重要标志。因此，《关税条约》的签署对于中德重构互惠贸易关系可谓意义重大。

在上述利好政治因素推动下，20 年代中后期的中德贸易展开得较为顺利。在产品结构上，德国出口中国的主体商品大致分三大类：化工制成品、半制成品和相关化学材料（包括化学药品、人造靛制品、染料、酸碱化学品、纸张、颜料等），工业、机械类制成品和半制成品（包括机器及零件、钢铁制品、仪器、电气器具及零件、棉毛纺织品、皮革、车辆、各类制成材料等），军用军械产品。同期中国出口德国的主体商品则大致分两大类：农业产品及相关原料（包括棉花、花生、蛋黄白、猪鬃、茶叶、烟叶、芝麻、桐油等）和矿产品（包括钨矿砂、铅矿砂、锑矿砂等）。这些产品在中德进出口商品总量中占 8—9 成。可见，中国进口的产品基本上以制成品和半制成品为主，而德国进口的产品大多为农产品和用于工农业生产的初级原材料。这种贸易中产品结构上的特点和差异，客观真实地反映了当时两国在国家经济地位和国力对比中的差距，即德国是发达的资本主义工业强国，而中国却是生产力落后的农业国。

但在此贸易现状中，中国的地位已不同于一战前所充当的带有殖民色彩的

---

① 王铁崖：《中外旧约章汇编》（第 3 册），第 630 页。

“产品倾销市场”和“生产原料产地”的被动角色。这一变化根本上是由于两国在政治和外交上平等地位的确立，反作用于经济领域促成了贸易平等性和互惠性的实现。这虽不足以从本质上改变双边贸易中因国家经济结构差异所带来的产品成分差别，但中国的确拥有了一定的“商品选择权”，可以根据自身的实际需要进口或出口产品。例如中国对化工制成品、半制成品和相关化学材料，以及工业、机械类制成品和半制成品等对国家建设有用产品的大量进口，都集中反映了中方在中德贸易交往中地位的改变和主动权的增加。

三、20世纪20年代中德贸易关系重构的动因

20世纪20年代中德两国能够较为顺利地重构双边贸易关系，很大程度上与两国面临的国际、国内局势以及各自的利益诉求密切相关。这些因素大致可以归结为政治和经济两个层面。

从政治层面看，一战的战败使德国丧失了在远东的殖民权益和声誉，其战后对外政策受到《凡尔赛和约》的限制，不能不把中国作为一个平等的国家看待，进而奉行一种以恢复其在华贸易地位为目标的友好政策。①这种政策刺激了一战后中德互惠贸易的形成。正如德国驻华公使博郎在1926年12月31日致电外交部所指出的：“德国公众应该明白，在中国眼中德国的作用极其有限。我们在中国不应追求政治目标，我们只想和平地开展贸易活动。”②博郎的言论主要缘于德国因《凡尔赛和约》而丧失了战前在海外的所有殖民地和领地的事实。这一局面无形中缩小了德国战后经济活动中海外市场和生产资料的来源，使其在与美、英、法、日等国的全球贸易市场竞争中处于劣势。但对德国而言中国却是个例外。如前所述，德国以平等、友好和主动的方式与中国达成和解，使自己有别于其他列强；同时，作为战败国的德国和身为弱国的中国，在国际地位上有一种强烈的身份认同感，这些都使中方从内心上愿意与德方进行深入的贸易交往并为此提供方便。此外，20年代中后期中国国民政府对外政策的核心是，取消一切不平等条约及特权，变更外债之性质，使列强不能利用此种外债，以至中国坐困于次殖民地之地位，从而实现中国独立平等之国际地位。因此，

① 马士·宓亨利：《远东国际关系史（下卷）》，商务印书馆，1975年，第737—738页。

② Sweet, Paul R. *Documents on German Foreign Policy C3*, London: H. M. Stationery Off., 1962, p. 245.

以1921年《中德协定》为起点，中德两国在20年代平等外交关系的建立，为双边互惠贸易的出现创造了政治前提。此外，当时的中国在形式上并不属于某个或某些特定列强的专属势力范围，为一战后列强瓜分在华利益而设置的《九国公约》，其主体条款也并未给德国发展对华贸易和进入中国市场设置障碍。对此，当时的德国工业协会会长杜依斯贝格指出："中国是唯一的国家，在那里我们可以有一个广大的出口货物市场。"同时，魏玛政府内部的许多高官们也主张"用经济手段恢复德国昔日的大国地位"，比如外交部部长施特莱斯曼就明确要求"以经济政策作为外交政策的手段"，德国朝野上下利益的契合使对华互惠贸易的开展变得顺理成章。①

从经济层面看，在一战后扶持德国恢复国力的"道威斯计划"和"杨格计划"推动下，魏玛政府从美英等国获取了大量贷款，工农业生产迅速恢复。到1928年，德国的钢铁产量和采煤量分别由1923年的1100万吨和1.6亿吨上升为5430万吨和2亿吨，电力能源比战前增长了4倍，汽车产量增加了6倍，其他工业产品的产量也大幅增长。国内产品的丰富，刺激了以西门子、克虏伯、法本为代表的垄断资本对海外市场的渴求。为拓展对外贸易，魏玛政府必须与中国这一远东市场大国展开友好交往，以换取更多的资金和原料用于扩大再生产。此外，在产业结构和商品交换上，中德之间具有巨大的互补性。农产品之所以在德国进口中国商品中占绝对多数是因为，在魏玛德国经济发展中，农业比重日益下降，工业比重日益上升，农业的恢复和发展遇到了较多困难。《凡尔赛条约》导致德国13%的领土被割让，人口损失10%，东部地区农村人口稀少，农业经营粗放，因而全国主要农产品的播种面积和收获量以及牲畜存栏数，迟迟达不到战前水平。②所以，为解决国内农产品及相关原料不足的困难，德国的各级外贸机构都将大量进口农产品作为对华贸易的重点。

同时，在中国的海外军用机械类商品进口中，来自德国的比重最大。早在晚清，德国就是中国主要的军火采买对象，李鸿章曾对德式武器的性能赞赏有加。对中国军火市场而言，"德国制造"自近代以来一直有着较好的声誉。中国在一战后因列强的重新介入而陷入了军阀混战之中，成了当时世界上重要的军火市场，但中国国内的"武器生产不仅品种原始落后，产品数量也极其有

---

① Sweet, Paul R. *Documents on German Foreign Policy C3*, London: H. M. Stationery Off., 1962, p. 75.

② 孙炳辉，郑寅达：《德国史纲》，华东师范大学出版社，1995年，第281页。

限”，其中“全国每年步枪产量最多时仅 20 万支”①，所以各派武装力量纷纷求助于外国。南京国民政府从 1927 年底开始聘请德国军事顾问，这使得国民政府对德国军火工业有了更为直观的了解，从而更加深刻地认识到了德制武器在现代战争中的效用。②在德国顾问的促成下，国民政府相继和克虏伯、西门子等大型军火公司签订了价值上百万马克的武器进口合同。一战后德国由于美英等国的庇护，大量用于军事工业的机器设备和人员得以保留，其军火工业也于 20 年代中期在“秘密重整军备”的政策作用下开始兴盛。美、英、日、法等国因受 1919 年 5 月签署的《对华武器禁运协定》的制约，对中国的武器出口量不断减少，德国却因为不受此条约限制而成为中国海外武器进口最大的对象国。此外，魏玛德国中后期开始重整军备，急剧增加的军火在国内无法消化，继而需求国外市场；同时发展相关的军用、民用工业急需大量的农矿原料，德国国内此类资源的贫乏和中国相关物资的丰富，使中国在商品结构上成为德国理想的贸易伙伴。

20 年代中德贸易的重构具有必然性，这种必然性是政治因素和经济因素杂糅相交的产物。突破《凡尔赛条约》的束缚并恢复因战争而日渐羸弱的国民经济，是一战后德国发展的重要目标，这必然导致对原料需求的急剧增加和对过剩产品外销市场的渴求。当时的中国作为重要的农业国和原材料出产国正好符合德国的利益诉求。德国工业联合会曾在 20 年代中期通过《国外报告》告诫自己的成员公司，对中国市场要投入比其他任何外国市场更大的注意力。③当然，中国政府的态度同样是中德贸易复兴的重要因素，这不仅体现在中国对德国工业品及军火的需求上，更反映在政治领域的认同上。当时国人眼中的德国已与帝制时代大不相同，为“非帝国主义国家”，与中国有“反对帝国主义之共同立场”。据此，孙中山曾在 1921—1925 年多次尝试和魏玛政府建立经济、军事领域的合作关系，以期借助德国力量壮大国民政权，而蒋介石的对德政策顾问徐道邻更是在 30 年代初提出了“中德天然友谊”的观点。④

中德贸易关系在 20 世纪 20 年代走出敌对阴霾并在平等基础上得以重构，直接带动了两国互惠贸易的发展。这种重构的深远影响是，使中德两国更加清

---

① 关景平：《从胶澳被占到科尔访华——中德关系 1861—1992》，第 124 页。

② 傅宝真：《在华德国军事顾问史传》，《传记文学》第 23 卷第 3 期，第 15 页。

③ 马振犊，戚如高：《友呼？敌呼？——德国与中国抗战》，广西师范大学出版社，1997 年，第 37 页。

④ 张北根：《1933—1941 年的中德关系》，《历史研究》1995 年第 2 期。

楚地认识到彼此开展互惠贸易的可行性，进而为 30 年代中期两国以“易货贸易”为代表的贸易高潮的到来打下了坚实的基础。正如德国工业联合会在 1930 年初的报告中提出的：中德贸易的长远前途非常乐观，工业界应为未来铺好道路以奠定中德长久合作之基础，中国将为外国工业和贸易提供异乎寻常的可能性，其工业成长及一个易于消化工业产品的市场先决条件已显现出来。①

（原文载于《江西社会科学》2013 年第 1 期）

① 马振犊，戚如高：《友呼？敌呼？——德国与中国抗战》，第 38 页。

中德学会是纳粹政府在华的宣传工具吗?

——基于《中德学志》内容进行的分析

童　欣[*]

“毫无疑问，北京是德国第三帝国时期的中国文化研究中心”。①1931 年，毕业于莱比锡大学的郑寿麟，在位于文津楼的北平图书馆的一间小屋内发起成立了德国研究会（Deutsche Studiengesellschaft）。此后，在新任驻华公使陶德曼博士及其他德中学者的支持下，研究会逐渐发展壮大②，并于 1935 年定名为中德学会（Deutschland-Institut）③。此学会与德国学者卫礼贤 1925 年在美因河畔法兰克福所创办的中国学院（China-Institut）遥相呼应，成了 1945 年以前中德文化交流一个重要通道，直到二战结束时被迫解散。

中德学会所存在的时间虽短，但这 15 年却正值中德两国的多事之秋。1933 年希特勒上台，纳粹的政治宣传透过德国的各种驻外机构向世界各国延伸。1937 年中国的抗日战争全面展开，不久北平沦陷，包括中德学会中籍会长冯至在内的大批中国籍会员逃离了日占区，而中德学会则因德日两国之间的特殊关系而生存下来。而希特勒政府在犹豫了一番之后，于 1941 年 7 月承认了南京汪伪政权，中德关系最终陷入低谷。这一系列事件对中德学会产生了什么影响?

---

* 童欣，北京大学历史学系世界史博士，现为华东师范大学社会主义历史与文献研究院专职助理研究员。

① 舒欣（Astrid Freyeisen）：《汉学研究机构抑或舆论宣传的工具——谈第三帝国时期位于上海的德国文化研究院的职能》，胡晓译，载马汉茂、汉雅娜、张西平等主编：《德国汉学：历史、发展、人物与视角》，大象出版社，2005 年，第 194 页。

② 丁建弘，李霞：《中德学会和中德文化交流》，载黄时鉴主编：《东西交流论谭》，上海文艺出版社，1998 年，第 273 页。

③ 1933 年 5 月 4 日新成立的组织被定名为“中德文化协会”，后因与上海的“中德文化协会”重名，又于 1935 年 5 月改名为“中德学会”。中德学会的德文名称“Deutschland-Institut”直译是“德国学院”。这种中德文名称不一致的情况，在中德学会的发展过程中多次出现。

它被纳粹政府收纳为一个宣传工具了吗？

关于中德学会在1937—1945年间的角色，已有的研究文献中存在着两种几乎完全对立的看法。

在此期间长期担任常务工作的德国汉学家傅吾康（Wolfgang Franke）认为，中德学会受德国纳粹政府的影响十分有限。据他回忆，中德学会在不得不“做某些让步”，“譬如悬挂希特勒的画像等”① 的情况下，依然是一个学术性的研究机构。曾经在1994年7月当面采访了傅吾康的中国学者丁建弘、李霞在1998年也认为，“中德学会是中德两国学术界人士首创的、从事中德文化交流的纯学术机构”。②

而房建昌发表于1999年的论文则认为，中德学会在1937年之后完全“成了日寇、文化汉奸③和纳粹分子的工具”。④

尽管就1937年之后情况而言，丁建弘的文章提供了更多文献资料和口述史料，但其结论依然存在许多疑点。特别是，由于1936年后中德学会的资金完全由当时的德国政府（即纳粹政府）所提供，而协会在1937年之后已经处于日本占领军的管辖范围之内，所以中德学会在1937年到1945年间的性质难免引人怀疑。

托马斯·詹森（Thomas Jansen）就曾质疑：“仅从学会的半官方性质和财政上对德国政府的依赖，我们就不能期待中德学会能对纳粹主义采取一种中立甚或绝对公然拒绝的态度。这一点可以从学会提供的文化活动上得到证实。”⑤ 他

① 傅吾康：《为中国着迷》，第66页。转引自托马斯·詹森：《对北京中德学会在1933—1945年间所从事工作的几点说明与质疑》，刘梅译，载马汉茂、汉雅娜、张西平等主编：《德国汉学：历史、发展、人物与视角》，第179—180页。

② 丁建弘，李霞：《中德学会和中德文化交流》，载黄时鉴主编：《东西交流论谭》，上海文艺出版社，1998年，第272页。

③ 房建昌没有明说汉奸是谁，由其他资料可知，学会会员中最大的汉奸当属王荫泰（1886—1947）。此人在德留学多年，1921年开始成为张作霖的参谋，1927年成为他的外交总长，1937成为与日本合作的华北政务委员会的成员，1947年被处死。丁建弘的文章中没有正面提到汉奸的名字，但认为个别会员的投敌行为不影响学会的性质。资料见墨柯（Peter Merker）：《评霍福民1940—1945年在北京中德学会中的作用》，李双志译，载马汉茂、汉雅娜、张西平等主编：《德国汉学：历史、发展、人物与视角》，第495页。

④ 房建昌：《从北京的中德文化协会到中德学会》，《德国研究》1999年第2期。该文重点介绍了中德学会的筹备情况，而对1937年之后的情况介绍得极其简略。

⑤ 托马斯·詹森：《对北京中德学会在1933—1945年间所从事工作的几点说明与质疑》，刘梅译，载于马汉茂、汉雅娜、张西平等主编：《德国汉学：历史、发展、人物与视角》，第183页。笔者以为，句中的“财政”译为“财务”更为妥当。

找到的最有力的证据之一是中德学会出版的特刊中，第三册就是第三帝国内务部部长威廉·弗里克（Wilhelm Frick，1877—1946）的宣传性作品《统一国家之德国》。

而另一位学者墨柯（Peter Merker）则通过梳理德国方面留下的档案，找到了更多纳粹政府操控中德学会以谋求自身利益的证据。例如他们利用学会在北京进行纳粹文化宣传（播放纳粹影片《意志的胜利》、举办宣传性演讲），会长罗越赴南京会见汪精卫政府高官，以沟通德国与汪伪政府的关系，等等。墨柯的结论是：

> 在20世纪30年代中期，中德学会首先是作为德国官方在国民党中国的“文化竞争的行动者”发挥作用的。纳粹宣传机构并不能将它作为直线型的传送轨道来使用。尽管如此，却不能否认，这个研究所是在纳粹体系统辖之下的，具有一定的政治功能，不论在那里工作的科学家是否承认，也不论他们的中国伙伴是否对此有所认识。①

2011年，青年学者崔文龙也基于德国的档案材料指出，德国政府自中德学会成立起就有宣传方面的考虑，在学会成立之后也多次以纳粹主义的原则干涉学会的工作和内部的人事任命。②

从现在所披露的档案材料看，丁建弘、李霞文章中的观点已经不能成立。纳粹政府的确利用中德学会进行了某些有利于自己的宣传工作。不过，即使是将1937年后的中德学会完全视为纳粹工具的房建昌也认为，有部分会员暗中对此进行了抵制。所以，现在问题已经不在于简单地为中德学会“定性”，而应该通过研究中德学会的具体活动来揭示这一“学术与政治”交融的组织是如何运转的。正如墨柯所言，现在再去“揭露”中德学会中纳粹的活动意义有限，重要的是如何再现这一“政治和科学的复杂张力域”。③

中德学会为中国人所创办，后又为德国纳粹政府所资助，抗日战争时在沦

---

① 墨柯（Peter Merker）：《评霍福民1940—1945年在北京中德学会中的作用》，李双志译，载马汉茂、汉雅娜、张西平等主编：《德国汉学：历史、发展、人物与视角》，第494—495页。

② 崔文龙：《中德学会的成立及相关争论》，载《民国档案》2011年第3期，第89—93页；崔文龙：《中德学会与德国对华文化外交》，《史林》2012年第6期。

③ 墨柯（Peter Merker）：《评霍福民1940—1945年在北京中德学会中的作用》，李双志译，载马汉茂、汉雅娜、张西平等主编：《德国汉学：历史、发展、人物与视角》，第514页。

陷区生存，这种复杂的背景所导致的驳杂的资料来源造成了研究方面的困难。然而，对于中德学会重要的学术成果——《中德学志》，上述学者都没有进行专门研究。这份公开出版物属于较为易得的资料，殊不应忽视。2010 年国家图书馆出版社将其影印出版，更加方便了研究者。本文将从“政治宣传”的角度对这本杂志的内容进行分析，这将有助于我们更加细致地了解中德学会在北平沦陷期间的状态。

一、从《中德学志》看中德学会的性质

《中德学志》季刊创刊于 1939 年 4 月，最后一期出版于 1944 年 6 月，一共有 6 卷 22 期。其中前 4 期（第一卷）出版时取名为《研究与进步》①。此后的 18 期都名为《中德学志》。

首先应当明确的是，除了最后一期合刊之外，《中德学志》的控制权一直掌握在德国人的手中。国家图书馆出版社 2010 年影印本《中德学志》的《出版说明》中说：“《中德学志》是名实一致的中国德国双方学术介绍之杂志，为当时中德乃至亚欧的互相瞭望与沟通打开了一扇窗。”② 似乎双方在各自交换学术成果。而学志本身的发刊词中也说：“本刊采用稿件，是译稿与中国学者撰述并重的，但本刊亦不采取固定形式，那一方面稿件多了起来，即多登那一方的稿件。”③ 但事实上，前 5 卷共 20 期学志里中籍学者自己撰写的文章非常少，即使有，也仅仅是对德国学者研究成果的转述，除了介绍德国自然、人文科学的成就，就是介绍德国汉学家的研究，其余近 9 成的文章都是翻译作品。刊物的中文名称是“中德学志”，德文名称却是“Aus deutschem Geistsleben”，可直译

---

① 选择这个名字是因为与德国杂志 *Forschungen und Fortschritte* 之间紧密的合作关系：前 3 卷中几乎有一半文章都译自这本德国杂志，而这又是因为决定当时德国对华文化政策的汉学泰斗福兰阁（Otto Frank，他是傅吾康的父亲）与该杂志的主编关系密切。

② 国家图书馆出版社：《出版说明》，《中德学志》第一册，国家图书馆出版社，2010 年影印版，第 1 页。

③ 中德学会：《本会为本刊敬告读者》，《中德学志》第一册，国家图书馆出版社，2010 年影印版，第 8 页。

为“来自德国的精神生活之中”，作为刊物名称可译为《德意志人文精粹》。[①]显然，这个德文名称是更加符合实际的。因为，在前4卷当中根本找不到一篇中国学者研究中国问题的文章。可以说，前5卷的《中德学志》主要是对德国学者学术成绩的单方面介绍。

其次，关于学志的内容，丁建弘认为“《中德学志》全6卷22期，内容均是纯学术的研究作品，不带任何服务于纳粹政治的色彩，足见编译者用心之良苦”。[②]然而这一说法非常容易证否。傅吾康承认学会偶尔也发表一些“尽管不是真正意义上的政治宣传品，但实际在很大程度上符合当时德国官方看法的文章”。[③] 他的这种说法对于某些文章来说是可以成立的，例如提菲德的《德语在欧美之分布》[④] 和科赖浦斯的《中欧之德国生活区域图》[⑤]，或者用詹森的说法，这些还属于“模棱两可”的范围。

---

① 这种中德文名称不一致的情况之多，已经到了不容忽视的程度，一般的情况都是中文名称含有中德合作之意，而德文名称则显示其为德国机构。其他名称不一的情况还有：中德学会在这一时期所办的德文夜校于1940年10月被德意志学院接管后，在《中德学志》上仍被称为“中德学会德文夜校”，而德文名字却改成了“Sprachkurs der Deutschen Akademie in Rahmen des Deutschland-Institutes.”，丁建弘将它直译为“德意志科学院德语夜校中德学会分校”。与詹森不同的是，丁先生对这一称谓并不敏感，但这个名字已经能成为学会与纳粹政府合作一个证明，因为德意志学院（歌德学院的前身）在那个时代是纳粹政府在外国进行文化扩张的急先锋。

② 丁建弘，李霞：《中德学会和中德文化交流》，载黄时鉴主编：《东西交流论谭》，上海文艺出版社，1998年，第282—283页。

③ 参见傅吾康：《为中国着迷》，第111—112页。转引自托马斯·詹森：《对北京中德学会在1933—1945年间所从事工作的几点说明与质疑》，刘梅译，载马汉茂、汉雅娜、张西平等主编：《德国汉学：历史、发展、人物与视角》，第186页。

④ 提菲德（Franz Thierfelder）：《德语在欧美之分布》，祝钟译，载《中德学志》第二卷第三期，民国二十九年（1940）十月，第五〇八到五一四页，国家图书馆出版社，2010年影印版，第三册，第122—128页。（本文如引用《中德学志》中的文章，属于原刊页码的用汉字，属于影印本页码的用阿拉伯数字。第一卷的原刊上无页面）

⑤ 科赖浦斯（Norbert Krebs）：《中欧之德国生活区域图》，孙方锡译，载《中德学志》第二卷第三期，民国二十九年（1940）十月，第五四二至五四五页，国家图书馆出版社，2010年影印版，第三册，第156—159页。对于德军的侵略成果，这篇发表于1940年的文称“二十年来在外人势力支配下的东北各省……都归还德国了”。对于跨国界的资料收集，该文称，虽然这样工作量很大，“但是从科学的立场以及民族政策的立场来看，却是值得的”。德国境外的德裔少数民族的存在，即所谓的“民族德意志人”（Volksdeutschen）问题，是希特勒提出领土要求的主要借口之一（例如苏台德问题）。

但是，如果看到第三卷中的“特载”[①] 专栏的稿件的话，傅吾康的说法就只能说是一种自我安慰了。这些出自柏林海陆出版社（Terramare Office）[②] 的文章，虽然包含了较多的资料和数据，仍然可以算作典型的宣传文章。例如傅雷克斯的《德国的人口政策》[③]，不但整页地引用希特勒的《我的奋斗》，而且公然为纳粹政权所奉行的“种族卫生学”辩护，声称 1938 年纳粹政府的新婚姻法只是为了阻止青年选择“属于堕落及生理学的[④]劣等血系”的人结婚。[⑤]

再次，从《中德学志》中还可以看出，对于中德学会来说，日本占领军的力量一直作为一种无声的压力存在着。这 22 期杂志封面共换了 5 次，从中可以明显看出日本占领军的影响。第一卷的四期刊物由张东荪题写刊名，但这位发表抗日言论的教授的题字很快被抛弃。[⑥] 从第二卷开始由沈兼士题写刊名，但他的题字到 1942 年底沈兼士秘密出逃重庆之后亦不能再用。[⑦] 结果第五卷第一、二期的合刊“中德学会十周年纪念号”（1943 年五月）改由张尔田[⑧]题写刊名，第五卷的第三、四期的刊名依旧是沈兼士的笔迹，却抹掉了“沈兼士题”的字样。最后一份学志，第六卷第一、二期（1944 年六月）的“欧特曼逝世十周年

---

① 此处的中、德文名称又不一致，“特载”栏目在德文目录中名之为 Zeitgeschiehtliches，意思为“时事”。而这个名字让人想起《二十世纪》的主编梅纳特（Klaus Mehnert）对中德学会的抱怨：北京的汉学家们不愿就现实问题在他的杂志上写稿，忽视战时责任，“如果没有外来的推动，我们的汉学家将只会在他们的专门领域里钻得越来越深”。这种抱怨得到了德国大使馆的支持。而学会在《中德学志》上开辟“时事”专栏有可能与此相关。引文见墨柯（Peter Merker）：《评霍福民 1940—1945 年在北京中德学会中的作用》，李双志译，载马汉茂、汉雅娜、张西平等主编：《德国汉学：历史、发展、人物与视角》，第 510 页。

② 来自此出版社的文章原文一般为英文，本来就是对外宣传之用。

③ 傅雷克斯（Rudolf Frereks）：《德国的人口政策》，曹京实译，载《中德学志》第四卷第二期，民国三十一年（1942）六月，三五二到三八一页。原文注一中说此文发表于 1928 年，肯定有误，因为文章中提到了 1938 年的纳粹婚姻法。国家图书馆出版社，2010 年影印版，第四册，第 376—405 页。

④ 原文此处多一个“地”。

⑤ 傅雷克斯（Rudolf Frereks）：《德国的人口政策》，曹京实译，第三七八页。

⑥ 张东荪（1886—1973 年）在“七七事变”后形成了调和共产主义与资本主义、共产党与国民党，借以共同对抗日本的“中间性的政治路线”。日本宪兵在日本对美国宣战后包围了燕京大学，逮捕了张东荪与其他 10 名燕大教授，不愿意为日本人做事的张东荪被日军判刑。

⑦ 沈兼士（1887—1947 年）于 1942 年 12 月 16 日微服潜出北平，辗转到重庆中央大学师范学院任名誉教授。

⑧ 张尔田（1874—1945 年），又名张采田，历史学家，曾参与过《清史稿》的编写，时任燕京大学国学总导师。

纪念号”又改由王承传[1]题字。而且，在杂志文章中，每当需要提及1937年的日本人侵事件时，都用委婉语轻轻带过。

这三点，可以与詹森和墨柯对中德学会的研究相互印证。中德学会及其所办的《中德学志》都肩负了纳粹政府的宣传任务，并受到日本方面的监督，这一点无可置疑。

但是，詹森所言的中德学会1940年之后就“起到了越来越多的政治宣传的作用”[2] 的说法也不够准确。德国政府对杂志的影响程度并非一直持续，而是有所起伏。

二、《中德学志》内纳粹政府影响力的起伏

从整体上看，应该承认《中德学志》依然保持了一份学术刊物的面貌，其宣传功能只是附带的任务，而且宣传力度还起伏不定。从《中德学志》所刊载的内容看，这种起伏大致可以分为三个阶段，第一二卷、三四卷、五六卷各有不同。而其中的变动，与编辑部内部的人事变动和二战战局相关。

在《中德学志》创刊之后，第一、二卷的编辑工作主要在傅吾康的影响之下。纳粹上台后，原中德学会德籍会长卫德明因为自己的犹太妻子而失去了职位，常务干事谢礼士（E. Sehierlitz）在回国期间突然病逝，1937年后中籍会长冯至又避难到南方，北平的工作只能暂时由傅吾康主持。傅吾康的父亲福兰格（Otto Franke）是德国汉学泰斗，对这一时期的对华文化政策拥有巨大的影响力。[3] 福兰格与德国《研究与进步》杂志的主编卡尔·凯尔霍夫博士（Dr. Karl Kerlhof）关系极好，因此《中德学志》最初的刊名也是《研究与进步》，并且有半数稿件都译自这本德文杂志。在这一时期的学志里，第一卷并未见到有什

---

① 王承传，字钦尧，安徽桐城人。1904—1906年曾作为大清国驻德国大臣荫昌的随员供职于柏林。有旅居德国时的《日记》（题为《钦尧手记》）传世，归国后供职于外交部门。详见王雪梅：《王承传欧游〈日记〉的文献学价值》，《文艺评论》2011年第8期，第140—147页。

② 托马斯·詹森：《对北京中德学会在1933—1945年间所从事工作的几点说明与质疑》，刘梅译，载马汉茂、汉雅娜、张西平等主编：《德国汉学：历史、发展、人物与视角》，第190页。

③ “研究所隶属于德国驻中国大使馆，在一切重大问题上对其负责，虽然这一点没有对外作出说明。原则问题的定夺和财政问题，必须与柏林的外交部和文化政治部门商定。在这个背景下，前公使馆皇家翻译和首席汉学家福兰格起了特殊的作用，在所有方向性的决定上，文化政治部门的负责人特瓦尔都斯基（Twardowski）和罗特（Roth）听取他的意见。”墨柯：《评霍福民1940—1945年在北京中德学会中的作用》，李双志译，《德国汉学：历史、发展、人物与视角》，第496页。

么宣传性稿件，到第二卷也仅仅出现了前文提到的提菲德的《德语在欧美之分布》和科赖浦斯的《中欧之德国生活区域图》这类文章。

到了德国和中国正式绝交前后，较为亲日的纳粹党员福克司、霍福民和罗越受到了纳粹政府的青睐，希望通过他们来沟通德日关系，以及德国和汪伪政权的关系。1940年，福克司成为中德学会会长。尽管第二卷上已经将他的名字排在了编辑之首，但到了第三卷他的影响力才真正得以显现：增加了“特载”栏目（德文称“时事”）。同时，来自《研究与进步》杂志的文章在第三卷第四期减少到两篇。

“特载”栏目一般每期刊登两篇文章，许多都出自柏林海陆出版社（Terramare Office）。这些文章从各个方面为纳粹的政治、经济、文化政策辩护，完全体现了德国官方的意志。

不过，即使是这时的《中德学志》，从总体上看依然具有学术刊物的特征，即使是宣传性的稿件也以较为翔实的资料显示其学术性。

为什么纳粹政府没有将《中德学志》变成一份宣传刊物呢？

其实，德国政府提供资助这件事本身并不能说明学会必然受到政治干预。政府资助学术机构而不施加政治影响，这种传统自洪堡以来在德国有悠久的历史。当然，纳粹政府并没有遵循德国的这种传统，而是积极地试图让中德学会执行它的文化政治战略。但纳粹政府在此所用的宣传策略是，试图通过中德学会来影响中国的高级知识分子，所以将杂志定位为学术期刊，从而与德国政府在上海资助的《二十世纪》区别开来。[①] 德国政府的内部文件透露，它为中德学会所定的任务是：

> ……在中国唤醒或加深对德国文化成就的理解。换句话说，这是一项着眼于长期的文化工作，不是为了或多或少政治现实化的当前宣传，而是为了争取自1918年以来主要处于盎格鲁-美利坚影响下的精神领导者的圈子，向其展示德国不仅可以在自然科学和技术方面，还可以在精神文化和人文科学领域对中国有所助益……重要的不是作用的广度，而是深度。也

---

① 参见舒欣：《汉学研究机构抑或舆论宣传的工具——谈第三帝国时期位于上海的德国文化研究院的职能》，胡晓译，载马汉茂、汉雅娜、张西平等主编：《德国汉学：历史、发展、人物与视角》，第194—216页。

就是说，我们的目标不是广大的民众，而是有文化修养者的最上层。[1]

德国政府所执行这种宣传策略，是《中德学志》大致能维持一本学术期刊面貌的根本原因。

从第四卷开始，编辑部内部再次出现人事变动，傅吾康成了编辑委员会的主任。作为最为亲华的德籍会员之一，他这时与学志的秘书胡隽吟的恋爱明显违背了纳粹的种族政策。从第四卷开始，“特载”不再出现，宣传性的文章逐渐减少，宣传色彩也逐渐趋淡。学志编辑部还举办了作者见面会，并在会务报告中称：“本志以往所载几全为翻译文章，自本年度起拟更注意中国学者研究德国学术之著述。”[2]

从第五卷开始，刊名的翻译上也发生了微妙的变化。直到上一期（第四卷第四期，1942 年十二月），刊物的德文名字还仅仅是大号字写的 Aus Deutschem Geistesleben，而到了这一期，在刊物的德文目录页上，德文名字换成了大号字的《中德学志》的汉语拼音：CHUNG TE HSÜEH CHIH，底下的括号里再用小字写上“Aus Deutschem Geistesleben”，并去掉了“In Verbindung mit Dr. Karl Kerlhof”（“与卡尔·凯尔霍夫博士联合出版”）。

到了最后一期学志[3]出版的时候，已经有一半的文章为中国学者所撰写，使学志真正成为中德学者相互交流的一个平台。这种趋势，与丁建弘等对中德学会后期历史的研究也是可以相互印证的，到 1945 年春，“战争停止前夕”，为保护学会的图书及文物，免受德国投降的影响，“傅吾康提议，让德籍职员和会员全体退出中德学会，职务完全交给中籍同仁”。[4]

《中德学志》在二战末期的变化，明显与德国的战争进程相关。在本土已经岌岌可危的情况下，纳粹政府已经没有足够力量来监控远东的一本学志。这时，对中国较为友好的傅吾康就能与中籍会员一道，使学会逐渐摆脱纳粹政府

---

① DBC, Nr. 3388, Bl. 142-154, D. I. Franke, an DB Nanjing, Februar 1942: Übersicht über die Tätigkeit des D. I. von August 1937 bis Ende 1941. 转引自墨柯（Peter Merker）：《评霍福民 1940—1945 年在北京中德学会中的作用》，李双志译，载马汉茂、汉雅娜、张西平等主编：《德国汉学：历史、发展、人物与视角》，第 495 页。

② 载《中德学志》，第四卷第一期，民国三十一年（1942）三月，国家图书馆出版社，2010 年影印版，第四册，第 196 页。

③ 即第六卷，为两期合刊，出版于民国三十三年（1944）六月。

④ 丁建弘，李霞：《中德学会和中德文化交流》，载黄时鉴主编：《东西交流论谭》，上海文艺出版社，1998 年，第 283 页。

的影响。

那么，《中德学志》中是否可以见到中籍会员的努力呢?

三、中籍会员的民族情怀

由于《中德学志》是在中国出版的中文杂志，所以中国学者的文章（大多是翻译作品）构成了刊物的主体。

《中德学志》定位于学术期刊，出版地又是日军控制下的北平，所以这本杂志上并没有出现过直接宣扬抗战精神的文章。但如果细读杂志上的文章，依然可以发现，好几位中国学者试图运用这块沦陷区里难得的阵地激励国人救亡图存的精神。尽管刊物的德文名称是“德意志人文精粹”，德方的主旨也是借此传播德国文化中的优秀内容，博得中国知识阶层对德国的好感，但是学会中的中籍会员对这种文化传播却有自己的选择。

例如，在对德国历史、思想、文化、人物的介绍中，1806年前后的德国成了一个绝对的重点。众所周知，1806年普鲁士军队在耶拿战役中被拿破仑打败。不久后拿破仑的军队开进了普鲁士的都城柏林，并与普鲁士人签下了割地赔款的不平等条约。这个时间点，正是德意志民族发展的一个低谷，而德意志的民族精英在此时的觉醒、反思和改革，又使得它恰恰成了德意志民族复兴的新起点。

宣扬这个时期的德意志精神自然是不会受到德方阻挠的，而对中国的现实却有着特殊的意义。同样的亡国感受，使得原本遥远的德国历史对于中国学者来说一下子变得亲切起来。1806年的德国，“国家，是十分的贫困；人民，是很缺乏爱国心（当法军打败普鲁士，拿破仑入柏林时，普人列街旁且为拿氏喝彩）；法国军力过于强盛；拿破仑手段非常毒辣；一般显宦，王爵，争向拿氏归顺，希得官职。”[①]这与日军在1937攻入北平城之后的景象不无相似之处。正因为如此，曹京实[②]在看见狄怀特的《斯坦因传》后心有所感，而译出了全文，他还在译文序言中写道：

---

① 狄怀特（Andrew Dickson White）：《石太因（Stein）》，曹京实译，载《中德学志》第三卷第二期，民国三十年（1941）六月，第一六九至一七〇页，国家图书馆出版社，2010年影印版，第三册，第7—8页。引文为曹京实的序言。Stein，现在一般译为斯坦因，普鲁士开启农奴制改革时的首相。

② 曹京实，天津南开中学毕业，文学家端木蕻良（原名曹京平）的二哥。

> 而当此际，是石太因，他，看准问题，立定决心以人类罕见之刚毅精神，排万难，急建设，卒救德国于危亡。是石太因，他以特有之远大眼光，悲天悯人之宏大同情，解放农奴，化除阶级，使极端专制之德国逐渐趋向民主。其功固未全竟，而其志则远非一般之政治家所能及。笔者译此文时，心怦然动，不仅敬石氏之为人，且亦深感著者狄怀特氏对吾人启示之良多也。①

对“吾人”的“启示”是什么呢？可以想见，这些中国学者希望中华民族也能在失败的打击中痛下决心、革除旧弊，能像德意志民族那样浴火重生。

而受到关注的并不仅仅只有斯坦因，围绕着使德意志民族从战败走向复兴的斯坦因-哈登堡改革，《中德学志》的中文撰稿人几乎介绍了当时所有引领普鲁士改革的精英人物，如哈登堡、格耐色瑙②、沙恩霍斯特③、克劳塞维茨④、威廉·冯·洪堡等，都译出专门文章予以介绍。其关注程度远远超过了德意志历史中其他重要时期，如之前的“狂飙突进时代”和之后的“俾斯麦时代”。

而且，《中德学志》不仅仅关注1806年前后德意志的战争和改革，也关注1806年前后德国思想史的发展。其中最重要的贡献，是连载了会员杨丙辰⑤所译的费希特的《告德意志民族》。费希特在普鲁士国难之时的系列演讲中，从历史和哲学的层面肯定了德意志民族特殊的使命，成为之后德国民族主义的渊薮。后来，这部作品又走出国门，成为弱势民族肯定自我，在逆境中激发民族

---

① 狄怀特（Andrew Dickson White）：《石太因（Stein）》，曹京实译，载《中德学志》第三卷第二期，民国三十年（1941）六月，第一六九至一七〇页，国家图书馆出版社，2010年影印版，第三册，第7—8页。引文为曹京实的序言。

② 嘎肯赫兹：《格耐色瑙传》，曾一新译，载《中德学志》第三卷第一期，民国三十年（1941）三月，第三十六至五十四页，国家图书馆出版社，2010年影印版，第二册，第384—403页。

③ 拉本瑙：《沙恩荷斯特将军传1755—1813》，曾一新译，载《中德学志》第三卷第一期，民国三十年（1941）九月，第四〇四至四三二页，国家图书馆出版社，2010年影印版，第三册，第254—283页。

④ 施密特黑纳：《克劳塞微慈将军传》，曾一新译，载《中德学志》第三卷第四期，民国三十年（1941）十二月，第五八三至六〇〇页，国家图书馆出版社，2010年影印版，第三册，第445—463页。

⑤ “杨君乃德学先进，译著甚多，我国北方学德文之学生几均出其门下。”胡隽吟：《中德学会与中德文化》，载《中德学志》第五卷第一、二期——中德学会十周年纪念刊，民国三十二年（1943）五月，第一一八页，国家图书馆出版社，2010年影印版，第五册，第308页。

斗志的精神武器。

自 1931 年东三省被日本占领后，费希特的演讲开始在中国广泛传播[①]，1932 年张君劢对演讲进行了部分翻译；1934 年贺麟在《大公报》上发表长文《费希特处国难时之态度》；1942 年，臧广恩、马采分别完成了《对德意志民族的演讲》全译本[②]。可见，在 1937 年全面抗战开始后，在各种复杂的环境下，这篇演讲竟然被三个人（杨丙辰、臧广恩、马采）同时翻译着。由此亦可知这篇作品在当时中国学者心目中的地位。而相对于其他激励国民的文章，在沦陷区刊布《告德意志民族》要相对保险得多。纳粹党人将费希特看作自己的精神导师之一，当然乐意其思想的传播。日本人也没有理由查禁它，因为日本的文部省自己就“把它编译于《关于时局之资料》中，免费颁发给全国文教部门，用以论证大和民族优越论”。[③]

除了在德国的历史中寻找振兴中华民族的精神动力之外，也有学者试图从当代德国的精神资源中寻求助力。其中较为典型的有王锦第[④]对德国学者士榜格（Eduard Spranger）的介绍。[⑤] 王锦第在注释中极富深意地写道：“国民性与文化（Nationlität und Kultur）是士榜格的一篇演讲，载在文化哲学的诸问题中，虽稍显联系当前的实际问题，但仍不失为一篇极可珍贵的论文；可以作为国家哲学来读，富有大同思想而缺乏国民意识的中国人对于士榜格的说法更应有特别的警醒。”“稍显联系当前的实际问题”竟然成为文章的缺点，可见时局之诡异。作者忧心中国人缺乏现代民族国家的观念，而士榜格文中对“血族国民”“文化国民”等概念的阐述，是在强调国民性的独立性，天然地抗拒着日本占领政府的同化政策。

相似的还有王锦第所译的《黑格儿的政治伦理学》，从哲学层面激励国人的爱国心：“黑格儿知道一个政治并且还有宗教团体，一个集体而成的团体有同

---

① 据梁志学介绍，是梁启超最早（1915 年）将这部著作介绍到中国的。梁志学：《中文版序言》，载费希特《对德意志民族的演讲》，梁志学、沈真、李理译，商务印书馆，2010 年，第 34 页。

② 臧广恩的译本出版于贵阳的文通书局，马采的出版于重庆的独立出版社，见梁志学：《中文版序言》。不过，梁志学并没有提到杨丙辰的翻译。

③ 梁志学：《中文版序言》，载（德）费希特《对德意志民族的演讲》，梁志学、沈真、李理译，商务印书馆，2010 年版，第 33 页。

④ 王锦第，文学家王蒙的父亲。

⑤ 士榜格（Eduard Spranger）：《国民性与文化》，王锦第译，载《中德学志》第二卷第四期，民国二十九年（1940）十二月，第六〇〇至六一二页，国家图书馆出版社，2010 年影印版，第二册，第 226—238 页。（正文标题印的是《民国性与文化》，显然是印刷错误）

样的决定，在任何情况下，属于某一团体并不由于一个人的选择，而是运命安排在那一个团体内。忠心于这个团体便是最高的道德责任。”①

1943 年，胡隽吟在《中德学会与中德文化》一文中总结了自古以来中德文化交流的历史，并特别记叙了中德学会的贡献。文中 1911 年之后的历史全用民国纪年，只有一处除外：“自一九三七年夏季以来，北平之杂志刊物顿形减少……”② 这种特意的突出让人从字里行间感受到作者的悲愤之情。

中国学者在文章中所用深意并不限于此，但仅从上述数例已可看出，沦陷区内的一些学人也并非完全逃入书斋，而是利用《中德学志》这样一块难得的阵地进行抗争。这一点，在之前对中德学会的研究中完全被忽视了。

结 论

中德学会既有中国学者的开辟之功，又有德国政府的资助之力，而在“七七事变”后因为德日同盟这样的特殊原因才生存下来，这一切都导致了《中德学志》面貌的复杂性。从杂志的文本看，德国政府、德国学者（其中又有纳粹党员和非党员之分）、中国学者都试图利用这本杂志达成自己的目的。而经过几方复杂的博弈之后，他们都在一定程度上实现了自己的目标，又都受到其他各方的掣肘。德国政府在学志上的宣传力度历经了一个由弱转强，又由强转弱的起伏。

其中尤其值得注意的是杨丙辰、曹京实、曾一新、王锦第等中国学者，他们在部分德国编辑的协助下，在德国政府和日本占领当局所能容忍的最大限度之内，试图通过学术活动鼓舞暂时处于失败阴影中的同胞。他们不仅在当时为抗战贡献出了自己的一份力量，同时也给后人留下了一笔宝贵的精神财富。

（原文载于《德国研究》2013 年第 4 期）

① 拉润次：《黑格儿的政治伦理学》，王锦第译，载《中德学志》，国家图书馆出版社，2010 年影印版，第一册，第 271 页。

② 胡隽吟：《中德学会与中德文化》，载《中德学志》，第五卷第一、二期——中德学会十周年纪念刊，民国三十二年（1943）五月，第一二一页，国家图书馆出版社，2010 年影印版，第五册，第 311 页。

德国历史教科书中的中国抗日战争

沈辰成　孟钟捷[*]

一、问题的提出

如果我们把第二次世界大战视为历史舞台的一幕大戏，那么中国和德国无疑都是主角。虽然两个国家出演的戏份都浓墨重彩，但双方拿到的剧本却截然不同：在二战中，中国是东方主战场，站在反法西斯阵营；德国是欧战策源地，属于法西斯阵营。中国是南京大屠杀等罪行的主要受害国；纳粹德国则是纳粹大屠杀等罪行的首要加害国。在二战后，中国成为领导世界新秩序的五大国之一；德国成为推动欧洲一体化的双引擎之一。新中国走上社会主义道路；联邦德国归属西方阵营。

在当代德国，历史教育的主要议题之一是“克服过去”（Vergangenheitsbewältigung）。在理论上，“克服过去”是指当代德国社会对过去德意志民族的负面历史遗产进行批判和反思。其中，狭义的负面遗产是希特勒、纳粹党、第三帝国和德国发动第二次世界大战的历史，特别是犹太大屠杀；广义的负面遗产则涉及第二帝国（特别是纳米比亚大屠杀）和民主德国（特别是柏林墙）等。“克服历史”的媒介包括中学历史教科书、博物馆、纪念馆、国家纪念仪式及大众历史子产品。显然，中学历史教科书作为克服历史的重要媒介，必须重视有关二战历史的叙述，并且必须加以坚决的自我批判和自我反思。

尽管如此，当代德国的中学历史教科书是否从二战的欧洲中心论叙事转向

* 沈辰成，华东师范大学历史学系世界史硕士，现为德国奥格斯堡大学人文历史系博士候选人；孟钟捷，现为华东师范大学历史学系/社会主义历史与文献研究院教授。

全球视野？德国历史教育是否以及如何恰当地阐明他国的历史经验，包括中国战场在世界大战格局中的历史意义和抗日战争在中国历史进程中的历史意义？这些仍然是非欧洲国家颇感兴趣的问题。站在中国历史学者的立场上，德国历史教科书中的中国抗日战争是值得剖析的样本。如果考虑德国和中国、过去和现在的不同角色，那么，本文在上述具体问题之外，更涉及一连串更为宏大的关怀：加害者如何叙述受害者的历史？战败国如何描绘战胜国的经验？欧洲人如何诠释其他人的历史？西方国家如何评价社会主义国家的历史经验？①

以下，本文首先概述当代德国历史教育的体制特征及其核心理念，随后转入有关二战内容的实证性分析，最后结合德国历史教育学的理论对它的二战书写展开批判。

一、当代德国历史教育的体制特征及其核心理念

德国基本法规定：国家监督学校教育，保障公立学校、私立学校和教会学校的合法权益。教育政策的管辖权属于联邦各州，各州可以自行厘定学制、颁布课程标准以及审定教科书。文化部长联席会议（Kulturministerkonferenz）负责协调各州，达成考试和学制的基本框架。由此，德国历史教育形成“多纲多本”的体制，主要表现在学制、课程和教科书三个层面。②

首先，在学制上，德国学校的类型相对多元化，不同学校的教育目标是培养不同层次的人员。在大多数州，学生在小学毕业后（Grundschule，1—4 年级）分流，中学可以分为三类，分别是文理中学（Gymnasium）、实科中学（Realschule）以及中等中学（Mittelschule）。中等中学的学时较短（6—10 年级），目标是培养实践型人员，例如商店店员；实科中学的学时中等（5—10 年级），目标是培养技术型人员，例如工厂技工；文理中学的学时较长（5—12 年级），目标是培养学术型人才。按照传统，文理中学的毕业生通常可以申请入读综合性大学（Universität）。实科中学和中等中学的毕业生一般只能申请高等专

① 国内对德国历史教科书及其中涉及第二次世界大战的单元，参见孟钟捷：《如何培养健康的历史意识——试论德国历史教科书中的二战历史叙述》，《世界历史》2013 年第 03 期；孙文沛，阮一帆：《联邦德国历史教科书中“二战历史”叙述的变革》，《德国研究》2015 年第 05 期。

② 详见《联邦德国基本法》第 7 条和第 91 条等，参见德国司法部网站：http：//www. gesetze-im-internet. de/gg/art_ 7. html 和 http：//www. gesetze-im-internet. de/gg/art_ 91b. html（10. 12. 2019）.

科学校（Fachhochschule）。

其次，在课程上，课纲的制定相对地方化，各州政府自行制定和修改历史课程标准。例如，在巴伐利亚州，历史课程标准的主管单位是巴伐利亚州的教育、文化、科学和艺术部（Bayerisches Staatsministerium für Bildung und Kultus, Wissenschaft und Kunst）及其下属机构学校质量和教育研究所（Staatsinstitut für Schulqualität und Bildungsforschung）。

由于各州政府的政治倾向不同，不同地区历史课程的立场和内容通常存在着显著区别。相对而言，北部各州（例如北威州）的历史课程比较自由，侧重抽象的历史思维的培养；与此相反，南部各州（例如巴伐利亚）的历史课程更加保守，侧重具体的历史知识的学习；在某些摇摆州，当不同党派上台时，课程标准也会发生变化，例如前东德地区。

由于各类学校的教育目标不同，不同学校历史课程的深度和广度普遍存在巨大的差异。以巴伐利亚为例，中等中学设置综合课程，涵盖社会、历史和地理三门学科，学时为5—10年级；实科中学开设历史课程，学时较短（6—10年级），学生按照时间顺序，学习德国通史；文理中学开设历史课程，学时较长（6—13年级），前期学习通史，后期组织研讨。

再次，在教科书上，教科书的管理比较市场化，历史教科书的供应和需求都体现较大自主性。根据各州课程标准，学者和出版单位可以自行编纂教科书，教科书通过审核后就可以公开发行。根据学校自身需求，学校和历史教师可以自行选购教科书，在政府和学者的监督下组织教学。20世纪50年代，提纲式的历史教科书占据主流，主要内容是课文、图片、表格、年表和参考书目等；70年代，操作式的历史教科书一度流行，主要内容是史料摘要、著作摘要及教学任务指南；今天，主流的历史教科书混合了提纲式和操作式的特点。①

德国历史教科书种类相当丰富，此处以格奥尔格·艾卡特国际教科书研究中心（Georg-Eckert-Institut Leibniz-Institut für internationale Schulbuchforschung）的馆藏为例，2000—2015年，巴伐利亚使用的历史教科书达到12套，北威州通行的历史课本超过16套。主要的专业化教科书出版机构包括：布赫纳（Buchner）、科内森（Cornelsen）、克莱特（Klett）、欧登堡（Oldenbourg）、施罗德

① 德国历史教科书的沿革和现状，参见米夏埃尔·沃布林：《德国历史教科书中教学思想的演变及转折点，1970—1989》；孟钟捷、苏珊·波普、吴炳守主编：《全球化进程中的历史教育：亚欧教科书叙事特征比较》，上海三联书店，2012年，第415—420页。

(Schroedel) 以及韦斯特曼 (Westermann) 等。

在当代德国，巴伐利亚州是面积第二大的州、人口第二多的州和经济最发达的州之一。在巴伐利亚，基社盟（Christlich-Soziale Union in Bayern, CSU）长期执政，坚持保守教育政策。因此，本文选择当代巴伐利亚州 3 类中学使用的 12 种历史教科书为德国历史教科书的代表和具体分析的对象。

虽然德国历史教科书名目繁多，但教科书的目标大同小异——“培养反思性的历史意识”。这一目标源于德国历史教育学（Geschichtsdidaktik 或 Didaktik der Geschichte）。

20 世纪 70 年代，西德的历史教育学兴起，它自定义为“研究社会历史意识的学科”。此后，历史教育学成为德国历史学的重要分支，各大学历史系通常设有历史教育学的教席。《历史教育学手册》（*Handbuch der Geschichtsdidaktik*）是历史教育学领域的标杆性著作。历史教育学的主要学术团体是德国历史教育学学会（Konferenz für Geschichtsdidaktik）和国际历史教育学会（International Society For History Didactics）。[①]

在理论上，历史意识（Geschichtsbewusstsein）成为历史教育学的核心概念。根据德国著名史学理论专家约恩·吕森（Jörn Rüsen）的看法，历史意识概念的作用是实现研究重点的过渡——从“历史”到“意识”。如果说历史学家的研究对象是“过去”，那么历史教育学者的研究对象是“人们如何凝视过去”，其中包括学校历史教育和大众历史传播。[②]

在实践上，当代德国的课程标准和历史教科书也相应地调整了教学的目标和教学的方法。从“授人以鱼”——重视学习具体的历史知识，例如人物、事件、时间、地点以及重要概念。到“授人以渔”——重视培养抽象的历史思维，例如如何看待不同史料，如何评价不同观点，目标是让学生掌握“反思性的历史意识”“批判性的历史意识”或“历史思维的能力”。

虽然历史教科书的具体内容千差万别，但大多数历史教科书都涉及下列基本知识点：在地域上，以欧洲大陆为主舞台，着重古希腊、古罗马、神圣罗马帝国、近代欧洲和美国；在时间上，以欧洲史分期为主线，分为古典时期（An-

---

① 历史意识的概念和德国历史教育学的发展，参见斯特凡·约尔丹主编：《历史科学基本概念辞典》，孟钟捷译，北京大学出版社，2012 年，第 86—88 页。

② 历史意识的概念，参见约恩·吕森：《历史思考的新途径》，綦甲福，来炯等译，上海世纪出版集团，2005 年，第 62 页；Jörn Rüsen, *The Didactics of History in West Germany: Towards a New Self-Awareness of Historical Studies*, in *History and Theory*, Vol. 26, No. 3 (Oct., 1987), 275-286.

tike）、中世纪（Mittelalter）、近代（Neuzeit）。在德国语境下，近代的上限是新航路开辟，下限是 20 世纪。

多数教科书重点培养六大板块的历史思维：史料导向（Quellenorientierung）、多重因果（Multikausalität）、联系现实（Gegenwartsbezug）、多元视角（Multiperspektivität）、视角转换（Perspektivenwechsel）和争议（Kontroversität）。其中，值得特别关注的是“多元化视角的切换”和“过去和现在的联系”。

如果把抗战史放在同时代的视野下，视为第二次世界大战的东方战场，那么就牵涉“视角转换”（Perspektivwechsel）。它是历史教育学的重要概念和历史教育的重要目标。视角转换分为两种：垂直视角切换和水平视角切换。垂直视角切换表示在范围不同的视角之间切换，包括从具体的个案到抽象的模式，从事件对个人的影响到现象对群体的作用，例如从地方的视角到世界的视角。水平视角切换表示在立场不同的视角之间切换，包括不同的立场和不同的利益诉求，例如从加害者和受害者的角度分别看待纳粹统治。

如果把抗战史放在历时性的视野下，视为 20 世纪中国发展的一部分，那么就牵涉“联系现实”（Gegenwartsbezug）。它也是历史教育学的重要概念和历史教育的重要目标，联系现实可以分为三个层面：首先，直接联系。当代的现实生活中，历史不断通过各种方式得到呈现，例如古建筑、纪念物和街道名称等，此外，还有各种媒体，例如书籍、广播、电视和网络等。其次，原因联系。现实中存在的问题或现象，需要人们搞清楚它在历史上的来龙去脉。例如对于政党基民盟，人们就需要了解德国政党制度的发展和该政党本身的沿革。再次，意义联系。过去与现在之间具有可比性，人们需要体验历史上不同的历史情境。例如对恐怖主义问题，人们需要理解不同历史背景下恐怖活动的异同。

表 1：巴伐利亚州近年使用的历史课程标准

学校类型	课程标准	额定学时
文理中学	历史课程标准	8 年制，5—12 年级
实科中学	历史课程标准	5 年制，6—10 年级
中等中学	历史、社会、地理课程标准	6 年制，5—10 年级

表 2：各州各类学校历史课程标准普遍涉及的主要课题

时代	知识点
史前	定居农耕和畜牧
古代	古埃及、古文明、古希腊、民主制、古罗马、基督教
中古	查理大帝、神圣罗马帝国、教权和王权、城市、等级社会
近代	新航路开辟、宗教改革、君主专制、法国大革命、工业化、民族主义、德国统一、帝国主义、第一次世界大战、魏玛共和国、纳粹德国、第二次世界大战美苏冷战、两德分裂、德国统一、欧洲一体化进程

表 3：巴伐利亚州近年出版的历史教科书（系列）

学校类型	教科书
文理中学	*Mosaik*, München: Oldenbourg, 2007（《马赛克》，莱比锡：克莱特，2007） *Geschichte Und Geschehen*, Leipzig: Klett, 2007（《历史和事件》，莱比锡：克莱特，2007） *Das Waren Zeiten*, Bamberg: Buchner 2010（《曾几何时》，班贝格：布赫纳，2010） *Historie / Geschichte*, Stuttgart: Klett, 2010（《历史》，斯图加特：克莱特，2010）
实科中学	*Entedecken Und Verstehen*, Berlin: Cornelsen, 2008（《发现和理解》，柏林：科内森，2008） *Geschichte Kennen und Verstehen*, München: Oldenbourg, 2008（《认识和理解》，慕尼黑：欧登堡，2008） *Zeitreise*, Stuttgart: Klett, 2010（《时间旅行》，斯图加特：克莱特，2008） *Horizonte*, Braunschweig: Westermann, 2011（《地平线》，布伦瑞克：韦斯特曼，2011）
中等中学	*Begegnungen*, München: Oldenbourg, 2002（《面对》，慕尼黑：欧登堡，2002） *Trio*, Braunschweig: Schroedel, 2005（《特里奥》，布伦瑞克：施罗德，2005） *Durchblick*, Braunschweig: Westermann, 2006（《纵览》，布伦瑞克：韦斯特曼，2006） *TERRA*, Leipzig: Klett, 2010（《特拉》，慕尼黑：欧登堡，2010）

二、当代德国历史教科书中有关抗战叙事的实证分析

（一）中等中学历史教科书

中等中学的目标是培养实用性人才，例如商店店员。中等中学的《历史、社会和地理》课程标准是综合性学科。综合性学科的历史知识侧重基础性，在有限课时内提供最广泛的知识。在8年级，课程标准设置一个单元（8.6，民主制度和纳粹独裁），概述魏玛政权、纳粹德国和第二次世界大战。其重点是纳粹政权发动大屠杀，并没有提到太平洋战争和二战的中国战场。在9年级，课程标准设置一个单元（9.6，中国），介绍中国的地理、社会、经济和文化，同样没有提到中国的近代史和中国抗日战争。

整体而言，4本历史教科书都把第二次世界大战放在德国史和欧洲史的宏观框架下叙述。二战的根源是纳粹政权崛起，它是德国外交政策的结果。日本军国主义的本质未曾得到描述。二战主要战场在德国和欧洲：二战的起点是德国入侵波兰，二战的终点是德国无条件投降。太平洋战争爆发是第二次世界大战的扩大。第二次世界大战历史的重点是集中营和大屠杀，相关内容不但占据大量篇幅，而且设置多种方式（课文、图片、表格、史料摘录、著作摘要、小组讨论乃至实地考察等）加以呈现。

出版较早的《面对》提到过二战的中国战场。它把中国的抗日战争解释为太平战争的一部分。在关于“二战前期”的正文中写道：1937年7月，日本对中国发动侵略。这是珍珠港事件的背景。在涉及“二战结束”的正文中写道：1945年9月2日，日本投降，亚洲和太平洋战争的战事结束。伤亡统计详细列出欧洲国家的伤亡数字（特别是犹太人），但没有提到亚洲国家的死伤人数。大事年表详细列出欧洲战场的重大事件，包括关键战役、主要会议和重大罪行等，却几乎没有提到太平洋战争，仅仅涉及偷袭珍珠港和原子弹爆炸（而且用图片标注广岛核爆蘑菇云）。①

出版较晚的三本历史教科书——《特里奥》《纵览》和《特拉》完全没有提及中国战场。《特拉》简略地指出：日本偷袭美国珍珠港，太平洋战争爆发，德美相互宣战，二战扩大。二战的起点是1939年德波战争，二战的终点是1945

---

① *Begegnungen 8*, München: Oldenbourg, 2002, pp. 198-199, 218-219, 220-221.

年德国投降，没有考虑太平洋战争。[①] 在《特里奥》[②] 和《纵览》[③] 中，我们都能找到二战的大事年表，其中详细列举了欧洲战场的重要事件，对太平洋战场，两本教科书都只单独列出珍珠港事件。

此外，4 种教科书中以中国为主题的单元，都没有涉及第二次世界大战的历史内容。反之，现有教科书的中国单元以地理知识和社会知识为主，介绍中国的自然环境和人文风情。其中的重点是源远流长的古代中国文明和作为新兴世界强国的中国。现有教科书普遍没有提到中国近代史——特别是 19—20 世纪中国的百年屈辱和百年抗争。

显而易见，在当代德国的中等中学历史教科书中，中国抗日战争处于绝对边缘的地位。这种情况可能是受到中等中学的培养目标和课程标准的结构安排这两方面因素的共同影响。一方面，综合课程的知识量相对较多，历史内容的具体课时相对较少，中国历史相应更少；另一方面，课程标准把二战史主题的重点放在纳粹统治和大屠杀。

（二）实科中学历史教科书

实科中学的目标是培养技术型人才，例如工厂技工。实科中学设置了专门的历史课程。相对而言，实科中学的历史课程试图兼顾基础的历史知识的学习和深入的历史思维的训练。在 9 年级，历史课程标准设置了一个单元（9.5，极权统治、第二次世界大战及其后果）。其重点是纳粹发动大屠杀，不过，课程标准明确提到亚洲战场（同盟国在欧洲和亚洲的胜利）。在 10 年级，历史课程标准设置了一个单元（10.2，两极格局时代的国际政治），以专题形式概括了中国（特别是新中国）历史。

比较中等中学的综合课本，实科中学的历史教科书的内容更详细，历史学科特色更显著。整体而言，4 本历史教科书同样都把第二次世界大战放在德国史或欧洲史的宏观框架下叙述。这些教科书的重点仍然是纳粹统治和大屠杀，不过，太平洋战场得到了更加全面系统的阐述。此外，在关于冷战的章节中，德国历史教科书建构了以中国共产党为核心的中国历史叙述，其中抗战成为一个次要议题。

对于战争的起源，除了纳粹政权以外，4 本教科书都详尽地叙述了欧洲的

① *TERRA 8*, Leipzig: Klett, 2010, pp. 140-141.

② *Trio 8*, Braunschweig: Schroedel, 2005, pp. 200-201.

③ *Durchblick 8*, Braunschweig: Westermann, 2006, p. 157.

所谓“极权主义”政权：苏联斯大林体制和意大利法西斯政权。这些政权的出现是纳粹兴起和战争爆发的重要背景。与此同时，正文却没有讨论日本的军部政权，只提及日本侵略的过程。在《认识和理解》中，作者通过图注的形式标注：一战后，日本成为世界大国，在亚太侵略扩张。①

对于抗战的过程，中国战场仍然被定位为太平洋战争的背景，但相关描述更加详细。在《发现和理解》中，在《美国参战》这一节，作者通过正文形式，提到日本侵华战争过程：1931 年日本占领满洲，1937 年日本占领中国沿海，1940 年日本占领法属印度支那。② 在《认识和理解》中，在《二战爆发》这一节，通过正文和地图的形式，回顾远东战局演变：1937 年，日军占领中国华北，英美制裁日本，这是珍珠港事件和太平洋战争爆发的背景。③ 在《时间旅行》中，二战章节的开篇导言指出，中国、日本以及美国在太平洋战场作战。书中以地图形式，展现二战主要进程，其中注明中国的日占区，但没有体现中日双方的攻防进程。④ 在《地平线》中，在《太平洋战争：从珍珠港到广岛》一节中，正文指出，日本侵略因为内战而虚弱的中国，中国死伤百万，日军使用生化武器，屠杀战俘和平民。⑤

对于战争的损失，大部分教科书都列出了中国的重大损失，但具体数据存在一定差距。《发现和理解》⑥ 和《认识和理解》⑦ 都指出，中国的损失包括 640 万军人和 540 万平民死亡。《地平线》的数据是 350 万军人和 1000 万平民死亡。⑧

在 10 年级教科书中，抗日战争被定位为中国革命进程的一部分。4 本教科书的课题分别是“中国道路”“中国崛起”以及“中国：一个新兴的世界大国?”等。其中 3 本教科书的线索都是辛亥革命、中共成立、国共内战、联合抗日、解放战争和新中国。一本教科书甚至谈到抗日战争时期中国共产党的民主诉求和土地改革。

比较而言，在当代德国的实科中学的历史教科书中，中国抗日战争处于相

① *Geschichte Kennen und Verstehen 9*, München: Oldenbourg, 2008, pp. 134-137.

② *Entedecken und Verstehen 9*, Berlin: Cornelsen, 2008, p. 208.

③ *Geschichte Kennen und Verstehen 9*, München: Oldenbourg, 2008, pp. 134-137.

④ *Zeitreise 4*, Stuttgart: Klett, 2010, pp. 128-129, 178-179.

⑤ *Horizonte 9*, Braunschweig: Westermann, 2011, pp. 198-199.

⑥ *Entedecken und Verstehen 9*, Berlin: Cornelsen, 2008, p. 218.

⑦ *Geschichte Kennen und Verstehen 9*, München: Oldenbourg, 2008, pp. 158.

⑧ *Horizonte 9*, Braunschweig: Westermann, 2011, pp. 204-205.

对边缘的地位。不同于中等中学教科书，实科中学的情况可能主要是受到历史意识和课程结构两方面的影响。二战史存在欧洲中心观念，欧洲战场为主，亚洲战场为次。中国史存在后设视角影响，根据中国现状，重构中国历史，关注中国共产党的崛起。

（三）文理中学历史教科书

在德国的多元学校类型中，按照德国传统，文理中学的毕业生是大学的主要学生来源。因此，文理中学历史课程重视学术性，历史课程标准对学习的深度和广度都提出更高的要求。5—10 年级，学生进行第一轮学习，按照从古代到当代的顺序，学习德国和其他地区历史。11—12 年级，学生要进行第二轮学习，对重点议题进行小组讨论。

目前，在 9 年级，文理中学的历史课程设置单元“纳粹主义和世界大战”，共 17 课时。基本视角是德国史和欧洲史，重点是批判纳粹统治和反思大屠杀，课程明确提及亚洲战场。同时，在 10 年级，课程标准设置了冷战史章节，共 8 课时，其中提到了社会主义中国的历史，中国被视作冷战中崛起的新兴国家之一，但课程标准没有重点提及抗日战争。

此外，在 2016—2017 年，巴伐利亚曾修订过文理中学历史课程标准。在 12 年级讨论课中，追加了中国史内容。显然，中国历史在德国历史课程中的地位日益上升。不过，根据新课程编写的教科书目前暂时没有出版。

整体而言，9 年级文理中学历史课本与 9 年级实科中学历史教科书的差异不是非常显著。二战的宏观叙述框架仍然是德国史和欧洲史。欧洲战场依旧是第二次世界大战的主要战场。大屠杀继续成为重点，在 11 年级，设置“希特勒的志愿行刑队？德国人和大屠杀”单元，进一步引导学生思考大屠杀的根源、特点和影响。不过，太平洋战场还是处于从属性地位。此外，由于课程调整的时间问题，文理中学对中国史的重视程度反而不如其他学制。①

4 种教科书中有 3 种是由德国的出版社发行：《马赛克》《历史和事件》和《曾几何时》。3 本教科书对二战的中国战场的描述，宏观结构基本相同，具体细节略有差异。

对于二战的起源，3 种课本都系统叙述欧洲的独裁政权，包括极权势力与战争的联系。不过，它们都对战时日本的政权性质不置一词，只是概述日本在

① 希特勒的志愿行刑队的说法曾在德国引起争议，参见孟钟捷：《统一后德国的身份认同与大屠杀历史争议——1996 年的“戈德哈根之争”》，《世界历史》2015 年第 01 期。

亚太地区不断扩张的过程。这种做法与实科中学历史教科书完全相同。

对于战争的过程，3 本教科书都把日本侵华和中国抗日表述为此后的太平洋战争的序幕。《马赛克》在《从闪电战到进攻苏联》一节提到，珍珠港事件让欧洲战事扩大为世界大战。《历史和事件》在《美国参战》小标题下提到，1932 年，日本侵略东亚，占领大片土地，美国制裁日本，日本偷袭珍珠港，日美开战。《曾几何时》在《从闪电战到世界大战》一节，以正文形式提到，1937 年，日本占领中国沿海，美国制裁日本，日本偷袭珍珠港，此外，以地图形式呈现 1941 年太平洋战场的形势，标出了中国沦陷区，没有标出中日战况。①

对于战争的损失，两本教科书都列出了中国的重大损失，但是具体数据存在一定的差距。《马赛克》以表格形式指出，中国总死亡人数达到 1500 万人，平民死亡人数达到 775 万。《曾几何时》以表格形式统计各国的损失数字，其中用问号表示中国的死亡人数“不明”②。3 本教科书都用照片、表格以及正文等多种形式，描绘美军核弹轰炸广岛和长崎的惨状。

综合课程标准和教科书编写的情况看，中国抗战史在文理中学的历史教科书中处于相对边缘地位。近似于实科中学课本，文理中学的情况可能主要是受到历史意识和课程结构两方面的影响，亦即欧洲中心观念的影响和世界历史体系的整体缺失。

值得注意的是，最新课程标准加入了中国史课题。在新的文理中学历史教科书中，中国历史的内容可能会显著增加。但考虑到课程的侧重点是“大国崛起”，我们有理由相信，新增内容可能近似于现有实科中学历史教科书中冷战史框架下的新中国章节，中国抗战史仍然会处于比较边缘化的地位，甚至可能成为中国革命史的附属内容。

（四）特例：德法合编历史教科书《历史》

在 4 本德国文理中学教科书中，《历史》是一个特例。这部教科书是国际学术合作的产物。教科书的作者是法德两国的历史学者和出版单位，教科书的受众是法德两国的教师和学生。教科书的目标是通过建立世界史和全球史的宏大

---

① *Mosaik*, *Der Geschichte auf der Spur* , München: Oldenbourg, 2007, pp. 46-47; *Geschichte und Geschehen*, Leipzig: Klett, 2007, pp. 61-63; *Das waren Zeiten*, Bamberg: Buchner 2010, pp. 58-60.

② *Mosaik*, *Der Geschichte auf der Spur*, München: Oldenbourg, 2007, pp. 70-71; *Das waren Zeiten*, Bamberg: Buchner 2010, pp. 77-81.

视野，从而克服民族史和欧洲史的狭隘眼界，推动法德融合乃至欧洲一体化。①

不过，值得注意的是，《历史》的销量有限，第 1 册销量 8 万册，第 2 册销量 1.5 万册。如果我们考虑到这本教科书的受众包括德国、法国以及欧洲其他地区的学者、教师以及学生，那么我们不难得出结论：在德国和法国的中学，实际使用这本教科书的教师和学生数量不多。德法合编历史教科书应该被视为一个特例，而不太可能是未来德国教科书的发展方向。

对于战争的起源，教科书表述了中日战争乃至远东地区的国际格局的特殊性和复杂性。在第 4 册第 10 章《殖民统治，1830—1939》，以地图的形式，呈现 1939 年以前的世界形势，说明中指出：第一次世界大战后，在东亚，欧洲大国的殖民统治受到强势反制，反制的力量主要是苏联共产主义的发展和日本的侵略扩张。②

对于战争的过程，在第 16 章《二战的主要阶段》，教科书把远东和欧洲的战事等量齐观。在大事年表中，作者指出，1933 年日本退出国联，1937 年 7 月日本对中国发动战争。③ 在正文中，作者提出，日本为了克服国内矛盾发动对外扩张，1931 年日本入侵满洲，1933 年日本退出国联，1937 年日本侵占北平、天津和上海，实施南京大屠杀，中国在内地坚持抵抗。④ 此外，教科书还以地图形式，呈现 1933—1937 年间日本侵略中国的动态过程。在太平洋战争阶段，用地图形式呈现日本的进攻和盟军的反击，都标注了中国战场上日本占领区的变化情况，但它没有呈现中国军队的进退。⑤

对于战争的损失，教科书对中国战场的死伤人数引述多种著作，提供了几种不同数据。第 4 册第 16 章以表格形式列出两种中国死亡人数数据：其一，平民 800 万，军人 140 万；其二，平民 1100 万—1200 万，军人 300 万—400 万。⑥ 第 5 册第 1 章的表格中提出第三种数据：军人 150 万，平民数量不明。⑦ 几种不同数据都注明出处，这种做法实际上是比较严谨的。

这套教科书也用图片和课文等多种形式强调了日本广岛和长崎遭受原子弹

---

① 法德联合历史教科书的介绍，参见爱蒂安·弗朗索瓦，孟钟捷：《共同记忆的形成：德法合编历史教科书——访爱蒂安·弗朗索瓦教授》，《历史教学问题》2010 年第 03 期。

② *Historie / Geschichte 4*, Stuttgart: Klett, 2010, pp. 182-183.

③ *Historie / Geschichte 4*, Stuttgart: Klett, 2010, pp. 300-301.

④ *Historie / Geschichte 4*, Stuttgart: Klett, 2010, pp. 302-303.

⑤ *Historie / Geschichte 4*, Stuttgart: Klett, 2010, pp. 304-305.

⑥ *Historie / Geschichte 4*, Stuttgart: Klett, 2010, p. 313.

⑦ *Historie / Geschichte 5*, Stuttgart: Klett, 2010, pp. 14-15.

轰炸的损失。① 不过，书中同样用图文提及战时日本的许多战争罪行，例如虐待盟军战俘和使用化学武器②。上述做法都符合世界史和全球史对史料导向、多元视角和争议性的要求。

由此可见，在当代德国历史教科书中，《历史》提供了独特的更加全球化的历史视野，在此基础上，作者得以引导学生更加全面地观察中国作为二战重要战场之一的历史意义，例如英法殖民帝国的衰退、苏联共产主义的输出、日本帝国的扩张以及德国和日本实施的恶劣程度相当而具体形式不同的战争罪行等。

三、结论

在当代德国历史教科书关于第二次世界大战的章节，中国抗日战争显然没有一席之地，这种缺席不但是篇幅简略所致，而且源于德国历史教育学的三种问题。

首先，这是德国历史教育学过于重视欧洲中心论的结构性无视之结果。

在多数历史教科书中，作者根据欧洲中心论的思维定式，建构世界大战的时空框架。在时间上，二战起点是德波战争，二战终点是德国投降，亚太战场被视为欧洲战争的扩大。在地理上，欧洲战场是主要战场，其他战场是次要战场，中国战场不过是次要战场的一个分支。按照这样的叙事设定，德国教科书既没有说明抗日战争的起点和终点，也没有提供中国战场的战役和数据。显然，欧洲国家是核心，其他国家是旁支。这是典型的欧洲中心论结构。

多数教科书作者根据西方的价值观念，建构对世界大战中的国家和事件的评价。中国遭到片面化描述，教科书仅仅体现中国被侵略的受害者角色，却没有展现中国反侵略的参战国角色。日本也被片面化设定，教科书没有剖析日本国内军部势力崛起的轨迹，只是提到国际层面上的日美对抗。作者们浓墨重彩地渲染欧洲和西方人所认为的“重要战争罪行”，即纳粹大屠杀和广岛核爆炸，甚至对后者的前因缺乏交代。不仅如此，他们还完全没有提到其他地区的战争罪行，特别是中国学界颇为关注的南京大屠杀和731部队罪行。

此外，值得注意的是，在越来越多德国教科书中，中国抗日战争被分到两

---

① *Historie / Geschichte 4*, Stuttgart: Klett, 2010, pp. 310-311.

② *Historie / Geschichte 5*, Stuttgart: Klett, 2010, pp. 16-17.

个单元中加以描述。在二战史单元，在同时性和世界史的框架下，中国战场被呈现为第二次世界大战的一个战场。不过，由于欧洲中心叙述的影响，德国历史教科书没有交代中国抗日战争在世界大战中的作用。在中国史单元，在历时性和中国史的框架下，抗日战争被视为20世纪中国历史的一个阶段。相对而言，德国历史教科书更加重视中国共产党和中国革命。这一点反映了德国历史教育学重视意识形态建构的特征。

不过，笔者认为，德国教科书不关注中国抗战，并不代表德国不关注中国历史。恰恰相反，当代德国教育关注中国，德国历史教育关注中国历史，而且这种关注在不断增长中。虽然巴伐利亚的历史课程以保守性著称，但三种历史课程都已设置单元来关注中国问题。而且随着时间推移，中国单元篇幅不断增加，地位日益上升，体系逐渐完善。确切而言，在德国历史教育中，中国历史作为整体议题受到重视，抗日战争作为具体事件受到轻视。

目前，中国的历史教科书日益强调全民族抗战，抗战历史超越革命历程，转向国家记忆。笔者认为，按照德国历史课程和教科书的发展趋势，德国可能出现与我国恰好相反的变化：抗日战争可能不会被置于同时代视角下，作为二战的重要分战场，成为二战历史的一部分，这场战争可能更多被放在历时性视角下，作为中国崛起的一部分，成为中国革命史的一环。

其次，基于“视角转换”的概念，当我们观察德国历史教育中的二战，特别是中国战场，可以发现：水平视角切换受到重视，特别是基于大屠杀的批判和反思，历史课程旨在训练德国学生理解受害者和施害者、旁观者和抵抗者、当时人和后世人及其多元立场，从而对纳粹政权大屠杀的根源和责任进行深刻认识，从而实现“克服历史”的目标。然而垂直视角切换存在局限性，尤其是对第二次世界大战问题，历史课程提供给学生的内容首先是德国的本土视角，其次是欧洲各国视角，严重缺少欧洲以外地区的历史视角，包括相关的发展脉络和矛盾冲突等背景知识。

从本质上而言，在德国历史教育中，非欧洲视角的结构性缺失，源于世界史的体系性缺失。因此，若要修正德国课程的二战史章节，不但需要在局部层面上，增补中国分战场的具体知识，而且需要在整体框架上建构全球史视野，补充非欧洲战场的来龙去脉，包括但不限于：二战前，日本政权的性质；二战前，日本的侵略扩张；二战前，中国的内部的发展和变化；二战前，苏联、英国和美国等大国的远东政策。此外还有，二战前，亚洲各地区的基本情况，例如日本的殖民地朝鲜和欧洲国家的殖民地东南亚各地。

最后，基于“联系现实”的概念，观察德国历史教育中关于二战及战时的中国和日本的内容，观察者不难发现，德国教科书中，广岛核弹爆炸事件具有全部三个层次的联系现实的途径：其一，“直接联系”——德国城市都有关于广岛的纪念物，例如广岛大街和广岛长崎公园；原子弹轰炸的蘑菇云图像充斥于西方各种大众传媒。其二，“因果联系”——美苏冷战以来，作为欧洲铁幕前哨，德国社会面临现实的核威胁。德国社会存在理解核恐怖问题的需求。其三，“意义联系”——通常把“犹太大屠杀”与“原子弹爆炸”建立意义联系，思考现代工业化的总体战及其造成的人道灾难的典型情境。

相反，在德国的历史教育中，中国的抗日战争缺乏构成联系现实的要件。在“直接联系”层面上，在德国当前的历史文化中，抗日战争缺乏有国际影响的历史呈现，例如重大历史事件、历史纪念活动和历史文化作品，甚至一张在国际上具有代表性的照片。在“因果联系”层面上，德国教材偏重于中国的大国崛起，追溯中国革命的历史进程；相反，当前国内的全民族抗战叙述，特别是民族主义叙事逻辑在德国反而是批判反思的对象。最后，在“意义联系”的层面上，具体到战争罪行问题，德国教科书侧重反思纳粹和二战的现代性，特别是体制迫害个体或机器屠杀人类，例如集中营的种族灭绝和轰炸中的城市废墟；相反，中日战争不能体现欧洲人关注的“工业化的种族灭绝”，例如南京大屠杀。

综上所述，笔者认为，中国抗日战争被遗忘不是局部技术性问题，而是整体系统性问题。中国抗日战争被遗忘的根源在于德国历史教育没有设置世界史课程，没有引入全球化视野，反而因循欧洲中心或西方中心的思维定式：以德国和欧洲为主干，以世界其他地区为旁支，以西方意识形态为准绳，对社会主义国家的历史“另眼相看”。这是一种根深蒂固的以德国、欧洲、西方为中心的历史观。只要德国历史教科书没有解除这种结构性的弊病，那么，即使未来关于中国历史和中国抗日战争的篇幅有所增加，也可以预料：德国历史教科书对于相关历史的叙述依然将是片面化的、碎片化的以及戴着“有色眼镜”的。

［原文载于《首都师范大学学报（社会科学版）》2020年第2期］

德法关系史

“可贵”的德国人：法占时期军政府德国公务员与非纳粹化运动

徐之凯*

第三帝国灭亡后，依照盟国对德管制委员会（ACC）的命令①，德国境内各盟国占领区中所有纳粹政权行政机构均须解散。作为四大占领区之一，法占区（ZOF）同样存在着社会混乱、劳动力匮乏等问题，亟须重建治理结构，恢复正常秩序。在盟国“非纳粹化”政策的背景下，如何对待和整合德国公务员群体，怎样通过对法占区的行政管理实现法国的在德利益，成了摆在法方占领当局面前的难题，也是本文探讨的中心。

应急之举：法方占领军当局雇佣德国公务员的缘起

自 1945 年 4 月起，开进德国的自由法国军队就已开始实施对驻地的军事管制了。在 1945 年 8 月 30 日盟国对德管制委员会正式成立之前，所有德国领土名义上属占领区盟国军政府（AMGOT）统一管辖，但实际控制权处在各盟国驻军自己手中。各盟国军事当局的管制权力为 1945 年 6 月 1 日《关于击败德国并在德国承担最高权力的宣言》所承认。据此，法兰西共和国政府可以“从此承担德国的最高权力，包括德国政府、司令部和任何州、市或地方政府或当局所

* 徐之凯，华东师范大学-法国萨克雷大学联合培养历史学系世界史博士，现为上海大学文学院讲师。

① Law No. 2：Providing for the Termination and Liquidation of the Nazi Organization（10/10/1945），*Enactment and Approved Papers of the Control Council and Coordinating Committee 1945*，Vol. 1，Compiled by Legal division，legal advice branch，drafting section office of military government for Germany，1945，p. 131.

有的一切权力”。[①]

于法国而言，这既是机遇也是挑战。与其他三大盟国不同，它是在被德国击败并占领的情况下继续抗德斗争的，因此希望最大限度地剥夺利用德国的经济潜力。与此同时，法国也是四大国中最后参与盟国对德管制委员会的，它此前未曾接触对德管制策划事宜，也没有足够时间为德国行政改革做准备：1943—1944年间，有一系列内阁级别的部门间筹划委员会在华盛顿、伦敦及莫斯科运行，但巴黎的同等机构“德国及奥地利事务部门间协调委员会”（Le Comité interministériel des Affaires allemandes et autrichennes）却直到德国投降两个月后，亦即1945年7月才匆匆成立。其结果就是，法方人员是在1944—1945年间的冬季被匆忙召集起来的，且大部分人只在巴黎索邦大学接受了4个星期短期培训而已。甚至连项目负责人科尔兹将军（Louis-Marie Koeltz）也抱怨称极缺人手，有相应行政经验的人员尤为匮乏。[②]这导致法方在德国行政重建问题上与其他盟国持不同意见，人员安排问题尤甚。

在公开场合，法方积极响应非纳粹化号召。依据盟国远征军最高统帅部（SHAEF）颁布的《德国军政府手册》，共有18类德国政府公务员须被解职或监禁。而法军的同类文件还额外增添了三个类别。[③] 但在实际行动中，法方并未贯彻这些方针。在法国政府的一份秘密指导文件《在德行动指南》中，法方列出了在德的非纳粹化方针，但撤换普通德国公务员并不在要点之列，反倒还要求尽量保证行政效率：

1. 惩罚战犯。

2. 肃清纳粹主义，至少要清除那些躲藏起来或持伪造证件的盖世太保、党卫队及纳粹党务人员。

3. 监督建立起一套诚实、公正、快捷、高效的行政管理体系，保证各方面管制不致瘫痪。[④]

1945年4月，在占领德国斯图加特市（Stuttgart）后，法国军方任命了一名

---

① “Declaration Regarding the Defeat of Germany”, *Enactment and Approved Papers of the Control Council and Coordinating Committee 1945*, Vol. 1, p. 10.

② F. Roy Willis, *The French in Germany*, Stanford University Press, 1962, pp. 71-73.

③ “Table B Political Officers and Civil Servants who should be Dismissed or Suspended”, *Handbook for military government in Germany*, The army library, Washington D. C. 1944 December, Part Ⅲ.

④ *Document N° 1* : *Gouvernement provisoire de la république française*: *Directives pour notre action en Allemagne*, 20 juillet 1945, Archives du Ministère des Affaires Etrangères, Y 1944-1949/433.

反纳粹主义者阿诺富特·克勒特（Arnulf Klett）为市长，以组织一个旨在"清除"纳粹分子的市政委员会。但同时这名市长还被赋予了可保留"技术专家"的"特许令"，而行使这一赦免权的唯一条件就是克勒特个人保证"这些专家'技术方面优异突出'，（有着）无可指责的品质，（愿意）毫无保留地以反纳粹主义者的立场行事"。[①] 于是到 1945 年 7 月，该市便有十分之七的市政官员复职。

法方占领军当局允许雇佣这些本应被撤换的德国公务人员，根源在于法方对德国战争罪责的独特视角：德意志民族"共同责任"与每个德国人"个别责任"的结合。与美英主张追究"纳粹首恶"树立典型的非纳粹化实践不同，宏观上战后法国对德意志民族持全然不信任态度——法方认为纳粹党身份并非有效证据，非纳粹党身份的德国人也并非无辜之人；不可相信任何德国成年人，只有未接触纳粹毒素的青少年才是希望。[②] 巴黎方面的一名负责再教育的法方官员凯撒·山德利（César Santelli）甚至称："德国人过去背弃了使命，未来他们也会这么干。所以谈及被纳粹蛊惑的那几代人时，总体来看 12 岁以上的这几代已无可救药了"。[③] 因此法方当局有意登记调查其占领地区全部 394.9 万德国成人。[④] 而同期美英当局仅要求身居相当职位的德国公务人员接受调查。这就是在法方文件中，"非纳粹化"这一术语被表述为"肃清"（l'épuration）或"清洗"（la purge）的原因所在。[⑤]

而到涉及个人情况的微观层面，法方认为既然"希特勒是德国历史的逻辑，那么，作为追究个人责任的非纳粹化政策就没有任何意义了"[⑥]，相信"通过接触，就能识别谁在有人监督的情况下工作靠得住"[⑦]。故法方更重视个人能力而非经历污点，青睐于以直截了当的办法判断德国人员是否适合被继续雇佣。最终法方形成了这样一种用人态度，认为行政管理人员或经理所具备的资质要比

---

① Perry Biddiscombe, *The Denazification of Germany: A History 1945 - 1950*, Tempus Publishing Limited, 2007, p. 163.

② Michael Balfour, *Four - Power Control in Germany and Austria, 1945 - 1946*, Oxford University Press, 1956, p. 229.

③ F. Roy Willis, *The French in Germany 1945-1949*, p. 148.

④ Marc Hillel, *L'Occupation Française en Allemagne, 1945-1948*, Balland, 1983, p. 240.

⑤ Frederick Tayor, *Exorcising Hitler: The Occupation and Denazification of Germany*, Bloomsbury Publishing Plc, 2012, p. 317.

⑥ Alfred Grosser, *L'Allemagne de notre Temps*, Fayard, 1970, p. 35.

⑦ Michael Balfour, *Four-Power Control in Germany and Austria, 1945-1946*, p. 176.

他是否曾与纳粹有关联重要得多。当局只有在对个人的这类资质进行长期观察鉴别后，才能做出留用、解职或监禁等处理决定。① 用柏林管制委员会（Kommandatura de Berlin）法方负责人米歇尔·布克（Michel Bouquet）的话说："我们不能无视收到的指令……但我们可以在稍多注意具体个人及其个别情况的条件下再对其做出解读。"②法方的这一态度被美国管制当局谴责，后又为历史学家所诟病，被认为是一种机会主义做法。③ 但就法方当时的视角而言，此举无非只是一项长期大规模肃清工作的初步措施而已。

从历史观上看，法国人认为纳粹主义是普鲁士军国主义化身，是德国历史无可避免的恶果④，因此德意志民族的非纳粹化与再教育将是一个漫长而深入的根除过程，需要长久的占领管制来实现。法占区总督柯尼希将军（Marie Pierre Koenig）公开表示："在确保民主意识牢牢扎根于德国人民之中前，我们是不会离开的。需要三十到四十年时间让德国人能够理解这一民主的优越性"。⑤

既然只是漫长占领的小小开端，何不权宜一下，利用德国公务员现成的人力资源来为战后困难条件下的行政管理服务呢？法国历史学家阿尔弗雷德·格鲁塞作出了这样一个对于德国公务员的历史定义，反映了法方当时的看法："在希特勒政权的早期，有一种官方的说法，叫'经济上可贵的犹太人'（Wirtschaftlich wertvoller Jude）。而在占领时期，同样也存在着'经济上可贵的纳粹'（nazis économiquement précieux）。"⑥ 为了筹备日后的"非纳粹化"事业，同期美英依照战前计划在各自占区开展大规模"问卷调查""司法诉讼"等程序⑦，迫使德国公务员处在停职待查状态，大量行政事务不得不由占领军负担。对于仓促应对占领事务的法方来说，闲置这些"可贵"的资源是他们所不愿付出的代价。

---

① Perry Biddiscombe, *The Denazification of Germany: A History 1945–1950*, p. 158.

② Ibid, p. 159.

③ Rainer Möhler, *Entnazifizierung in Rheinland-Pfalz und im Saarland unter französischer Besatzung von 1945 bis 1952*, Mayence, v. Hase & Koehler, 1992, p. 53.

④ Alfred Grosser, *L'Allemagne de notre Temps*, p. 35.

⑤ Déclaration du Général Koenig, 1946, cité par Cyril Buffet, *Mourir pour Berlin, la France et l'Allemagne, 1945–1949*, Paris, 1991, p. 20.

⑥ Alfred Grosser, *L'Allemagne de notre Temps*, p. 67–68.

⑦ 美占区要求所有担任公职的德国人填写个人问题调查表，交代在希特勒时期的政治表现，等待并依据调查结果决定是否将其清除出公共机构。英占区采用司法程序进行调查，程序更为复杂。参见 Michael Balfour, *Four-Power Control in Germany and Austria, 1945–1946*, p. 174.

温和的“自主清洗”：法占区非纳粹化中的德国公务员

波茨坦会议后，盟国对德管制委员会随1945年8月30日《管制委员会第1号公告》发表而成立。① 而法国在德占领区也已按照1945年6月5日的《关于德国占领区的声明》于7月正式形成。② 由于反对其他盟国的统一管制主张，法国没有选择德国的传统政治中心柏林为占领区中枢。新成立的法国军政府（Gouvernment Militaire Français）依旧定都于先前军管的中心——巴登巴登（Baden-Baden）。新的法国军政府如其定都选择一般，承袭了先前驻军时期的大部分政策，在德国公务员问题上尤甚。但在盟国非纳粹化共同行动的压力下，法方除了执行外别无选择。不过他们在执行过程中灵活掺入了相当的“法国风格”，以确保自身利益不受影响。

1945年10月10日，《管制委员会第2号法令：终止并解散纳粹组织》颁布。③ 这也是盟国“非纳粹化”进程的正式开始。因前阶段非纳粹化不力引起了其他盟国不满，法方几乎成为众矢之的。曾经的盟国远征军最高统帅部长官，此时的美占区军政府总督艾森豪威尔将军（Dwight David Eisenhower）就曾埋怨“法国人的纵容无度”（French Laxity）。④ 为重树盟国对法方的合作信心，强化法国反纳粹的国际形象，法方军政府必须就非纳粹化政策做出改变，但也不愿一味遵循美英模式。同期，美占区进行了“非纳粹化”下的大搜捕，1945年9月拘禁66500人，1946年2月达到10万人。⑤ 大范围调查搜捕大大加重了美方当局的负担，数以百万计的案卷积压无力处理。美方协调委员会代表克莱（Lucius D. Clay）抱怨称：“即使华盛顿再给他派一万人，也无力继续美占区的非纳粹化”。⑥ 这种劳民伤财的做法显然与法方效率优先的考量不符。而英占区方

① “Proclamation No. 1: Establishing Control Council”, *Enactment and Approved Papers of the Control Council and Coordinating Committee 1945*, Vol. 1, p. 44.

② “Statement on the Zones of occupation in Germany”, *Enactment and Approved Papers of the Control Council and Coordinating Committee 1945*, Vol. 1, p. 16.

③ “Law No. 2: Providing for the Termination and Liquidation of the Nazi Organization (10/10/1945)”, *Enactment and Approved Papers of the Control Council and Coordinating Committee 1945*, Vol. 1, p. 131.

④ Perry Biddiscombe, *The Denazification of Germany: A History 1945-1950*, p. 166.

⑤ Michael Balfour, *Four-Power Control in Germany and Austria, 1945-1946*, p. 174.

⑥ John Gimbel, *The American Occupation of Germany*, Stanford University Press, 1968, p. 102.

面，英国外交大臣艾登（Robert Anthony Eden）表示英方“倾向于一项中间政策，既包含严格的镇压因素，也要把终极目标定在重新接纳德国进入欧洲生活之中”①，将英占区的非纳粹化限制为一项司法程序，而非政治清洗或道德改造，追究对象被限定为法律上犯有并供认罪行的纳粹分子，并尽量以德国的刑事法律为审判依据。这又与法方全体德国人“共同责任”的“清洗”主张相抵触。于是，法占区只能选择一条自己独特的非纳粹化道路。

在法占区内，公务员的“非纳粹化”遵循着一项独特的方针——“自主清洗”(l'auto-épuration)。依照法方军政府非纳粹化专家弗朗索瓦·库希拉（François Amédée Curial）1945年9月19日所编订的军政府CAB/C722指令，非纳粹化必须严格执行并在德国机构的帮助下实现。②指令要点在于让法方尽可能地独立在非纳粹化系统之外。自1945年10月起，法方率先把德国人员安排进了非纳粹化进程中，但保留了决定权。遵照CAB/C722指令，法方军政府建立起了一系列由德国人组成的非纳粹化委员会，如地区级的“清洗委员会”、中层监管机构“指导代表委员会”。③这类组织均由反纳粹主义者组成，由德国行政官员选拔，法方有着对所有候选人的最终决定权。在更高层面上，有中枢性质的州委员会来从下层组织收集情报并向军政府作出处置建议。军政府设有“肃清部”以决定德国审判机构人选并监督州委员会的运作，由法方对德事务专家莫里斯·布蒙(Maurice Baumont)、皮埃尔·阿纳勒（Pierre Arnal）负责该部门的建设。肃清部编制较少，在巴登巴登的中央机构仅辖4人，在各州首府的分支机构也只有5—10人，但极为高效。④一名美占区军政府的观察员就曾赞许称：“这在应对德国人及德国政党因承担非纳粹化责任而犹疑缄默时极其有效”。⑤

就新成立的法占区客观条件而言，法方统治着一片受战火破坏相对较小，有着自由主义传统和工业生产基础的疆土，大批纳粹要人早在法军入境时便已逃离此地。1945年9月，法方军政府估计占领区内尚存50万纳粹党员，其中仅

---

① Jill Jones, Eradicating Nazism from the British Zone of Germany: Early Policy and Practice, *Germany History*, Vol. 8, No. 2, 1990, p. 148.

② *Laffont to Directors General and Directors* (*CAB/C No. 722*), 19 september 1945, National Archives, Records of U. S. Occupation Headquarters, World War II, record group 260. 4. 5 Records of the Civil Administration Division, Public Safety Branch: *Law for Liberation from National Socialism & Militarism 1945–1949*.

③ Perry Biddiscombe, *The Denazification of Germany: A History 1945–1950*, p. 167.

④ Michael Balfour, *Four-Power Control in Germany and Austria, 1945–1946*, p. 106.

⑤ Perry Biddiscombe, *The Denazification of Germany: A History 1945–1950*, p. 172.

3万人属顽固的“纳粹敌对者”，而其他占领区的情况则要严峻得多。[①] 总之，较之其他3个占领区，法占区在发展经济以赔偿法国战争损失方面有着得天独厚的优势，并且负担的非纳粹化任务也相对较轻。因而就法方军政府而言，非纳粹化更是一项有利于拓展其“经济与社会方案”的工具。[②] 由此可见，法占区的非纳粹化任务本质上是“一石二鸟”之计，其目标既是在“自主清洗”进程中驱逐纳粹反法分子，改变人员结构，维护占领区稳定；更是要借非纳粹化吸收保留“可贵”的德国公务员，优化行政结构促进生产。为此，法方很乐意雇佣那些能全心全意执行其决定的德国公务员。

对于不少德国公务员来说，不少法方人员本身就是“温和”的。与德国人有过合作的维希官员在军政府人员编制中比例可观。法国新政府并不放心将维希军官投入作战，其大部分人只能担负起军政府的行政或民事任务。此外，许多维希时期的技术专家也被法国本土所排斥，因而被吸收进军政府以填补占领时期的人员匮乏。此类情况相当严重，以至法占区首府巴登巴登被左翼蔑称为“小维希”（Petit Vichy）。[③]作为一个长期在同僚猜疑下工作的群体，他们在德国负担着补偿法国物质损失的任务，完成状况直接影响他们所受的社会评价，因此必须尽其所能达成目标才能解脱嫌疑。而在法占区德国人环绕的环境下，他们自然而然地会去寻求与那些熟悉的德国人合作，以完成任务。诚如萨伏伊议员皮埃尔·科（Pierre Cot）所述，不能指望那些自己有着准纳粹背景且同情纳粹的人去发动一场彻底的非纳粹化运动。[④] 其中有些前维希分子，比如阿尔方斯·茹安将军（Alphonse Juin）等，甚至发展出一套理论来支持他们的德国同僚，认为任何对德国的削弱之举都是对“共产主义俄国”的帮助。[⑤] 这一现象虽有着相当的负面因素，且有碍于清除纳粹残余，但在客观上却形成了军政府内部相对融洽的人员关系，使得法占区机构在一种“人性化”的友好关系下运作，与其他占领区非纳粹化期间的龃龉气氛截然不同。一名法国新教联盟的牧

---

① *Mitropa' No. 5, 22 Sept 1945*, NAUK (National Archives of the United Kingdom), MI-14, 'FO 371/46967.

② Hellmuth Auerbach, "'Que faire l' Allemagne ?' Diskussionsbeitrage Französischer Deutschland-experten 1944-1960", *Cahier de l'institut d'histoire du temps présente 13-14* (1989), p. 292.

③ Gilles MacDonogh, *After the Reich: The Brutal History of the Allied Occupation*, Basic Books, 2009, p. 271.

④ Perry Biddiscombe, *The Denazification of Germany: A History 1945-1950*, p. 162.

⑤ Patton Diary, entry for 18 April 1945, in *Papers Relating to the Allied High Command*, 1943/1945, reel 4.

师马克·波涅（Marc Boegner）就在1945年考察法占区人道主义状况后表示他“尤其惊喜于军政府在非纳粹化困境中就谅解与人性化举措做出的莫大努力”。[①]

除了人员构成外，法占区的非纳粹化调查行动也往往以“温和”结局告终。为了回应《管制委员会第2号法令》，法占区曾颁布《军政府第2号指示》[②]，对需要调查的德国人员做出分类。包含百余条问题的调查表随即被分发出去，这一调查内容细致，却无果而终。其原因不在调查本身，而是因为嫌犯只需出示一份占领当局开出的所谓的《光荣抵抗证明》（*L'attestation d'honorabilité résistance*）提请辩护就可以把调查延宕下去，最后不了了之。后来，由于使用《光荣抵抗证明》的案例越来越多，以至有的历史学家打趣称如果都是真的的话，第三帝国的历史得改写成抵抗史。[③]

尽管法占区坚持“温和”“自主”，但质疑之声从未停止。在盟国方面，为协调督促四大占领区的非纳粹化步伐，盟国管制委员会于1946年1月12日发布了《管制委员会第24号指令：撤销各部门与责任职位上纳粹分子及反对盟国意图分子的职务》[④]，再度掀起非纳粹化大潮。恰恰在同一时期，法国本土方面，国民议会外事委员会在1946年初建立了一个下属调查团，以清查法占区雇佣纳粹分子的问题。[⑤] 该团随即查明法方军政府确实默许雇用了被其他占领区开除的德国公务人员。军政府行政主管埃米尔·拉丰（Emile Laffon）不得不亲自出面，组织对来自其他占领区的德国人员的清洗，并警告称违反相关条令者都要入狱。[⑥] 1946年1月至6月间，在依照《第24号指令》受审的77924个德国人员中，58%留职，35%被从编制上除名，近8%被永久解职。[⑦] 但此类严刑峻法只是应急之策，肃清部的一名地方长官，乔治·威戈上尉（Georges Vigouroux）就坦言这场清洗只是为提升统计数字而已，在调查团结束工作回国后，大

---

① F. Roy Willis, *The French in Germany 1945-1949*, p. 150.

② *L'instruction No. 2 du Gouvernement militaire*, Archives du Ministère des Affaires Etrangères, *Dénazification*, dossier C 8.

③ Marc Hillel, *L'Occupation Française en Allemagne*, *1945-1948*, p. 241.

④ 《 Directive No. 24 : Removal from Office and from Positions of Responsibility of Nazis and of Persons Hostile to Allied Purposes 》, *Enactment and Approved Papers of the Control Council and Coordinating Committee 1946*, Vol. 2, pp. 16-44.

⑤ Perry Biddiscombe, *The Denazification of Germany*: *A History 1945-1950*, p. 169.

⑥ Ibid.

⑦ Marie-Bénédicte Vincent, Punir et Rééduquer : Le processus de dénazification (1945-1949), *La dénazification*, Presses de la Fondation nationale des sciences politiques et Perrin, 2008, p. 30.

部分被告人只要接受非纳粹化机构的优先处理，就能再度复职。①

值得注意的是，无论是“自主清洗”这一新要义，抑或前阶段“温和”态度的承袭，均不离这一根本：其所有决策都仰赖于一项权威，即法方军政府的最终决定权——否决权（Le veto）或曰监督权（La surveillance）。军政府欢迎德国公务员参与非纳粹化的基层任务，但“拒绝让德国行政部门执行任何实际赦免权”。② “温和”的合作态度将握有决定权的法方军政府与负责“自主清洗”的德国人员联系起来，形成了法占区稳定的非纳粹化架构，在占领区行政效率最大化的前提下按照军政府的意志源源不断地完成对非纳粹化案件的审理，使得法占区的行政结构未因非纳粹化而陷入动荡停滞。而行政结构的稳定带来了生产上的红利，在法方“经济赔偿”方针主导下，法占区提供了大量产品为法国经济输血。以法国最为紧缺也最需要专业人员管理的煤电资源为例，1945年底法占区产出的全部29.1万吨煤产量中的10万吨被供给法方③，至1946年2月时每月出口1000万千瓦时电力至法，并在1947年上半年飙升至1750万千瓦时每月。④ 法方政策所带来的经济收益可见一斑。

就此而言，虽与真正意义上的“非纳粹化”事业大相径庭，但法占区无疑借此达到了“一石二鸟”的目标：一方面法占区避免了美英占领区出现的大量逮捕、司法延宕以致机构瘫痪的局面，维持了占领区人员的融洽关系和行政结构的稳定；另一方面通过德国公务员构成的高效行政体系，法方得以“用萨尔的煤、黑森的木材、符腾堡和普法尔茨的农产品”⑤ 开足马力进行工业生产，实现对法赔偿与法占区的恢复，并在缺乏外援的情况下挺过了1946—1947年冬“大寒潮”（The Great Freeze）所带来的欧洲经济危机。但到1947年，德国公务员们和法方军政府面临着一个他们意料不及的新局势，这就是盟国主持的非纳粹化事业的骤然结束。

---

① Perry Biddiscombe, *The Denazification of Germany*: *A History 1945-1950*, p. 169.

② Ibid. p. 172.

③ “Charbons allemands et industrie francaise”, *Revue de la Zone franaise*, No. 2 (Decembre 15, 1945), Archives nationals, Volum Allemagne C//15923, p. 27.

④ “L’énergie éléctrique en zone francaise”, *Revue de la Zone franaise*, No. 5 (Mars, 1946), pp. 34-39.

⑤ F. Roy Willis, *The French in Germany 1945-1949*, p. 127.

法占区德国公务员非纳粹化运动的结束

1946年10月12日，《管制委员会第38号指令：关押并惩处罪犯、纳粹及军国主义分子，拘禁、管控并监督有潜在威胁的德国人员》① 发布。这也是盟国管制委员会在德国非纳粹化方面最后的一致行动尝试了。但冷战的矛盾征兆已在盟国内部显现出来。对于占领国来说，德国不再只是非纳粹化的标靶，而是未来对抗敌对阵营的潜在助力。

得益于马歇尔计划的援助吸引，法国放弃了占领区独立的主张，开始寻求与美英合作。随着1947年7月双占区的成立，美英决定在1947年底前终止非纳粹化进程，以推动德国的"经济统一"。② 苏占区当局于8月17日针锋相对地公布苏占区非纳粹化成果，并允许普通纳粹党员恢复权利。③ 次年2月26日，苏占区非纳粹化委员会被苏方军政府颁布的《苏占区第35号令》（*Order No. 35*）解散，正式宣告苏占区非纳粹化的终结。④ 在各盟国争先恐后展开的非纳粹化大赦影响下，法占区那些负有"自主清洗"之责的德国非纳粹化法庭也放缓了审理步伐，这一消极态度伤及了法方军政府的最高权威——他们无法对没有审完的案子行使最终决定权。"温和"的法国人于是板起面孔，成了最严厉的占领方。为与这种"有系统地纵容包庇"作斗争，法占区行政总管拉丰出面于1947年12月16日向占领区所有高层代表讲话，命令他们"坚决否决任何涉及罪恶的纵容包庇的案例，行使他们的反对权"。⑤ 可是由于三占区进程推进，法占区终究要在非纳粹化步伐上与它的西方盟友保持一致。实际上，早在11月21日，法占区就已公布了《法占区第122号令》（*L'ordonnance 122*），宣布调查结束并允许普通纳粹党员复职。⑥ 从非纳粹化效果上来讲，负责法占区巴登地

---

① "Directive No. 38: The Arrest and Punishment of Criminals, Nazis and Militarists and the Internment, Control and Surveillance of potentially Dangerous Germans", *Enactment and Approved Papers of the Control Council and Coordinating Committee 1946*, Vol. 5, pp. 12-48.

② Perry Biddiscombe, *The Denazification of Germany: A History 1945-1950*, p. 180.

③ Timothy. R. Vogt, *Denazification in Soviet-Occupied Germany*, Havard, 2000, p. 5.

④ Norman M. Naimark, *The Russians in Germany*, The Belknap Press of Harvard University Press, 2001, p. 361.

⑤ *L'administrateur Général Laffon adjoint pour le government militaire de la zone francaise d'occupation*, *Archives du Ministère des Affaires Etrangères*, *Archives rapatriées de l'ambassade Bonn*, *Zone* francaised'occupation en Allemagne (1946-1955), Bonn 539 ZF4-5, Denazification.

⑥ Marc Hillel, *L'Occuoation Française en Allemagne*, *1945-1948*, p. 248.

区非纳粹化的蒙托上校（le colonel Monteux）称："我真诚地确信一切纳粹头子都已被从指挥、管理或政治职位上清除出去了：要么被清洗委员会所控告，要么就躲藏了起来。无论是哪种情况，他们的行为已无影响力可言。"①

但长期以来，法占区的非纳粹化政策都被反纳粹主义者视为纵容包庇的典型。新发布的《第122号法令》更是把这类攻讦从单纯的"纵容"升级到了"洗白"（blanchiment）的程度，甚至被称为"再纳粹化"（rénazification）。在法占区的档案文件中，有这样一份关于图宾根市纳粹分子复职统计的清单：内务部门86%，经济部门86%，财政部门70%，司法部门52%。②

同样情况也出现在巴登-符腾堡州，1948年那里仍有超过41%的公务员为前纳粹党员。③ 在法占区企业中，类似案例也比比皆是：在路德维希港，由于在经济上的重要地位，法本公司的纳粹高管在法方军政府的特许下可以不受非纳粹化影响继续管理手下员工。1947年，巴登巴登的英国领事报告称："那些纳粹背景的大企业仅被课以极少的罚金，反倒是普通的名义上的党员受到严厉对待。我们可以注意到仅在皮尔马森斯一地，原本要留给生产者的20%鞋产量就被用来贿赂非纳粹化法庭了。"④ 整个法占区仅有13名德国官员被控为"主要违禁者"（les contrevenants principaux），而美占区则有1654人负有这一罪名。⑤ 后来的公共教育主管雷蒙德·施密特兰（Raymond Schimttlein）抨击称："这一事件的悲剧之处在于，所谓的非纳粹化并未非纳粹化掉任何东西。"⑥

在三占区（la Trizone）乃至联邦德国（RFA）奠基之时，非纳粹化的责任完全转移到了德国人自己手中。1950年12月15日的立法暂停了西德的非纳粹化进程。对于那些在占领时期未能复职的纳粹公务员来说，只要不属"主犯"（coupables principaux）或"胁从"（individus compromis）之列，1951年4月10日的《基本法》"第131条"赋予了他们重返职位的可能。该法令涉及5.5万公

① Marc Hillel, *L'Occuoation Française en Allemagne, 1945–1948*, p. 247.

② Archives du Ministère des Affaires Etrangères, Dénazification, dossier C 8.

③ Marie-Bénédicte Vincent, Punir et Rééduquer : Le processus de dénazification (1945–1949), p. 33.

④ *Baden Baden to Political Division*, NAUK, British Consulate General, Berlin, 20 Oct. 1947, FO 371/64276.

⑤ Lutz Niethammer, Schule der Anpassung : Die Entnazifizierung in den vier Besatzungszonen, *Spiegel Special*, 04/1995, p. 93.

⑥ Marc Hillel, *L'Occuoation Française en Allemagne, 1945–1948*, p. 248.

务员，[①] 至1953年3月，已有3.9万在非纳粹化期间被开除的前纳粹分子依照这一法令复职。[②] 经过1949年、1954年联邦德国的两场“大赦”后，许多历史学者认为西德出现了一场“再纳粹化”。[③] 这是盟国非纳粹化骤然停止的可悲结果，而法占区也不例外。这时期法占区非纳粹化的结束，与其说是法方过往温和立场的发展，倒不如说是冷战局势所迫的妥协。非纳粹化的任务被转交到德国人自己手中，并随冷战陷入一段曲折而漫长的历程，伴随着20世纪60年代后风起云涌的进步学生运动，以及1970年12月7日勃兰特在华沙犹太人纪念碑前的下跪，德国对纳粹历史的反思与清算才真正进入一个新篇章。

结语：“再纳粹化”指责下的“谅解共赢”

法国占领下的“非纳粹化”从来就不是一场真正的非纳粹化。就全面消灭纳粹分子这一点来讲，其“温和”、“独立”、从法国利益出发的立场注定它最终无法达成这一目标。但由于盟国的非纳粹化进程因冷战中止，使得立意“长久占领”的法占区非纳粹化也随之夭折，并未走到水落石出高下立现之时。就此而言，对于法占区的“再纳粹化”谴责同样可以沿用到其他占领区，这是一场共同的失败，只不过一向特立独行的法占区最后亦步亦趋地追随了盟国脚步而已。

即便其最终失败，盟国尤其是法国通过非纳粹化宗旨和宣传所形成的“德国人集体有罪”[④] 的“共同责任”理念为德国社会左翼所继承，不时被德国的良心人士所彰显[⑤]，并在德国真正迎来历史反思与清算时提供了论战的依据与衡量的圭臬，成了20世纪60年代以后德国社会进步力量的口号。

---

① Norbert Frei, *Vergangenheitspolitik. Die Anfänge der Bundesrepublik und die NS-Vergangenheit*, München: C. H. Beck, 1996, pp. 70-71.

② Marie-Bénédicte Vincent, Punir et Rééduquer : Le processus de dénazification (1945-1949), p. 33.

③ 有关“大赦”问题，可参见方一幸：《联邦德国的历史政策与社会参与（1949—1958）——以大赦政策为中心的考察》，华东师范大学硕士学位论文，2013年。

④ 卡尔·迪特利希·埃尔德曼：《德意志史》第四卷《世界大战时期（1914—1950）》下册，华明等译，第177页。

⑤ 如西德首任总统特奥多尔·豪斯、现任总理默克尔等诸多要人都曾公开呼吁全体德国人反思纳粹罪行、正视历史错误。

1946 年德国的一幅漫画讽刺了非纳粹化体系在德国的“新”形式：凶恶的大灰狼跳进机器之中，出来就变成看起来人畜无害的小绵羊了。（Perry Biddiscombe, *The Denazification of Germany: A History 1945-1950*, p. 160.）

1948 年 9 月 16 日《新报》（*Die Neue Zeirung*）上刊登的一幅政治漫画，一个“大人物”（Gros Bonnet）安然自若地靠在“非纳粹化”恶龙的身边。

从双方现实利益角度看，法占区贯彻了不“杀鸡取卵”（tuer la poule aux oeufs d'or）[①] 的管制理念。法方认为法国的重建取决于为其提供资源的法占区的恢复。而德国公务员在其眼中是“可贵”的资源：起初是应急填补人员空缺，之后是作为高效手段维持行政效益，都是为了保障法国在占领区的利益。故而法占区的非纳粹化是温和自主的，德国公务员也可以在稳定的政治架构中安之若素。[②] 法方通过稳定的行政体制，还能恢复法占区经济、实现对法国的经济补贴，达成军政府与德国人员、法占区与法国的共赢。以占领时期法占区的进出口状况为例：[③]

法占区贸易收支（单位：千美元）

年份	进口总值	出口总值	累积差额
1946	69100	84553	15253
1947	113243	106077	8087
1948	181288	106912	-66289
1949（1—7 月）	105570	57328	-114531

战后伊始的 1945—1946 年，百废待兴的法占区竟然出现了出超，其中 78% 的出口份额都由法方占据[④]，并延续累积出超局面到 1947 年。直至法方军政府逐渐丧失行政管理权力的 1948—1949 年，经济上已恢复的法占区反倒出现了越来越大的累积入超，出口额也在法方军政府解散的 1949 年大跌。事实上，至 1948 年 6 月为止，法占区在未获法方经济援助的情况下已经恢复了战前 91% 的

① *Revue de la Zone franaise*, No. 1 (Novembre, 1945), p. 13.

② Frederick Tayor, *Exorcising Hitler: The Occupation and Denazification of Germany*, p. 322.

③ F. Roy Willis, *The French in Germany 1945-1949*, p. 140.

④ Ibid.

化工、65%的钢铁和48%的煤炭（且不计萨尔煤矿区）产能。① 可见法方军政府在温和的“自主清洗”非纳粹化条件下构建的行政管理体制，在恢复法占区生产和达成法方经济目标上成效显著。

在实现效益共赢的同时，法方对于“共同责任”和“个别责任”区别认识的历史观、公务员政策中对于“个人可靠”“有效监督”的重视，使得法德行政人员之间达成了个人间的谅解关系，能够放下历史包袱进行合作。对此，历史学家贝瑞·比蒂斯孔布这样形容道：“其人道主义及对个人的承认为最终达成法德和解发出了先声”。② 随着法占区融入三占区乃至联邦德国之中，这些人员得以成为两国政府间的联系纽带。西德肇始，在原法占区军政府系统的牵针引线下，法德间迅速有80多个城镇建立了对口交流关系。许多原法占区德国地方机构成员、市政官员等公务员也积极地自发成立了“法德联盟”（Deutsch-französische Vereinigung）等交流组织，并在1953年促成了德国美因茨市政人员对法国第戎的城市管理考察，结成了法德间第一个“兄弟”友好城市。③ 这些由下而上进行的公务员友好交流活动，为法德政府间关系的恢复奠定了良好的人脉基础，也为两国官方交往的升温发出了先声。

而法国领导层也顺应局势的变化，把“谅解共赢”的理念升华到了20世纪40年代末的对德外交之中，回应了新德国的诞生，并推动着法德两国走向欧洲合作、和解共赢的历史和解局面。1948年1月4日，法国外长皮杜尔（Georges Bidault）在给军政府总督柯尼希将军的指令中强调：“必须停止一切攫取、强迫销售以及明显的浪费，应当尽一切努力与德国人进行有益的接触……并向他们表明我们并不打算主宰欧洲，而仅仅是在联合与合作的欧洲中起令人尊重的作用。”④ 柯尼希也表示，占领初期阶段业已结束，“我们最为关注的不再是为过去进行报复，而是展望未来”，应当促进“德国在欧洲核心组织中的复兴尽快占据其应有位置”。⑤至此，法方对德国的认识实现了从“敌人”到“伙伴”的初步转变。恰如1945年10月3日戴高乐将军在战后访问法占区科布伦茨时所

① F. Roy Willis, *The French in Germany 1945-1949*, p. 137.

② Perry Biddiscombe, *The Denazification of Germany: A History 1945-1950*, p. 182.

③ Frank Roy Willis, *The French in Germany*, pp. 178-179.

④ John Gillingham, “From Morgenthau Plan to Schuman Plan: America and the Organization of Europe,” in Jeffery M. Diefendorf, Axel Frohn and Hermann-Josef Rupieper, eds., *American Policy and the Reconstruction of West Germany, 1945-1955*, Cambridge University Press, 1994, p. 130.

⑤ Ibid.

预言的那样：“我要说，我们必须要有共举复兴大业的考虑，并且我们知道此举必会付诸实践，因为我们同为欧洲人，亦同为西方人！”①

（原文载于《德国研究》2015 年第 1 期）

① *Allocution du général De Gaulle pour les Autorités Allemandes de Rhenanie à Coblence le 3 octobre 1945*, Archives rapatriées de l'ambassade Bonn, C-La France et la ZFO (1945-1947), Bonn 262 CP C/Ⅱ 4, Visite du général De Gaulle en Z. F. O.

法德货币政策分歧与欧洲经济一体化初期尝试（1969—1970年）

王雯菲*

自1960年起，美元危机频繁发生。单一货币为导向的世界货币体系的不稳定性随之显现。为了规避美元危机带来的负面影响，1968、1969年，共同体国家开始寻求更大力度的财政政策、货币政策合作力度："1968—1972年见证了欧共体首次尝试的经济与货币联盟建设……其间充满着乐观与危险。乐观是因为欧洲建设取得了重要成就，担忧是因为一系列有关货币的事务证明了国际货币体系的脆弱性，威胁欧洲货币联盟建设。"① 这里的"重要成就"，一定程度上即指"巴尔计划"②"维尔纳计划"的制定，为欧洲货币体系建设定下方向与时刻表。

然而"巴尔计划"及"维尔纳计划"的起草过程并不顺利。法、比为代表的"货币派"③ 与德、荷为代表的"经济派"④ 各执一词，为欧共体经济与货币联盟建设划定不同路径。这种分歧既体现了欧共体国与国之间的关系仍旧从

---

* 王雯菲，华东师范大学与巴黎高师联合培养历史学系世界史博士，现为上海师范大学人文学院讲师。

① Michel Dumoulin, Marie-Thérèse Bitsch, etc. *La Commission européenne 1958-1972-Histoire et mémoires d'une institution* , Luxembourg: Office des publications officielles des Communautés européennes, 2014, p. 414.

② 欧共体委员会负责经济与货币事务副主席雷蒙·巴尔于1969年2月12日提交了一份题为《共同体经济与政策合作备忘录》的报告，主张深化及统一欧共体成员间经济合作，使经济与货币政策逐步协调趋同。

③ 本文中，"货币主义"不指以米尔顿·弗里德曼为代表的货币学派，而是20世纪60年代末至70年代欧共体经济与货币联盟形成中，法国、比利时强调优先解决货币问题及建设货币联盟，被称为"货币主义"。

④ "经济主义"在本文特指以德国、荷兰为代表的国家强调在欧共体建设中优先解决财政预算问题。

本国利益出发，同时预示着经济与货币体系建设道路中存在的坎坷与矛盾。

西方史学界对布雷顿森林体系解体前后的美欧政治货币关系、欧共体内部经济与货币关系研究较深入。① 而国内并无多涉及，或没能充分使用档案。② 其实，我们需要对20世纪60年代末70年代初的西方阵营进行政治、军事、经济全方面解读。忽略欧洲经济与货币联盟建设初期欧洲“两驾马车”法德分歧，便不能充分理解一体化建设的困境。不将西欧货币体系建设置于国际情境中，那么对欧共体成员国关系的复杂性、美欧关系的微妙变化研究也只能浮于表面。本文利用最新解密的法美外交档案、法兰西银行档案以及欧洲研究虚拟资源中心（le Centre Virtuel de la connaissance sur l'Europe）提供的维尔纳家族档案，以法、德在经济与货币领域的主张及矛盾为切入点，考察20世纪60年代末70年代初欧洲国家间的货币关系。

一、欧洲经济一体化的背景

《欧洲货币协定》③ 规定，自1959年初欧洲经合组织17个成员国货币自由兑换美元。随着货币间自由兑换的进行，欧洲尤其是共同体国家经济贸易迎来更大发展空间。但在60年代初，欧共体仍旧面临三大矛盾：“第一个矛盾比较

---

① 关于欧共体经济与货币联盟建设的著述不胜枚举，笔者仅列出近10年间法美学者的一定成果，如 Éric Bussière, et Émilie Willaert, *Un projet pour l'Europe. Georges Pompidou et la construction européenne*, Bruxelles : Peter Lang, coll.《Georges Pompidou - Archives》, 2010. Peter Ludlow, *The European Community and the crises of the 1960's. Negotiating the Gaullist Challenge*, Londres: Routledge, 2006. Gérard Bossuat, *Histoire de l'Union européenne, fondations, élargissements, avenir*, Paris: Belin, 2009. Eric Bussière (dir.), *Georges Pompidou face à la mutation économique de l'Occident, 1969-1974*, Paris: PUF, 2003. Helga Haftendorn, et al., eds., *The Strategic Triangle: France, Germany, and the United States in the Shaping of the New Europe*, Washington, D. C.: Woodrow Wilson Center Press, 2006. Paul De Grauwe, *Economics of Monetary Union*, Oxford: Oxford University Press, 2005.

② 国内关于欧洲一体化的研究较多涉及政治、经济一体化及机构建设，货币政策鲜有专门论及。如房乐宪：《欧洲政治一体化：理论与实践》，中国人民大学出版社，2009年；惠一鸣：《欧洲联盟发展史》，中国社会科学出版社，2008年；李世安，刘丽云：《欧洲一体化史（第二版）》，河北人民出版社，2006年；伍贻康：《法德轴心与欧洲一体化》，上海财经大学出版社，2003年；中国欧洲学会欧洲一体化史研究分会：《欧洲一体化史研究：新思路、新方法、新框架》，世界图书出版公司，2012年；崔成玲：《论20世纪70年代欧共体建立经货联盟的尝试》，吉林大学硕士学位论文，2011年。

③ 欧洲货币协定（L'accord monétaire européen，简称 l'AME，1959—1972），1955年8月由欧洲经合组织17个参加国签订，1959年1月1日正式生效，旨在促进与保障成员国货币的可兑换性，及与美元的可兑换性。

尖锐，涉及自由世界国家的收支平衡问题。一方面，欧共体国家拥有过剩的盈余，另一面却是美国和英国的赤字；第二个矛盾在某种程度上与第一个不同，涉及短期国际资本流动，但它会增进及扩大国际收支不平衡；最后是第三个问题，国际资本流动性不足。"[①] 在这份欧洲经济共同体委员会副主席马若兰（Robert Marjolin）的报告中，马若兰分析了1958至1961年间国际资本流动形势，强调美、英、共同体国家的国际收支不平衡性。这种国际收支赤字与盈余的对比，直接威胁到美元地位及世界货币体系稳定。正如特里芬（Robert Triffin）提出的，美国作为长期顺差国，才能保持美元币值的稳定与坚挺。但是使用美元作为支付手段及外汇储备的国际经济体系，其发展运作又势必造成美元外流、海外沉淀，美国国际贸易状况得不到改善，那么便会持续国际收支赤字。[②] 所以，20世纪60年代初，当美国国际收支赤字日趋明显、美元遭遇信心危机，欧共体国家普遍意识到建立欧洲国家间货币政策合作机制，抵御因美元动荡[③]带来损失的重要。

1962年10月，欧洲议会通过两个旨在增强共同体国家经济政策协调性的决定。其中之一是加强国家间货币政策合作，长远来说形成共同货币政策。[④] 但在其后若干年，六国在货币领域方面的合作却不尽如人意，如1965年"空椅"

---

① La situation monétaire et commerciale du point de vue de la Communaut Eeuropéenne, introduction par Robert Marjolin, vice président de la Commission de la C. E. E. 3-4 mai 1962, EU Speech NonPeer-Reviewed, From OAIster, provided by the OCLC Cooperative.

② 有关特里芬对布雷顿森林体系、美元黄金地位的评述，详见 Robert Triftin, *Gold and the Dollar Crisis*: *The future of convertibility*, New Haven: Yale University Press, 1961. 本书第六章专门讨论欧共体货币统一问题。"欧共体的货币统一与其是经济问题，更是政治问题"（p. 141）。作者同时指出，实现货币统一需经历三阶段："第一，世界范围内有效利用欧洲记账单位；第二，欧共体成员国协调本国货币单位与欧洲记账单位。第三阶段，名义上向欧洲货币当局转移不良资产及各国央行义务。"（pp. 141-142）"The Thrust of History in International Monetary Reform", *Foreign Affairs*. April, 1969, Vol. 47 Issue 3, p. 477-492. L'histoire de l'unification monétaire européenne : de l'UEP à nos jours, Revue d'économie financière, 1989, Vol. 8, pp. 13-18; Triffin, Robert, "Sterling, the Dollar, Dc Gaulle and Gold", *Challenge*, April 1965, Vol. 13. no. 4, pp. 19-23.

③ 如政府增印美元造成世界性通货膨胀，他国央行持有的美元外汇储备与美元自由兑换黄金不相称。

④ Résolutions du Parlement européen du 17 octobre 1962 en faveur du renforcement de la coordination des politiques économiques, Journal officiel des Communautés européennes n° 62 du 12 novembre 1962, p. 2664.

危机造成法国与其欧洲同盟关系恶化、1967年英镑危机①对共同体国家的货币形成升值压力，1968年法国五月危机后法郎贬值、马克升值凸显欧洲国家间缺乏有效的货币政策沟通与应变。甚至戴高乐政府的高级官员也承认，即便1958年的《罗马条约》对六国经济合作有宏大构想，却没指明货币合作发展道路，建立的货币委员会的职责也不甚明确：没能提供高级别谈判平台，各国经济发展不一导致货币政策难以统一。②

1969年，欧共体加大经济与货币联盟建设的契机到来。蓬皮杜与勃兰特相继成为法国总统、德国总理，此二人对推动一体化进程的发展均抱有极大的信念与热情。尤其对于蓬皮杜总统而言，法国经济此时正面临二战后最严重的内"忧"外"患"困境：

内"忧"：自1968年五月危机以来，资本外流之势加剧，法郎被严重高估；持续罢工使法国失去了近乎一个月的生产量，同时法国工人对于涨工资的要求也加大了生产成本。③

外"患"：法美关系恶化，在国际货币关系领域则直观体现为两者对国际货币改革意见相左，法美均需要拉拢盟友站队。

鉴于此，法国迫切需要巩固与西欧国家之间的关系，在经济与货币领域开展合作。因此，蓬皮杜当政之初便加强与西欧其他国家间的联系。在法国积极倡导下，召开海牙峰会及筹备欧洲经济与货币联盟建设。

1969年12月1、2日海牙峰会召开。在这场重要性堪比签订《罗马条约》的会议上，蓬皮杜、勃兰特相继作出主题为"完成、深化、扩大"及欧共体未来发展规划的报告。"完成"，指从过渡时期进入决定性阶段，同时明确财政安

---

① 1967年11月18日，英镑宣布贬值14.3%。作为世界第二大储备货币，英镑的贬值造成世界货币市场的混乱。由英镑贬值、汇率变更带来的后果也直接导致戴高乐于同年11月拒绝英国加入欧共体。

② Institut Charles de Gaulle, *De Gaulle et son siècle*, *Tome III*, Paris: La Documentation française-Plon, 1992, p. 157. 相似判断还可见 Michelle Frasher Rae, *International Montary Relations Betweent the United States*, *France and West Germany in the 1970s*, Doctoral dissertation, Texas A&M University, 2003, pp. 67-68, D. C. Kruse, *Monetary Integration in Western Europe*: *EMU*, *EMS and Beyond*, London: Butterworth- Heinemann, 1980, pp. 13-14.

③ "Conférence de Presse de M. Georges Pompidou, président de la République, Lundi 22 septembre 1968", Archives Nationales françaises, 5AG2 boîte 1089.

排；“深化”，又称发展，涉及欧共体未来的成长；“扩大”，指接纳新成员问题。[①] 在消除了关税及达成农业共同政策后，欧共体是否要继续发展、由汇率变更带来的不便是否会威胁到农业共同政策、六国是否希望在其他领域也达成共同行动，比如技术合作、财政政策协调均成为蓬皮杜谈话的重点。勃兰特的报告与蓬皮杜颇为相似，强调欧洲合作的重要性。但是两个报告的侧重点却不同。如果蓬皮杜的海牙“三原则”按重要性先后排名是完成—深化—扩大，那么勃兰特则是完成—扩大—深化：“德国议会和大众不希望我没达成关于欧共体扩大的具体协议。这个问题困扰了我们很多年……德国主张不要再搁置此问题。从经验上来看，欧共体再不扩大，其自身便会受到威胁。”[②] 针对此，有学者指出：“法国希望欧共体能达成关于农业共同财政政策的最终决定，而其他五国则强调扩大的重要性。”[③]

其次，在深化欧洲合作方面，德国更注重经济稳定与政策协调：“联邦政府希望一步步实现经济与货币联盟。国与国之间结构不同、经济目标方式不同需要其持续协调……第一步，有效调整短期经济政策。在此背景下，设定固定数量的中期经济指标非常重要。如果我们成功以这种方式制定出共同经济政策，将有可能在第二阶段实施经济和货币联盟。”[④] 与德国谨慎态度形成鲜明对比的是法国对于建设经济与货币联盟，尤其是在货币领域合作的热衷：“经济一体化的过程不能缺少货币稳定，特别是出于巩固共同农业政策、发展欧洲工业及企业需要。货币稳定还能保护欧共体成员国抵御因美元危机和世界货币体系动荡带来的冲击。”[⑤]

法、德报告直观表达了两国对欧共体经济与货币联盟建设路径的不同主张。即便欧洲一体化离不开货币政策合作，但法国更为积极，德国偏向冷静，后者

---

① Discours de Georges Pompidou à la conférence de la Haye 1er décembre 1969, in Eric Bussière et Emilie Willaert, *Un projet pour l'Europe: Georges Pompidou et la construction européenne*, Bruxelles: P. I. E. Peter Lang, 2010, pp. 165-166.

② "Déclaration de Willy Brandt au sommet de la Haye (1er décembre 1969)", *Bulletin des Communautés européennes.* Février 1970, n° 2. Luxembourg: Office des publications officielles des Communautés européennes. "Déclaration de Willy Brandt", pp. 37-45.

③ Andreas Wilkens, "Willy Brandt, L'Europe et le Mark", in Eric Bussière, *Georges Pompidou face à la mutation économique de l'Occident, 1969 - 1974*, Presses Universitaires de France, "Politique d'aujourd'hui", pp. 49-50.

④ "Déclaration de Willy Brandt au sommet de la Haye (1er décembre 1969)", pp. 37-45.

⑤ Eric Bussière et Emilie Willaert, *Un projet pour l'Europe Georges Pompidou et la construction européenne*, p. 218.

更多强调扩大成员国对未来发展的重要性。最终，海牙会议上各方达成妥协，按照法国主张由深化至扩大。共同体委员会任命卢森堡首相兼财政部部长维尔纳组织专家设计经济与货币联盟建立方案。

二、欧洲经济与货币同盟建设方案和“维尔纳计划”

维尔纳小组在海牙会议之后迅速成立。它既是海牙会议的产物，又体现了与会国对深化欧洲一体化的决心。从 1970 年 3 月至同年 10 月，维尔纳小组集中举行 11 次会议，商讨经济与货币联盟建设方案。

1970 年 3 月 11 日预备会议召开，主要研究此前由比利时提交的“思诺伊”计划（le“plan Snoy”）、德国“谢尔”计划（le“plan Schiller”）、卢森堡“五点”计划（le plan luxembourgeois en cinq points）及欧共体委员会的“巴尔II”计划（le plan Barre II），目的在于消除分歧及分裂因素，巩固已有共识。

从四份计划中，我们明显看出各国的偏好：“谢尔”计划强调德国对于缩小各国经济发展差距的关心：“建立经济与货币联盟需要充分考虑各国经济实力……经济发展不平衡会迅速波及至共同体其他国。当下通货膨胀的传播速度比以往都快……当共同体国家经济发展达到比较平衡的状态，才能够进入货币联盟阶段。”① 关于货币联盟建设，“谢尔”计划认为第一阶段应着力于发展中央银行合作机制，帮助收支不平衡之国纠正赤字。第三阶段开始削减汇率浮动区间，仿照美国建立联邦储备体制。“巴尔 2”计划也持谨慎态度，主张在利用特别提款权的基础上建立欧洲财政机制，维持现有的成员国外汇浮动区间。

与此相对的是比利时的“思诺伊”计划②及卢森堡的“五点”计划，其注重在第一、第二阶段即缩小汇率浮动区间，第三阶段决定性地固定各国汇率平价。

预备会议后，1970 年 3 月 20 日至 5 月 20 日，维尔纳小组共举行 5 次会议，在明确最终目的，即实现货物与服务、人员与资本自由交换，消除结构与地域

---

① Archives de la Banque de France, Uunion économique et monetaire（UEM）, première étape, février 1969-avril 1973, boîte 1489200205 carton 255.

② “Note du ministère des Finances belge sur un plan de solidarité monétaire européen en trois étapes”, Bruxelles, 27 janvier 1970, *Archives familiales Pierre Werner*, Luxembourg. 1970-1971. Le Plan Werner, PW 049. Un plan de solidarité monétaire européenne en trois étapes 1971-1977: Ministère des Finances belge, 27. 01. 1970.

性不平衡[①]同时，小组成员着重讨论经济与货币联盟实现的步骤。但是至5月20日，成员国间分歧仍没有解决，甚至争执更为激烈。维尔纳小组在中期报告中分别叙述了两大不同主张：[②]

某些成员国认为，（建设经济与货币联盟）第一阶段，欧共体就应被赋予与世界其他地区不同的独立（汇率）兑换体系。这一体系建立在逐步削减成员国间汇率浮动基础上……他们还建议成立“兑换稳定基金”（Exchange Stabilization Fund），用以加强成员国间货币政策联系，协调货币与经济前进步伐……另一些国家认为，在第一阶段中，削减汇率浮动区间抑或是成立“兑换稳定基金”都难以付诸行动。只有成员国经济政策趋于一致，才能整合货币政策。[③] 中期报告明确将六国分为两个“阵营”：着重强调协调货币政策的国家与优先考虑经济政策的国家。双方争论的另一焦点集中于机构建制上。德国主张为了在共同体基础上协调财政政策，必须建立一个超国家的经济与货币决策机制。法国持保留态度，不愿意过早让渡经济货币主权。

在5月29、30日第35届经济与财政部长会议上，德、法两国财政部部长公开发生争执：德国财长席勒反对在第一阶段引进兑换稳定基金，强调各国应让渡经济与货币主权，在欧共体内成立超国家机构协调经济与货币政策。而法方的德斯坦则认为现下仿照联邦制成立类似机构为时过早。对于经济与货币事务的顺序，他则认为没必要一直强调经济先于货币。[④]

自6月至10月，维尔纳小组又举行6次会议[⑤]，主要是协调各方分歧，在中期报告基础上完成最终报告，制定出第一步具体实施方案。10月8日，《维尔纳计划》终稿公之于世。不同于中期报告的“泾渭分明”，终稿统一各方意见，明确规定了经济与货币联盟的起始点、每步实施方案、第一阶段及最终阶

① Arhives de la Banque de France, “Rapport interimaire concernant la réalisation par étapes de l'Union économique et monétaire”, mai 20, 1970 , boîte 1489200205 carton 255.

② 中期报告早在5月已由维尔纳小组提交至欧共体委员会。历经成员国间以及维尔纳小组与欧共体委员会间多次谈判与商谈，最终版于7月正式确定。

③ Arhives de la Banque de France, “Rapport interimaire concernant la réalisation par étapes de l'Union économique et monétaire”, mai 20, 1970, boîte 1489200205 carton 255.

④ Archives de la Banque de France, “Les ministres des Finances des ‘Six’ sont reunis à Venise-le rapport du groupe Werner indique des objectifs audacieux à long terme et des objectifs prudents pour 1974 en matière d'union économique et monétaire ”, 29 mai 1970, boîte 1489200205 carton 155.

⑤ 五次会议时间分别是1970年6月24日（卢森堡），7月7日（巴黎），7月27日（卢森堡），9月10、11日（卢森堡）及9月22、23日（哥本哈根）。

段要务。这是维尔纳小组内部各代表妥协的结果，但又暗示了其妥协的不确定性及潜藏的危机。其中，对于第一阶段的叙述，终稿强调欧共体超国家机构建设及经济政策协调；各国税制、预算政策及外汇管制法规需更多考虑成员国共同利益；去除资本自由流通障碍。而外部货币政策方面，要求在不设定严格的时间限度上，各国央行开始尝试缩小汇率波动，然后由官方宣布限制外汇波幅。中央银行委员会①成员每年需要交付委员会及理事会两次评估报告。②

虽然维尔纳小组内部对经济与货币政策做出了规划安排，但是反馈至各国手中，却没能得到普遍认可，尤其是法国。蓬皮杜认为“维尔纳计划”过于注重经济与货币权力让渡，“法国反对任何朝向超国家性质的机构变迁”③。在与多位负责经济与财政事务的法国官员谈话中，他质疑让渡经济与货币主权的可行性，更为强调六国维持固定汇率的必要性。④ 直到1970年12月14日的欧共体部长理事会会议，法国仍不愿成立超国家机构负责管理各国经济与货币事务。对于德国而言，虽然政府上下对“维尔纳计划”反映较积极，但是来自德意志银行的提醒称，如若货币事务上各方朝着缩小汇率波幅方向努力，那么“中央银行委员会成员必须对制定的货币政策大纲负责。其主席必须独立于部长理事会。”⑤

按照“维尔纳计划”终稿规定，欧洲六国于1971年1月1日起实施第一阶段任务。⑥ 但是自1970年初便活跃的国际投机行为及美国资本外流至欧洲尤其是至德国的情况，在1971年并没有减弱：

---

① 《维尔纳计划》终稿规定，第一阶段期间经济事务暂由部长理事会（Council of European Community）管理。货币政策安排主要交由中央银行委员会（Committee of Governors of the central banks）处理。

② “Rapport au Conseil et à la Commission concernant la réalisation par étapes de l'Union Economique et Monétaire dans la Communauté, Rapport Werner (texte final)”, *Supplément au Bulletin 11-1970 des Communauté Européennes*, Luxembourg: Conseil-Committee des Communauté Européennes, p. 24.

③ Eric Bussière et Emilie Willaert, *Un projet pour l'Europe Georges Pompidou et la construction européenne*, p. 219.

④ *Archives de la présidence de la République. V e République*, *Georges Pompidou*, 5AG 2, carton 59, 18, nov. 1970.

⑤ Deutsche Bundesbank, 325 e réunion du Zentralbankrat, le 4 novembre 1970, compte rendu, p. 13, in Andreas Wilkens, “Une tentative prématurée? L'Allemagne, la France et les balbutiements de l'Europe monétaire (1969-1974)”, in Elisabeth Réau, Robert Franc, *Dynamiques européennes. Nouvel espace. Nouveaux auteurs. 1969-1981*, Paris: Publication de la Sorbonne, 2002, p. 88.

⑥ 1971年2月8—9日，欧共体部长理事会正式通过“维尔纳计划”。4月27日，六国决定于6月15日起缩小欧洲货币间汇率浮动区间，由±0.75%缩小至±0.60%。

（美国）资本流动对欧洲大陆国家尤其是德国国内货币管理造成了巨大困扰。德国政府试图执行紧缩货币政策用以对抗国内通货膨胀。但是由投机压力造成的资本涌入，欧洲若干国家不得不在五月初关闭兑换窗口。①

1971 年 5 月初德、荷关闭外汇兑换窗口后，月中马克及荷兰盾实行自由浮动。自此，“维尔纳计划”对于第一阶段六国缩小彼此间外汇波幅的规定——“以实验的方式，从第一阶段初起，各国中央银行执行事实上的缩小彼此间汇率兑换波动区间”② ——宣告失败。5 月 26 日蓬皮杜答记者问以及 7 月蓬皮杜、勃兰特会面中，法国方面多次指责德、荷单边行动：最近在布鲁塞尔做出的决定不是共同体决定，它是反共同体行为。联邦德国，她确实有自己的问题，所以她选择用自己方式去解决了……我希望这种局面尽早结束。各方应以共同货币政策为目标解决目前困境。③

在欧共体内部急于解决政策分歧同时，8 月 15 日，美国总统尼克松宣布终止美元与黄金兑换。黄金的去储备化使世界货币体系进入事实上的美元本位体系。此举打乱了欧共体建设自身货币联盟的步伐：“货币的浮动倾向加剧共同体国家间的不平衡：对工资制度、人员流动有直接影响……对农业一体化也带来不少困难。”④ 美欧关系、欧共体内部关系，变得更为紧张与脆弱。

三、法德分歧的背后

早在“维尔纳计划”前，法德分歧便已见端倪。“维尔纳计划”的制定则为其提供了更直接的论战场所。法国强调货币政策先行，极力拥护固定汇率体制，其立场反映了对国家利益的考量及教条约束：“共同政策不利于国家自由行动，但是可以维持固定汇率体制，有利于法国本国农产品出口。并且，对固定

---

① IMF, *1971 Annual Report of the Executive Directors for the Fiscal Year Ended April 30, 1971*, Washington: International Monetary Fund, 1971, p. 3. 可参见 “Monetary policy in the crisis of the international monetary system”, *Report of the Deutsche Bundesbank for the Year 1971*, Frankfurt am Main: Deutsche Bundesbank, p. 15.

② “Rapport au Conseil et à la Commission concernant la réalisation par étapes de l'Union Economique et Monétaire dans la Communauté, Rapport Werner (texte final)”, *Supplément au Bulletin 11-1970 des Communauté Européennes*, Luxembourg: Conseil-Committee des Communauté Européennes, p. 24.

③ Archives Nationales Françaises, “La conférence de presse tenue par Georges Pompidou,” 26 mai, 1971, 5AG2, carton 1089.

④ Arvhies de la Banque de France, “Conséquence pour la communauté de la situation actuelle dans les domaines monétaires et commerciaux”, le 15 septembre, 1971, boîte 1489200402 carton 272.

汇率正式的承诺可以增加法郎信心，且能造成一种马克是排在法郎之后的印象。”① 而以德国、荷兰为一方的“经济派”则强调经济政策先行，主张以政策协调经济趋同促使货币稳定，由西德财长卡尔·席勒提出：首先在经济合作政策上达成目标，作为货币联盟的第一步。如果经济合作成功，再加大对经济、财政、预算和货币问题的处理。第三步仿照美国建立联邦储备系统。当以上三步完成，在建立储备基金基础上，协商缩小汇率浮动范围举措。最后一步，将所有经济、货币、财政权利转移给欧共体，引进欧洲统一货币。

无论是“货币派”抑或“经济派”，代表的均是本国利益。法国经济政策的制定及市场运作的主导权掌握在政府手中，政府能够直接干预经济发展走向以及货币、信贷政策，不愿意在欧共体建设当中过早让渡经济财政主权。而对于德国来说，缩小与法国、意大利等高通膨率国家的汇率浮动幅度可能意味着本国通货膨胀程度加剧：如果“货币主义”者的策略被采纳，那么欧共体将在没有经济协作的情况下建立货币联盟。固定平价以及类似欧洲储备基金或其他形式的收支平衡援助会迫使盈余国无限帮助赤字国，却没手段强制后者纠正赤字。盈余国没有其他选择，只能接受高通货膨胀及调整本国国际收支。如果“经济派”获胜，那么收支调整负担将落在赤字国家。②

1970年5月20日提交的中期报告中便包含了“货币派”和“经济派”的分歧，且没有给出解决措施。10月8日，《维尔纳报告》终稿最后表达了“货币派”与“经济派”间最大妥协：缩小成员国间汇率浮动幅度，加入两项新机制——共同体政策决定中心③及类似美联储的中央银行协调机构。前者因1971年5月德国单独浮动马克、荷兰浮动荷兰盾遭受挫败；后者因法国抵制而拖延。至此，20世纪60年代末70年代初法、德在货币联盟建设中的矛盾可见：其一，共同体国家对实现经济与货币政策一体化持不同主张。法国更看在货币政策领域进行合作，及保护国家经济主权；德国则倾向于首先协调经济政策。

其二，法、德对美元—黄金地位和美国角色有不同理解。德国不如法国一

---

① Alan James Dillingham, *Shielding the Franc: French Diplomacy and European Monetary Integration, 1969-1988*, Washington D. C: Georgetown University, 1991, p. 54.

② Loukas Tsoukalis, *The Politics and Economics of European Monetary Integration*, London: George Allen & Unwin, 1981, pp. 92-93.

③ “Rapport au Conseil et à la Commission concernant la réalisation par étapes de l'Union Economique et Monétaire dans la Communauté, Rapport Werner (texte final)”, *Supplément au Bulletin 11-1970 des Communauté Européennes*, Luxembourg: Conseil-Committee des Communauté Européennes, p. 13.

般对黄金有热切追求，且支持增加世界流动性的美国提议：创设特别提款权（Special Drawing Rights），德国将其定义为“国际货币基金组织改革中至关重要一步”。[①] 但是法国不仅对特别提款权的制定持怀疑态度，且在20世纪60年代一贯主张提倡提高黄金价格，这对于保有大量美元的德国来说不能接受。

时至20世纪60年代末，当法国热衷于保护固定汇率、缩小欧洲国家间汇率波幅时，德国选择先经济再货币的过程，在一定程度上还因顾虑美国势力。考虑到政治及防务上对美国有需要，勃兰特“不想利用欧洲作为反抗美元的堡垒，希望获得大西洋盟友对其‘东方政策’的支持”[②]，并且“建议建立一个机制使美国与欧共体可以对话”[③]。同时，在军事防卫上，德国需要美军提供保护。前者对美国在国际货币体系改革中给予适当支持，可以缓和美国因国际收支赤字而单方面撤军的紧迫性。这一点也被法国人看在眼里。戴高乐时期任职于财政部的官员曾评价：“每次当我们组织欧洲国家间的会议，美国就‘碰巧’宣布因为国际收支困境而计划裁减欧洲驻军。接着德国人就会无奈地说‘我们没有别的办法，只能顺着美国的意思’。”[④]

值得指出的是，相较于德国对美国的温和货币政策，法、美紧张的货币关系是促使法国政府急切支持欧洲货币联盟建设的重要动因。自1961年法兰西银行开始逐步兑换手中美元储备为黄金、1965年2月戴高乐公开号召提高黄金作为储备货币的地位、1967年法国退出黄金总库及拒绝接受特别提款权一般条款时，戴高乐政府便摆明了其国际货币体系改革中的强硬立场及与美国不合作态度。1969年蓬皮杜接任总统之职后，将欧洲货币一体化视为对抗美元危机的有效办法：事实上，如果他们不能迅速展开合作，欧洲国家毫无疑问还处于美元圈，他们将会难以拒绝及毫无止境地接收美元作为储备货币。美元涌入是一个当下问题。[⑤] 法、德在货币政策上的联合、欧共体国家货币间缩小汇率波动区间，成为法国乃至共同体抵御美元危机及美国压力的筹码：“尽管不能忽视德国

---

① Telegram From the Department of State to the Embassy in Germany, June 3, 1969, *FRUS*, 1969-1976, Vol. III, doc. 128.

② Rae, *International Monetary Relations between the United States, France, and West Germany in the 1970s*, p. 133.

③ Telegram From the Department of State to the Mission to the European Community, March 19, 1973, *FRUS*, 1969-1976, Vol. III, doc. 37.

④ “Exposé de Jean-Yves Haberer”, *De gaulle en son siècle Tome 3 Moderniser la France*, Le Documentation Française-Plon 1992, p. 157.

⑤ Archives Nationales Françaises, “conseils restreints”, 5AG 2, carton 58.

立场，割裂货币联盟与经济联盟的关系，但是我们可以强调成立货币同盟可以应对特别提款权的偏好，以共同姿态面对国际货币基金组织，形成固定浮动区间，最终成功达到有别于美元圈的共同货币政策。"①

其三，法、德两国对是否浮动汇率持不同见解，包括1972年4月起实行的具有争议的欧洲六国汇率联合浮动政策。首先，货币政策受制于经济状况。勃兰特政府最为担心的问题在于美元涌入造成德国国内更为严重的通货膨胀。浮动马克可以有效规避美元投机活动，稳定经济局面。正如处理欧洲经济事务的一位法国官员所言："困扰德国的是通货膨胀危险，是20年代大萧条的教训，是德国币改前马克突然崩溃的恐惧。德国大众宁愿接受通货紧缩，也不愿遭遇通货膨胀。"②根据德意志银行年度报告所示，20世纪60年代中期开始，德国便致力于控制国内通货膨胀率，采取紧缩的货币政策，不断抬高利息率。相较于德国对本国通货膨胀情况的担忧，法国则更为关注农业政策的执行。缩小六国货币浮动汇率，不仅为抗衡美元霸权，也为了推进共同农业政策（The Common Agricultural Policy; CAP），及至促进法国农产品出口。

一直倾向浮动汇率的德国，在多次遭遇投机压力后，选择了浮动马克。但欧洲经济与货币联盟建设却是不能停止的过程。于是德国转而建议六国货币间缩小汇率波动幅度，集体对美元浮动。此时，法国担忧的不仅是固定汇率体系的崩溃，还包括在联合浮动当中形成马克圈。弱法郎与强马克联结，为了保持内部固定汇率，当马克升值时，法郎很有可能被动升值。这也是1972年4月欧共体实施蛇形汇率后，法国两次退出的主要考虑。

四、结语

20世纪60年代，西欧社会进步，经济得到长足发展，对扩大彼此间合作的要求增加。1969年12月海牙会议召开，各方明确了完成、深化及扩大欧洲一体化的意愿，并决定会后组建以维尔纳为领导的小组规划经济与货币联盟建设路

---

① Archives Nationales Françaises, "Notes du 6 mars et du 9 mars du secrétariat général de la présidence de la République, 12 mars 1970", 5AG 2, carton 1042.

② Robert Toulemon: "Quelques observations sur les positions Allemandes et Françaises. Permanence, Evolution, Contradictions", in Histoire économique et financière de la France, *Le rôle des ministères des finances et de l'Economie dans la construction européenne* (*1957 - 1978*), Paris: Comité pour l'histoire économique et financière, 2002, p. 133.

径，达成“推进六国经济政策一体化；人员、技术和资本的自由流动，联合货币政策”的目标。

经济及货币领域的合作作为欧洲一体化的一个方面，体现了20世纪60年代在东西缓和的背景下，第三方力量寻求独立发展的姿态，它既是时代的产物，又昭示了冷战进程的走向：超级大国外其他国家寻求冷战的多元化及合作。但是任何合作也暗含冲突与妥协。欧洲一体化的初创阶段，仅以货币领域为例，便能清晰地反映出国家间的矛盾。以法国为首的“货币派”，强调整合货币政策，缩小汇率浮动，建立汇率稳定基金；以德国为首的“经济派”注重经济政策的合作，避免通货膨胀，稳定经济形势。究其原因在于：

首先，两国经济制度的结构不同。法国更注重政府主导经济政策制定，不愿过早让渡经济财政主权；德国则担心货币政策上，缩小汇率波动幅度会招致更严重的通货膨胀，因而愿意首先建立共同机制协调各国经济关系。

其次，面对第三方影响势力，即美国时，法德两国展现出截然不同的态度。法国将欧洲共同货币政策及货币联盟视为抗衡美元霸权的手段；德国则主张与美国合作，推进美国制下特别提款权的分配落实。

最后，法德对国际汇率制度的改革持不同意见：法国是坚定的固定汇率支持者，也因此大力倡导欧共体国家间缩小汇率波动幅度，从而稳定共同农业政策。但德国多表现出对浮动汇率的偏好。

这三点差异，使两国在制定欧洲货币一体化方案时呈现较大分歧，阻碍经济与货币同盟建设步伐。尤其是当1971年初国际投机活动加剧，国际游资对马克冲击强烈时，德国选择单独浮动本国货币。1971年8月，美国总统尼克松宣布中止黄金与美元自由兑换后，欧洲各国更陷入极大的被动中。是否浮动本国货币，是否保持稳定汇率波动幅度，成为20世纪70年代欧洲建设经济与货币联盟、实现经济一体化进程中的主要争论议题。

此外，欧共体国家在政治、外交领域也存在诸多分歧。来自西欧联盟会议（Assembly of Western Union）的报告总结道：“欧洲的地位因没有统一的行动纲领而降低。没有真正的欧洲政治力量，那么货币联合就不可能。所以只要在政治领域没有取得突破性进展，在货币政策谈判中欧洲就很有可能处于弱势地位。”① 另一份报告分析称，“欧洲关系中，还有其他要考虑的政治因素，比如

---

① Assembly of Western European Union nineteenth ordinary session, *Evolution of relations between Europe and the United States*, FCO/284 Document 602, p. 11.

北非……政治困境在共同体内部普遍存在。”① 政治、外交、经济政策上的分歧，揭示了欧洲六国实现一体化的困难，1973年欧共体成员国扩充，更加大各国政策趋同的难度。

（原文载于《冷战国际史研究》2017年第1期）

① “Monetary Policy and Western Europe”, March 05, 1973, DNSA KA/09673.

附录：

德国史相关著作与学位论文目录（1990—2020年）

专著/编著

朱庭光主编，李鉅廉（李巨廉）、陈祥超、孙仁宗副主编：《法西斯体制研究》，上海：上海人民出版社，1994年。

李鉅廉（李巨廉）：《希特勒的战争谋略：乖戾的军事天才》，上海：上海人民出版社，1995年。

孙炳辉、郑寅达：《德国史纲》，上海：华东师范大学出版社，1995年。

陈祥超、郑寅达、孙仁宗：《法西斯运动与法西斯专政》，北京：中国青年出版社，1999年。

郑寅达：《法西斯：尚未逝去的梦魇》，上海：上海辞书出版社，2006年。

郑寅达：《德国史》，北京：人民出版社，2014年。

郑寅达、梁中芳：《德国纳粹运动与纳粹专政》，北京：北京师范大学出版社，2018年。

郑寅达、孟钟捷、陈从阳、陈旸、邓白桦：《德国通史（第5卷）：危机时代》，南京：江苏人民出版社，2019年。

郑寅达、陈旸：《第三帝国史》，南京：江苏人民出版社，2020年。

孟钟捷：《德国1920年〈企业代表会法〉发生史》，北京：社会科学文献出版社，2008年。

孟钟捷：《寻找黄金分割点：联邦德国社会伙伴关系研究》，上海：上海辞书出版社，2010 年。

孟钟捷：《德国简史》，北京：北京大学出版社，2012 年、2019 年。

孟钟捷、霍仁龙：《地图上的德国史》，上海：东方出版中心，2014、2016 年。

孟钟捷：《20 世纪德国企业代表会体制演变研究》，上海：上海人民出版社，2016 年。

孟钟捷、霍仁龙：《看地图，一次读懂德国史》，台北：新文创，2019 年。

张沛：《凤凰涅槃：德国西占区民主化改造研究》，上海：上海人民出版社，2007 年。

刘芝平：《联邦德国与北约法占》，南昌：江西人民出版社，2011 年。

邓白桦：《纳粹德国“企业共同体”劳资关系模式研究》，上海：同济大学出版社，2012 年。

杨捷：《美国与第一次柏林危机》，南昌：江西人民出版社，2011 年。

杨捷：《20 世纪中德贸易交往历程及其影响因素研究》，南昌：江西人民出版社，2011 年。

苑爽：《“战争与和平”视阈下的美国对德战争索赔政策》，北京：中央编译出版社，2015 年。

徐之凯：《大国合作的实验——盟国对德管制委员会研究》，合肥：黄山书社，2015 年。

沈辰成：《从改造到自省——战后美国对德反亲善政策探微》，合肥：黄山书社，2015 年。

孙立新、孟钟捷、范丁梁：《联邦德国史学研究：以关于纳粹问题的史学争论为中心》，北京：社会科学文献出版社，2018 年。

译　著

孟钟捷：《世界主义与民族国家》（德语），上海：三联书店，2007、2012 年。

孟钟捷：《历史科学基本概念辞典》（德语），北京：北京大学出版社，2012 年。

孟钟捷：《非自由主义的失败：论德国的政治文化》（英语），北京：商务印书馆，2015 年。

孟钟捷:《德国天才》（第 1 卷）（英语，第二译者），北京：商务印书馆，2016 年。

王志华:《德国天才》（第 2 卷）（英语），北京：商务印书馆，2016 年。

王琼颖、孟钟捷:《德国天才》（第 3 卷）（英语），北京：商务印书馆，2016 年。

孟钟捷:《冷战 1947—1991：一个极端时代的历史》（德语），桂林：漓江出版社，2017 年。

孟钟捷、葛君、徐璟玮:《德意志史》（德语），北京：商务印书馆，2018 年。

范丁梁:《德意志人》（德语），北京：北京师范大学出版社，2014 年。

王琼颖:《二十世纪德国史》（德语，第二译者），上海：上海三联书店，2018 年。

学位论文

序号	年份	作者名称	导师名称	题目	学位
1	1987 年	黄跃民	李鉅廉 、潘人杰	《战时纳粹德国对内宣传试探》	硕士
2	1990 年	赖建国	李鉅廉 、潘人杰	《沙赫特与纳粹德国早期经济（1933—1937 年）》	硕士
3	1990 年	赵星铁	孙炳辉	《德意志第二帝国社会立法探述》	硕士
4	1994 年	易文君	郑宗育	《从短暂的亲密走向破裂——纳粹德国时期的中德关系》	硕士
5	1998 年	荀峥	郑宗育	《世界政策在中国——1897 至 1914 年的德国对华政策》	硕士
6	1999 年	顾艳	郑寅达	《德国社会民主党与魏玛共和国》	硕士
7	2000 年	徐继玲	郑宗育	《近代德国对华投资述论（1840—1914）》	硕士

续表

8	2000年	聂树伟	郑宗育	《1919—1933年的中德关系》	硕士
9	2000年	张沛	郑寅达	《德国西占区“非纳粹化”初探》	硕士
10	2001年	仇海燕	郑宗育	《容克与德国的经济、政治现代化》	硕士
11	2003年	张沛	郑寅达	《凤凰涅槃——德国西占区民主化改造研究》	博士
12	2005年	孟钟捷	郑寅达	《德国劳资关系演进中的里程碑：1920年〈企业代表会法〉的发生史研究》	博士
13	2005年	刘芝平	郑寅达	《冷战时期联邦德国在北约发展中的地位和作用》	博士
14	2006年	刘志明	郑寅达	《希特勒青年团的起源与发展（1926—1945）》	硕士
15	2006年	项洋	郑寅达	《纳粹德国劳动者保护政策研究》	硕士
16	2007年	张凌俊	郑寅达	《纳粹德国境外德意志人政策研究》	硕士
17	2007年	陈旸	郑寅达	《纳粹德国少儿政策研究》	硕士
18	2008年	苑爽	郑寅达	《两次世界大战后美国处理德国战争赔偿问题的政策演变》	博士
19	2008年	刘鑫	郑寅达	《威廉二世研究》	硕士
20	2008年	李敏	郑寅达	《德国大学与纳粹政权（1933—1945）》	硕士
21	2009年	邓白桦	郑寅达	《纳粹德国“企业共同体”劳资关系模式研究》	博士
22	2009年	焦文明	郑寅达	《魏玛共和国初期的东西方外交研究》	硕士

续表

23	2009 年	李倩夏	郑寅达	《1939 年—1941 年德意日苏“四国联合”构想始末》	硕士
24	2009 年	杨捷	郑寅达	《美国在第一次柏林危机中的决策研究》	博士
25	2010 年	张婷梅	郑寅达	《冲锋队在纳粹运动中地位的演变》	硕士
26	2010 年	韩昕	郑寅达	《纳粹时期德国妇女的社会角色研究》	硕士
27	2010 年	尹伊翘	郑寅达	《新纳粹政党的个案研究：德国民族民主党的产生与发展》	硕士
28	2011 年	王琪	郑寅达	施特莱斯曼“《百日新政”研究》	硕士
29	2011 年	刘飞	郑寅达	《纳粹德国时期的苏台德问题研究》	硕士
30	2011 年	蒋鹏飞	郑寅达	《冲锋队参谋长恩斯特·罗姆研究》	硕士
31	2011 年	陈旸	郑寅达	《纳粹德国的农业政策研究》	博士
32	2012 年	黄煜	孟钟捷	《克莱与美国对德政策的制定和实施（1945—1948）》	硕士
33	2012 年	徐之凯	孟钟捷	《盟国对德管制委员会始末研究》	硕士
34	2012 年	张靓	郑寅达	《德国布吕宁政府内外政策探析（1930—1932 年）》	硕士
35	2012 年	金二威	郑寅达	《1919—1934 年期间德国与但泽问题研究》	硕士
36	2012 年	牛亚林	郑寅达	《一个最具创新性的反纳粹团体：克莱骚集团的抵抗思想和行动探析》	硕士

续表

37	2013年	方一幸	孟钟捷	《联邦德国的历史政策与社会参与（1949—1958）：以大赦政策为中心的考察》	硕士
38	2013年	沈辰成	孟钟捷	《别理德国人!? 美国对德反亲善政策探微，1944—1945》	硕士
39	2013年	徐继玲	郑寅达	《1861—1914年德国对华投资研究》	博士
40	2013年	谢思远	郑寅达	《从普德学派军事思想看德国闪击战战法的形成与内涵》	硕士
41	2014年	陈洪运	孟钟捷	《美国对莱茵兰的占领研究，1918—1923》	硕士
42	2015年	朱丽	郑寅达	《幕后台前的角逐：库尔特·冯·施莱歇尔与1929—1933年德国政治经济危机》	硕士
43	2016年	王琼颖	郑寅达	《魏玛共和国城市住房政策研究（1918—1933）》	博士
44	2016年	冯凡	郑寅达	《纳粹德国〈四年计划〉研究》	硕士
45	2019年	王炎坤	孟钟捷	《风起于青萍之末——一战前夕的“察贝恩事件”研究》	硕士
46	2019年	任小奇	孟钟捷	《刍议魏玛德国电影公司乌发的发展及“美国主义”之争》	硕士
47	2020年	吴郑洋	孟钟捷	《试析20世纪初德国的政治文化——以“每日电讯报事件”为例》	硕士
48	2020年	梁静怡	孟钟捷	《公众史学视野下的柏林非洲街区更名争议》	硕士